# A BÍBLIA

guia ilustrado das escrituras sagradas: história, literatura e religião

# A BÍBLIA

## guia ilustrado das escrituras sagradas: história, literatura e religião

J. R. Porter

Tradução:
Eliana Vieira Rocha e Maria da Anunciação Rodrigues

PUBLIFOLHA

Título do original: *The Illustrated Guide to the Bible*



Esta obra foi publicada originalmente no Reino Unido em 2007 por Duncan Baird Publishers Ltd., Castle House, Wells Street, 75-76, Sixth Floor, Londres W1P 3QH.



Coordenação do projeto: Publifolha
Editora-assistente: Paula Marconi de Lima
Coordenação de produção gráfica: Soraia Pauli Scarpa
Produção gráfica: Mariana Metidieri

Coordenação editorial: Estúdio Sabiá
Edição: Fernando Nuno
Revisão: Bruno Rodrigues e Valéria Sanalios
Editoração eletrônica: Carla Castilho | Estúdio

Edição original: Duncan Baird Publishers
Editor: Peter Bently
Editor consultor: Michael D. Coogan
Editoras assistentes: Lucy Rix, Daphne Bien Tebbe
Projeto gráfico: Paul Reid
Assistente de diagramação: Gail Jones
Pesquisa iconográfica: Julia Brown, Jan Coot
Ilustrações especiais: Ron Hayward
Mapas e molduras decorativas das páginas: Lorraine Harrison
Editor-executivo: Christopher Westhorp
Gerente de arte: Daniel Sturges

Dados Internacionais de Catalogação na Publicação (CIP)
(Câmara Brasileira do Livro, SP, Brasil)

Porter, J. R.
A Bíblia – guia ilustrado das escrituras sagradas: história, literatura e religião / J. R. Porter ; tradução Eliana Vieira Rocha e Maria da Anunciação Rodrigues. -- São Paulo : Publifolha, 2009. -- (Coleção referência)

Título original: The illustrated guide to the Bible
ISBN 978-85-7914-126-3

1. Bíblia - Estudo e ensino 2. Bíblia Introduções
I. Título. II. Série.

09-10560 CDD-220.07

Índices para catálogo sistemático:
1. Bíblia : Estudos : Guias 220.07

A grafia deste livro segue as regras do **Novo Acordo Ortográfico da Língua Portuguesa.**

**PUBLIFOLHA**
Divisão de Publicações do Grupo Folha
Al. Barão de Limeira, 401, 6º andar
CEP 01202-900, São Paulo, SP
Tel.: (11) 3224-2186/2187/2197
www.publifolha.com.br

Este livro foi impresso em outubro de 2009 pela gráfica Cromosete em papel offset 120g/m².

**Página 1:**
O Caminho do Gólgota, *um dos afrescos pintados em c. 1305 por Giotto (1266-1337) na Capela Scrovegni, em Pádua, na Itália.*

**Página 2:**
*Manuscrito inglês do fim do século XII que ilustra a vida do rei Davi.* Em cima: *Davi enfrenta e mata Golias (1 Sam. 17:49-51).* No centro: *Saul tenta matar Davi (1 Sam. 18:10-11) e Samuel lhe dá a unção de rei (1 Sam. 16:13).* Embaixo: *Absalão, filho de Davi, é morto (2 Sam. 18:9-15) e Davi chora a morte de Absalão (2 Sam. 18:33).*

**Página 3:**
Noé Solta a Pomba *(Gên. 7:8), mosaico bizantino na Basílica de San Marco, em Veneza, na Itália.*

# SUMÁRIO



*Nota editorial: as abreviaturas dos títulos dos livros da Bíblia citados nesta obra encontram-se na página 273.*

*Parte do pergaminho do Livro de Isaías encontrado em Qumran e datado de 100 a.C. É o mais longo e mais antigo dos chamados "Manuscritos do Mar Morto".*

# A ESTRUTURA DA BÍBLIA

## Categorias de literatura na Bíblia Hebraica

A palavra "bíblia" vem do latim medieval "*biblia*". A palavra singular "bíblia" era na origem um plural grego que significava "livros" — descrição perfeita para o que conhecemos como Bíblia, a qual consiste em diferentes textos, ou "livros", que datam de 1000 a.C. a 100 d.C., ou de um pouco mais tarde. Esses livros são de natureza muito diversa, e a maioria deles passou por um considerável número de correções, reinterpretações, adaptações e expansões no curso de sua transmissão. Trata-se de um processo que só pode ser elucidado por meio de técnicas de análise bíblica desenvolvidas desde o século XIX — métodos que são usados por um amplo espectro de estudiosos. É um estudo muito complexo: seus resultados são quase sempre hipotéticos, e cada pesquisador tem uma avaliação particular dos resultados.

Os livros da Bíblia Hebraica (também chamada de Escrituras Hebraicas ou Velho Testamento) podem ser classificados em várias categorias, que não correspondem necessariamente às dos primeiros tempos. Os primeiros 17 livros, do Gênesis ao Livro de Ester (na ordem encontrada na Bíblia Cristã), são obras narrativas. Os primeiros cinco — Gênesis, Êxodo, Levítico, Números e Deuteronômio — sempre foram considerados uma seção distinta (a Torá, ou Pentateuco), que forma uma narrativa contínua que vai da criação do mundo (*ver pp. 26-27*) até a morte de Moisés, pouco antes da ocupação de Canaã pelo povo de Israel (*ver pp. 66-67*). Os sete livros seguintes, do Livro de Josué ao Segundo Livro dos Reis, contam o desenvolvimento da nação desde a conquista de Canaã (*ver pp. 68-71*) até a tomada de Jerusalém pelos babilônios (*ver pp. 110-111*), uma história considerada coerente por mais de um autor da Escola Deuteronômica (*ver p. 106*). Obras semelhantes são o Primeiro e o Segundo Livros das Crônicas, que parecem utilizar a história deuteronômica, enquanto os livros de Esdras e de Neemias (*ver pp. 116-117*) continuam a história judaica até a volta do Exílio. O Livro de Ester, quase um romance histórico, conta a história da libertação dos judeus de seus opressores na Pérsia (*ver pp. 130-131*).

O Pentateuco também constitui uma segunda categoria ampla de obras da Bíblia Hebraica: a dos códigos da Lei. Os Dez Mandamentos (Decálogo) e o Livro da Aliança, originalmente dois códigos legais separados, aparecem no Êxodo (20:1-17 e 20:22-23:19, respectivamente; *ver pp. 60-63*). O Deuteronômio também contém o Decálogo (Deut. 6:6-21), além de outro extenso código legal (Deut. 12-26; *ver p. 107*). Normas eclesiásticas — conhecidas como o Código de Santidade — constituem Levítico 17-26, e material semelhante ocupa grande parte dos últimos capítulos do Êxodo e do Livro dos Números.

Os livros proféticos constituem uma terceira categoria importante na Bíblia Hebraica. Conhecidos como "Profetas Posteriores" na tradição judaica (os "Profetas Anteriores" são os livros de Josué, Juízes, Samuel e Reis), são os textos de Isaías, Jeremias, Ezequiel, mais os "Doze Profetas" (de Oseias a Malaquias); a tradição cristã inclui também Daniel. Eles abrangem um período que vai do século VIII a.C. até o cativeiro na Babilônia, mas outras tradições atestam os fatos e as palavras dos primeiros profetas. Como as datas e circunstâncias narradas por cada profeta podem ser estabelecidas com considerável certeza, os livros proféticos oferecem informações valiosas sobre as condições políticas e sociais de determinados períodos.

Na maioria dos casos, o livro que leva o nome de um profeta alega conter as previsões próprias desse profeta. Entretanto, no processo de preservação e coleta desses ditos, as palavras originais foram muitas vezes combinadas com outros materiais, como narrativas biográficas. Além disso, no curso da transmissão literária, as profecias originais

*Frontispício do Evangelho de São João nos* Evangelhos de Lindisfarne, *manuscritos produzidos no mosteiro da ilha de Lindisfarne, no noroeste da Inglaterra, em c. 700 d.C.* (ver p. 14).

Moisés e a Filha do Faraó *(Êx. 2:10)* *na* Hagadá Dourada, *manuscrito hebraico de 1320. A história da fuga dos hebreus do Egito foi fundamental para a elaboração da Bíblia Hebraica.*

foram muitas vezes reinterpretadas para se adaptarem a novas circunstâncias. Outros elementos também podem ter sido acrescentados, inclusive material posterior de outros profetas. Esse complexo processo de composição é particularmente evidente nos três principais livros proféticos: Isaías, Jeremias e Ezequiel (*ver a discussão sobre Isaías nas pp. 105, 112 e 117*).

Provérbios, Eclesiastes, assim como duas obras apócrifas, ou deuterocanônicas, o Eclesiástico (Livro de Sirac) e o Livro da Sabedoria, representam outra categoria da Bíblia Hebraica: a literatura de sabedoria (*ver pp. 126-127*). As origens desse gênero se encontram no material que constitui o Livro dos Provérbios: máximas breves, concisas e exemplares que consagram o conhecimento popular sobre a vida e a sociedade. Mas outras partes de Provérbios mostram o desenvolvimento da sabedoria como um conceito teórico mais profundo. As últimas obras do gênero, como os livros de Jó (*ver pp. 128-129*), Eclesiastes, Eclesiástico e Sabedoria, lidam com alguns dos problemas fundamentais da condição humana, em particular a existência do mal e do sofrimento.

Há muitas outras maneiras de classificar os livros do Velho Testamento: o Livro de Daniel, por exemplo, é apocalíptico, um tipo de literatura ligado à profecia clássica, mas vai além disso em suas especulações cósmicas e escatológicas (*ver pp. 136-137*). Um dos resultados mais produtivos dos modernos estudos bíblicos foi a identificação de muitos dos inúmeros recursos linguísticos e literários de que os autores se serviram na composição de seus escritos. Entre eles estão mitos, sagas, lendas, etiologias (estudos das origens), etimologias populares e textos jurídicos. Esse estudo esclareceu o caráter da mais importante coletânea remanescente de poesia hebraica, os Salmos (*ver p. 121*), que hoje podem ser classificados em diferentes tipos, de acordo com as situações para as quais foram produzidos.

### Categorias de literatura no Novo Testamento

Enquanto a composição e a coleta do material da Bíblia Hebraica abrangem um período de mais de mil anos, os textos do Novo Testamento foram produzidos provavelmente em um século. Eles podem ser classificados em duas categorias principais: narrativas históricas com forte caráter biográfico, como os Evangelhos e os Atos dos Apóstolos; e as Epístolas, ou cartas. O Apocalipse (*ver pp. 254-256*) é sem dúvida cristão, mas possui muitas das características do gênero literário judaico conhecido como "apocalíptico" (*ver acima*), embora em forma de uma carta.

Muitas das considerações que surgem do estudo do Velho Testamento aplicam-se também ao Novo Testamento. Cada um dos evangelhos serve-se de material próprio para representar a interpretação de seu autor da tradição básica sobre Jesus. Os Evangelhos Sinópticos (Mateus, Marcos e Lucas; *ver pp. 148-149*) são em grande parte constituídos de pequenas unidades, como casos de cura, histórias de conflitos e parábolas. Muitos dos textos do apóstolo Paulo são cartas genuínas, mas vários outros atribuídos a ele e a outros apóstolos apresentam estruturas bem diferentes. Quase sempre, refletem aspectos da literatura helenística da época, como a dos tratados, encíclicas, diatribes ou *parenesis* (*ver pp. 238-239*).

## A evolução do Pentateuco

Os primeiros cinco livros da Bíblia Hebraica, a Torá ou Pentateuco, têm sido tradicionalmente considerados obra de um único autor, Moisés, principal personagem humano da história. Partes do material podem de fato ser atribuídas a Moisés, mas hoje se sabe que o Pentateuco é uma obra complexa e anônima, desenvolvida a partir de tradições anteriores e, principalmente, posteriores ao tempo de Moisés.

Desde o fim do século XIX, a teoria dominante sobre as origens do Pentateuco tem sido a "Hipótese Documental" de Julius Wellhausen, que, entretanto, vem sendo cada vez mais contestada pelos estudiosos. A Hipótese Documental propõe que os livros do Pentateuco são na maior parte uma combinação de quatro fontes literárias, escritas em épocas diferentes. A primeira fonte, a javista (ou J, de Javé ou Jeová), pode ter surgido em Jerusalém e é em geral datada dos séculos X ou IX a.C. A fonte javista tem esse nome porque o autor usa o nome Javé para denominar Deus. O documento E, ou eloísta, que usa a palavra hebraica *elohim* para designar Deus no Gênesis, apareceu um pouco mais tarde, nos séculos IX ou VIII a.C., e reflete as tradições do reino de Israel, o reino do norte. O Deuteronômio, ou D, texto separado que pinta uma imagem distinta de Moisés, foi escrito no reino de Judá, o reino do sul, no século VII a.C., embora também preserve as tradições do norte (*ver p. 106*). Também pode ter existido uma fonte sacerdotal, ou P, acrescentada depois do exílio na Babilônia, nos séculos VI ou V a.C. (*ver pp. 26-27*). O último estágio da evolução do Pentateuco foi a combinação dessas três fontes no todo existente, tarefa realizada provavelmente por um sacerdote que trabalhou em Jerusalém no período posterior à volta do Exílio.

O criticismo formal, tipo de análise que examina unidades individuais do texto, indica que um longo período de transmissão pode estar por trás do material escrito existente. É possível, por exemplo, que mitos, sagas, contos etiológicos e lendas sagradas do Gênesis tenham sido compostos e transmitidos oralmente, embora alguns deles possam ter sido escritos em um estágio anterior. Os estudiosos descobriram que o que se pensava fosse a nação de "Israel" foi na verdade uma confederação de grupos independentes, e foram capazes de isolar, dentro da Bíblia, as tradições de diferentes tribos ou grupos (*ver também o texto lateral desta página*).

Israel no Egito *(Êx. 1:11) na* Hagadá de Barcelona, *c. 1350. As hagadás são coleções de textos bíblicos que contam a história do Êxodo, a fuga dos judeus do Egito. A leitura dessas histórias é tradicional na Páscoa judaica.*

**ESTUDOS RECENTES DO PENTATEUCO**

**Modernamente, os estudiosos da Bíblia tendem a se concentrar mais nos propósitos e no contexto de elaboração do Pentateuco do que em sua forma final. Em geral, concordam com a Hipótese Documental (*ver texto principal, à esquerda*) em que a última fase de desenvolvimento do Pentateuco ocorreu no período do cativeiro na Babilônia, mas enfatizam que os editores finais tentaram transmitir uma mensagem adequada às necessidades, esperanças e medos do povo do seu tempo. O Pentateuco pode ser visto como uma tentativa de encorajar os exilados a enfrentar o desafio de retornar à Terra Prometida, sendo seus temas um programa para a restauração de Israel. Esses temas são: a permanente aliança com Deus; a promessa da posse perpétua da terra para Israel; e as duras provas que o povo teria que enfrentar no deserto antes de chegar à Terra Prometida.**

**Essa visão levou certos estudiosos a contestar a Hipótese Documental. Alguns chegaram a argumentar que nada prova que o Pentateuco use materiais como os textos javistas ou sacerdotais. O debate provavelmente vai longe. O Pentateuco é um produto literário e teológico do período do Exílio, mas pode também ter se servido de material anterior, mesmo que este não possa ser identificado com certeza.**

**O cânone da Bíblia Hebraica ou Velho Testamento**

Nem toda a literatura produzida pelo judaísmo ou pelos primeiros cristãos no fim do século I a.C. foi incluída na Bíblia. Existem muitos outros textos religiosos judaicos: a Bíblia Hebraica cita livros que se perderam, como o Livro do Justo, ou de Jachar (Josué, 10:13), aparentemente uma coletânea de poemas hebreus. O Novo Testamento fala de cartas que tampouco sobreviveram.

A lista de livros bíblicos é conhecida como "cânone", palavra grega que significa "regra", mas como e por que os livros da Bíblia adquiriram essa autoridade é ainda hoje objeto de especulação acadêmica.

Três diferentes seções constituem o cânone da Bíblia Hebraica; a Lei ou Torá, formada pelos cinco primeiros livros, o Pentateuco; os Profetas, que incluem os "Profetas Anteriores" (de Josué ao Segundo Livro dos Reis) e os "Profetas Posteriores" (Isaías, Jeremias, Ezequiel e os doze livros proféticos curtos conhecidos como os Doze Profetas ou Profetas Menores); e os Escritos, a coleção dos demais livros do cânone (Rute, Crônicas, Esdras, Neemias, Ester, Jó, Salmos, Provérbios, Eclesiastes, Cântico dos Cânticos, Lamentações e Daniel).

Sempre foi atribuída à Torá uma autoridade especial no judaísmo: os outros livros repetem, amplificam e explicam a Lei. Parece provável, então, que essa tenha sido a primeira seção reconhecida como canônica. Os livros proféticos foram provavelmente reunidos na época do retorno do Exílio (*ver pp. 114-117*), quando a história deuteronômica (do Deuteronômio até o Segundo Livro dos Reis) também foi produzida. Combinados, os dois formaram a seção seguinte do cânone. A terceira seção, os Escritos, parece ter levado mais tempo para se constituir, com vários livros sendo acrescentados durante um longo período. Essa tripla divisão da Bíblia Hebraica parece ter sido estabelecida no século II a.C., quando é mencionada no prólogo do Eclesiástico, que data de cerca de 130 a.C.

A Septuaginta (ou Versão dos Setenta), tradução grega da Bíblia Hebraica, inclui textos (*ver p. 12*) que estão ausentes do cânone. Isso pode levar à conclusão de que os judeus helênicos reconheciam um cânone mais amplo que os judeus palestinos. A Septuaginta se tornou a versão cristã dominante do Velho Testamento, de modo que esses livros adicionais foram incluídos no primeiro cânone cristão (e continuam, no católico). A ordem diferente dos livros na Septuaginta representa um arranjo teológico especificamente cristão: a história de Israel se completaria com a vinda de Cristo. Nessa disposição cristã, o Pentateuco é seguido pela maioria dos livros da terceira seção do cânone hebraico, e os Profetas fecham a obra. Com esse arranjo, a promessa de Deus (em Malaquias, 4:5-6) de enviar o profeta Elias marca a transição para o Novo Testamento, que começa com o aparecimento nos evangelhos do "segundo Elias", João Batista (*ver pp. 152-153*).

A Visão do Cordeiro (*Apocalipse, 5) do* Apocalipse de Lambeth, *produzido na Inglaterra em cerca de 1250. O Apocalipse de João (às vezes chamado de* Revelação) *foi um acréscimo relativamente tardio ao cânone do Novo Testamento* (ver p. 12). *A passagem ilustrada aqui é Apocalipse 5:6, que é citada e interpretada no texto abaixo da figura.*

## O cânone do Novo Testamento

Os primeiros cristãos herdaram o cânone judaico e não conheceram outro. Seus próprios escritos tinham a intenção de dar orientação e instrução pastoral às congregações emergentes e não foram concebidos para partilhar a autoridade canônica das Escrituras Hebraicas.

A ideia de um cânone do Novo Testamento, paralelo ao da Bíblia Hebraica, começou a emergir no século II d.C. Nessa época, os quatro evangelhos, de padrão similar, tiveram a autoridade gradativamente reconhecida, e as cartas de Paulo já tinham sido compiladas. O conceito de cânone — corpo fixo de textos de autoridade reconhecida — foi aplicado aos escritos cristãos pela primeira vez por Marcião, que morreu

**OS APÓCRIFOS**

**A palavra grega *apocrypha* refere-se a 14 ou 15 textos cuja autenticidade canônica vem sendo discutida há muito tempo. Significa "oculto", mas na verdade os livros em questão nunca foram considerados secretos.**

**Alguns livros apócrifos foram escritos em hebraico, mas, como acabaram sendo excluídos do cânone hebraico, sobreviveram apenas em grego até descobertas recentes. Por terem sido incluídos na Septuaginta, a Bíblia dos primeiros cristãos, foram aceitos sem questionamento pelos cristãos gregos durante a maior parte dos primeiros quatro séculos da era cristã. Uma grande mudança ocorreu em 382 d.C., quando o papa Dâmaso I encarregou o erudito e religioso Jerônimo de Strídon (*ver imagem abaixo, à direita*) de uma nova tradução da Bíblia para o latim, que ficou conhecida como Vulgata, do latim *vulgata editio*, que significa, em tradução livre, "edição para circulação pública". Jerônimo estava convencido de que só o cânone hebraico podia ser considerado autêntico e por isso rejeitou os livros encontrados em grego, rotulando-os de "apócrifos". Mas sua opinião não foi aceita, e a Vulgata acabou incluindo os livros apócrifos no Velho Testamento.**

**No século XVI, durante a Reforma, os protestantes concordaram com Jerônimo, e ou eliminaram da Bíblia todos os livros apócrifos ou os colocaram numa seção separada entre as Escrituras Hebraicas e o Novo Testamento. Mais recentemente, uma nova avaliação dos textos apócrifos foi realizada quando os estudiosos perceberam sua importância tanto para a interpretação bíblica quanto para a compreensão do desenvolvimento do judaísmo e dos primórdios do cristianismo. Também são chamados pelos católicos de "deuterocanônicos", por ter sido sua autenticidade reconhecida posteriormente (em grego, *deuteros* é "segundo", ou "posterior").**

por volta de 160 d.C. Ele rejeitou todo o corpo das Escrituras Hebraicas e aceitou apenas o Evangelho de Lucas e uma versão expurgada de dez das cartas de Paulo. Em reação a Marcião, a corrente predominante na Igreja confirmou a confiabilidade de todos os quatro evangelhos e das treze cartas atribuídas a Paulo, excluindo implicitamente os muitos outros escritos cristãos que apareceram na mesma época.

Estava fixado o corpo principal do cânone do Novo Testamento, mas a incerteza permanecia sobre vários outros livros, como a Carta aos Hebreus (*ver pp. 250-251*), o Apocalipse (*ver pp. 254-256*) e algumas das cartas não paulinas. Um momento decisivo foi quando Atanásio de Alexandria relacionou todos os 27 livros do Novo Testamento então existentes numa carta de 367 d.C. Atanásio foi o primeiro a usar a palavra "cânone" para se referir à Bíblia. Dali em diante, o Novo Testamento foi em geral aceito como a segunda parte do cânone bíblico cristão.

São Jerônimo em Seu Estúdio *(1475-76), de Antonello da Messina (c. 1430-79). Jerônimo foi o primeiro a usar a palavra "apócrifos" para os textos não canônicos. Conselheiro do papa, foi retratado pelos artistas medievais como cardeal, cargo que não existia em sua época. O leão que aparece à direita, na sombra, lembra a lenda de que Jerônimo teria tirado um espinho da pata de um leão.*

### O texto da Bíblia Hebraica e o Novo Testamento

Até o fim do primeiro século da era cristã, os principais conteúdos da Bíblia Hebraica foram transmitidos sob várias formas e em várias famílias; não havia um único texto. Mas depois da queda de Jerusalém, no ano 70, um texto em particular emergiu e se tornou a Bíblia Hebraica tradicional, como parte da restauração do judaísmo sob os fariseus. Na forma como existe hoje, ela é conhecida como texto massorético, por causa dos massoretas, doutores judeus que a compilaram a partir de cerca de 900 d.C. Os massoretas tomaram esse nome da Massorá, conjunto de comentários que faziam ao texto. Foram eles que também acrescentaram vogais ao texto hebraico, até então escrito apenas com consoantes. O trabalho dos massoretas foi aos poucos substituindo outras formas do texto, de modo que o primeiro manuscrito da Bíblia Hebraica completa data apenas do século X. Entretanto, alguns dos documentos bíblicos de Qumran, os chamados "Manuscritos do Mar Morto" (*ver p. 145*), alguns dos quais exatamente iguais aos textos dos massoretas, confirmam seus antecedentes.

Embora o Novo Testamento tenha um quarto da extensão da Bíblia Hebraica, sua história textual é muito mais complicada, em grande parte porque havia muito mais fontes do texto. São conhecidos cerca de 5.500 manuscritos, que vão do fim do século II ou do início do século III até o XIII. Comparado à quantidade relativamente pequena de outros manuscritos do mundo antigo, é um número extraordinário. Os mais antigos são papiros dos séculos II e III, mas muitos são fragmentos ou contêm apenas partes, às vezes muito pequenas, do Novo Testamento. Os primeiros manuscritos tinham a forma de rolo, mas, por volta do início do século II, o códex, ou códice (folhas unidas na forma de livro), começou a ser usado na Igreja, e o pergaminho e o velino (pele de bezerro) substituíram o papiro. Isso levou à produção de belos textos gregos que continham todo o Novo Testamento e, às vezes, também a Septuaginta. Desses, o mais completo é o Códice Sinaítico, do século IV, descoberto no Mosteiro de Santa Catarina no monte Sinai. Outros importantes manuscritos da mesma época, ou um pouco posteriores, são o Códice Alexandrino, o Códice Vaticano e o Códice de Beza.

Os estudiosos do Novo Testamento enfrentaram uma situação semelhante à do estudo da Bíblia Hebraica antes da produção do texto massorético. Confrontados com um grande número de variações entre os manuscritos do Novo Testamento, foram levados a distinguir três principais famílias de textos. Uma delas é associada a Alexandria, no Egito; a segunda é descrita como "ocidental", porque suas principais fontes são latinas; e a terceira, posterior, é conhecida como "bizantina". A maioria dos manuscritos pertence a esta última tradição e se tornou a base do *textus receptus* ("texto recebido"), o mais amplamente aceito, reproduzido nas primeiras edições do Novo Testamento grego e em subsequentes edições até o fim do século XIX.

*Página de rosto da edição de 1534 da tradução da Bíblia por Martinho Lutero (1483-1546), que foi proibida em 1521 pelo Sacro Império Romano (confederação de Estados da Europa Central) por sua visão reformista. Temendo justificadamente pela vida de Lutero, um de seus protetores aristocratas simulou seu sequestro e o escondeu durante vários meses no castelo de Wartburg, perto de Eisenach, na Alemanha. Foi lá, disfarçado e sob o nome de "Cavaleiro Jorge", que Lutero se dedicou à tradução do Novo Testamento a partir do original grego. A obra não foi apenas de Lutero, que conseguiu reunir uma junta de conselheiros para conferir e, onde necessário, melhorar seu trabalho. O Velho Testamento foi terminado depois que Lutero deixou o castelo.*

As modernas edições do Novo Testamento procuram reconstruir as palavras originais comparando diversas versões e tentando decidir quais as mais autênticas. Entretanto, a importância dessas variantes não deve ser exagerada: todos os manuscritos se apoiam nos mesmos textos básicos do Novo Testamento, muitos deles provavelmente escritos no século posterior à morte de Jesus por autores que pertenceram à primeira geração de cristãos. Existem textos díspares dos muitos evangelhos apócrifos (*ver p. 149*), versões distintas dos Atos dos Apóstolos e cartas, em geral escritos muito mais tarde que o cânone do Novo Testamento e sem autenticidade comprovada.

## Traduções da Bíblia

Um dos fenômenos mais surpreendentes relacionados à Bíblia é a enorme influência que ela exerceu por meio de traduções em muitas línguas diferentes. A primeira dessas traduções foi a Septuaginta, feita do hebraico para o grego, tarefa sem paralelo no mundo antigo (*ver p. 132*). As três grandes primeiras traduções, a Septuaginta, a Vulgata latina e a Peshitta (ou Bíblia Siríaca), tornaram-se padrão nas três principais áreas da cristandade medieval — respectivamente, a Ortodoxa Grega, a Católica Romana e a Síria.

Na Europa ocidental, a Vulgata foi a versão dominante da Bíblia durante toda a Idade Média. Desde um período anterior, porém, houve numerosas traduções das Escrituras em linguagem vernacular. Às vezes, assumiam a forma de observações ao texto latino, como os famosos evangelhos produzidos no mosteiro de Lindisfarne, na costa nordeste da Inglaterra (c. 950 d.C.). Também circularam diversas versões de partes da Bíblia em vernáculo. Entretanto, eram em geral paráfrases livres, e não traduções propriamente ditas, e só de alguns livros bíblicos.

Na Europa oriental, as primeiras traduções da Bíblia para as línguas eslavas foram feitas pelos missionários gregos Cirilo e Metódio na década de 860. O idioma de suas traduções, conhecido como antigo eslavônio eclesiástico, tornou-se a língua litúrgica da Igreja Ortodoxa nas terras de língua eslava. Uma edição da Bíblia em eslavônio eclesiástico publicada em São Petersburgo, na Rússia, em 1751 (a Bíblia de Elisabete) é a Bíblia padrão da Igreja Russa e de outras igrejas ortodoxas eslavas.

No século XVI, na Europa ocidental, a Reforma foi grande motivação para as muitas traduções vernaculares. A mais importante delas talvez seja a de Martinho Lutero para o alemão, feita dos originais gregos e hebraicos (a partir de 1522). A influência da obra de Lutero parece ter sido ainda mais profunda que a da Bíblia inglesa de 1611 (Versão Autorizada ou Versão do Rei Jaime), com a qual tem sido comparada. Foi a primeira obra literária em alemão moderno e em prosa, e criou o vocabulário do alemão literário. Também serviu de modelo para traduções em outras línguas europeias, inclusive o inglês.

Nenhuma dessas versões (neste contexto, "versão" significa "tradução", como na "Versão Autorizada") alcançou autoridade igual à das Bíblias padrão inglesa e alemã, nem teve grande influência sobre as culturas em que apareceu.

As versões protestantes das Escrituras tomaram a frente, mas os católicos logo responderam à demanda pela Bíblia em vernáculo. As Bíblias católicas alemãs apareceram ainda durante a vida de Martinho Lutero, e os exilados católicos ingleses na Europa publicaram um Novo Testamento inglês em 1582 e um Velho Testamento em 1609-10. As traduções católicas francesas competiram em popularidade com as protestantes: a Bíblia católica de Le Maître de Sacy foi muito usada também por protestantes, e, em alguns aspectos, foi o equivalente mais próximo das Bíblias de Lutero e do rei Jaime.

A "Versão do Rei Jaime" (VRJ), ou "Versão Autorizada", publicada em 1611 por encomenda do rei Jaime, é o ápice de um histórico de versões inglesas iniciado três séculos antes. A primeira Bíblia completa em inglês, de 1382, foi traduzida da Vulgata latina por John Wycliffe, John Purvey e Nicholas of Hereford. No reinado de Henrique VIII (1509-47), William Tyndale publicou várias edições completas, em especial a Grande Bíblia (*ver imagem ao lado*). A rainha católica Maria I (reinou em 1553-58), filha de Henrique VIII, baniu as versões em inglês, mas protestantes ingleses exilados em Genebra lançaram uma tradução. A Bíblia de Genebra (1560) fez muito sucesso, mas ofendeu os bispos de Elizabeth I (reinou em 1558-1603), que publicaram em 1558 uma edição calcada na Grande Bíblia. Essa foi a base da VRJ, que se tornou a mais popular e influente da língua inglesa.

Estima-se que a Bíblia tenha sido publicada, completa ou em partes, em mais de 2 mil línguas, o que corresponde a 80 por cento da população do mundo. Muitas traduções resultaram do trabalho missionário fora da Europa, que, nos tempos modernos, começou com as missões católicas do século XVII. Os missionários protestantes não foram muito ativos na época do expansionismo imperial europeu, mas mais tarde, nos séculos XVIII e XIX, houve o trabalho das sociedades bíblicas. A primeira tradução da Bíblia numa língua indígena do Novo Mundo foi feita em 1663 por um missionário protestante, John Eliot, na hoje extinta língua dos nativos americanos de Massachusetts.

Mais recentemente, as traduções da Bíblia têm sido mais frequentes na Ásia e na África. Na Ásia, os tradutores quase sempre lidam com línguas que já possuem uma literatura considerável, como japonês, birmanês, chinês e hindi. Mas na África e em partes da América do Sul eles podem enfrentar a tarefa de criar uma língua escrita a partir de uma tradição puramente oral. Os tradutores também têm de encontrar termos capazes de transmitir imagens e conceitos bíblicos a povos para os quais esses aspectos podem ser enganosos, desconhecidos ou até ininteligíveis. O trabalho de tradução da Bíblia continua a ser uma tarefa difícil.

*Página de rosto da Grande Bíblia de 1539.*

A BÍBLIA EM PORTUGUÊS

**A primeira tentativa de verter a Bíblia para a língua portuguesa, feita a partir da Vulgata por iniciativa de dom Dinis, rei de Portugal de 1279 a 1325, tinha os 20 capítulos iniciais do Gênesis. A tradução completa da Bíblia surgiu no século XVII, por João Ferreira de Almeida (1628-91), católico convertido ao protestantismo que se baseou nos originais hebraicos, aramaicos e gregos e em versões em espanhol e francês. A segunda versão integral foi a do padre Antônio Pereira de Figueiredo (1725-97), a partir da Vulgata. Publicada entre 1778 e 1790, sua redação é considerada superior à de Almeida.**

**A primeira tradução brasileira foi a do bispo Joaquim de Nossa Senhora de Nazaré, que publicou em 1847 o Novo Testamento a partir da Vulgata. A versão mais difundida no mundo lusófono durante o século XX foi a do padre português Matos Soares, da Vulgata, e teve a primeira edição em 1933. Em 1965, fez sucesso a publicação em fascículos, vendidos em bancas de jornais, da versão da Liga de Estudos Bíblicos, feita a partir de 1949 por 22 tradutores das línguas originais sob a coordenação do padre Antônio Charbel. A Bíblia de Jerusalém, de 1981, é de especial interesse pelas notas e introduções. Em 1997 saiu a Tradução Ecumênica da Bíblia, que reuniu eruditos católicos, protestantes e judeus. Em 2001, a CNBB publicou sua própria versão, usada como referência pela Igreja Católica no Brasil. A primeira Bíblia Hebraica em português, vertida do hebraico por David Gorodovits e Jairo Fridlin, foi publicada no Brasil em 2008.**

*O Calendário de Gezer (c. 1000 a.C.), inscrição em hebraico antigo sobre pedra calcária, registra o ciclo anual agrícola* (ver página ao lado).

# HISTÓRIA, ARQUEOLOGIA E A BÍBLIA

A investigação arqueológica em sítios do Oriente Próximo contribuiu muito para os estudos bíblicos, muitas vezes elucidando ou mesmo confirmando o registro bíblico. As escavações revelaram grande número de textos e inscrições, muitos dos quais oferecem abundantes informações sobre eventos e personalidades, israelitas ou não, mencionados na Bíblia Hebraica. Os textos religiosos do antigo Oriente Próximo, como mitos e rituais, contribuem para a compreensão mais profunda de muitos aspectos da religião e do culto de Israel, e documentos legais colocam a vida dos israelitas em seu contexto mais amplo no Oriente Próximo. Descobertas de edifícios, cerâmicas, instrumentos e armas dentro e fora da Palestina lançaram luz sobre a vida cotidiana dos israelitas. E, naturalmente, a arqueologia determinou a localização de muitos sítios mencionados na literatura bíblica.

Gerações anteriores de estudiosos quase sempre ligavam a arqueologia diretamente à Bíblia: falavam até de "arqueologia bíblica", que viam como forma de dar credibilidade às Escrituras. Intuía-se que a prova arqueológica podia demonstrar a veracidade histórica, por exemplo, do Êxodo e da ocupação de Canaã (*ver pp. 68-71*).

Mas faltava convicção a essas atribuições. Os estudiosos hoje reconhecem o complexo relacionamento entre arqueologia e os registros bíblicos, e não há consenso sobre o curso e o cenário histórico dos primeiros tempos de Israel. Muitos arqueólogos preocupados com a região geográfica descrita nas Escrituras Hebraicas tendem a considerar seu trabalho uma disciplina independente, preferindo falar de "arqueologia sírio-palestina". Alguns procuram até oferecer uma imagem do desenvolvimento cultural dessa região sem nenhuma referência direta ao texto bíblico. Mas essa também pode ser uma abordagem unilateral. A história de qualquer civilização deve incluir os acontecimentos que a moldaram, e, no caso de Israel, a Bíblia Hebraica é a única fonte comprobatória desses fatos. A prova arqueológica raramente corresponde perfeitamente ao registro bíblico, mas, com cuidadosa interpretação, pode muitas vezes se tornar um complemento valioso.

### Arqueologia na Palestina

As investigações arqueológicas na Palestina, cenário da maioria das narrativas bíblicas, foram ainda mais intensificadas durante o fim do século XX. As escavações de antigas cidades palestinas e a descoberta de material escrito e não escrito revelaram muita coisa sobre as circunstâncias da vida dos israelitas. Informações encontradas na Bíblia Hebraica sobre a maneira de viver e os costumes foram investidas de uma nova realidade. O "Calendário de Gezer", descoberto em 1908 (*ver foto na página ao lado*), mostrou como os agricultores israelitas trabalhavam; em outros sítios, o esboço de casas e ruas, além do grande número de artefatos domésticos, revelou muito sobre como os israelitas realmente viviam. Às vezes, os achados esclarecem o texto bíblico. A descoberta de um peso com a inscrição *pîm* ajudou os estudiosos a entender a passagem de 1 Samuel 13:21, o único versículo da Bíblia em que o termo aparece. Como os nomes dos diferentes pesos (*ver figura à direita*) indicavam valores, ficou claro que o versículo se refere a um pagamento feito aos filisteus. Outros exemplos de achados desse tipo são as notáveis esculturas de marfim de c. 800 a.C. encontradas no local do palácio real de Samaria, capital do reino do norte, de Israel (que existiu de 922 a 721 a.C.). Elas esclarecem passagens como 1 Reis 22:39, que se refere à "casa de marfim" do rei Acab.

*Pesos israelitas do século VII a.C.; as quantidades estão inscritas neles em hebraico.*

As descobertas que revelam a natureza da religião popular israelita são de especial importância. Em Arad, as escavações descobriram o único templo israelita conhecido e objetos de culto da época de Davi e Salomão. Numa descoberta ainda mais notável no sítio de Kuntillet Ajrud, do século VIII a.C., os arqueólogos encontraram a pintura de uma figura feminina seminua na qual uma inscrição dizia "Yahweh de Samaria e sua Asherah". Embora o significado exato dessa inscrição ainda seja objeto de discussão, ela pode refletir a adoração de Asera (Asherah), a deusa-mãe de Canaã, a despeito de a religião oficial reconhecer Javé como único Deus.

## A Bíblia e a história

Os livros da Bíblia são documentos históricos, produzidos por pessoas reais, que escreviam para seus contemporâneos. Um dos principais objetivos dos estudiosos é descobrir o cenário histórico dos textos bíblicos e mostrar como os autores respondiam às circunstâncias de determinado tempo e lugar. Essa tarefa é auxiliada pela presença de referências de fatos históricos na Bíblia, como por exemplo nos livros proféticos. As referências podem muitas vezes ser corroboradas por — e relacionadas com — evidências de fontes não bíblicas.

*Esta placa em marfim, descoberta na Samaria, no norte da Palestina, e datada de c. 800 a.C., representa o deus egípcio Hórus.*

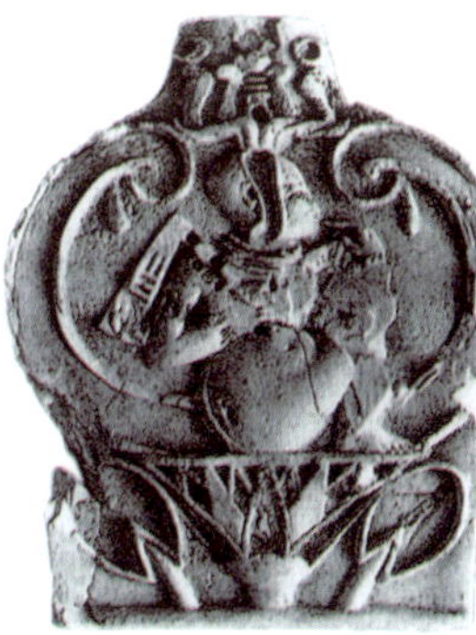

Outras abordagens se preocupam menos com a verdade histórica por trás das narrativas bíblicas e mais com a maneira como a estrutura narrativa determina a importância do material como um todo. A narrativa cronológica no Pentateuco e nos livros históricos é resultado da coleta e organização de um grande número de tradições e documentos em um corpo único, e a escolha dos fatos registrados pode muito bem

ter sido determinada pela necessidade de refletir e apoiar a fé da comunidade. Hoje, muitos estudiosos acreditam que a apresentação da história de Israel na Bíblia Hebraica reflete a preocupação de entender o destino da nação e preservar sua unidade e sua identidade à luz da crise criada com o Exílio.

Alguns estudiosos concluíram que é praticamente impossível saber o que de fato aconteceu no curso da história de Israel. Mas não é fácil justificar esse profundo ceticismo, apesar da imprecisão histórica dos textos bíblicos. Tais imprecisões não são mais numerosas ou mais significativas que as encontradas em outros textos antigos.

Com o que se sabe hoje, os estudiosos podem ver que muito do que parece histórico é na verdade mito, lenda ou folclore, e proceder a uma avaliação de acordo com essa descoberta. Por exemplo, a imagem dos patriarcas de Israel no Gênesis (*ver pp. 36-51*) pode muito bem ser uma construção da época do Exílio, mas ainda assim é possível discutir o valor histórico das tradições que estão por trás dela. Talvez não se possa descobrir o que exatamente aconteceu no Êxodo, durante a saída do Egito, mas é possível acreditar que algum fato real desencadeou o enorme significado que a história do Êxodo assumiu para a fé de Israel. A partir do tempo de Davi, pelo menos, a história de Israel começa a se relacionar com fatos ocorridos no Oriente Próximo e a narrativa bíblica, apesar dos exageros, dos erros e da interpretação unilateral dos fatos, ganha base sólida no fato histórico.

No alto: *Algumas ruínas da Jerusalém do tempo de Jesus. Esta torre fazia parte do complexo palaciano construído por Herodes, o Grande, em 23 a.C. (*ver mapa na p. 190*). Pode bem ser a Torre Fasael, a maior das três torres do palácio de acordo com Josefo, historiador judeu do século I. Os blocos de pedra dos dois terços inferiores da torre são assentados no estilo tipicamente herodiano; o topo data de período muito posterior.*

Acima: *Reconstituição do palácio, com a Torre Fasael em destaque.*

## História e revelação divina

A Bíblia parece estimular a visão de que Deus não se fez conhecido da humanidade (revelação divina) por meio de ideias, conceitos ou proposições teológicas, mas mediante atos concretos, como a libertação do povo de Israel do Egito. Essa visão da história como meio da ação divina tem sido muitas vezes invocada como exclusiva da Bíblia. Entretanto, a ideia de fatos históricos como revelação divina é parte do pensamento do antigo Oriente Próximo e do mundo helênico. Grande parte do material da Bíblia Hebraica parece ter pouco a ver com a revelação através da história — por exemplo, a literatura de sabedoria (*ver pp. 126-127*), muitos dos Salmos (*ver p. 121*) e, possivelmente, parte do Novo Testamento. Fundamentalmente, deve-se perguntar se um fato foi revelador em si mesmo ou se tornou revelador em consequência de sua interpretação. O que torna o Êxodo tão central para a Bíblia Hebraica, por exemplo, não é o fato em si, mas sua importância como ação divina. O próprio Deus comunica isso a Moisés antes da travessia do mar (*ver pp. 58-59*), e sua explicação determina o significado do episódio para a nação daí em diante.

## O Jesus histórico

Muitas das questões historiográficas que afloram do Velho Testamento surgem também no Novo Testamento, em especial nos evangelhos. Desde o século XIX, é comum a distinção entre o "Cristo da fé", na forma como ele é apresentado no Novo Testamento, e o "Jesus histórico", que só pode ser descoberto quando se investiga o que está por trás do registro bíblico. Os evangelhos foram produzidos para despertar a fé em Jesus como Messias e Salvador. Entretanto, alega-se que os evangelistas não estavam interessados no relato fiel da vida e dos ensinamentos de Jesus, mas apenas nas tradições sobre ele que fossem relevantes para sua própria vida e sua fé. No passado, a busca do Jesus histórico ficou um tanto desacreditada, porque os que se dedicaram a essa tarefa apresentaram descrições de seu tema que em geral refletiam seus próprios pressupostos. Recentemente, porém, a busca foi revivida, por duas razões principais. Para começar, nosso conhecimento do judaísmo do século I cresceu muito, levando a tentativas de entender Jesus no contexto judaico. Além disso, hoje se acredita que os evangelistas e a Igreja dos primeiros tempos estavam interessados no que Jesus fez e ensinou em sua vida terrena. Os evangelhos têm certo caráter biográfico, não muito diferente do trabalho de historiadores clássicos como Heródoto ou Tácito, e não se pode duvidar de seu valor para a reconstrução de pelo menos um esboço do Jesus histórico.

**A ARQUEOLOGIA E O NOVO TESTAMENTO**

**Os estudiosos tendem a se concentrar na importância dos achados arqueológicos para a Bíblia Hebraica, negligenciando o Novo Testamento, mas isso está começando a mudar. Mais uma vez, a arqueologia lança luz sobre o clima social, político e econômico do tempo dos evangelhos e das cartas do Novo Testamento. Escavações nas cidades de Nazaré, Cafarnaum e Jericó revelaram evidências das condições ali existentes na época em que Jesus as teria visitado. A arqueologia, as evidências de Josefo e a Mishnah puderam oferecer um quadro razoavelmente preciso da Jerusalém do tempo de Jesus. As escavações descobriram os tanques de Betesda e Siloé, lugares ligados às curas de Jesus (João 5:1-9, 9:1-7). Esses locais, mencionados apenas no Quarto Evangelho (de João), indicam que o autor conhecia tão bem a topografia de Jerusalém quanto os autores dos três evangelhos sinópticos. Isso levou os pesquisadores a supor que o evangelho foi escrito antes do fim do século I, época geralmente tida como a de sua escritura.**

*Ruínas da ágora de Atenas, onde o apóstolo Paulo pregava (Atos, 17:16). Como o fórum romano, a ágora era um movimentado centro cívico e comercial. Acredita-se que a* stoa *(colunata,* à esquerda na foto*) já existisse no tempo de Paulo. As grandes cidades da Antiguidade clássica há muito vêm sendo pesquisadas pelos arqueólogos, revelando os locais frequentados pelo apóstolo Paulo e por outros em sua obra missionária. Mais recentemente, os arqueólogos começaram a usar as evidências dessas descobertas nos estudos de sociologia das primeiras comunidades cristãs. Vários estudiosos utilizaram os dados arqueológicos de Corinto, escritos e não escritos, para entender melhor a real situação em que as cartas de Paulo aos coríntios foram escritas* (ver p. 243).

# MITOLOGIA E AS ESCRITURAS

Hoje é possível reconhecer que mitos e conceitos mitológicos figuram na Bíblia. A Bíblia Hebraica (Antigo Testamento), em particular, se insere no contexto religioso do Oriente Próximo, em que o pensamento mítico desempenhava importante papel. A Bíblia contém mitos no sentido estrito da palavra: histórias sagradas situadas em um indeterminado "início dos tempos", quando os atores eram seres divinos ou super-homens. Essas histórias tentam explicar as origens do mundo, da humanidade e das instituições sociais. Tais mitos ocupam parte muito pequena da Bíblia — estão praticamente confinados aos onze primeiros capítulos do Gênesis (*ver pp. 26-35*) —, mas são significativos porque revelam a maneira como os israelitas entendiam a natureza do universo.

O caráter mítico de Gênesis 1-11 é confirmado quando se compara o material desses capítulos com as mitologias de algumas culturas ao redor de Israel. Existem semelhanças entre o relato da criação em Gênesis 1 e o épico babilônico da criação (*ver p. 27*), e entre o Gênesis e a teologia do antigo culto egípcio de Mênfis. Há similaridades em alguns temas da narrativa do Jardim do Éden, como os humanos feitos a partir do barro (*ver p. 27*), a árvore da vida (*ver p. 28*) e a serpente (*ver p. 29*), e os épicos mesopotâmicos de Atrahasis e Gilgamesh — que por sua vez apresentam paralelos com a história bíblica de Noé e o Dilúvio (*ver p. 32*). A história da construção da Torre de Babel (*ver p. 34*) também tem raízes em fontes mesopotâmicas. Naturalmente, no Gênesis os antigos mitos sagrados foram revistos à luz da teologia de Israel.

A linguagem e a estrutura dos mitos podem ser usadas para recontar e interpretar situações históricas. Particularmente significativa na Bíblia Hebraica é a difusão do mito da grande luta entre uma divindade, em geral um deus das tormentas, e a água ou um monstro marinho. Por exemplo, o épico babilônico da criação conta como Marduk, deus supremo da Babilônia, matou um dragão feminino, Tiamat, o primitivo oceano de água salgada. Não há conflito entre Deus e um inimigo na história da criação do Gênesis (*ver pp. 28-29*), mas a ideia de um caos marítimo aparece em Gênesis 1:2: "a escuridão cobriu a face das profundezas, enquanto um vento vindo de Deus varreu a face das águas". *Tehom*, a palavra hebraica para "profundezas" nessa passagem, pode ter relação com o nome de Tiamat. Um vento forte é importante em outros relatos da criação, e outras passagens da Bíblia mostram que o antigo mito era conhecido em Israel. A vitória da divindade é quase sempre vista como prelúdio de seu ato de criação do universo. Há numerosas referências a

esse mito na Bíblia. Ele também se encontra na religião dos cananeus, povo vizinho de Israel, da qual pode ter derivado (*ver p. 22*).

Um bom exemplo de história mitologizada é a narrativa do êxodo do Egito (Êx. 1-15; *ver pp. 58-59*). Se os eventos narrados nesses capítulos têm alguma base na realidade é impossível saber. A Bíblia interpreta esse episódio como a vitória de Deus sobre o mar, em especial na culminante passagem em Êxodo 15:1-18. Trata-se de um excelente poema, que na origem pode ter sido uma liturgia em comemoração à libertação dos judeus do Egito. Em muitas culturas, os eventos míticos dos tempos primordiais são muitas vezes reencenados em celebrações rituais regulares. Algumas das festas de Israel refletem essa ideia. A Festa dos Tabernáculos (*ver p. 120*) contém, segundo muitos estudiosos, elementos que representam a renovação da criação, a vitória de Javé sobre as forças do caos e sua entronização como rei. Esse mesmo padrão é encontrado no caso de Marduk no épico babilônico da criação, ou de Baal nos textos ugaríticos. Os mitos são também fonte de poesia religiosa, de profecias de inspiração mítica (*ver p. 94*) e do gênero conhecido como "apocalíptico" (*ver pp. 136-137*). São inúmeros os ecos de temas mitológicos, em particular o

*Noé liberta os animais da arca depois do Dilúvio, mosaico da Basílica de São Marcos em Veneza, na Itália (construída em 1071). O arco-íris ilustra as palavras de Deus a Noé: "Coloquei meu arco nas nuvens, e ele será o sinal da aliança entre mim e a terra" (Gênesis, 9:13). Esta passagem ecoa o mito babilônico da criação, no qual o deus Marduk pendura seu arco no céu depois de derrotar Tiamat, monstro que representa as águas do caos (*ver também p. 23 e p. 32*).*

conflito da divindade com o monstro do caos, nos Salmos, nos livros proféticos e nos textos apocalípticos (*ver também a seção "Mitologia cananeia", abaixo*).

*Esta estatueta de bronze cananeia provavelmente representa o deus Baal, que empunha um raio (c. 1200 a.C.).*

## Mitologia e o Novo Testamento

É muito discutida a abrangência do caráter mítico do Novo Testamento. O Apocalipse certamente compreende uma ampla gama de conceitos míticos, embora extraia muito de sua inspiração de outros livros apocalípticos, principalmente os de Daniel e Ezequiel (*ver pp. 254-256*). O restante do Novo Testamento também herdou muitos dos temas míticos e ressonâncias da religião de Israel. Esses eram provavelmente mediados pelos textos apocalípticos (*ver, por exemplo, o quadro na p. 191*), embora, no geral, de maneira menos óbvia que no Apocalipse. Também se tem dado atenção à concepção mitológica do universo do Novo Testamento, derivada das Escrituras Hebraicas, e à dimensão cósmica da apresentação de Jesus, que é visto como um ser fora do tempo e do espaço — criador, homem primordial e rei vitorioso —, fundamental no pensamento de Paulo e do Quarto Evangelho.

## Mitologia cananeia

A descoberta recente de uma série de poemas míticos no sítio de Ugarit (atual Ras Shamra), na costa da Síria, forneceu evidências diretas da religião dos cananeus. Eles dão informações detalhadas sobre as deidades do panteão cananeu, como El, Baal e Asera — todos nomes que aparecem na Bíblia (*ver p. 72*). Parece que muitas das características dessas divindades foram apropriadas pelo deus israelita Javé. O mito cananeu mais importante trata da luta pelo reinado do mundo entre Baal, o grande deus das tormentas, e o monstro do caos, Yam, também chamado de Mar, Rio, Dragão, Serpente e Leviatã nos textos ugaríticos. Yam era o equivalente do monstro do caos mesopotâmico Tiamat (*ver p. 20*). Baal saiu vitorioso e, com isso, garantiu seu poder sobre as chuvas, o ciclo das estações e a ordem do mundo. Quase o mesmo se diz sobre a derrota infligida por Deus ao monstro marinho em Salmos 74:16-17 (*ver p. 23*).

*Estatuetas de barro que representam Astoreth ou Astarte, deusa da fertilidade dos cananeus (c. 1200 a.C.).*

Depois de seu triunfo, Baal se proclamou rei e foi recompensado pelo deus supremo, El, com um palácio: o grande templo de Baal em Ugarit. A epopeia de Baal foi provavelmente concebida com o intuito de ser recitada em um grande festival de outono para celebrar o fim da estação agrícola e a chegada do novo ano. É claro que as linhas gerais desse mito eram familiares aos israelitas. Vários salmos que falam do reinado de Javé e de sua vitória sobre as águas do caos podem também ser textos litúrgicos destinados a acompanhar uma celebração anual no Templo de Jerusalém.

### O mito do monstro do caos na Bíblia

O mito que narra a derrota imposta por Deus ao monstro do caos primordial aparece sob várias formas na Bíblia. Em Salmos 74:13, descreve-se o adversário de Deus como o "mar", que é dividido em dois, e como um dragão marinho de muitas cabeças, ou Leviatã, que é esmagado por Deus. Os versículos 16-17 indicam que isso ocorreu antes que Deus criasse o mundo ordenado. O monstro do caos também é chamado de Leviatã e identificado com o Mar em Jó 3:8. Em textos apocalípticos, o surgimento de uma nova era no fim dos tempos é quase sempre retratado como a renovação da criação, e a derrota de Leviatã ocorre antes dessa renovação (por exemplo, em Isaías 27:11). Em outras passagens, o monstro marinho chama-se Raab (Salmos 89:10; Isaías 51:9). Esse nome é aplicado também ao rei do Egito, para indicar que Deus o deixou impotente: Isaías 30:7 descreve Egito como "Raab que se senta quieto". A identificação do monstro do caos com as águas primordiais explica por que, nos textos apocalípticos, as forças do mal emergem como criaturas marinhas (Daniel 7:4; Esdras 11:1). A besta marinha também ocorre no Apocalipse e no Novo Testamento, no qual as imagens extraídas do antigo mito aparecem em destaque. O Apocalipse traz a luta com o dragão, o desaparecimento total do mar hostil na nova criação divina e Roma como uma grande prostituta "coroada como rainha das muitas águas".

*Uma placa de concha mostra um deus ou herói que luta com um dragão marinho de sete cabeças; sul da Mesopotâmia, c. 2450 a.C.*

וישא העם את בצקו טרם יחמץ משארותם צוררת בשמלותם על שכמם
וירדפו מצרים אחריהם וישיגו אותם חונים על הים כל סוס רכב פרעה

# AS ESCRITURAS HEBRAICAS E OS APÓCRIFOS



*À esquerda:* Cenas do Êxodo, *na* Hagadá de Barcelona, *manuscrito hebraico produzido pela comunidade judaica em Barcelona, Espanha, em c. de 1359. No alto: Os israelitas deixam o Egito (Êx. 12:50-51); as figuras com barba à esquerda são Moisés e Aarão, ambos segurando um cajado, um dos símbolos de seu cargo* (ver pp. 56-57). *Embaixo: O faraó e seu exército na perseguição aos israelitas (Êx. 14:8-9).*

# I ORIGENS

Os 11 primeiros capítulos do livro do Gênesis apresentam uma série de histórias sobre a origem do mundo que preparam o terreno para o aparecimento dos israelitas, o povo escolhido por Deus. O Gênesis não se preocupa com a ideia da criação a partir do nada, mas com a forma como o mundo, no modo como é percebido pelos seres humanos, é criado. O conceito de início absoluto só ocorre mais tarde na Bíblia (por exemplo, em 2 Macabeus 7:28). Os relatos sobre a origem do mundo no Gênesis descrevem a criação do cosmo e do primeiro homem, a destruição do mundo em um grande dilúvio, o ressurgimento da humanidade e a origem de diferentes povos e linguagens no mundo.



## A CRIAÇÃO

Os primeiros capítulos da Bíblia narram como Deus criou o mundo e a humanidade. Hoje há consenso em que coexistem no Gênesis duas histórias da Criação. Costuma-se dizer que a primeira delas, que vai de Gênesis 1:1 a 2:4a, é obra de um autor anônimo do século VI a.C. O relato dessa história baseia-se em antigas tradições mitológicas e visa primordialmente a glorificar a majestade e a grandeza de Deus, e não a oferecer uma explicação científica sobre a criação do universo. A história da Criação tem uma estrutura de sete dias, que termina com a instituição do sabá, o sétimo dia, quando Deus descansa para contemplar tudo o que fez. Um refrão se repete ao fim de cada dia ("Veio a tarde e veio a manhã, e foi o primeiro dia", e assim por diante), o que dá a entender que a história era originalmente um hino ou poema. Talvez tenha feito parte da liturgia de um grande festival anual no Templo de Jerusalém antes do tempo do exílio na Babilônia (*ver*

Deus no Ato da Criação, *na* Bible Historiale *francesa de 1411. Os artistas da Europa ocidental às vezes representavam Deus como arquiteto cósmico, medindo o universo com um compasso. A imagem é tirada de passagens como Jó 38:4-7. Ele está cercado de chamas, uma imagem que evoca sua manifestação numa coluna de fogo, como no Êxodo 13:21.*

*pp. 112-113*). A festa provavelmente celebrava a vitória de Deus sobre o caos primordial, tema extraído da mitologia antiga do Oriente Próximo (*ver p. 23*). A Bíblia conserva algumas características do mito antigo, como as águas primevas, mas a ideia de uma batalha física entre a divindade e o caos desapareceu. Deus vence o caos e estabelece a ordem no mundo apenas com sua palavra de comando livre e irrestrita, expressa na típica fórmula: "E Deus disse: 'Produza a terra criaturas vivas'". A crença em que a palavra divina tinha poder quase mágico era amplamente aceita no antigo Oriente Próximo. A divina palavra criativa é celebrada nos hinos mesopotâmicos e também no mito egípcio, no qual se diz que o universo ordenado passa a existir pela palavra do deus Ptah.

*Esta peça de barro de c. 700 a.C. contém parte do antiquíssimo mito babilônico da criação, que relata a luta entre Marduk, o grande deus da Babilônia, e Tiamat, o dragão do caos. O texto foi gravado em escrita cuneiforme (em forma de cunha).*

Deus separa os elementos do universo para criar um cosmo ordenado e habitável, no qual plantas, animais e humanos (*ver texto à direita*) possam viver. Ele separa a luz das trevas (Gên. 1:4); as águas abaixo do céu das que estão acima do céu (Gên. 1:6-8); a terra seca dos mares (Gên. 1:9); e o dia da noite (Gên. 1:14). A criação por separação ocorre nos primitivos textos sumérios e no épico babilônico da criação, no qual o deus supremo Marduk derrota Tiamat, dragão feminino do caos, e o corta em dois, fazendo de metade de seu cadáver o céu e da outra metade a terra.

O segundo relato da Criação, mais antigo que o primeiro, vai de Gênesis 2:4b a 2:25 e é em geral atribuído a um autor javista, porque ele acrescenta *Yahweh* (Javé), nome pessoal de Deus (*ver p. 54*), ao termo mais genérico *Elohim* (Deus). Essa história da Criação é semelhante à primeira em linhas gerais, mas sua forma é bem diferente. Reflete os interesses e preocupações de uma sociedade camponesa: antes da Criação, o mundo é um deserto árido, sem chuva e sem agricultor para tornar a vida possível (Gên. 2:5). Gênesis 2:6 descreve como, antes da existência da chuva, "uma corrente brotou do solo e inundou toda a face da terra". No original hebraico, essa "corrente" é descrita com uma palavra de origem mesopotâmica que simboliza as águas subterrâneas, as quais desempenham papel importante na cosmologia suméria.

Deus molda o primeiro homem (*adam*, em hebraico) "com o pó da terra" e insufla nele "o sopro da vida". Esse sopro divino dá ao homem uma intimidade única com a divindade, que, no primeiro relato da Criação, corresponde à ideia de que os homens são feitos "à imagem de Deus". Os conceitos de sopro de vida e da criação à imagem divina são encontrados em um documento escrito no século XXII a.C. pelo faraó egípcio Meri-ka-re. A formação do homem a partir do barro é comum na mitologia da criação dos povos que viviam em torno dos israelitas. No mito egípcio, por exemplo, conta-se que o deus Khnum criou deuses, humanos e animais em um torno de oleiro e depois, como Deus na Bíblia, soprou neles a vida. A primeira história da Criação do Gênesis termina com a instituição religiosa do sabá; a segunda, com a instituição social do casamento: "Assim, um homem deixa seu pai e sua mãe e se une à sua mulher, e eles se tornam uma só carne" (Gên. 2:24).

No Jardim do Éden (*ver p. 28*), Deus apresenta os animais ao homem para que ele os nomeie, o que implica que o homem também os dominaria. Isso corresponde à passagem do capítulo 1 do Gênesis na qual Deus concede à humanidade o domínio sobre todas as criaturas.

**A ORIGEM DA HUMANIDADE**

**A primeira história da Criação relata como os homens foram criados no sexto dia, coroando a Criação. Deus não cria pessoas com uma simples ordem verbal (não existe nenhuma fórmula como "Faça-se o homem"), mas faz um preâmbulo à criação da humanidade com as palavras "Façamos o homem à nossa imagem" (Gên. 1:26). O plural que parece indicar que Deus busca conselho junto aos seres divinos que formam sua corte celeste aparece em outras partes da Bíblia, como em Neemias 9:6 e Jó 1:6. A humanidade é criada "à imagem de Deus". Isso provavelmente significa que, ao contrário de outras criaturas, os seres humanos podem se comunicar com Deus e responder à sua palavra.**

**O ato criativo por separação (*ver texto principal*) está presente na criação da humanidade como macho e fêmea. Isso estabelece a natureza complementar dos sexos: um não pode existir sem o outro, e ambos são iguais aos olhos de Deus. Ele abençoa a humanidade e lhe concede o domínio sobre o futuro do mundo e sobre as outras criaturas (Gên. 1:28).**

**A criação da humanidade é central na segunda história da Criação (*ver texto principal*). Nessa narrativa mais antiga, a primeira mulher é criada depois do primeiro homem (Adão) e de uma parte de seu corpo (Gên. 2:21-22) — situação que sem dúvida reflete a posição dominante do homem em uma sociedade patriarcal. Mas a condição inferior implícita da mulher só se torna explícita depois da perda da graça no Éden (*ver p. 28*), quando Deus diz a ela: "Teu desejo será para o teu marido, e ele te governará" (Gên. 3:16). Adão então dá à sua parceira um nome, Eva, ato que repete seu ato de nomear os animais, o que expressa seu domínio sobre o mundo animal. Entretanto, esse relato enfatiza, ainda mais que o primeiro, a unidade dos sexos e sua mútua necessidade. Deus diz: "Não é bom que o homem fique só. Dar-lhe-ei uma auxiliar como companheira" (Gên. 2:18). Só a mulher se mostra adequada para esse papel.**

**A QUEDA DA HUMANIDADE: AS DUAS ÁRVORES**

**O primeiro homem e a primeira mulher viviam em estado de primitivo ócio e inocência no Jardim do Éden, até que, tentados pela serpente (*ver quadro na página ao lado*), comeram o fruto da "árvore do conhecimento do bem e do mal", desafiando a ordem de Deus. Essa era uma das duas árvores existentes no jardim; a outra era a "árvore da vida", ou seja, da imortalidade (Gên. 2:9).**

**Crê-se que essas árvores representem duas tradições independentes que o autor bíblico juntou para expressar sua visão sobre a origem da condição humana. A primeira árvore pertence a uma tradição israelita. O "conhecimento do bem e do mal" provavelmente significa a capacidade de raciocínio e de julgamento ético, atributo exclusivo de Deus, que proíbe aos humanos adquiri-lo. Depois que o primeiro casal humano desafia sua ordem, Deus os condena, e à sua descendência, a uma vida de luta e sofrimento. Ele os expulsa do jardim para negar-lhes o fruto da árvore da vida, que confere outro atributo divino, a vida eterna (Gên. 3:22-24). Assim, embora sejam semelhantes a Deus num aspecto, os seres humanos morrem, ao contrário dele. Nessa diferença reside o vasto potencial, mas também a limitação, da existência humana. A árvore sagrada que confere vida eterna ocorre em muitas mitologias e é comum na iconografia do Oriente Próximo. Numerosos mitos da região explicam que a humanidade é mortal porque uma pessoa deixou de comer um alimento mágico que lhe permitiria viver para sempre (um exemplo é encontrado no épico mesopotâmico *Gilgamesh*). Mas a narrativa do Gênesis é a única a enfatizar que os humanos continuam a sofrer a morte em consequência direta de sua desobediência à ordem de Deus.**

# O JARDIM DO ÉDEN

De acordo com o segundo capítulo do Gênesis, Deus plantou um jardim na região geográfica chamada "Éden", local da nascente de um grande rio. O rio flui pelo jardim e depois se divide em quatro braços, dois dos quais, Fison e Geon, não são identificados. Os outros dois são rios verdadeiros, o Tigre e o Eufrates, o que localizaria o Éden em algum lugar da Mesopotâmia (o jardim é descrito "no leste", referência usada em relação à Mesopotâmia em outra parte da Bíblia). Entretanto, apesar de numerosas sugestões, mais ou menos plausíveis, sobre o local em que o autor pretendeu localizar o Éden, a questão é de importância secundária, porque a geografia da Bíblia é essencialmente mítica e simbólica. A questão mais significativa é que a fertilidade do mundo conhecido pelo autor dependia dos rios que fluíam pelo jardim de Deus.

Deus plantou o Éden como *habitat* para a humanidade recém-criada (*ver p. 27*), mas há indicações de que os israelitas tinham um conceito diferente e mais antigo do Éden. Em Ezequiel 28:13-19, há referência ao "jardim de Deus", mas também a uma "montanha sagrada", cheia de pedras preciosas. A descrição lembra a montanha entre a nascente dos dois rios, que é considerada a morada do deus El, chefe do panteão cananeu (*ver p. 72*). Esse jardim era o lar de um ser sobrenatural que, por sua presunção, foi expulso por um "querubim guardião". Tal mito parece estar por trás do relato do Gênesis em que Adão e Eva são expulsos do Éden e proibidos de voltar por um querubim (Gên. 3:24). Adão provavelmente foi, na origem, uma figura sobrenatural ou angélica, como de fato aparece em algumas obras da literatura judaica.

O Jardim do Éden ocupava lugar importante no pensamento judaico. Para alguns profetas, simbolizava a renovação de Israel depois do exílio na Babilônia (*ver pp. 112-115*). A versão grega do Gênesis traduz "Éden" por "paraíso". O paraíso, como mostra o Novo Testamento, acabou sendo visto como destino final dos justos, que voltariam ao estado original de perfeição e harmonia que o primeiro casal humano desfrutava no Éden.

*Reconstrução de mural do palácio de Mari, no rio Eufrates, na Síria (c. 1750). Algumas de suas características lembram detalhes da descrição que o Gênesis faz do Jardim do Éden. Em particular, o mural mostra dois tipos de árvores (comparar com Gên. 2:9), guardadas por míticos animais alados ou um querubim (comparar com Gên. 2:10). A cena superior pode representar um rei sendo investido pela deusa mesopotâmica da fertilidade, Ishtar: Eva foi associada a essa figura divina* (ver quadro na página ao lado).

## A serpente

Adão e Eva com a Serpente, *escola espanhola, século XII. Adão e Eva cobrem sua nudez depois de terem comido a fruta da árvore do conhecimento (Gen. 3:7).*

A serpente que aparece no capítulo 3 do Gênesis é uma criatura ambígua. Por um lado, é apenas a serpente, um dos animais criados por Deus, cujas características físicas e cujo comportamento são explicados em Gênesis 3:14-15. Nas lendas populares, a serpente é representada como criatura astuciosa que causa problemas e é punida. E até fala.

Entretanto, é provável que a serpente do Éden represente também uma versão desmitificada do que originalmente era um ser muito mais importante. Os arqueólogos revelaram que a serpente era venerada no Egito e no Oriente Próximo, não apenas em Canaã. Existiu também, em certa época, um culto à serpente em Israel, como demonstra a serpente de bronze que, como conta a Bíblia, existiu no Templo de Jerusalém. (Essa serpente foi destruída pelo rei Ezequias: ver 2 Reis 18:4.) A serpente foi vista como portadora da vida, porque era capaz de trocar de pele todos os anos. De acordo com o épico mesopotâmico *Gilgamesh*, ela adquiriu essa habilidade comendo a planta mágica da imortalidade. A criatura era associada à fertilidade, e as imagens das deusas da fertilidade são muitas vezes acompanhadas de uma serpente. Também se levantou a hipótese de que Eva, nome da primeira mulher no relato bíblico, tivesse relação com uma palavra que define "serpente", e de que originalmente teria sido a deusa-serpente, divindade da vida e da fertilidade.

Nas tradições antigas, a serpente também era um ser sinistro, associado ao mundo subterrâneo e suas águas. Na Bíblia e em outros textos, o monstro hostil que corporifica o caos primitivo é muitas vezes descrito como uma serpente. Quando o autor do Apocalipse identifica "essa antiga serpente" com o Demônio ou Satanás (Apoc. 12:9), estabelece a manifestação da serpente como inimiga de Deus.

A TERRA DE DILMUN

**Acredita-se que o autor bíblico quis colocar o Éden em algum lugar na extremidade norte do golfo Pérsico. Se assim for, ele pode corresponder à terra de Dilmun, que aparece no mito sumeriano de Enki e Ninhursag. Nesse mito, Dilmun, que talvez corresponda ao atual Bahrein, é um lugar mítico, um mundo mais potencial do que real. Ali, a doença e a velhice são desconhecidas, mas não existe a água fresca necessária para sustentar a vida animal e vegetal. O deus Enki então cria rios com água subterrânea, e Dilmun se torna um lugar rico e produtivo. De acordo com um mito babilônico posterior, seres humanos que se tornaram imortais viviam em uma terra ideal semelhante.**

# CAIM E ABEL

**A FAMÍLIA DE ADÃO E EVA**
**Os descendentes de Adão e Eva, na forma como são apresentados nas duas genealogias dos capítulos 4 e 5 do Gênesis (e incluindo Abel).**

ADÃO E EVA

| Caim | Abel | Set |
|---|---|---|
| Henoc | | Enós |
| Irad | | Cainã |
| Maviael | | Malaleel |
| Matusael | | Jared |
| Lamec | | Henoc |
| | | Matusalém |
| | | Lamec |
| | | Noé |

*Máscara de argila da cidade de Ur que representa um antigo demônio mesopotâmico. Antes do assassinato de Abel, Deus adverte Caim de que "o pecado está espreitando à porta" (Gên. 4:7). Esta máscara pode ser de Rābisu, demônio babilônio.*

A história dos descendentes de Adão e Eva até o tempo de Noé é contada em Gênesis 4-5. O relato representa uma ou mais tradições originalmente separadas dos três capítulos precedentes do Gênesis, como revelam certas discrepâncias lógicas. Por exemplo, o lavrador Caim mata o pastor Abel por inveja (Gên. 4:8), e Deus condena Caim a ser "fugitivo e vagar pela terra". Mas Deus lhe impõe uma marca, "para que ninguém que o encontre possa matá-lo". Entretanto, se Caim é o único filho sobrevivente do primeiro homem e da primeira mulher, não se explica como possa existir mais alguém capaz de matá-lo. Da mesma forma, Gênesis 4:17 afirma que "Caim conheceu sua mulher", mas não explica de onde ela veio. De modo geral, a narrativa pressupõe a existência de uma sociedade, uma civilização e uma cultura. Não há solução para essas inconsistências, porque o autor bíblico não as considera de primordial importância.

A não ser por isso, a narrativa é integrada com o que a precede e a segue. Marca o auge da história do Éden (*ver pp. 28-29*) e apresenta Caim, o primeiro assassino, como representante da humanidade primitiva. Como na história de Adão e Eva, a lenda de Caim e Abel segue o padrão de má ação, castigo, banimento e abrandamento da punição divina. É a primeira de uma série de narrativas dos primeiros 11 capítulos do Gênesis que mostram a crescente violência e presunção da humanidade depois da Queda e da expulsão do Éden. Em todos os casos, a humanidade merece severo julgamento divino, e sua existência é ameaçada. Mas Deus sempre revela compaixão e garante que, apesar de tudo, o mundo e a raça humana continuem a existir. Esse padrão determina a forma geral e o significado da história de Caim.

O relato é construído a partir de vários temas, muitos dos quais enraizados no mito e na lenda popular. Um é o tema de Deus preferindo um filho mais jovem a seu irmão mais velho, situação que quase sempre gera inveja e violência. Gênesis 4:4-5 narra como cada irmão apresenta uma oferenda a Deus, que prefere a carne de animal oferecida por Abel à colheita oferecida por Caim. Caim fica furioso com a rejeição e mata o irmão por inveja. Nenhuma razão é dada para a escolha de Deus, embora escritores posteriores deixem entender que Deus conhecia a maldade inerente de Caim. Como no caso de Isaac e Ismael, Jacó e Esaú, e José e seus irmãos, o autor bíblico não viu necessidade de explicar a divina preferência. Entretanto, a passagem pode aludir ao sistema sacrificial judeu, pelo qual o sacrifício animal era mais importante e mais valorizado que a oferenda de cereais (*ver pp. 122-123*).

Outras ideias antigas estão presentes na narrativa. Depois do assassinato, Caim não é mais capaz de cultivar a terra porque o sangue de sua vítima a deixou infértil, conceito comum na Bíblia e em outras antigas tradições. Outro tema é a milenar tensão entre o modo de vida pastoril e o agrícola, também vista na lenda suméria de Damuzi e Enkimdu. Damuzi, o pastor, e Enkimdu, o lavrador, disputam a deusa Inanna. Como na história de Caim e Abel, a divindade prefere o pastor ao lavrador, embora nesse caso os rivais se reconciliem.

A história não apresenta Caim a uma luz totalmente negativa. Deus põe uma marca em Caim para protegê-lo, e ele é banido para a "terra de Nod", palavra que significa "errante" e sugere vida nômade. Essa parte da história explica a existência dos queneus, povo nômade que seria descendente de Caim. Os queneus viviam à margem da civilização, mas mantinham estreita relação com os israelitas.

# Depois do Éden: o declínio da civilização

Entre as histórias de Caim e Noé existem duas genealogias, uma de Caim e outra de Adão. Acredita-se que elas foram escritas por autores diferentes, mas a coincidência de alguns nomes (*ver texto lateral na página ao lado*) sugere que as duas genealogias têm origem comum. O relato sobre Caim e seus descendentes mostra-o mais como um pai fundador do que como o assassino ressentido apresentado na narrativa precedente. Ele funda a primeira cidade, que chama de Henoc (como seu filho), e seus descendentes são apresentados como responsáveis pelo desenvolvimento das habilidades humanas que caracterizam a existência estabelecida: criação de animais, música e metalurgia. A genealogia termina com a família de Lamec, figura violenta que toma duas esposas e se vangloria de ter matado um homem (Gên. 4:23). Ele provavelmente foi criado para mostrar quanto a humanidade tinha degenerado moralmente desde o estado primitivo, apesar de todos os aspectos positivos de progresso. Visão semelhante do desenvolvimento da humanidade é encontrada na obra *Os Trabalhos e os Dias*, do poeta grego Hesíodo, de c. 700 a.C.

*Músicos tocam trombeta e tambor em um relevo em pedra de Carchemish, no norte da Mesopotâmia, de c. 800 a.C. Segundo a Bíblia, o primeiro músico foi Jubal, filho de Lamec e descendente de Caim.*

A genealogia de Adão (Gên. 5) através de seu terceiro filho, Set, serve a um propósito similar ao de Caim, embora nada seja dito explicitamente sobre a disseminação do mal entre a humanidade. Mas o fato de a genealogia levar à imagem do mal universal no tempo de Noé indica que ela também tinha a intenção de retratar a progressiva degeneração moral da humanidade. Essa genealogia tem sido muitas vezes comparada à *Lista de Reis Sumérios*, catálogo de governantes sumerianos antes do Grande Dilúvio. Entretanto, está muito mais próxima da obra de Berosso, sacerdote babilônico do século III a.C. que relacionou dez governadores antes do dilúvio e também fez um relato do desastre. Como Adão e seus descendentes, inclusive Noé, cada um desses governantes teve uma vida fantasticamente longa.

Arar e semear, *mural de Tebas, no Egito. Caim, "agricultor" (Gên. 4:2), foi o ancestral dos que "criam animais" (Gên. 4:20).*

# O DILÚVIO

**OS FILHOS DE DEUS E AS FILHAS DOS HOMENS**

**Gênesis 6:1-8 contém a introdução da história do Dilúvio. É constituída de duas partes, a primeira das quais não tinha originalmente nenhuma ligação com a narrativa do Dilúvio. Entretanto, o autor usa as duas partes para explicar por que Deus provocou a catástrofe.**

**A primeira parte (Gên. 6:1-4) oferece breve resumo de um antigo mito que narra como seres divinos se acasalavam com mulheres humanas e geravam uma prole. No pensamento judeu, o humano não se deve misturar ao divino, porque as crianças nascidas dessa relação violam a estrutura do mundo. Como punição, Deus frustra toda tentativa da humanidade de alcançar a divindade e a imortalidade, declarando que "meu espírito não pode habitar os mortais para sempre" e restringindo a vida humana a 120 anos. Os filhos são descritos como "homens poderosos da antiguidade", que aparecem num capítulo posterior como encarnação do poder absoluto no mundo antigo. Mas também são descritos como *nephilim*, ou "os caídos". Essa é uma fonte do mito dos anjos caídos, que têm papel importante no Livro de Henoc e no Livro dos Jubileus, obras que ficaram fora da Bíblia. O pensamento judeu acabou vendo nesses anjos a fonte do pecado do mundo, e não na desobediência de Adão.**

**A segunda parte (Gên. 6:5-8) apresenta um quadro da fraqueza e da maldade do mundo, o clímax da crescente degeneração da humanidade (*ver texto principal*).**

A progressiva corrupção do mundo depois do Éden culmina com a decisão divina de destruir com uma grande inundação "toda carne em que há sopro de vida", história que é contada em Gênesis 6-9. Entretanto, de acordo com o padrão geral que rege os juízos no Gênesis, Deus alivia a punição. Um homem, Noé, "recebe o favor à vista do Senhor", porque "era homem justo, sem culpa em sua geração" (Gên. 6:8-9). Deus decidiu poupar Noé e sua família para permitir um novo começo à raça humana. Instruiu Noé a construir uma arca (barco) que contivesse sua família e no mínimo um macho e uma fêmea de cada espécie animal, de modo que o mundo pudesse ser repovoado depois do Dilúvio. A maioria dos pesquisadores aceita que a história do Dilúvio é obra de dois autores, J e P (*ver p. 9*), o que se revela nas discrepâncias da narrativa: por exemplo, em Gênesis 6:19, Deus diz a Noé para levar na arca "dois de cada espécie" entre as criaturas, mas em 7:2 fala-se em sete pares de todo animal limpo, um par de todo animal sujo e sete pares de cada espécie de aves. Ainda assim, as duas fontes contam uma história muito semelhante, e ambas foram habilmente entrelaçadas para formar um todo consistente.

A história funciona como uma espécie de segunda Criação, e a linguagem que emprega lembra o relato da Criação original. As águas da inundação vêm tanto de cima do céu quanto de baixo da terra, desfazendo o ato criativo por separação descrito em Gênesis 1:6-7 e permitindo que o primitivo estado de caos retorne. Quando a inundação se acalma, a presença de terra firme é enfatizada (Gên. 8:13-14), o que lembra Gênesis 1:9-10. O resultado da narrativa é o estabelecimento do mundo que conhecemos, quando Deus promete que a terra jamais seria destruída. Em certo sentido, a criação original é restaurada: a alternância das estações é garantida (Gên. 8:22) — e a humanidade frutificará e se multiplicará (Gên. 8:21). Mas o mundo pós-Dilúvio não significa a volta ao Éden. Deus passa a aceitar que "a inclinação do coração humano seja para o mal desde jovem" (Gên. 8:21) e que o comportamento humano que causou o Dilúvio possa ser controlado, mas não abolido.

O domínio dos homens sobre os animais agora significa que os animais vão temer os humanos, que podem matá-los para comer (Gên. 9:2). Entretanto, as pessoas só podem comer a carne da qual o sangue foi drenado, e a vida humana é rigorosamente protegida. Essas normas formam o núcleo das Sete Leis de Noé, que para os rabinos judeus constituem a lei básica de toda a humanidade. A perpetuidade dessa nova ordem mundial é garantida por uma aliança, a promessa unilateral de Deus de que "nunca mais a carne será destruída pelas águas de uma inundação, e nunca mais um dilúvio destruirá a terra" (Gên. 9:11). O termo "aliança", que aparece pela primeira vez em Gênesis 6:18, desempenha papel fundamental na religião judaica. Aqui, coloca os homens e todas as outras criaturas em relacionamento direto com Deus. O sinal da aliança é o "arco" que Deus coloca nas nuvens para lembrá-lo de sua promessa inviolável. Em geral, ela é associada a um arco-íris, mas pode também representar a arma do deus guerreiro Marduk no épico babilônico da criação (*ver p. 27*). Marduk pendura seu arco no céu como sinal da vitória sobre Tiamat, a deusa do caos. Talvez o fim do Dilúvio seja visto como a domesticação das águas do caos. Gênesis 8:1 narra como um vento divino faz as águas do Dilúvio recuarem ("E Deus fez um vento soprar sobre a terra, e as águas recuaram"), o que evoca a história da Criação (Gên. 1:2: "um vento de Deus varreu as águas"). Nesse caso, o arco pendurado no céu significa a restauração da paz e da harmonia.

Arca de Noé, *ilustração da Bíblia de Nuremberg, de 1483. A forma da arca tem sido objeto de muito debate. Em Gênesis 6:15, Deus dá as dimensões da arca: 300 x 50 x 30 côvados, ou cúbitos (1 côvado equivale a cerca de 43 cm). Em geral acredita-se que isso significa que o barco era retangular, como se vê aqui e na moeda abaixo, e não tinha nem proa nem popa pontiagudas. A palavra para "arca" em hebraico,* teba, *significa "caixa" ou "baú", e foi usada para descrever o cesto em que Moisés foi deixado quando bebê. No épico* Gilgamesh (ver quadro nesta página), *Utnapishtim constrói um barco em forma de cubo perfeito, embora seja diferente da arca de Noé em outros aspectos.*

## Os mitos do Dilúvio no antigo Oriente Próximo

Histórias de um grande dilúvio são frequentes nas mitologias do mundo. A história bíblica de Noé é uma versão do mito da inundação que se originou na Mesopotâmia e ficou conhecido em todo o antigo Oriente Próximo desde o tempo dos sumérios (c. 2500-2000 a.C.). Todas as versões conhecidas desse mito têm a mesma base: uma divindade ou várias deidades enviam um dilúvio para destruir o mundo, mas um homem justo é poupado do desastre e constrói um navio, no qual ele e sua família sobrevivem ao dilúvio. Depois que as águas baixam, o mundo continua existindo e é repovoado.

Antes que Deus envie o Dilúvio, a Bíblia conta que os seres humanos "começaram a se multiplicar na face da terra" (Gên. 6:1). Expressão semelhante ocorre na história do dilúvio do épico macedônio de Atrahasis, no qual a razão para a chuva torrencial é o desejo divino de restringir a superpopulação do mundo. Há notáveis semelhanças entre o Gênesis e o relato da grande inundação vivida por Utnapishtim, o equivalente de Noé no épico babilônio *Gilgamesh*. Utnapishtim também sobrevive à inundação construindo um barco. O navio afinal aporta no monte Nisir, que fica na mesma região do monte Ararat, onde a arca de Noé foi parar (Gên. 8:4). Utnapishtim abre a janela de seu navio e envia uma pomba, uma andorinha e um corvo para reconhecer o terreno, da mesma forma que Noé abre a janela da arca e solta um corvo e uma pomba.

Ao sair do navio, Utnapishtim oferece um sacrifício que aplaca os deuses com um doce aroma, e eles concordam em que no futuro a humanidade deverá ser punida por mau comportamento, mas não destruída. Noé também oferece um sacrifício, e, depois de sentir seu "agradável aroma", Javé promete: "Nunca mais voltarei a amaldiçoar a terra por causa da humanidade... e nunca mais destruirei criatura viva alguma como fiz" (Gên. 8:21). Finalmente, tanto Utnapishtim quanto Noé são abençoados e recompensados. Utnapishtim recebe a imortalidade, enquanto Noé vive por mais 350 anos e é agraciado com a prole que irá repovoar o mundo.

*Moeda grega* (reconstrução artística acima) *do século III mostra Noé e sua mulher fora e dentro da arca.*

# A TORRE DE BABEL

A história da Torre de Babel (Gên. 11:1-9) se inicia com a situação ideal em que todos no mundo falam a mesma língua. A humanidade é apresentada como um pequeno grupo homogêneo que viaja do "leste" para a planície de Sinar, região ocupada hoje pelo sul do Iraque. Ali, as pessoas se preparam para construir uma cidade e uma torre "cujo topo chegue até os céus" (Gên. 11:4), o que lhes daria identidade e segurança. Alarmado porque "nada do que tentem agora será impossível para eles", Javé interrompe a construção, fazendo as pessoas falar línguas diferentes e dispersando-as pelo mundo. O Gênesis diz que a cidade se chama Babel porque se origina da palavra hebraica *balal*, "confundir", pois Javé "confundiu a língua de toda a terra" (Gên. 11:9).

A narrativa retrata o desenvolvimento da civilização e a mudança do nomadismo para a vida urbana, tentando explicar a existência de diferentes línguas e nações. Também procura explicar a existência de uma cidade em particular, Babilônia, e de uma torre determinada: a descrição da Torre de Babel no Gênesis baseia-se provavelmente no grande zigurate da Babilônia (*ver página ao lado e também p. 37*). O objetivo da construção de tal torre é permitir aos homens subir ao céu e desafiar a autoridade dos deuses, um ato de impiedade e presunção que é frustrado pela intervenção divina.

A Construção da Torre de Babel, *de Abel Grimmer (1570-c. 1619).*

## Babilônia

Os materiais usados na edificação da Torre de Babel foram os mesmos empregados na construção do grande zigurate da Babilônia e de zigurates semelhantes, de acordo com inscrições em edifícios antigos. A idade de ouro da Babilônia começou com a queda do Império Assírio em 612 a.C. Desde então, ela tornou-se o poder imperial dominante no Oriente Próximo, e a restauração de sua capital por Nabucodonosor II (605-562 a.C.) a transformou em uma das sete maravilhas do mundo aos olhos dos gregos. A Babilônia foi derrotada pelo rei persa Ciro em 539 a.C. e, embora tenha continuado a ser uma cidade importante sob os impérios posteriores — o aquemênida, o selêucida e o parto —, nunca mais teve papel político independente.

Na Bíblia, a Babilônia é muito mais que uma realidade histórica. Depois que Nabucodonosor destruiu Jerusalém e exilou muitos de seus habitantes (*ver pp. 110-113*), ela foi vista como a encarnação do mal, um reino de crueldade estabelecido contra Deus e seu povo escolhido, símbolo de orgulho, opressão, riqueza, luxúria e idolatria. Como tal, estava fadada à destruição final.

Em Isaías 14, o rei da Babilônia é comparado a Lúcifer, o astro da manhã, que aspirava escalar aos céus e desafiar Deus. Por sua arrogância, foi lançado no mundo subterrâneo. O tema subjacente a essa história — a punição à presunção — é semelhante ao da Torre de Babel, assim como ao dos "caídos" (*ver p. 32*). Isaías ridiculariza os ídolos que desempenhavam papel tão importante na religião babilônica e vê os deuses protetores de sua capital, Marduk e Nebo, serem levados para o cativeiro (Isaías 46:1-2). O profeta descreve a Babilônia como uma prisioneira de guerra que tinha sido "amante da luxúria" e praticante de bruxarias e maldições, mas que agora é despida de todo o seu esplendor e forçada a se assentar no pó (Isaías, 47). Para o profeta, a captura iminente da Babilônia por Ciro é evidência de que o rei persa é o agente escolhido por Deus para sua vingança (Isaías, 45:1-7).

O nome "Babilônia" acabou sendo aplicado a qualquer império inimigo de Deus e perseguidor de seus servos. O autor do Livro de Daniel conta histórias da humilhação de Nabucodonosor e da morte do último rei da Babilônia, Baltasar (*ver pp. 134-135*). Seu destino serve de exemplo para o que aguardava o rei grego Antíoco IV Epifânio, que perseguiu os judeus (*ver pp. 138-139*). Autores judeus pósteros identificaram a Babilônia com o Império Romano. No Apocalipse, escrito à sombra da perseguição do imperador Nero aos cristãos (*ver pp. 254-256*), essa identificação é aplicada à situação da Igreja dos primeiros tempos. Ali, a Babilônia é Roma, "mãe das prostitutas e de toda obscenidade" (Apoc. 17:3-6), que logo seria completa e dramaticamente destruída (Apoc. 18).

Por ironia, a deportação para a Babilônia dos principais cidadãos do reino de Judá no reinado de Nabucodonosor assinalou uma avaliação mais positiva desse império na vida judaica. A presença dos judeus exilados na Babilônia tornou sua capital (também chamada Babilônia) um grande centro intelectual judaico. O maciço Talmude babilônico é até hoje uma fonte confiável da religião judaica.

*Bloco de basalto cujas inscrições descrevem a restauração da Babilônia em c. 670 a.C. pelo rei assírio Esaradom (681-669 a.C.).*

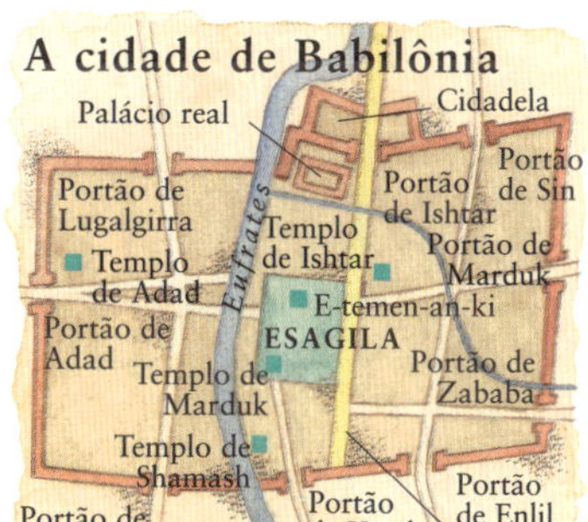


*A capital da Babilônia sob Nabucodonosor II. No centro ficava a Esagila, grande complexo sagrado que continha o templo de Marduk e o E-temen-an-ki, o grande zigurate babilônico, provável fonte de inspiração da Torre de Babel.*

# II OS PATRIARCAS

*O fim da primeira fase da história bíblica é marcado pelo episódio da Torre de Babel. Os capítulos seguintes do Gênesis passam da perspectiva universal das fontes cósmicas para as origens de um único povo, os israelitas. O início de Israel é contado por meio da vida dos patriarcas fundadores do povo. Os patriarcas Abraão, Jacó e José são cada um deles foco de um ciclo da história, e há também um relato bem mais conciso sobre Isaac. É provável que esses quatro indivíduos representassem originalmente quatro diferentes tribos, cada uma com suas tradições. Mas foram unidas em uma única família para apresentar uma história familiar que atravessa quatro sucessivas gerações.*



## O CHAMADO DE ABRAÃO

O episódio da Torre de Babel (*ver p. 34*) deixa a humanidade dividida em nações conflitantes, e a escolha de Deus agora recai sobre um povo em particular. Em Gênesis 12:1-2 ele fala a Abraão, filho de Taré e descendente de Sem, filho de Noé: "Sai da tua terra, da tua família e da casa de teu pai e vai para a terra que te mostrarei". A obediência imediata de Abraão (que é chamado de Abrão na primeira parte da história) inverte a desobediência anterior da humanidade e o estabelece como o ancestral de Israel.

Nos tempos modernos, muitos estudiosos confiaram de tal modo em seus conhecimentos do antigo Oriente Próximo que localizaram os patriarcas de Israel no segundo milênio a.C. Recentemente, porém, essa conclusão foi contestada. Alguns aspectos das narrativas bíblicas parecem indicar um período posterior ao segundo milênio. Alguns supostos paralelos entre as evidências arqueológicas e a narrativa bíblica acabaram se revelando, em um exame mais cuidadoso, menos exatos do que em geral se alegou. Além disso, muitos costumes e crenças que supostamente caracterizaram o segundo milênio a.C. continuaram existindo nos séculos seguintes. Essa reavaliação levou estudiosos a afirmar que as tradições dos patriarcas foram em grande parte produzidas pela comunidade israelita em data muito posterior, talvez mesmo durante o período do Exílio (587/6-539 a.C.). Mas isso não significa que os patriarcas nunca existiram. Gerações posteriores podem ter conservado lembranças autênticas dessas figuras, que desempenham papel significativo na história e na religião de Israel.

A história de Abraão começa na antiga cidade suméria de Ur, no sul da Mesopotâmia, que foi muito importante até sua destruição, em 1740 a.C. A decisão de Taré, pai de Abraão, de deixar Ur com a família (Gên. 11:31) tem sido associada a uma suposta migração da região onde vivia o povo nômade dos amoritas (ou amorreus) por causa de rebeliões. Mas Ur reviveu sob o Império Caldeu, ou Neobabilônico (c. 625-539 a.C.). A descrição do Gênesis — "Ur dos caldeus" — parece indicar esse período posterior. Taré partiu para Canaã, mas se estabeleceu na cidade de Harã, no norte da Mesopotâmia.

Harã era ligada a Ur por uma antiga rota comercial, e ambas as cidades foram grandes centros do culto do deus lunar Sin. Como Ur, Harã foi uma cidade importante tanto no segundo milênio a.C. quanto sob os neobabilônios. Foi lá que Abraão recebeu o chamado de Deus, e aparentemente foi de Harã que ele partiu em sua jornada. O que é mais, o verdadeiro lar original da família de Abraão parece não ter sido Ur, mas a região de Harã. Seu irmão se chama Arã, e ele tem parentes chamados Taré, Nacor e Serug, que também são nomes de cidades próximas a Harã. Mais adiante na história, Abraão envia um servo para encontrar uma esposa para seu filho Isaac entre os que Abraão chamava de "minha linhagem", que vivem em "meu país". Esse país se revela ser não o sul da Mesopotâmia, mas Nacor, onde o servo encontra Rebeca, sobrinha-neta de Abraão (Gên. 24). Mais tarde, o filho de Rebeca e Isaac, Jacó, busca refúgio em Harã com seu tio Labão (Gên. 28) e se casa na família.

Numerosos aspectos da história dos patriarcas (como as perambulações com os animais, dormindo em tendas) indicam uma vida de nômades pastores. Houve quem afirmasse que os autores bíblicos eram homens da cidade que viam os nômades com certo desprezo, e por isso tentaram enfatizar que os fundadores de Israel tinham vindo de áreas urbanas e civilizadas.

*Ruínas, bastante restauradas, do grande zigurate ou torre sagrada da antiga Ur, no sul do Iraque. Esta estrutura provavelmente inspirou a Torre de Babel.*

## As promessas de Deus aos patriarcas

A principal preocupação dos autores bíblicos que relataram a história dos patriarcas não foi a precisão histórica, mas a importância teológica dos fundadores da nação. O tema mais comum que percorre a narrativa de Gênesis 12-15 é a promessa de Deus para o futuro. Ele faz duas promessas aos patriarcas: que eles possuirão a terra de Canaã e se tornarão uma grande nação. As duas afirmações são reunidas no anúncio que Deus faz a Abraão antes de o patriarca empreender sua jornada a partir de Harã. A promessa da terra parece ser a mais importante: toda a narrativa dos patriarcas começa com a ordem que Deus dá a Abraão de ir para a terra de Canaã e termina com a garantia divina de que seus descendentes retornarão à terra "que ele prometeu a Abraão, a Isaac e a Jacó" (Gên. 50:24).

Na verdade, os patriarcas não tomam posse de Canaã, o que só acontecerá mais tarde, sob Josué (*ver pp. 68-69*). Esse atraso no cumprimento da promessa significa que a linha familiar continuou, de modo que havia alguém a quem a Terra Prometida podia ser dada no devido curso. Um tema de destaque em toda a saga de Abraão e seus sucessores é a necessidade de gerar herdeiros diretos (*ver p. 42*).

*Caravana de migrantes asiáticos em pintura mural egípcia de c. 1890 a.C. A jornada de Abraão tem sido muitas vezes associada às migrações dos povos nômades do Oriente Próximo.*

# A JORNADA DE ABRAÃO

**O RISCO DA MATRIARCA**
**Quando Abraão e Sara chegam ao Egito, ocorre um episódio que reflete um tema popular descrito como "o risco da mulher ancestral" (Gên. 12:11-20). Abraão teme que a beleza de Sara leve os egípcios a matá-lo para tomá-la como esposa. Então, pede que ela diga que é sua irmã. Sara faz isso e se torna esposa do faraó. Pragas afligem a casa real, e com isso o faraó descobre a fraude. Ele fica furioso com Abraão por tê-lo feito casar com a mulher de outro homem involuntariamente, mas revela clemência. Ordena que Abraão e Sara deixem o Egito com seus bens. O enredo do episódio é repetido mais duas vezes, primeiro com Sara novamente (Gên. 20) e depois com Rebeca (Gên. 26). Ambos os incidentes envolvem um certo rei Abimelec, que provavelmente não é o mesmo nos dois casos.**

O relato bíblico da vida de Abraão parece ter sido feito de uma série de episódios desconexos, mas vários temas permeiam a narrativa. De muitas formas, a história do patriarca resume a subsequente história de Israel. Depois do chamado de Deus, Abraão deixa Harã com a mulher, Sara (que é chamada de Sarai nesta fase da história; *ver p. 42*), e seu sobrinho Lot, em direção a Canaã. Abraão ergue altares e invoca Javé em Siquém e Betel. Mais tarde, ao deixar o Egito, edifica outro altar em Mambré, perto de Hebron. Esses lugares eram antigos locais de culto dos cananeus, e há duas referências (Gên. 12:6, 13:18) a carvalhos (ou terebintos), árvores sagradas encontradas nos santuários cananeus. Em Siquém e Mambré, Abraão ergue altares em resposta a uma teofania (manifestação de uma divindade), na qual Deus promete ao patriarca e a sua descendência que a terra será sua para sempre. Estabelecer um novo culto é uma forma de reivindicar direito ao território, de modo que os altares construídos por Abraão abrem caminho para a posterior ocupação de Canaã — e também obriga os recém-chegados a manter os locais sagrados dos antigos habitantes para seu culto.

Abraão, Sara e Lot partem para o Egito por causa de uma escassez de alimentos. Lá, Abraão se torna rico mercador, em particular por causa da proteção do faraó depois que Sara passa a viver junto com ele (*ver texto à esquerda*). Entretanto, Abraão, Sara e Lot são mais tarde obrigados a deixar o Egito e voltar a Canaã. Essas jornadas lembram a tradição da migração das tribos de Israel ao Egito no tempo de José e o subsequente êxodo sob Moisés.

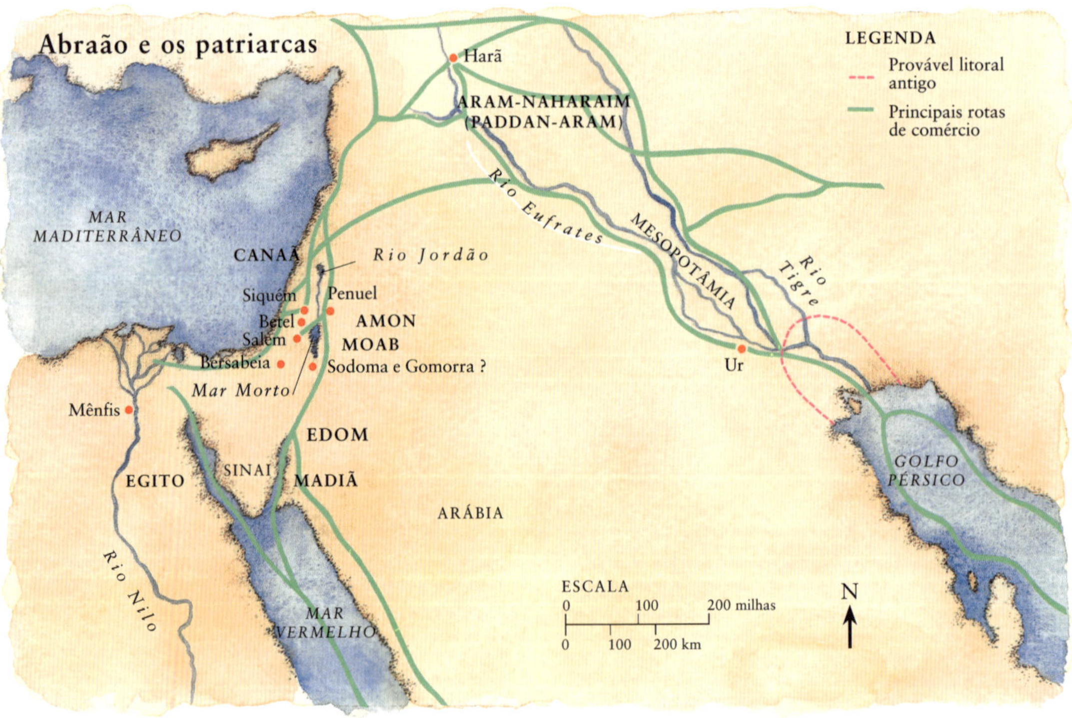

## Abraão e Melquisedec

A narrativa de Gênesis 14 apresenta Abraão como comandante militar, uma imagem muito diferente das de outros textos sobre ele. O Gênesis fala de uma coalizão de quatro reis que lutam contra cinco governantes da região onde Lot, sobrinho de Abraão, tinha se estabelecido. Dois dos cinco governantes, os reis de Sodoma e Gomorra, foram derrotados, e Lot é feito prisioneiro durante o saque de Sodoma, onde ele vivia. Abraão reúne 318 servos, derrota os quatro reis e liberta o sobrinho. Alguns dos nomes dos quatro reis são confirmados em fontes não bíblicas do início do segundo milênio a.C. Mas uma coalizão militar tão grande é improvável, e o relato da Bíblia não pode ser considerado historicamente confiável.

Depois de sua vitória, Abraão é abençoado por Melquisedec, rei de Salém (depois Jerusalém) e sacerdote do "Deus Altíssimo", ou seja, El-Elion, o deus maior da Jerusalém pré-israelita. Abraão identifica El-Elion com Javé e dá a Melquisedec um décimo do saque que conseguira. Todo o episódio ajuda a explicar a situação depois da conquista de Jerusalém por Davi: El-Elion é considerado equivalente a Javé, o monarca israelita assume a posição do antigo rei-sacerdote cananeu e os israelitas começam a pagar dízimos para a manutenção do antigo santuário. No Novo Testamento, Melquisedec é comparado a Jesus na Carta aos Hebreus (*ver p. 251*).

*A circuncisão de dois meninos, de um antigo relevo egípcio de c. 2200 a.C. Os hieróglifos acima do homem que realiza a operação significam: "Segure-o, não o deixe desmaiar".*

De volta a Canaã, Abraão e Lot decidem seguir caminhos separados; Lot vai para as praias meridionais do mar Morto e se estabelece na planície do rio Jordão. Parece que Abraão a princípio pretendia partilhar Canaã com Lot, mas este escolhe parte do vale do Jordão, que fica fora do território prometido por Deus. Em seguida, em Gênesis 19, conta-se que Lot é ancestral dos moabitas e amonitas transjordanianos (mas esse Lot talvez não seja o sobrinho de Abraão; *ver p. 41*). A separação entre o patriarca e o sobrinho representa a separação dos descendentes diretos de Abraão de seus parentes étnicos: só Israel é o herdeiro por direito da promessa divina. A promessa de Deus aos patriarcas (*ver p. 37*) é garantida pela aliança com Abraão, o primeiro ancestral masculino. Essa aliança é encontrada em duas versões, dos dois diferentes autores do Gênesis (*ver p. 9*). A primeira, narrada em Gênesis 15, assume a forma do compromisso incondicional de Deus de dar ao patriarca toda a terra "desde a torrente do Egito até o grande rio Eufrates", a extensão ideal do domínio israelita. A aliança é efetivada em um antigo ritual, em que o oficiante corta os animais do sacrifício em duas partes e as coloca umas diante das outras. Em Gênesis 15:17, Javé faz um braseiro fumegante e uma tocha em chamas passarem por entre as partes dos animais, confirmando a aliança. Um rito semelhante é mencionado em um documento de c. 1775 a.C. da cidade mesopotâmica de Mari, que descreve a cerimônia de fechamento de um contrato entre duas pessoas.

A versão P da aliança em Gênesis 17 envolve a obrigação não só da parte de Deus, mas também de Abraão. Deus ordena que Abraão e seus descendentes façam a circuncisão de todos os homens da comunidade, inclusive escravos, no oitavo dia depois do nascimento. A circuncisão é um antigo costume praticado por muitos vizinhos de Israel. Na origem, provavelmente era realizada no início da puberdade ou antes do casamento, mas o autor bíblico a reinterpreta como a marca da aliança, sinal do povo escolhido por Deus. Por essa razão, deve ser realizada o mais perto possível do nascimento (*ver também quadro, p. 55*).

*Uma foto do século XIX dos carvalhos sagrados de Mambré, em Hebron, onde Abraão teria erguido um altar (Gên. 13:18) e onde três seres divinos teriam aparecido diante dele (Gên. 18:1;* ver também p. 43*).*

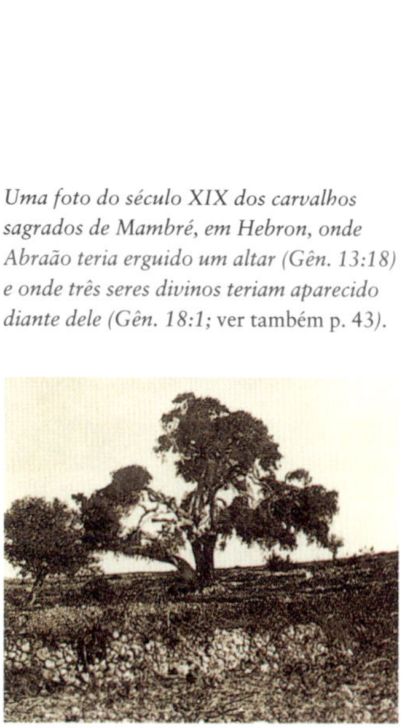

# SODOMA E GOMORRA

*Uma das "colunas de sal", formações escarpadas de rocha salina que caracterizam a paisagem ao redor do mar Morto. O mar aparece ao fundo.*

A destruição divina das "cidades da planície", em especial Sodoma e Gomorra, é contada em Gênesis 18-19. Na origem, a história não tinha nenhuma relação com a saga de Abraão, e aparece ali porque envolvia seu sobrinho, Lot. O tema central lembra a história do Dilúvio (*ver pp. 32-33*): o desastre é uma punição divina à maldade do povo, que é todo destruído, com exceção de um homem. A queda de Sodoma e Gomorra é mencionada com mais frequência nas Escrituras Hebraicas e no Novo Testamento do que qualquer outro acontecimento do Gênesis. Entretanto, a linguagem das referências indica que elas não derivam da narrativa do Gênesis, mas refletem uma tradição popular de uma grande calamidade ocorrida nos primórdios dos tempos. A história do que aconteceu a Lot e suas filhas depois da destruição das cidades (*ver texto lateral na página ao lado*) também oferece pistas de um mito cósmico, em particular a ideia da renovação da humanidade após um desastre universal. Essa interpretação da lenda é encontrada desde a época dos comentaristas judeus Filo (c. 15 a.C.-50 d.C.) e Josefo (37-c. 100 d.C.).

Assim como a história do Dilúvio parece refletir uma inundação verdadeira dos rios Tigre e Eufrates, a de Sodoma e Gomorra pode ter se originado de algum desastre natural na região ao sul do mar Morto (*ver mapa, p. 38*). Até certo ponto, explica a estranha paisagem na região. Os agentes da destruição são descritos como "enxofre e fogo" (Gên. 19:24), e existem grandes depósitos de enxofre e betume, que, de acordo com uma teoria, podem ter pegado fogo em consequência da força explosiva de um terremoto. Mas não há nada na narrativa que confirme outra hipótese, a de que as cidades foram destruídas pelas águas do mar Morto. O destino da mulher de Lot,

*Trecho do litoral sul do mar Morto. O mar é tão salgado na região que crostas brancas de sal se formam na superfície, como se vê à direita da foto.*

## Abraão diante do Senhor

A discussão entre Deus e Abraão sobre o destino de Sodoma (Gên. 18:22-33) é um elemento único no Gênesis. Reproduz o padrão de vários outros diálogos entre o patriarca e a divindade, mas também representa a tentativa de uma teodiceia — defesa da bondade de Deus em um mundo em que o mal existe com sua permissão — por parte de um teólogo do período posterior ao Exílio. Nessa época, a justiça de Deus era às vezes questionada, como por exemplo no Livro de Jó. A sociedade é vista em termos de justiça e maldade, como se vê nos Provérbios e nos posteriores Salmos, e havia uma consciência da responsabilidade de Deus pelo mundo fora de Israel, como se vê no Livro de Jonas.

O autor bíblico discute essas questões no contexto da destruição de Sodoma, o que indica a profunda impressão que o acontecimento provocou na consciência dos israelitas. Abraão questiona se é correto que o destino que Deus planeja para a cidade recaia também sobre os habitantes justos. Coloca o problema em termos gerais e não menciona seus parentes, Lot e a família, que vivem lá. Deus diz que poupará Sodoma se houver "cinquenta homens justos no local". Abraão barganha com a divindade, que finalmente afirma que, se houver dez homens justos na cidade, ele a poupará. Mas a destruição de Sodoma se concretiza, o que leva o leitor a concluir que Deus não conseguiu encontrar sequer esse número mínimo de justos na cidade (Lot e sua família são advertidos por anjos e escapam da calamidade, em Gên. 19:15-16). Sodoma era um antro de maldade e mereceu seu destino. A justiça do Senhor é justificada.

que olha para trás para ver a destruição e se transforma em uma estátua de sal (Gên. 19:26), explica a origem de uma das colunas naturais de sal no topo do monte Sodoma. É também um exemplo do tabu, encontrado em muitas culturas, que proíbe olhar para trás. Ele aparece, por exemplo, no mito grego de Orfeu e Eurídice.

A forma da narrativa reproduz uma lenda muito difundida, que conta como um ser sobrenatural vive incógnito entre os mortais e é acolhido pelo povo, o qual reconhece no estrangeiro uma qualidade especial. Existem duas versões do mito no Gênesis. Numa, o anfitrião é recompensado com a promessa de um filho e herdeiro, consequência da recepção que Abraão dá aos três seres divinos logo após o desastre (Gên. 18). Na outra, a atenção se concentra nos vizinhos do anfitrião, que são punidos pela falta de hospitalidade. Essa forma é preservada na história de Lot (Gên. 19), que encontra estreito paralelo em uma narrativa do Livro dos Juízes (Juízes, 19).

No relato bíblico, dois dos três anjos entram em Sodoma e recebem a hospitalidade de Lot, que havia se estabelecido na cidade. Mas, enquanto estão na casa, os homens de Sodoma se reúnem diante da casa e exigem que ele entregue os estranhos "para que possamos possuí-los" (Gên. 19:1-5). É essa ameaça de estupro homossexual coletivo que provoca a punição divina. Em outro ponto da Bíblia, o "pecado de Sodoma" é descrito em termos gerais como injustiça, frouxidão moral ou falta de consideração pelos necessitados. Até o autor do Gênesis parece estar menos preocupado com a inclinação sexual dos sodomitas do que com o fato de que ela os incita a violar o sagrado dever da hospitalidade.

Os Anjos Visitam Lot *(Gên. 19:1), de uma Bíblia ilustrada produzida em 1279 para o rei Filipe II da França.*

**LOT E SUAS FILHAS**
**Depois da destruição de Sodoma e Gomorra, Lot e as duas filhas buscam refúgio em uma caverna nas montanhas (Gên. 19:30). As filhas estão preocupadas por achar que não encontrarão marido, pelo que, uma de cada vez, embebedam o pai e mantêm relações sexuais com ele. Ambas engravidam de filho homem.**

**Embora o episódio pareça consequência direta da destruição das cidades da planície, é na verdade uma lenda separada, e esse Lot não tinha na origem nenhuma ligação com o sobrinho de Abraão. Ele também pode ter sido identificado com um espírito da caverna onde Lot teria buscado refúgio. A história é primordialmente uma explicação das origens dos povos de Moab e Amon, terras a leste de Israel. A filha mais velha gera um filho chamado Moab, ancestral dos moabitas, e a mais nova dá à luz um filho que chama de Ben-Ammi, ancestral dos amonitas. Os nomes dos filhos são traduzidos, segundo a etimologia popular, como "Do pai" e "Filho da minha prole".**

**A história pode ser uma zombaria sobre a origem dos dois povos vizinhos. Mas parece mais provável que o relato sobre a origem dos moabitas e amonitas, assim como a ação das filhas de Lot, tenha sido visto de maneira positiva, como meio de garantir que seus descendentes não tivessem sangue estrangeiro. Seja qual for sua origem, serve para demonstrar que esses povos não eram descendentes diretos de Abraão e, portanto, não podiam reivindicar a terra a oeste do Jordão (*ver p. 39*).**

**AGAR E ISMAEL**

**Como primeiro filho de Abraão, Ismael podia reivindicar ser herdeiro de seu pai e, portanto, frustrar a intenção divina de continuar a linhagem através de Sara. Esse risco parece ser evitado quando Agar, ainda grávida, é expulsa de casa para o deserto (Gên. 16). Entretanto, Deus ordena a ela que volte. Depois do nascimento de Isaac, a ameaça de que Ismael possa reclamar a herança de Abraão reaparece. Ismael e a mãe são finalmente expulsos com permissão divina. Deus permite isso porque pretende que uma nação se forme a partir de Ismael, que agora aparece como um típico nômade, habitante do deserto de Farã, na fronteira do Egito. Agar, que era natural do Egito, arranja para Ismael uma esposa egípcia. Agar, de fato, está no centro da história e é mostrada com simpatia.**

**A divina promessa a Ismael se realiza quando ele se torna ancestral das 12 tribos árabes do deserto sírio-árabe (Gên. 25:12-18), que, portanto, mantêm estreita ligação étnica com os israelitas. Ismael desempenha papel importante na tradição islâmica, não apenas como ancestral das tribos do norte da Arábia, mas também como mensageiro e profeta. Diz-se que ele e Abraão construíram a cidade sagrada de Meca. Existem paralelos entre as histórias de Ismael e de Esaú (*ver pp. 44-45*).**

# SARA E ISAAC

*O divino mensageiro que visitou Abraão e Sara (Gên. 18), parte de um mosaico na Basilica di San Vitale, em Ravena, na Itália (c. 540 d.C.). Os cristãos viram muito simbolismo no episódio. Nas Igrejas Ortodoxas, por exemplo, os mensageiros representam a Santíssima Trindade.*

Tema central na saga de Abraão é a repetida ameaça à promessa de Deus de que ele seria o fundador de "uma grande nação" (*ver p. 37*). A Bíblia afirma com frequência que sua mulher Sara é estéril (por exemplo, em Gên. 11:30). Abraão decide não ter filhos e faz de um dos servos seu herdeiro (Gên. 15:3), o que pode refletir um antigo costume mesopotâmico. Talvez seguindo outro antigo costume, Sara dá a Abraão sua escrava egípcia, Agar, para que ele possa ter um herdeiro. Na primeira parte da história, o patriarca é chamado de Abrão — que pode significar "ancestral exaltado" (Gên. 17:5). O significado preciso de Abraão e Abrão, porém, é incerto, e ambos são variações do mesmo nome.

Entretanto, fica claro que o povo escolhido não seria descendente de Ismael, filho de Agar (*ver texto à esquerda*). Deus promete um filho a Sara, embora a matriarca devesse ter 90 anos à época, e seu marido, 99. Até esse momento ela era chamada de Sarai. A partir de então recebe o nome de Sara, símbolo da renovação da promessa divina. Sarai e Sara são variantes da mesma palavra, que significa "rainha" ou "princesa".

O nascimento do filho de Sara é anunciado a Abraão em Gênesis 17 por um oráculo divino, como vários outros anúncios semelhantes de nascimento, tanto no Velho quanto no Novo Testamento, a mulheres estéreis. Deus diz que Sara "dará origem a nações; reis de povos nascerão dela" (Gên. 17:16). A forma literária do oráculo é de origem cananeia, e o relato do nascimento de Isaac pode ser uma referência ao nascimento de alguma criança real, obedecendo aos ritos do "sagrado casamento" do antigo Oriente Próximo. Nesses ritos, uma divindade, representada pelo rei, tinha relações sexuais com uma mulher, em geral a rainha ou uma sacerdotisa. Canções de amor entoadas na ocasião do sagrado matrimônio em geral louvavam a beleza da noiva. O nome de Sara tem importância real, e sua grande beleza é mencionada várias vezes, como em Gênesis 12:11. Foi por essa razão que o faraó a desejou, embora ela tivesse cerca de 65 anos à época. A tradição judaica deu grande ênfase à beleza de Sara, em particular em uma paráfrase do Gênesis em aramaico encontrada entre os Manuscritos do Mar Morto de Qumran (*ver p. 153*).

A ideia do casamento sagrado tem ecos também em Gênesis 18. Três mensageiros divinos, ou anjos, idênticos ao próprio Javé, visitam Abraão sob forma humana (Gên. 18). Um deles anuncia: "Retornarei a ti na época devida e tua esposa dará à luz um filho". Sara ouve e ri, mas Gênesis 21:1 conta que ela de fato concebeu depois que Javé "visitou Sara como havia dito", uma frase que pode ter conotação sexual. Quando o filho nasceu, chamou-se Isaac, que significa "ele ri". Nos textos cananeus e em outras fontes, diz-se que o riso acompanha o nascimento de uma criança de uma divindade ou figura real.

## O Sacrifício de Isaac

A ameaça à continuidade da linhagem de Abraão não desapareceu com o nascimento de Isaac. Reaparece na famosa história contada em Gênesis 22, chamada "O Sacrifício de Isaac", embora ele não tenha de fato sido sacrificado. Esse relato, uma obra-prima, conta que Deus pede a Abraão que ofereça seu amado filho, Isaac, em sacrifício. O patriarca obedece, mas no último momento Deus suspende o sacrifício e dá a Abraão um cordeiro para ser sacrificado no lugar.

Nos textos rabínicos e na liturgia judaica, o episódio tem o título de *Aqedah* e é interpretado como um autossacrifício perfeito de Isaac, que expia os pecados de seus descendentes. No Gênesis, porém, nenhuma razão é dada para o pedido de Deus a Abraão. A ênfase está no terrível desafio que a morte de um filho coloca à continuidade da linhagem de Israel. O Gênesis também apresenta Abraão como modelo de obediência, pela qual ele é recompensado com uma bênção divina.

Em dois aspectos, a história funciona como um mito explanatório. De acordo com a lei hebraica, o primogênito de homens e animais tinha que ser oferecido em sacrifício a Deus, mas, no caso dos seres humanos, uma vítima animal podia ser usada em substituição. O episódio explica a origem dessa prática e também a origem do topônimo Yahweh-yireh (transformado em Javé Jiré), que significaria "Javé proverá", em referência ao cordeiro dado por Deus. Essa denominação segue um padrão frequente na Bíblia, no qual o caráter sagrado de um determinado lugar é atestado por uma teofania, ou seja, uma manifestação da divindade.

O Sacrifício de Isaac, *pintura turca de 1583. Um anjo, que carrega um carneiro sacrificial, interrompe Abraão no instante preciso em que ele se prepara para matar seu filho (Gên. 22:10-13).*

*Detalhe de uma pintura bizantina do século VI que mostra Rebeca junto ao poço. É aqui que ela encontra o servo de Abraão que procura uma esposa para Isaac (Gên. 24:10-15).*

*Menires, pilares de pedra sagrados no antigo santuário cananeu de Gezer (ver quadro na página ao lado).*

# ISAAC E REBECA

Isaac aparece sempre ao lado do pai, Abraão, e do filho, Jacó, como um dos patriarcas fundadores de Israel. Entretanto, poucas histórias são dedicadas unicamente a ele no Gênesis, e os acontecimentos que o envolvem quase sempre são episódios da saga de Abraão. O tema do "risco da mulher ancestral" (*ver texto lateral, p. 38*) reaparece no caso da mulher de Isaac, Rebeca (Gên. 26:6-11). Como Abraão em Gênesis 21, Isaac tem em Gênesis 26 uma disputa com os filisteus sobre o direito a nascentes de água, mas depois faz uma aliança com o rei filisteu Abimelec. Ambos os episódios teriam dado origem à cidade de Bersabeia.

Há uma única narrativa sobre Isaac, embora ele desempenhe papel secundário: trata-se da lenda, em Gênesis 24, que conta como ele obtém uma esposa, Rebeca. A história é a mais longa do Gênesis, e seus aspectos principais reaparecem nos relatos de como Jacó e Moisés encontraram noivas. A estrutura narrativa, semelhante à do épico cananeu do rei Keret, envolve a viagem a uma terra distante, negociações de casamento, partida para casa e, finalmente, um matrimônio. Abraão aparece não como simples nômade, mas como rico governante proprietário de camelos, rebanhos, ouro e prata. Tem muitos servos, um dos quais é despachado, carregado de ricos presentes, para encontrar uma noiva para Isaac entre os parentes de Abraão. Eles vivem na região de Harã, cidade na qual o patriarca se estabelecera originalmente. Nessa história, a região é chamada de Aram-Naharaim, o que indica um período posterior à expansão dos arameus, no início do primeiro milênio a.C.

Guiada por Deus, a missão do servo tem sucesso e Rebeca é prometida a Isaac. Há reminiscências de cerimônias de casamentos reais. Rebeca é presenteada com joias e ricas vestes, e aconselhada a deixar a família em direção à terra de seu futuro marido (Gên. 24:53-58). Ela recebe uma bênção (Gên. 24:60) e é conduzida ao encontro do marido, acompanhada de suas servas. Esses fatos lembram a canção do casamento real no Salmo 45:10-17. O clima romântico permeia todo o episódio, em particular a cena final, quando o casal se encontra, com a conclusão de que Isaac amou Rebeca.

Conta-se que, como Sara, mãe de Isaac, Rebeca também era estéril, mas sua infertilidade é curada depois que Isaac ora a Deus (Gên. 25:21) e ela concebe gêmeos. A história repete um tema frequente no mito e na lenda popular: a hostilidade entre gêmeos, mesmo no ventre materno. A narrativa do Gênesis se preocupa em explicar as relações entre dois povos, os edomitas e os israelitas. O primeiro filho de Rebeca e Isaac, Esaú, nasce "ruivo" e "cabeludo", palavras que correspondem aos nomes Edom e Seir (outros nomes de Esaú). O irmão nasce agarrando o calcanhar de Esaú e é chamado Jacó, que significa "o que agarra pelo calcanhar". Pode significar ainda "o que usurpa", que prenuncia o episódio seguinte, no qual Esaú vende a Jacó seu direito de primogênito por um cozido de lentilhas (Gên. 27-34). A história mostra o contraste entre o modo de vida de caçador e o de pastor, mostrando que Esaú não merece assumir a condição legal de primogênito, que ele rejeita com as palavras: "De que me serve a primogenitura?" O cozido em troca do qual ele vende seu direito é vermelho, o que enfatiza de novo a origem do nome Edom.

Mais tarde, Jacó engana Isaac, que está cego e às portas da morte, para receber sua bênção no lugar de Esaú (Gên. 27). A imagem de Jacó como trapaceiro, assim como a rivalidade entre caçador e pastor, colore a narrativa. No mais, a história parece representar uma cerimônia ritual de bênção patriarcal. Existe um momento semelhante em Gênesis 48, quando Jacó abençoa os filhos de José: nessa ocasião, também, o irmão mais novo é preferido ao mais velho. Jacó leva a Rebeca dois cabritos para que ela os prepare para o marido. Ela diz a Jacó para levar o alimento a Isaac e receber sua bênção (Gên. 27:9-10). Jacó engana Isaac cobrindo as mãos e o pescoço com peles para imitar o corpo peludo de Esaú. Isaac apalpa os pêlos e, convencido de que é Esaú que está diante dele, lhe dá sua bênção (Gên. 27:23). As peles provavelmente são usadas na narrativa com a intenção de dar-lhe um toque cômico, mas o episódio preserva a memória de uma cerimônia sacrificial pela qual um filho mais novo se torna herdeiro no lugar do irmão mais velho. A história também revela a força de uma bênção verbal para os antigos israelitas: mesmo quando Isaac sabe que foi enganado, não pode anular a bênção que concedeu, e a única coisa a fazer é compensar Esaú com uma promessa de segunda classe, a da sobrevivência.

Esaú planeja matar Jacó para se vingar, mas Rebeca fica sabendo da ameaça e aconselha Jacó a deixar a casa. Ele foge e inicia uma perigosa jornada — tema comum nas lendas populares de heróis. Como homem designado para levar adiante a linhagem de Israel, Jacó viaja até seus parentes distantes para encontrar uma esposa. Isaac lhe diz para se casar com uma das filhas de Labão, irmão de Rebeca.

## O sonho de Jacó

Jacó parte de Bersabeia para a heróica viagem que constitui a estrutura central de sua história. O primeiro episódio da viagem ocorre em um local inabitado onde ele pernoita (mais tarde, o local seria identificado como uma cidade cananeia existente, Luza). Trata-se de um exemplo de incubação, prática encontrada nas Escrituras Hebraicas e em outras religiões, segundo a qual a pessoa passa a noite em um local sagrado para receber uma visão reveladora. No sonho, Jacó vê o que tradicionalmente se descreve como uma "escada" que alcança o céu, pela qual anjos sobem e descem. A palavra traduzida como "escada" também pode significar "rampa". Sua descrição lembra a Torre de Babel e dá a ideia de um zigurate mesopotâmico (*ver p. 34 e p. 37*). No mito acadiano de Nergal e Ereshkigal, os deuses sobem uma "longa escadaria para o céu", e o relato bíblico da "porta do céu" (Gên. 28:17) encontra paralelo em um texto egípcio que descreve a ascensão ao céu, por uma escada, de um rei morto.

Quando desperta, Jacó ergue um pilar de pedra e derrama óleo sobre ele, em oferenda ao espírito sagrado do lugar. Tais pilares sagrados, conhecidos como menires, eram comuns nos santuários cananeus (*ver fotografia na página ao lado*). Jacó dá ao local o nome de Betel, que significa "Casa de Deus" ou "Casa de El". A Bíblia parece estar consciente do fato de que os patriarcas de Israel na verdade não cultuavam Javé. A história da escada de Jacó, aliada a muitas outras evidências, indica que eles veneravam El, chefe do panteão cananeu, em suas manifestações em vários santuários de Canaã. O episódio é também uma das diversas "lendas de santuário" existentes na Bíblia, que justificam a apropriação israelita dos locais sagrados dos cananeus na Terra Prometida.

A Escada de Jacó, *de William Blake (1757-1828): "E ele sonhou que havia uma escada pousada na terra, cujo topo alcançava o céu; e os anjos de Deus subiam e desciam por ela" (Gên. 28:12).*

**A LUTA DE JACÓ**

**Quando voltava de Harã para Canaã, no vau do rio Jaboque, Jacó encontra um homem que "lutou com ele até o romper do dia" (Gên. 32:24). Hoje se aceita que esse "homem" era o espírito guardião do vau. Passar de uma região para outra era um movimento muitas vezes considerado perigoso, e acreditava-se que os cruzamentos eram assombrados por espíritos do mal ou demônios. A história foi na origem uma lenda local, que pode ter sido associada a Jacó devido à semelhança sonora entre os nomes Jacó (também grafado "Jacob") e Jaboque (que também se escreve "Jaboc").**

**Quando o dia nasce, o homem quer partir: a ideia de que um espírito perca poder ao amanhecer e precise partir é muito comum no mito e no folclore. Antes que Jacó o deixe partir, o homem lhe dá um novo nome, Israel, que, segundo se explica, significa "aquele que luta com Deus". Saber o nome de alguém é um passo para controlá-lo, o que explica por que Jacó se recusa a dizer quem é. Jacó chama o local do encontro de Fanuel (ou Penuel), "a face de Deus", originalmente um lugar de culto onde os cananeus entravam em contato direto com a manifestação local de El. O espírito desloca o quadril de Jacó, atingindo-o na "articulação da coxa". Essa seria a razão pela qual os israelitas não comem o músculo que cobre a junta da coxa, um tabu não confirmado na Bíblia. "Coxa" pode ser um eufemismo para a região genital, como em Gênesis 24, quando o servo de Abraão faz um juramento colocando a mão "por baixo da coxa" do patriarca.**

*A chamada "Face de Baal", máscara de culto em terracota de c. 1300 a.C., descoberta em Hasor, no norte de Israel. Acreditava-se que ela representava Baal, importante deus cananeu.*

# JACÓ E RAQUEL

Quando Jacó chega à terra onde viviam seus parentes (aqui chamada Paddan-Aram), encontra-se em situação semelhante à do servo que procurava uma esposa para Isaac em Gênesis 24. Seu tio Labão ainda é o chefe da família em Harã, e Jacó encontra a esposa prometida, a bela Raquel, junto a um poço. Mas a partir desse ponto a narrativa segue curso muito diferente. Ao contrário do servo de Abraão, Jacó nada tem a oferecer pela noiva e, para poder receber Raquel, deve trabalhar para Labão por sete anos (Gên. 29:18). O que se segue é uma lenda popular contada com certo grau de humor que atrairia grandes audiências. No curso da história, Labão engana Jacó, Jacó engana Labão e Raquel engana o pai. Labão substitui Lia por Raquel na noite do casamento, justificando seu ato com a alegação de que o costume proíbe a irmã mais nova de casar antes da irmã mais velha. A existência de tal costume é comprovada, mas o pano de fundo pode ser o tema popular conhecido como "a falsa noiva", segundo o qual outra mulher substitui a prometida para evitar os demônios que ameaçam o leito matrimonial. Uma semana depois do casamento de Lia e Jacó, Labão permite que Raquel e Jacó se casem, mas em troca ele terá que trabalhar para o sogro mais sete anos.

Jacó aumenta sua parte nos rebanhos da família com uma mágica quase científica (Gên. 30:37-42), embora a história atribua o resultado a Deus (Gên. 31:9). Ele fica tão rico quanto seu avô Abraão, o que desperta a inveja dos filhos de Labão. Jacó decide voltar em segredo, com sua família e seus bens, para a casa do pai em Canaã. Nessa ocasião, Raquel rouba os deuses da casa do pai, os terafins (Gên. 31:19), pequenas divindades domésticas semelhantes aos lares e penates dos romanos. Seu motivo não é claro, mas supõe-se que o furto fosse um costume dos hurritas, povo descoberto em um documento legal da cidade de Nuzi de c. 1400 a.C. De acordo com uma interpretação desse documento, a posse dos deuses do lar conferia o direito de herança. Mas o significado do texto de Nuzi é polêmico, e é possível que o terafim oferecesse apenas garantia de segurança, prosperidade e, talvez, fertilidade a seu possuidor.

O ato de Raquel remete a outro exemplo do tema do "risco da mulher ancestral" (*ver texto lateral, p. 38*). Quando Labão queixa-se do roubo a Jacó, ele, sem saber que Raquel roubara os deuses, impõe a pena de morte ao ladrão desconhecido (Gên. 31:32). Raquel evita o perigo com outro estratagema: esconde os ídolos na sela de um camelo e senta-se sobre ela, fingindo estar menstruada. Por isso, tem de ser mantida afastada: "Não te zangues, meu senhor, por eu não poder levantar-me em tua presença, pois estou com as regras das mulheres" (Gên. 31:35). Labão busca em vão uma prova e Jacó o recrimina pelo que considera falsa acusação (Gên. 31:36-42).

A sequência do episódio indica o que realmente está por trás dessa história de hostilidade familiar. Labão e Jacó fazem uma aliança, que ratificam erguendo uma coluna e uma pilha de pedras, às quais dão nomes, em aramaico e em hebraico, que significam "a pilha do testemunho". A divindade entronizada nas pedras, como em Betel (*ver p. 45*), é testemunha e fiador do pacto. Aqui há um paralelo com as *kudurrus*, pedras fronteiriças que carregam símbolos das divindades protetoras. Como mostra a narrativa, elas deviam demarcar a fronteira entre o território arameu e israelita. O relato é um sinal da política adotada em período muito posterior, quando, apesar da antiga ligação étnica entre os dois povos, a expansão dos arameus significou ameaça séria e duradoura aos reinos de Israel.

## As 12 tribos de Israel

O relato do nascimento dos 12 filhos de Jacó durante sua permanência em Paddan-Aram promove a união de grupos independentes, que se aliam para formar a posterior nação de Israel. No antigo Oriente Próximo, os laços de sangue eram os mais estreitos vínculos de união, e assim a história dá às 12 tribos de Israel um ancestral comum, Jacó. Benjamim, o décimo segundo filho, nasce depois que a família volta a Canaã (Gên. 35:16-18), embora seu nascimento seja antecipado na oração de Raquel: "Possa o Senhor conceder-me mais um filho" (Gên. 30:24).

O sistema das 12 tribos pode não ter surgido na época dos patriarcas, seja ela qual for (os patriarcas representam uma única família, e não grupos de famílias ou tribos), e provavelmente nem mesmo no primeiro período do assentamento israelita em Canaã. É mais provável que ele date da época em que Israel se tornou um Estado organizado. Mesmo então, sempre permaneceu em boa medida um sistema teórico. Os nomes das tribos na origem nomeavam locais da Palestina, mas no Gênesis se tornam nomes de pessoas (da mesma forma, os nomes das cidades no norte da Mesopotâmia designaram os membros da família de Abraão; *ver p. 37*). Os nomes dos patriarcas tribais têm todos etimologia popular, que de forma alguma corresponde à realidade histórica.

Os filhos são gerados por quatro mães diferentes: Lia, Raquel e suas respectivas escravas, Zelfa e Bala (*ver árvore genealógica abaixo*). Raquel é o primeiro e grande amor de Jacó, que mostra especial afeição pelos filhos gerados por ela, José e Benjamim, os mais novos de todos. Um deles, José, mais tarde conquistará grande fama (*ver pp. 48-51*). Há registro de uma filha de Jacó, Dina, gerada por Lia. A história do estupro de Dina e da vingança de seus irmãos é contada em Gênesis 34 (*ver texto lateral, p. 49*).

A curiosa história das mandrágoras de Rúben (Gên. 30:14-16) parece derivar da crença de que essas plantas permitiram a Raquel conceber seu primeiro filho, José, o que aconteceu logo depois do episódio (Gên. 30:22). O tubérculo da mandrágora lembra a forma humana, e em muitas culturas se acreditava que ela possuía poderes afrodisíacos e ajudava a fertilidade. O termo hebraico para "mandrágora" está associado ao verbo "amar".

| Jacó e Lia | Jacó e Bala | Jacó e Zelfa | Jacó e Raquel |
|---|---|---|---|
| Rúben | Dan | Gad | José |
| Simeão | Neftali | Aser | Benjamim |
| Levi | | | |
| Judá | | | |
| Issacar | | | |
| Zabulão | | | |
| Dina | | | |

*Esta árvore genealógica mostra os filhos de Jacó com suas quatro parceiras, Lia, Bala, Zelfa e Raquel. De acordo com a Bíblia, cada filho foi ancestral de uma das tribos de Israel, com exceção de José (cujos filhos, Efraim e Manassés, deram origem a duas tribos) e de Levi (cujos descendentes eram sacerdotes).*

*Estatueta de argila da fertilidade que pode representar a deusa cananeia Astarte (c. 1300 a.C.). As divindades do lar, ou terafins, que a ainda estéril Raquel rouba em Gênesis 31, talvez fossem figuras semelhantes a esta, cuja posse traria fertilidade (*ver texto principal*).*

# JOSÉ

As sagas de Abraão e de Jacó foram construídas a partir de uma variedade de tradições, mitos explanatórios e lendas locais que podem ter passado por sucessivos estágios de composição. Entretanto, a história de José, que ocupa os últimos 14 capítulos do Gênesis, é obra de um único autor, e é mais bem definida como conto ou novela histórica, já que revela considerável talento literário.

Foram frequentes as tentativas de descobrir a localização histórica do relato, investigando se os costumes egípcios nela mencionados são característicos de um determinado período da história do país. A alta posição alcançada por José (*ver pp. 50-51*), em particular, é uma circunstância que tem sido atribuída à época dos hicsos (c. 1670-1562 a.C.), governantes estrangeiros do Egito, sob os quais um não egípcio poderia ter ganhado proeminência. Mas a história de José não dá o nome de nenhum faraó, e o conservadorismo da sociedade egípcia manteve as mesmas crenças e costumes praticamente imutáveis ao longo de muitos séculos. Entretanto, argumentou-se recentemente que alguns dos aspectos culturais presentes na história do Gênesis não devem ter existido antes do fim do primeiro milênio a.C. Além disso, é difícil estabelecer uma ligação inquestionável entre a narrativa de José e um período específico da história egípcia.

Embora seja fascinante relacionar a história de José com fatos históricos, isso seria desviar-se da natureza e do verdadeiro propósito do relato bíblico. No cerne da narrativa percebe-se o tema popular do personagem insignificante, neste caso um dos dois filhos mais novos de Jacó, que alcança a grandeza. O mesmo tema reaparece na história da unção de Davi como futuro rei dos israelitas (1 Samuel 16:1-13; *ver pp. 80-81*). A história de José também pode ser vista como parte da literatura de sabedoria (*ver pp. 126-127*). Ela ilustra os ensinamentos bíblicos sobre a divina providência e a retribuição, e José pode ser comparado a Daniel, que é um homem sábio e intérprete de sonhos (*ver pp. 134-137*). A narrativa usa vários temas que caracterizam a saga dos patriarcas como um todo: a rivalidade entre irmãos e a reconciliação final; o nascimento dos filhos e a troca do primogênito; o exílio e o retorno. Este último tema é expresso em particular nas palavras de José ao morrer (Gên. 50:24), que prenunciam a fase seguinte da história dos israelitas.

**DIVINAÇÃO**

**Nem todos os sonhos têm significado evidente como os de José parecem haver tido (*ver quadro na página ao lado*). Quase sempre, eles contêm estranhas imagens e aparentes presságios que o sonhador não consegue entender e que causam nele profunda ansiedade, como acontece com o copeiro e o padeiro do faraó (Gên. 40), e com o próprio faraó (Gên. 41). Intérpretes de sonhos eram muito conhecidos e procurados em todo o Oriente Próximo para esclarecer o significado dos sonhos. O faraó tinha muitos desses intérpretes. Um papiro do período do Novo Império (c. 1540-1070 a.C.) oferece uma chave para a interpretação dos sonhos.**

**José possuía uma taça de prata "para adivinhação" (Gên. 44:5). Isso indica que ele é também um adivinho profissional, praticante da leconomancia, adivinhação por meio de óleo lançado na água.**

Acima e na página ao lado: Cenas da Vida de José, *de Giovanni di Bartolommeo (1483-1511)*. Da esquerda para a direita: *Jacó envia José a seus irmãos (Gên. 37:14); José é vendido aos madianitas (37:28); com a mulher de Putifar (39:12); e na prisão (39:20-21).*

## José e seus irmãos

As histórias de José e seus irmãos correm paralelas até a ascensão de José ao poder no Egito. A abertura da história relata que, aos 17 anos, ele é o preferido de Jacó, que o veste com "uma túnica de mangas longas" — e não um "manto de muitas cores" como em algumas versões — feita para ele (Gên. 37:3). Em 2 Samuel 13:18, "uma túnica de mangas longas" era a vestimenta de uma princesa, de modo que Jacó podia estar conferindo condição quase real ao filho, o que o colocava acima dos irmãos. Isso introduz o tema da veste especial de José como indicativa de sua posição, que o autor segue ao longo de todo o resto da narrativa. O favoritismo de José provoca o ciúme dos irmãos: "eles o odeiam, e não conseguem falar com ele de maneira pacífica".

O mesmo quadro é apresentado no episódio seguinte, que relata dois sonhos de José (Gên. 37:5-11). (Essa duplicidade é característica da narrativa: mais tarde, os sonhos encontram paralelo nos dois sonhos dos servos do faraó e nos dois do próprio faraó.) José sonha que os irmãos estão no campo atando feixes: seu feixe está ereto, enquanto os outros se curvam diante dele. No segundo sonho, o sol, a lua e 11 estrelas se inclinam diante dele. Nas Escrituras Hebraicas, os sonhos não são fantasias nem ilusões, mas realidades que indicam a natureza íntima do sonhador. José tem sonhos de rei, algo que só pode acontecer a alguém que é de fato rei. Assim, o que acontece mais tarde, quando José é o governante do Egito e seus irmãos se prostram diante dele, não constitui surpresa.

Os sonhos revelam aos irmãos que José almeja ser rei, e eles resolvem matá-lo para evitar que se torne seu governante. Entretanto, Judá pede misericórdia, "porque ele é nosso irmão, nossa própria carne". Os outros concordam, e vendem José a mercadores madianitas a caminho do Egito (Gên. 37:28).

Então, apresentam a Jacó a túnica de mangas longas como prova da morte de José. No Egito, os madianitas vendem José a Putifar, capitão da guarda real. Mais tarde, ele é elevado a um cargo de grande poder, abaixo apenas do próprio faraó (*ver pp. 50-51*). A humilhação inicial de José pelos irmãos causa sua grandeza final.

### O FIM DA JORNADA DE JACÓ

A volta de Jacó a Canaã (Gên. 33-37) fecha sua trajetória e a de seu irmão Esaú. Como Ismael (*ver p. 42*), Esaú não é visto sob uma óptica totalmente desfavorável no Gênesis. Quando reencontra Jacó, trata o irmão com magnanimidade, e a divisão territorial entre eles é amigável. A importância de Esaú como ancestral dos edomitas se revela na lista de seus 80 descendentes.

Dos patriarcas, Jacó era ligado à Palestina central e à Transjordânia, enquanto Abraão e Isaac representavam um grupo mais ao sul. De acordo com Gênesis 33:18, Jacó é relacionado a dois importantes santuários do norte, primeiro Siquém, depois Betel. Mais altares são construídos nesse locais sagrados que originalmente pertenciam aos cananeus. Há mais duas histórias. Uma, relatada em Gênesis 34, conta o ataque violento de dois filhos de Jacó a Siquém, seguido do estupro de Dina, filha de Jacó e Lia. Esse parece ser um episódio de conflito com a população nativa em uma época em que grupos que mais tarde formariam Israel ocupavam o território. O outro episódio, em Gênesis 35, descreve a jornada de Jacó de Siquém a Betel. Ele se prepara para isso enterrando os "deuses estrangeiros", como os terafins de Raquel (*ver p. 46*), sob a árvore sagrada em Siquém. O autor bíblico acreditava que o culto de Javé tinha que ser expurgado de elementos estrangeiros. Porém, um culto como esse de fato existiu: em vários santuários, os arqueólogos encontraram estatuetas de divindades que foram deliberadamente enterradas, embora não se saiba por quê.

Finalmente, Jacó e sua família são mostrados viajando em paz pelo país até se estabelecer em Hebron, terra de Isaac. Isaac morre aos 180 anos, e a narrativa passa à história dos filhos de Jacó.

Continuação da página ao lado: *Os irmãos diante de José, alto oficial do faraó (Gên. 45); os jumentos dos irmãos são carregados para a viagem de volta (44:1); a descoberta da taça de José no saco de Benjamim (44:12).*

# JOSÉ NO EGITO

Assim como o levaram à escravidão, os sonhos de José foram a causa direta de sua ascensão a uma posição suprema no Egito. Durante sua prisão (*ver quadro abaixo*), José explica os sonhos de dois servos do faraó (Gên. 40). Sua capacidade de interpretar sonhos chega ao conhecimento do monarca, que havia tido dois sonhos muito nítidos, mas enigmáticos (Gên. 41); José diz ao faraó que seus sonhos pressagiam sete anos de fartura, seguidos de sete anos de fome. Sugere medidas para aliviar os efeitos da fome, e o faraó, impressionado, o encarrega do esforço de socorro e lhe concede enormes poderes "sobre toda a terra do Egito" (Gên. 41:43). Embora a enchente anual do Nilo garantisse a prosperidade agrícola, a fome não era desconhecida na vida egípcia. Uma inscrição de cerca de 100 a.C. fala de uma fome de sete anos causada pela inexistência das cheias do Nilo no reinado do faraó Djoser, que reinou por volta do século XXVIII a.C. O propósito dessa inscrição era justificar a reivindicação de um grupo de sacerdotes à isenção do imposto sobre a propriedade. Privilégio semelhante é encontrado na história de José: quando os egípcios entregam todas as suas propriedades ao faraó por causa da fome, os sacerdotes são isentos (Gên. 47:22).

Quando a fome chega, não se limita ao Egito, mas espalha-se pelo mundo, e Jacó manda dez de seus filhos de Canaã ao Egito para obter grãos dos celeiros desse país. A narrativa do encontro de José com seus irmãos passa a ser entremeada com o relato de sua ascensão ao poder. Quando chegam ao Egito, os irmãos não percebem que o alto oficial é José (que está no mínimo 20 anos mais velho e fala por meio de um intérprete). Mas ele os reconhece, e as intricadas cenas em que a história é narrada representam o plano de José para reunir no Egito toda a sua família, agora muito aumentada. Ele quer que eles partilhem o sucesso que sua riqueza e sua posição tornaram possível.

## Judá, Tamar e a mulher de Putifar

Dois episódios na história de José se destacam na narrativa principal de sua ascensão e de sua relação com os irmãos. O primeiro é o relato sobre o irmão de José, Judá, e a viúva que é nora de Judá, Tamar, relatada em Gênesis 38, logo depois que José é levado ao Egito. No episódio, Judá confunde Tamar, que tinha o rosto coberto por um véu, com uma prostituta e tem relações com ela. Ela engravida de gêmeos e é denunciada como adúltera, até que revela a identidade do pai dos meninos, que admite seu erro. O episódio contém vários dos temas recorrentes na história dos patriarcas: a superação da infertilidade, o nascimento de gêmeos, a perda da primogenitura e problemas com a população cananeia. Ele tem sido visto como inserção, mal colocada, de um período anterior. Entretanto, pouco antes da história, Judá salva José da morte (Gên. 37:26-27), de modo que o autor bíblico talvez tenha julgado apropriado contar uma história de Judá a essa altura.

O segundo episódio é a tentativa da esposa de Putifar, chefe da guarda real e seu primeiro patrão no Egito, de seduzir José (Gên. 39). O autor pode ter utilizado uma famosa história egípcia chamada "A Lenda dos Dois Irmãos". Nela, o irmão mais velho é casado e o mais jovem trabalha como seu servo. Um dia, quando o jovem faz suas tarefas, a cunhada tenta seduzi-lo. Ele a rejeita, e quando o marido volta ela acusa seu irmão de estupro. A história bíblica tem enredo quase idêntico, exceto pelo fato de José ser aprisionado até sua repentina ascensão ao poder sob o faraó. Na lenda egípcia, o acusado consegue convencer o marido de sua inocência, e os irmãos se reconciliam.

Entretanto, antes da reconciliação final, José prega uma peça nos irmãos, uma justa retribuição por seu comportamento passado, e a narrativa aumenta habilmente o suspense antes do final feliz. Finalmente, José revela sua identidade aos irmãos (Gên. 45:4) e, para acalmar seus temores, oferece uma explicação teológica para a má ação deles. Deus foi responsável por sua viagem ao Egito, não seus irmãos. Deus enviou-o à frente dos irmãos "para preservar a vida" e "garantir vossa sucessão". A região do Egito onde os israelitas se estabelecerão, a terra de Gessen, lhes é concedida (Gên. 45;10), e será sua morada até o Êxodo.

A última parte da história de José (Gên. 48-50) se concentra na morte de Jacó e do próprio José. No leito de morte, Jacó é mais uma vez mostrado como grande fonte de bênçãos. Abençoa os dois filhos de José, como sempre preferindo o mais novo, Efraim, ao mais velho, Manassés. Então profere um longo poema, no qual prevê o destino, nem sempre feliz, de cada uma das 12 tribos. Quando morre, seu corpo é embalsamado à maneira dos egípcios e levado por José a Canaã, para repousar na cova no campo de Macpela, que Abraão comprara para ser a sepultura da família.

José retorna ao Egito, onde vive por muitos anos. O Gênesis termina, significativamente, com suas últimas palavras, que traçam o futuro da nação israelita: "Então disse José a seus irmãos: 'Estou morrendo, mas Deus virá a vós e vos conduzirá desta terra à terra que prometeu a Abraão, a Isaac e a Jacó' ".

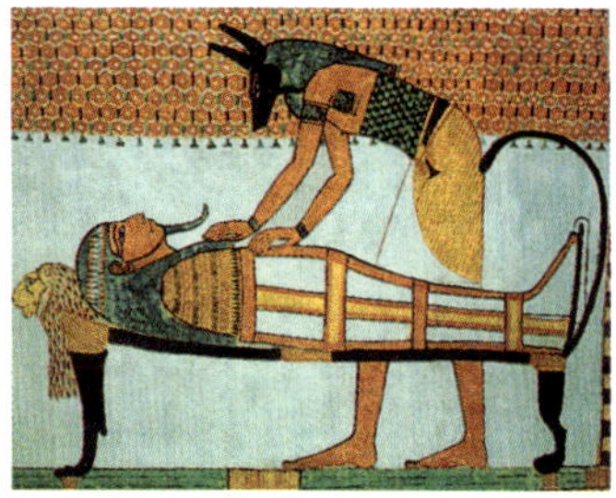

*Anúbis, deus egípcio do embalsamamento, prepara um corpo para o enterro, em uma pintura mural de c. 1300 a.C. O embalsamamento era prática comum no Egito. A Bíblia diz que, depois de sua morte, José "foi embalsamado e colocado em um caixão no Egito" (Gên. 50:26).*

## Elementos egípcios na história de José

Existem muitas informações genuinamente egípcias na narrativa da ascensão de José ao poder. Várias palavras egípcias são usadas, como o grito "*Abrek!*", proferido diante do carro de José (Gên. 41:43). Essa palavra costuma ser traduzida por algo como "dobra o joelho", embora seu significado exato seja incerto. O novo nome dado a José, Safenat Fanec (Gên. 41:45), é genuinamente egípcio, assim como o nome de sua noiva, Asenet, do pai dela, Putifar, e da cidade de seu sogro, On. Mais conhecida pelo nome grego que recebeu mais tarde, Heliópolis, On era centro do culto ao sol e famosa por seus obeliscos.

O faraó confere a José "autoridade sobre minha casa", frase que parece ser tradução direta do título do mais alto cargo da administração egípcia, que é corretamente qualificado no relato bíblico como inferior apenas ao do faraó. O faraó diz a ele: "Sem teu consentimento, ninguém erguerá mão ou pé em toda a terra do Egito" (Gên. 41:44). José recebe o anel do faraó e uma corrente de ouro (Gên. 41:42): esse é o costume para os altos funcionários egípcios, atestado em um texto do reinado de Ramsés II (c. 1279-1212 a.C.). José mais tarde adquire toda a terra do Egito para o faraó (Gên. 47:20), o que parece refletir a situação durante o Novo Império (c. 1540-1070 a.C.), quando o país se tornou um reino despótico e tudo era confiscado pelo faraó.

Esses detalhes, porém, não indicam com certeza nenhum período particular da história egípcia (*ver p. 48*). Nem tudo o que é relatado sobre os costumes egípcios na história de José é preciso. Por exemplo, conta-se que "os egípcios não podiam comer com os hebreus, porque isso era uma abominação para os naturais do país" ( Gên. 42:32) e que "todo pastor de ovelhas é abominado pelos egípcios" (Gên. 46:34). Mas não há fundamento para essas afirmações em fontes egípcias.

# III MOISÉS

*O Êxodo, o Levítico, o livro dos Números e o Deuteronômio são dominados por um homem: Moisés. Quase não há dúvida de que Moisés existiu na realidade, embora de condição mais humilde. Originalmente, pode ter sido uma figura local importante, talvez membro da tribo de Levi, que atuava na região de Kadesh-Barnea, no extremo sul de Canaã. Na Bíblia, é transformado num líder de Israel e ganha grande importância teológica. Como representante divino, é por seu intermédio que Deus age para determinar para todo o sempre o caráter e a estrutura da nação de Israel. A trajetória de Moisés transcende uma determinada época histórica, e ele surge como a fonte humana das características fundamentais e das instituições na vida de Israel: o culto de um Deus único, Javé; a Aliança; a Lei; a profecia, a realeza e o sacerdócio.*



## A FIGURA DE MOISÉS

Moisés ganha destaque pela primeira vez durante a opressão dos judeus no Egito, descrita no início do livro do Êxodo. Essa opressão teria ocorrido sob o faraó Ramsés II (c. 1279-1212 a.C.), e o Êxodo propriamente dito, sob seu filho e sucessor Merneptah (c. 1212-1204 a.C.; *ver quadro, p. 58*). Ramsés foi um grande construtor, que fundou a cidade de Pi-Ramsés no leste do delta do Nilo. De acordo com Êxodo 1:11, Pi-Ramsés foi construída com o trabalho forçado dos israelitas. Entretanto, os antecedentes históricos de Moisés não parecem ser a preocupação principal da Bíblia. O faraó, não nomeado na narrativa, é apresentado como o opressor típico, mas seus atos parecem improváveis, em especial o desejo de exterminar sua imensa força de trabalho escravo hebraica, como narra Êxodo 1:15-22.

O relato da opressão egípcia é construído em três fases de crescente crueldade. Seu propósito é abrir caminho para o surgimento da figura heroica de Moisés. Depois da morte de José e seus irmãos (*ver pp. 50-51*), seus descendentes multiplicam-se no Egito (Êx. 1:7). Um novo faraó, alarmado com seu crescimento e força, os escraviza. Mas o número deles cresce ainda mais, de modo que o faraó instrui as parteiras hebreias, Sefra e Fua, a matar todos os recém-nascidos judeus do sexo masculino (a narrativa usa o número dois mais como recurso de narrativa do que como uma pretensão séria de que toda a população hebraica só contasse com duas parteiras). As parteiras desobedecem à ordem, mas o faraó ordena que todos os recém-nascidos judeus do sexo masculino sejam atirados no Nilo (Êx. 1:22).

Nesse ponto nasce Moisés, cujos pais são da casa de Levi, mais tarde chamados de Amram e Jocabed. A mãe mantém o nascimento secreto até não poder mais esconder o bebê, que é então deitado em uma cesta e colocado entre os juncos à margem do Nilo. A irmã de Moisés, Míriam (só nomeada em Êx. 15), vê quando a filha do faraó encontra a criança e percebe que se trata de um bebê judeu. Míriam vai até a princesa e se oferece para encontrar uma ama hebreia para a criança. Essa ama é a própria mãe de Moisés, que cria o menino. Ele é mais tarde adotado pela princesa, que lhe dá o nome de Moisés (Êx. 2:10). Moisés é um nome egípcio, que significa "filho de", terminação de nomes como Tutmósis. Mas o narrador não conhecia a verdadeira origem do nome e criou a história de forma a justificar sua explicação, como muitas vezes ocorre na Bíblia. O autor deriva o nome (Mosheh, em hebraico) da palavra hebraica *mashah*, "tirar", uma referência ao fato de Moisés ter sido tirado das águas do Nilo.

Há paralelos dessa história em muitas culturas, como a lenda do rei Sargão, da Assíria (c. 2334-2279 a.C.), concebido em segredo, colocado em um cesto de vime e lançado no rio. Ele foi resgatado por um certo Akki, "o tirador de água", que o adotou como filho. No devido tempo, Sargão recebe o favor divino e se torna um grande governante. A história de Moisés se concentra nos temas lendários e não resolve questões contraditórias como a existência de uma irmã mais velha, se ele é o primeiro filho de seus pais.

*O faraó Ramsés II (reinou em 1279-1212 a.C.) vestido para a guerra. Ele tem sido apresentado como o déspota que iniciou a opressão dos israelitas, de acordo com o Êxodo.*

*Plantas de papiro desenhadas em uma peça de cerâmica egípcia de c. 1350 a.C. Muitos artistas europeus presumiram que os "juncos" sobre os quais Moisés foi depositado (Êx. 2:3) fossem de taboa, mas provavelmente eram de papiro.*

## Moisés em Madiã

Moisés é criado na casa real egípcia, mas, na primeira juventude, torna-se consciente do infortúnio de seu povo. Mata um egípcio por bater em um judeu (Êx. 2:12) e foge para Madiã, no lado leste do golfo de Aqaba. A estada de Moisés em Madiã segue a lenda popular da fuga do herói para o deserto e sua volta posterior à terra em que seu destino o aguarda. O encontro de Moisés com as filhas de um sacerdote de Madiã junto a um poço (Êx. 2:15-17) é tema que aparece também na história de Isaac e de Jacó (Gên. 24 e 29). Como nessas ocasiões, o encontro leva ao casamento do herói e ao nascimento de um filho.

O casamento de Moisés na família do sacerdote madianita mostra que o autor bíblico tinha consciência da estreita ligação étnica entre Madiã e Israel. O sogro de Moisés (chamado de Jetro, Raguel ou Hobab) é descrito em Juízes 1:16 e 4:11 como um quenita, descendente de Caim (*ver pp. 30-31*). A "marca" que Deus coloca em Caim (Gên. 4:15) pode significar que os quenitas se destacavam de seus vizinhos como adoradores de Javé: em Êxodo 18 ele preside uma festa sacrificial a que os israelitas comparecem e depois instrui Moisés na administração da justiça. A montanha onde o nome de Javé é revelado a Moisés (*ver p. 54*) parece ficar na região dos madianitas, ou quenitas. Alguns estudiosos concluíram que os madianitas foram os primeiros devotos de Javé e que os israelitas herdaram deles esse culto depois de abandonar o Egito. Mas essa teoria cria muitos problemas, porque Javé está envolvido nos acontecimentos ocorridos não só durante o Êxodo, mas também antes dele. Talvez o máximo que se possa dizer seja que os madianitas ou quenitas tinham uma tradição, que se reflete na Bíblia, e que compartilharam um culto com os israelitas.

# A SARÇA ARDENTE

Durante a permanência em Madiã (*ver p. 53*), Moisés sobe ao monte Horeb (Êx. 3), onde encontra Deus na forma de uma sarça ardente. Deus revela seu verdadeiro nome, Javé, que geralmente é apresentado como SENHOR na Bíblia. Ele conclama Moisés a voltar ao Egito e liderar seu povo, libertando-o da escravidão e guiando-o à Terra Prometida de Canaã.

A revelação do nome de Javé provavelmente se refere à adoção de uma nova divindade, mas a Bíblia enfatiza que o ser que fala a Moisés é "o Deus de Abraão, o Deus de Isaac e o Deus de Jacó". Quando Moisés pergunta a Deus o seu nome, ele responde: "Sou quem sou", aparentemente uma explicação do nome divino (Êx. 3:14). Muito se tem discutido sobre o verdadeiro significado dessa frase enigmática, que também pode ser traduzida por "Sou o que sou" ou "Serei o que serei". Muito dessa discussão pode ser irrelevante, porque Deus, como muitos seres divinos, reluta em dizer seu verdadeiro nome (como no encontro de Jacó no vau do rio em Gênesis 32), e "Sou quem sou" é uma resposta negativa à pergunta de Moisés. O verbo hebraico "ser", "*hayah*", tem som semelhante ao nome "*Yahweh*", e a narrativa habilmente faz a ligação (Êx. 3:14-15): Deus diz "Sou quem sou", depois "Eu sou" (uma palavra única em hebraico) e afinal revela o nome *Yahweh* (Javé). Essa passagem pode representar parte da liturgia de um antigo ritual de iniciação ao culto.

Deus garante a Moisés que permanecerá com ele e, usando uma fórmula muito conhecida no Oriente Próximo para a escolha de um mensageiro, envia-o ao faraó (Êx. 3:18). Essa fórmula era usada também quando uma pessoa era convocada como profeta (1 Reis 18:1), e a tradição profética dos hebreus provavelmente influenciou o chamado de Moisés. Deus dá poder a Moisés, como fez aos profetas posteriores, para demonstrar a divina origem de sua missão através de vários sinais miraculosos. As objeções que Moisés apresenta em Êxodo 4 são levantadas também por outros profetas diante do chamado divino.

O episódio do monte Horeb é em parte uma lenda de santuário: segue o padrão pelo qual um local sagrado é legitimado pela manifestação de uma deidade. "O anjo do Senhor" que aparece na sarça ardente significa a presença visível de Deus, que os israelitas acreditavam capaz de se manifestar em uma coluna de fogo (*ver ilustração, p. 26*).

## Aarão

Na sarça ardente, Aarão aparece pela primeira vez como irmão de Moisés e seu porta-voz. Nas primeiras partes do Pentateuco (os primeiros cinco livros da Bíblia), ele é mostrado como auxiliar de Moisés, que com ele divide a liderança no Êxodo e nas perambulações no deserto, e há sinal de que ele exerce funções sacerdotais específicas. Antes, Aarão pode ter desempenhado papel diferente, ou mesmo independente, nesses acontecimentos, talvez por força de fontes que o mostram a uma luz desfavorável por causa de sua oposição a Moisés. Mas ele é evidentemente subordinado a Moisés e exibe muitas das características do grande líder: também tem um cajado milagroso, com o qual provoca as pragas do Egito; ele e Moisés enfrentam a hostilidade dos israelitas; ambos são proibidos de entrar na Terra Prometida; e ambos morrem em uma montanha fora dela.

As últimas partes do Pentateuco dão a Aarão maior proeminência como fundador do ofício sacerdotal de Israel e da única linha verdadeira. Em particular, Aarão representa o alto sacerdote e sua posição como chefe do Templo de Jerusalém depois do Exílio. Em Êxodo 28, a consagração de Aarão com as vestes e regalias de um alto sacerdote é descrita em detalhes.

Moisés e a Sarça Ardente, *de um manuscrito francês ilustrado de c. 1210. A imagem ilustra Êxodo 3:5: "Então ele disse: 'Não te aproximes, tira as sandálias de teus pés, porque o lugar que pisas é terra santa'".*

## Esposo sanguinário

Depois que Moisés e sua família voltaram ao Egito (Êx. 4:20), acamparam por uma noite em um lugar no qual parece que Javé tentou matar Moisés. O episódio (Êx. 4:24-26) é muito misterioso e de difícil interpretação, sem dúvida porque o narrador bíblico não conhecia mais seu verdadeiro significado. Parece ser fragmento de uma antiga tradição independente e revela aspectos arcaicos, como a representação de Javé como demônio noturno hostil e o uso de uma pedra pontiaguda na circuncisão. Embora se faça alusão a Moisés em todo o contexto, seu nome não aparece no texto hebraico do episódio. A princípio, a ameaça era provavelmente a seu filho mais velho, que escapara da morte ao ser circuncidado. A ameaça de Deus de matar o primogênito do faraó precede a história, e no pensamento israelita a vida do primogênito macho pertencia a Deus.

A narrativa revela a importância que a circuncisão tinha como rito de puberdade e preparação para o casamento. A mulher de Moisés, Séfora, toca os pés dele (possivelmente um eufemismo para os genitais) com a testa, dizendo: "Certamente tu és um esposo de sangue para mim". A história explica a origem de um rito chamado "noivado de sangue pela circuncisão".

# MOISÉS, AARÃO E AS DEZ PRAGAS

No monte Horeb (*ver p. 54*), Deus encarrega Moisés de levar os israelitas do Egito para Canaã, a Terra Prometida. Obedecendo à ordem, Moisés e seu irmão Aarão enfrentam o faraó em Êxodo 5. Entretanto, nesse momento eles só requerem que aos israelitas seja permitido fazer uma viagem de três dias ao deserto para celebrar uma cerimônia em honra de seu Deus. Mais uma vez, isso implica que pode ter havido ligação entre os israelitas no Egito e grupos de etnias próximas, como os quenitas, ou madianitas, que viviam em regiões desérticas no extremo sul da Palestina (*ver p. 53*). Pode ser significativo o fato de que a Bíblia se refere à divindade como "o Deus dos hebreus" (Êx. 5:3), termo de sentido mais amplo que apenas "o Deus dos israelitas".

O primeiro encontro com o faraó é infrutífero e só traz dificuldades aos israelitas (Êx. 5:4-21). Moisés se queixa a Deus, que mais uma vez revela seu nome, Javé (Êx. 6:3). Nessa passagem, em geral atribuída ao autor bíblico sacerdotal P (*ver p. 9*), Deus garante a Moisés e Aarão que sua promessa de libertação será mantida. Ele diz que não apareceu a Abraão, Isaac e Jacó como Javé, mas como "Deus Todo-Poderoso", "*El Shaddai*" em hebraico. Esse título provavelmente significa "El das montanhas", o que confirmaria a hipótese de que os patriarcas veneravam o Deus supremo dos cananeus, El (*ver p. 72*). O epíteto Shaddai é atestado em inscrições em aramaico dos século IX ou VIII a.C., em Deir Alla, na Transjordânia.

Moisés e Aarão voltam ao faraó e de novo lhe pedem que deixe partir os israelitas. Deus ordena a Aarão que dê um sinal ou presságio que convença o monarca de que seu pedido vinha de Deus. Aarão entra em competição com os magos do faraó. Transforma seu cajado em serpente, feito que é logo copiado pelos magos egípcios, mas a serpente de Aarão devora as de seus adversários (Êx. 7:8-12; *ver também texto lateral na página ao lado*). O feito de Aarão não demove o faraó, e então Deus ordena a Moisés que transforme as águas do Egito em sangue. Aarão faz isso brandindo seu cajado, mas os egípcios repetem o milagre e o faraó não se impressiona. Por intermédio de Moisés e Aarão, Deus envia mais pragas: rãs, piolhos, moscas, pestilência no gado, sarna, gafanhotos e chuva de granizo. A cada praga, o faraó permanece impassível ou cede e promete libertar os israelitas, mas logo volta atrás em sua palavra. Só depois da décima e mais drástica praga, a morte de todos os primogênitos dos egípcios, o faraó se convence do poder de Deus. Chama Moisés e Aarão e não apenas lhes promete libertar os israelitas, mas ordena aos irmãos que conduzam seu povo para fora do Egito (Êx. 12:31).

Acredita-se que a narrativa sobre as pragas representa uma combinação dos trabalhos dos dois autores bíblicos J e P (*ver p. 9*), que a princípio falaram de sete pragas, número que aparece no Salmo 105. De acordo com um dos autores, é Moisés que brande seu cajado para provocar as pragas. O outro autor dá maior proeminência a Aarão, que usa seu cajado na disputa com os magos egípcios. Durante a epidemia de sarna (que originalmente era a quarta e principal praga), os magos egípcios são infectados de úlceras e tornam-se impuros para o ritual, de modo que precisam se retirar. As duas fontes talvez tenham sido entremeadas, porque ambas serviam para demonstrar o poder irresistível do Deus dos israelitas, Javé.

*Este desenho, de um antigo relevo egípcio, mostra a figura conhecida como "Set de Ramsés Amado de Amon". Alguns estudiosos dizem que pode representar um mago ao transformar seu cajado em uma serpente que aparece atrás dele.*

As serpentes aparecem em todas as áreas da cultura egípcia. Este tabuleiro de alabastro e jaspe de c. 250 a.C. pertence a um jogo chamado *mehen*.

**O CAJADO DE AARÃO**

Na tradição israelita, o cajado de Aarão (*ver texto na página ao lado*) era venerado como símbolo de sua superioridade. Simboliza também o chamado de Aarão e de seus descendentes ao sacerdócio (*ver p. 54*). Em Números (Num. 17:18) conta-se que Deus busca pôr fim às disputas entre os israelitas e pede a Moisés que obtenha doze cajados, de cada um dos chefes das famílias patriarcais de Israel. O cajado que leva o nome de Aarão, descendente de Levi, produz botões de flores e "amêndoas maduras". (Milagres desse tipo são comuns nas lendas populares.) Por isso, Deus dá a Aarão e seus filhos o controle exclusivo do sacerdócio. O cajado é depositado em um local sagrado.

É significativo que a primeira tentativa de Deus de impressionar o faraó tenha sido transformar o cajado de Aarão em serpente. As serpentes eram símbolos fortes no Oriente Próximo (*ver também p. 29*). No Egito, eram consideradas a encarnação de forças caóticas, e o mago que fosse capaz de controlá-las era muito valorizado.

## Fenômenos naturais

As pragas que Deus envia aos egípcios (*ver texto na página ao lado*) são muitas vezes explicadas como fenômenos naturais que ocorrem vez ou outra no Egito. A primeira praga, por força da qual o Nilo se torna um mar de sangue fétido, pode se referir à ocasional presença de depósitos vulcânicos avermelhados e algas provenientes do Nilo Branco e do Nilo Azul. No relato da sétima praga, a chuva de granizo, o autor observa que o trigo e a espelta não foram destruídos porque não tinham ainda amadurecido (Êx. 9:31-32), o que pode ser uma referência ao plano de plantio anual. A nona praga, as trevas que cobriram a terra, pode se referir às densas nuvens de pó causadas em março pelos ventos quentes do Saara conhecidos como *khamsin*. As graves infestações de rãs, piolhos, moscas e gafanhotos são típicas do norte da África e sem dúvida afligiam o Egito com certa regularidade.

Moisés Invoca a Praga dos Gafanhotos (*Êx. 10:12–13), da Bíblia de Nuremberg de 1483.*

As pragas bíblicas podem refletir memórias de acontecimentos reais, mas têm também significado teológico. As águas do Nilo não se tornam apenas vermelhas, mas se transformam em sangue, que tem profundo simbolismo na Bíblia. Gessen, onde os israelitas viviam, é poupada da chuva de granizo e das trevas, o que mais parece um exemplo do cuidado de Deus com seu povo que um fato real. A excepcional gravidade das pragas é com frequência enfatizada.

As pragas parecem representar o julgamento divino sob a forma de calamidade natural. Há outros exemplos de oráculos que predizem o castigo divino, como o capítulo 4 do Livro de Amós.

# A TRAVESSIA DO MAR

**A PÁSCOA E O PÃO ÁZIMO**
Êxodo 12 e 13 explicam a origem da Páscoa e da Festa do Pão Ázimo. Na origem eram duas celebrações. A Páscoa era festejada com o sacrifício de um animal para expulsar o mal da casa, e podia estar ligada à migração dos nômades pastoris para os pastos de verão. A Festa do Pão Ázimo era uma celebração mais característica da população assentada, uma festa comunitária no início da colheita da cevada, a primeira safra a ser colhida.

A Bíblia junta as duas festas para celebrar o Êxodo. A Páscoa (*Pesah* em hebraico, "passar por") é assim chamada porque Javé ignorou ("passou por") as casas dos israelitas (Êx. 12-27) para protegê-los da décima praga, a morte dos primogênitos (*ver p. 56*). A festa começava com o sacrifício de um cordeiro, prática ainda observada pelos samaritanos (*ver p. 125*). O Êxodo explica que o sangue do sacrifício servia para proteger os primogênitos israelitas da praga divina (Êx. 12:21-23). A Páscoa é comemorada em uma noite de vigília, porque Deus se manteve vigilante para levar seu povo para fora do Egito (Êx. 12:42), seguida de uma semana em que não se come pão fermentado. A falta do fermento é atribuída à partida apressada dos israelitas (Êx. 12:39).

**REIS DA DÉCIMA NONA DINASTIA**
**O Êxodo costuma ser situado na época da décima nona dinastia dos faraós egípcios (*abaixo*), em particular no reinado de Ramsés II, que construiu a cidade de Pi-Ramsés (*ver mapa ao lado*), e de Merneptah. As datas são aproximadas e a.C.**

| | |
|---|---|
| Ramsés I | 1292-1290 |
| Seth I | 1290-1279 |
| Ramsés II | 1279-1212 |
| Merneptah | 1212-1204 |
| Seth II | 1204-1198 |
| Siptah | 1198-1193 |
| Tausert | 1193-1190 |

Depois de libertados da escravidão (*ver pp. 56-57*), Moisés e os israelitas partem da cidade de Pi-Ramsés (*ver mapa na página ao lado*) em direção ao sudeste, levando com eles os ossos de José. Deus parte à frente deles, na forma de uma coluna de nuvens durante o dia e de coluna de fogo à noite, símbolos da divina presença em outras partes da Bíblia. O caminho mais curto para Canaã é "pela terra dos filisteus", mas Deus decide fazer seu povo "rodear o caminho do deserto em direção ao mar Vermelho". Isso desencorajaria os israelitas de voltar se enfrentassem uma guerra (Êx. 13:17) e faria o faraó acreditar que os antigos cativos estavam "errando sem rumo" pelo deserto (Êx. 14:3). Deus estimula os egípcios a perseguir os israelitas, porque, como diz a Moisés, planeja "ser glorificado acima do faraó e de todo o seu exército". Assim fazendo, mostraria aos egípcios que ele é "o Senhor".

O exército egípcio alcança os israelitas no mar Vermelho. Um temor compreensível domina os fugitivos, mas Moisés os acalma: "O Senhor lutará por vós" (Êx. 14:14). Durante a noite, as duas colunas se movem entre os israelitas e os egípcios. Instruído por Deus, Moisés ergue seu cajado, e Deus envia um forte vento leste, que afasta as águas do mar, revelando o fundo. Os israelitas atravessam o mar "por terra seca". O exército egípcio os segue, mas pela manhã Deus semeia o pânico sobre os perseguidores e prende as rodas de seus carros. Moisés ergue seu cajado de novo, e o mar se fecha sobre o exército do faraó.

A travessia do mar é apresentada nos termos do antigo mito da criação (*ver pp. 20-21 e 26-27*), com a divisão das águas e a derrota das forças hostis do caos, representadas pelo exército egípcio. Como muitas outras narrativas da Bíblia, a história deriva de duas fontes, as dos autores J e P (*ver p. 9*). Na tradição J, Javé age sozinho, enquanto em P Moisés tem muito mais proeminência. As duas tradições foram habilmente entrelaçadas para criar uma narrativa coerente, cujo propósito é despertar a fé dos israelitas no guerreiro divino que luta por seu povo. Depois de libertados do jugo do faraó, os israelitas depositam sua fé em Javé e em seu servo, Moisés.

*Tropas egípcias em marcha, escultura em arca de 1990-1786 a.C., de um túmulo em Assiut, no Egito.*

## O trajeto do Êxodo

Acredita-se que os israelitas escaparam cruzando o "mar de Juncos", (em hebraico, *Yam Suf*). Não existe acordo sobre a localização exata desse mar, embora em outros lugares das Escrituras Hebraicas *Yam Suf* se refira ao mar Vermelho. Mas poucos estudiosos acreditam que na história do Êxodo seja o mar Vermelho, e trajetos alternativos têm sido propostos (*ver mapa*). Por exemplo: uma rota norte cruzando o lago Sirbonis; duas rotas centrais, uma pelos pântanos do lago Timsah e outra pelo Pequeno Lago Salgado; e uma rota sul, próxima ao golfo de Suez. O itinerário dos israelitas depois da travessia também é muito discutido.

É impossível identificar com certeza muitos dos lugares da narrativa, e a própria Bíblia parece não ser coerente sobre o trajeto do Êxodo. Diferentes autores bíblicos foram provavelmente influenciados por diversas rotas antigas através do Sinai.

Parece provável que o Êxodo inclua elementos de várias tradições nômades em uma história que originalmente narrava o movimento de apenas um dos grupos que depois constituíram a nação de Israel: a Bíblia parece indicar que outros grupos também saíram do Egito e perambularam pela península do Sinai. O povo errante do Êxodo é portanto representativo de toda a nação israelita.

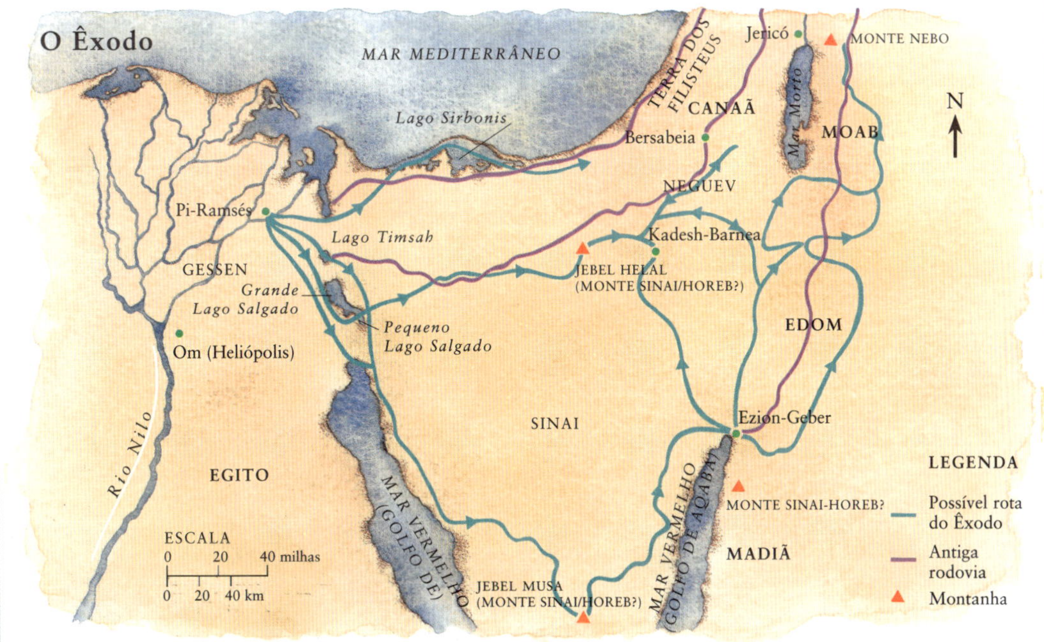


Os dois relatos concordam em um ponto essencial: algo milagroso ocorreu no mar por ação divina, e isso foi de fundamental importância para a nação de Israel. Ao episódio, segue-se o poema conhecido como *A Canção do Mar* (Êx. 15:1-18). Crê-se que seja obra de Moisés, mas na verdade é uma composição posterior, talvez um hino litúrgico para celebrar o Êxodo. A primeira parte do texto (versículos 1-12) conta a travessia do mar e glorifica a supremacia de Javé sobre todas as outras divindades. A segunda parte (versículos 13-18) mostra como esse evento libertou Israel, para este se tornar o povo de Deus, conquistar os cananeus e fundar o divino santuário no monte Sião, em Jerusalém.

### OS DEZ MANDAMENTOS

A base da aliança entre Deus e Israel são os Dez Mandamentos, ou Decálogo. Eles representam, nas Escrituras Hebraicas, um conjunto de imperativos éticos absolutos (lei apodíctica). Existem duas versões completas dos mandamentos, em Êxodo 20 e em Deuteronômio 5, que são resumidas ou citadas em outras partes da Bíblia, em especial nos Profetas. Eles também são encontrados em papiros de c. 100 a.C. e em fragmentos dos Manuscritos do Mar Morto (*ver p. 145*). As diferenças entre essas versões indicam que todas elas derivam de um catecismo original de dez ditos breves, ou "palavras", como os hebreus as chamam, que em alguns casos foram ampliadas. Os mandamentos podem remontar a Moisés, mas sua forma final pode ter sido influenciada por tratados do Oriente Próximo em que os termos são impostos por um soberano a seus vassalos. Também podem ter origem em uma liturgia encontrada nos Salmos 15 e 24, que estabelece as condições éticas para participar do culto. O número de mandamentos difere conforme o grupo religioso (*ver abaixo*).

### OS MANDAMENTOS (ÊX. 20:1-17)

**"Sou o Senhor teu Deus, que te trouxe da terra do Egito, da casa da escravidão."** *[Prólogo: primeiro mandamento no judaísmo.]*

**"Não terás outros deuses além de mim. Não farás para ti um ídolo."**
*[Segundo mandamento no judaísmo; primeiro mandamento nas igrejas Católica Romana e Luterana. Primeiro — com o prólogo — e segundo mandamentos nas igrejas Ortodoxa e Protestante Reformada.]*

**"Não usarás o nome do Senhor teu Deus em vão."**
**"Guardarás o dia de sábado como um dia santo."**
**"Honrarás teu pai e tua mãe."**
**"Não matarás."**
**"Não cometerás adultério."**
**"Não roubarás."**
**"Não prestarás falso testemunho contra teu vizinho."**
**"Não cobiçarás a casa do teu vizinho; não cobiçarás a mulher do teu vizinho... nem coisa alguma que pertença a teu vizinho."** *[Décimo mandamento no judaísmo e nas igrejas Ortodoxa e Protestante Reformada; nono e décimo mandamentos nas igrejas Católica Romana e Luterana.]*

# MOISÉS NO MONTE SINAI

Depois da travessia do mar Vermelho (*ver pp. 58-59*), os israelitas viajam pelo deserto até chegar ao monte Sinai, onde Deus transmite a Moisés as leis divinas que governariam o povo de Israel. A entrega da Lei é o elemento central do Pentateuco, como mostra o espaço que ocupa: 21 capítulos do Êxodo, todo o Levítico e uma porção considerável de Números. A parte mais importante, que determina tudo o que se segue, é o relato, que começa em Êxodo 19, da grande teofania (manifestação divina) depois que o povo chega ao monte santo (Êx. 19:2). Essa longa e complicada seção contém componentes de diferentes datas e antecedentes, mas seus temas mais significativos são claros.

A narrativa enfatiza o papel de Moisés como mediador da palavra divina. Só ele é capaz de falar diretamente com Deus e receber as instruções que deve transmitir ao povo, como provam suas repetidas visitas ao topo do monte para se encontrar com a divindade. A imagem bíblica de Moisés tem características de reis, sacerdotes e profetas posteriores, que também aparecem como mediadores. Ela estabelece o padrão para um aspecto importante da vida futura da nação israelita. No Sinai, Moisés é o mediador da Aliança, o

Moisés com as Tábuas da Lei, *de Rembrandt (1659).*

acordo formal entre Deus e o povo que define Israel como nação. Os termos da Aliança são mandamentos dados por Deus e a que os israelitas devem obedecer. Talvez sigam o modelo dos tratados do Oriente Próximo entre um soberano e seu vassalo. Deus promete que, se o povo cumprir os termos da Aliança, se tornará um "reino sacerdotal e uma nação santa" (Êx. 19:6). Moisés transmite a promessa divina e o povo concorda em obedecer à Lei (Êx. 24:7). A narrativa inclui a entrega dos Dez Mandamentos (*ver texto lateral na página ao lado*) e outras normas legais. Na verdade, a Bíblia aceita a hipótese de que toda a legislação básica israelita foi transmitida por Deus a Moisés no monte Sinai (*ver também pp. 118-119*).

O episódio do Sinai parece ter sido moldado nas tradições de culto israelitas, talvez num repetido festival de renovação da Aliança. Os detalhados ritos de purificação antes da teofania (Êx. 19:10-15), por exemplo, são uma preparação para o culto. A teofania é acompanhada de tempestades, fogo e um terremoto (Êx. 19:16-18), fenômenos que levantaram a hipótese de que o monte Sinai fosse um vulcão, mas que são na verdade estereótipos da manifestação divina. O som de uma trombeta, mencionado várias vezes, representa a convocação para uma cerimônia religiosa, e a nuvem de fumaça que esconde Javé do povo (Êx. 19:18) pode se basear no uso ritual do incenso. Finalmente, a refeição sagrada e a aspersão de sangue do sacrifício para selar a Aliança (Êx. 24:5-8) indicam um ritual de culto.

## O monte sagrado

No que diz respeito à Bíblia, tudo o que se pode afirmar é que a morada de Deus, o monte em que Moisés recebeu a Lei, ficava fora da Terra Prometida, em algum lugar ao sul de Canaã. O monte Sinai é tradicionalmente identificado com um monte chamado, em árabe, Jebel Musa, no sul da península do Sinai (*ver mapa, p. 59*). Mas essa identificação parece ter sido feita pelos cristãos no século IV. Mais recentemente, levantou-se a hipótese de que o monte se situasse em algum ponto do noroeste da Arábia, numa região que pode ter sido ocupada pelos madianitas, embora algumas passagens da Bíblia situem a morada de Javé em Edom (Seir), ao sul da Palestina. O monte sagrado recebeu outros nomes, em especial o de Horeb, mas também "Montanha de Deus" ou apenas "a Montanha". O conceito de monte sagrado pode ter sido aplicado a diferentes locais no interesse dos peregrinos, depois que sua localização exata foi esquecida.

*Jebel Musa, no sul da península do Sinai, identificado como o monte Sinai por monges cristãos gregos no século IV d.C.*

Na Bíblia, várias descrições da história de Israel, do Êxodo à ocupação de Canaã, fazem menção ao monte Sinai. Isso é notável, dado o papel central do Sinai na narrativa do Êxodo. Em particular, há fortes indícios de que Kadesh-Barnea, oásis no deserto ao sul de Bersabeia, tenha ocupado lugar central na jornada para Canaã e seja o local da entrega da Lei. Essa tradição traduziria a experiência de um dos grupos que vieram a formar a nação de Israel. Segundo essa teoria, ela foi substituída pela tradição de outro grupo, que situou a entrega da Lei e a Aliança no monte Sinai.

# O LIVRO DA ALIANÇA

Logo depois da entrega dos Dez Mandamentos (*ver p. 60*), Deus instrui Moisés a estabelecer uma série de leis ao povo de Israel (Êx. 20:22-23:33). Quando Moisés as lê em voz alta, elas são chamadas de "Livro da Aliança" (Êx. 24:7), expressão pela qual ficaram conhecidas. O episódio ilustra como todas as leis israelitas acabaram sendo atribuídas a Moisés. Parece ser uma inserção na narrativa do Sinai, porque se refere a um tempo em que Israel era uma comunidade assentada, ou seja, depois que os israelitas chegaram a Canaã: as normas regem as casas, o gado, campos e vinhedos, escravos, prata, bens móveis e uso do dinheiro. Acredita-se que o Livro da Aliança seja o mais antigo dos códigos legais da Bíblia e que reflita as condições logo depois da ocupação de Canaã, ou talvez mesmo dos primeiros tempos da monarquia. Entre as leis de sacrifício está a proibição de cozinhar o cabrito no leite da mãe (Êx. 23:19). Parece haver um paralelo com essa curiosa norma em um texto cananeu, de modo que é possível que ela se dirigisse contra o rito cananeu. Na verdade, o Livro da Aliança como um todo pode ter sido criado para combater a influência religiosa e cultural dos nativos cananeus durante o primeiro período do povoamento israelita de Canaã (*ver p. 72*).

## A religião israelita dos primeiros tempos

Uma seção do Livro da Aliança (Êx. 20:22-26) oferece informações importantes sobre as práticas religiosas dos primeiros tempos de Israel. Deus declara que viera abençoar o povo "em toda parte onde eu fizer que meu nome seja lembrado". Com isso, parece tolerar a existência de muitos santuários, ao contrário do que sucedeu mais tarde em Israel. Também parece sancionar a adoção, por parte dos israelitas, de antigos santuários cananeus, como se vê nas lendas ancestrais do Gênesis e em outras partes (*ver, por exemplo, p. 38 e p. 45*).

O livro contém ainda normas sobre a construção de um altar. A primeira é muito antiga e afirma que os altares devem ser construídos apenas de terra (Êx. 20:24). Isso pode refletir a preferência por materiais em estado natural. Uma ideia semelhante está presente na segunda norma, que permite altares de pedra desde que as pedras não tenham sido lavradas, porque um cinzel as profanaria (Êx. 20:25). É provável que isso se dirigisse contra os altares cananeus, que eram feitos de pedra talhada. Quando Josué constrói o primeiro altar israelita de acordo com essas prescrições, a Bíblia afirma que "nenhum instrumento de ferro" foi usado em suas pedras (Jos. 8:31). Não há menção a ferro no Livro da Aliança, de modo que a lei pode remontar a uma época em que os israelitas ainda não trabalhavam o ferro.

A terceira norma proíbe a construção de degraus para levar ao altar (Êx. 20:26). É provável que, na origem, essa lei visasse um antigo culto do Oriente Próximo, o "alto deus", que envolvia a construção de uma escada para dar acesso ao altar. Na Bíblia, a razão da proibição é "para que sua nudez não seja exposta" no altar, ou seja, para que os genitais não fossem dirigidos para nenhuma parte do altar. Isso reflete a aversão dos israelitas a qualquer ligação entre o sexual e o sagrado. Uma norma posterior insistiu em que os sacerdotes usassem calções de linho sob as túnicas para cobrir os genitais.

*Êxodo 20 diz: "Não subirás por degraus ao meu altar", ordem provavelmente contra altares semelhantes a este em Petra, centro do antigo reino dos nabateus. Altares com degraus eram característicos do culto pagão.*

O Livro da Aliança pode ser dividido em duas principais seções, que se diferenciam pelo estilo literário. A primeira consiste principalmente em regras, *mishpatim*, que começam por "se" ou "quando". Por exemplo: "Quando um senhor ferir o olho de seu servo ou de sua serva, destruindo-o, deverá deixar o servo partir, livre, para compensar o olho" (Êx. 21:26); e "Se um ladrão for apanhado roubando e apanhar até a morte, o agressor não será culpado pelo sangue; mas, se isso acontecer depois do pôr do sol, haverá culpa pelo sangue" (Êx. 22:2-3). Essa é a forma mais comum de regra encontrada nos antigos códigos do Oriente Próximo (*ver quadro abaixo*).

A segunda seção é constituída na maior parte de conteúdo religioso e combina injunções humanitárias, normas para a administração da justiça, orientações para os três grandes festivais anuais de peregrinação e normas sacrificiais.

Como os Dez Mandamentos, esta seção é imperativa na forma, como por exemplo: "Não levantarás falso rumor. Não pactuarás com o ímpio para prestar falso testemunho... quando prestares testemunho em uma demanda, não ficarás ao lado da maioria para perverter a justiça" (Êx. 23:1-2); e "Seis dias farás o teu trabalho, mas no sétimo dia descansarás, para que teu boi e teu jumento descansem, e tomem alento o filho da tua serva e o residente estrangeiro" (Êx. 23:12).

*Moisés em pintura mural do Mosteiro de Santa Catarina em Jebel Musa, o monte Sinai (século VI a.C.). Desde a Idade Média, os artistas retrataram Moisés como um homem idoso e barbado* (ver ilustração, p. 60).

## Códigos do Oriente Próximo

A prática de codificar leis era comum nas civilizações do antigo Oriente Próximo. No século passado, foram descobertos códigos legais que apresentam vários pontos de contato com os textos legais das Escrituras Hebraicas, indicando que eles forneceram inspiração para as codificações bíblicas.

Sete códigos do Oriente Próximo são de particular importância. Quatro são códigos reais, dos quais três datam do período sumério: o código de Ur-Nammu, fundador da terceira dinastia de Ur (c. 2100 a.C.); o de Lipit-Ishtar, rei de Isin, do início do século XIX a.C.; e o do reino de Eshnunna, mais ou menos do mesmo período. O quarto é o famoso código do rei Hamurabi, da Babilônia (c. 1728-1686 a.C.; *ver à direita*). Com exceção do código de Eshnunna, todos têm um prólogo e um epílogo poéticos, elogiando o rei e ameaçando de castigo divino qualquer um que tentasse mudar sua lei. Três códigos posteriores, que também apresentam paralelos com o material bíblico, não são atribuídos diretamente a monarcas. São as leis do Médio Império Assírio (século XII a.C. ou anterior), as leis hititas da Ásia Menor (século XIV a.C.) e as leis do Novo Império Babilônico (c. 625-539 a.C.). O Livro da Aliança lembra esses códigos em seus temas seculares e no tom pragmático. Os paralelos são muitos, como a lei que descreve o que acontece quando um boi é morto pelo animal de outro proprietário (Êx. 21:35), quase idêntica a uma lei de Eshnunna.

Esses numerosos paralelos não significam que o Livro da Aliança dependa diretamente de algum texto mesopotâmico. É mais provável que os israelitas tenham tomado conhecimento da maneira de legislar do Oriente Próximo por meio do contato com os cananeus, embora até hoje não tenha sido descoberto nenhum código legal cananeu.

*Estela babilônica de c. 1700 a.C., na qual está gravado o código do rei Hamurabi.*

# O TABERNÁCULO

*Estátua do rei Gudea, de Lagash, que teria tido um sonho em que o deus Ningursu lhe deu os detalhes de um templo que ele teria que construir.*

Depois do relato da entrega dos Dez Mandamentos e do Livro da Aliança (*ver pp. 60-63*), o restante do Êxodo é dedicado principalmente à construção de uma morada sagrada de Deus entre os israelitas. Esse santuário toma a forma de uma tenda ou tabernáculo, que também abrigaria as tábuas da lei entregues a Moisés no Sinai. O conceito de um santuário em forma de tenda não é único no antigo Oriente Próximo. Os cananeus chamavam a morada de El, seu deus supremo (*ver p. 38 e p. 45*), e de outras divindades, de tabernáculo ou tenda, os mesmos termos usados na Bíblia para o santuário de Javé. Deus mostrou a Moisés no monte Sinai "o modelo do tabernáculo e de toda a sua ornamentação" (Êx. 25:9). No Oriente Próximo, acreditava-se que a forma e as dimensões do templo terreno de uma divindade fossem ordenadas pela divindade e correspondessem às de seu santuário no céu. Gudea, governador da cidade suméria de Lagash (c. 2060 a.C.), teria recebido instruções divinas para a construção de um templo.

Os capítulos 25-40 se dividem em duas partes: as instruções detalhadas de Deus a Moisés para a construção do tabernáculo, seguidas do relato de como elas foram executadas. O tabernáculo consistia em um pátio retangular ao redor de uma estrutura central. O pátio era fechado por cortinas presas a pilares, de dimensões calculadas em 44 metros de comprimento, 21 de largura e 2,1 de altura. O comprimento exato de um cúbito, que é a unidade de medida bíblica, é incerto, mas tem sido calculado em 45 cm. Os ornamentos foram feitos dos melhores e mais caros materiais, por dois experientes artesãos, nomeados em Êxodo 31 como Beseleel e Ooliab. A estrutura do tabernáculo é o foco da narrativa, que também traz detalhes sobre seu conteúdo, como os altares e, acima de tudo, a Arca da Aliança, onde as tábuas da lei seriam guardadas (*ver p. 76*).

O tabernáculo foi concebido para ser portátil, de modo que, quando os israelitas perambulavam pelo deserto, a estrutura fosse desmontada e reerguida onde a tribo montasse acampamento. É difícil imaginar o constante movimento de uma estrutura tão grande sob condições desérticas, e é improvável que os israelitas, um grupo relativamente pequeno, tivessem os

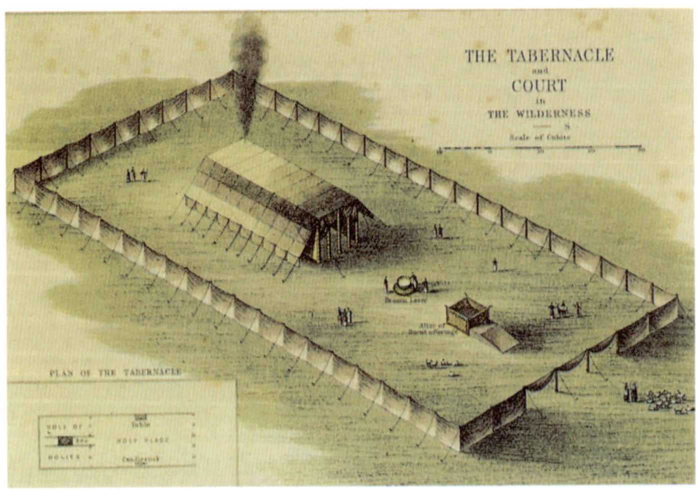


*Reconstituição gráfica inglesa do tabernáculo israelita, feita no século XIX.*

## O Bezerro de Ouro

Entre as duas metades da narrativa sobre o tabernáculo insere-se o episódio do Bezerro de Ouro (Êx. 32-33). Quando Moisés volta do topo da montanha, descobre que, na sua ausência, o povo, liderado por seu irmão Aarão, tinha moldado um bezerro em ouro e erigido um altar diante dele. Quando os vê adorando o ídolo, ele quebra as tábuas da lei e destrói o bezerro.

*Touro votivo de bronze, do século XII a.C., da Samaria, no norte da Palestina.*

O tabernáculo só poderá ser construído quando os israelitas tiverem purgado o pecado e reiterado os mandamentos. O texto zomba da idolatria, da construção de deuses de ouro ou de prata, que o Livro da Aliança condena como característica da religião cananeia. Os israelitas confiaram em um mero bezerro, e é ridícula a desculpa de Aarão, de que ele apenas atirou o ouro no fogo e o bezerro emergiu dali. Entretanto, o episódio pode representar uma tradição originalmente mais favorável sobre a feitura de um bezerro. A história parece estar relacionada ao capítulo 12 do Primeiro Livro dos Reis, que relata a construção de dois bezerros de ouro, em Betel e Dan, pelo rei Jeroboão I, de Israel (*ver p. 93*). No Êxodo, os israelitas proferem um brado ritual: "Estes são teus deuses, ó Israel, que te tiraram da terra do Egito" (Êx. 32:4), que é quase idêntico ao de Jeroboão em 1 Reis 12:28. O "bezerro" pode ter sido na verdade um touro, símbolo de poder usado para representar as divindades no Oriente Próximo. Embora o ato de Jeroboão seja condenado como pecado, seus touros não representavam um deus estrangeiro, mas Javé. Talvez ele estivesse revivendo um antigo culto que a lenda atribui a Aarão.

artesãos, os materiais e o dinheiro para construí-la. Uma hipótese é que o relato sobre o tabernáculo tenha origem em fontes muito posteriores, talvez do período da monarquia israelita. De fato, há uma descrição do templo de Salomão em Jerusalém (*ver pp. 90-91*) na forma de santuário portátil. Isso confirma a ideia de que todas as instituições religiosas de Israel se originaram na época do Êxodo.

Os autores estavam cientes de que nenhum santuário permanente existiu antes da ocupação de Canaã, mas isso não significa que o tabernáculo do deserto fosse uma ficção dos narradores bíblicos. Além de usar a palavra *mishkan*, "tabernáculo", o relato emprega — 130 vezes — a expressão *"ohel mo'ed"*, "tenda de encontro". Esse seria um tipo mais simples de santuário (Êx. 33:7-11 e outros), que provavelmente existiu no deserto. Era uma tenda que podia ser montada fora do acampamento e funcionar para a recepção dos oráculos. Nessas ocasiões, quando Moisés entrava na tenda para receber Deus, a divina presença descia na forma de uma coluna de nuvens.

Os autores bíblicos substituem os aspectos mais significativos da tenda de encontro por sua representação do tabernáculo, de modo que a nuvem divina desce sobre o tabernáculo e o encontro com Deus ocorre sobre a arca que ele contém.

As duas tradições, a da tenda do deserto e a do templo urbano, são reunidas em uma curiosa descrição da "tenda sobre o tabernáculo" em Êxodo 36:14. Os materiais de que ela é feita, com peles de carneiro tingidas, contrastam com os ricos tecidos das demais cortinas do tabernáculo e refletem uma tradição genuína dos povos do deserto. Os mesmos materiais são encontrados também na tenda dos beduínos e, em especial, em seus santuários portáteis, ou *qubbas*.

*O Nebi Musa, santuário muçulmano que se acredita estar sobre o local do monte Nebo em que Moisés teria morrido* (ver quadro abaixo*)*.

# OS ANOS NO DESERTO

O relato das perambulações dos israelitas no deserto, antes e depois da parada no monte Sinai, é constituído de episódios de diferentes épocas e lugares, alguns dos quais repetidos mais de uma vez. Sua estrutura parece ter sido o itinerário preservado em Números 33, talvez uma antiga rota de peregrinos para o monte Sinai. Infelizmente, é difícil identificar com certeza muitos dos nomes do itinerário.

Certos temas caracterizam a narrativa. O mais proeminente é o que tem sido chamado de "tema das lamentações", as repetidas queixas dos israelitas contra Moisés e Aarão, e até contra o próprio Javé (como em Núm. 14:1-10). As queixas refletem as dissidências internas entre o povo e a dureza da vida no deserto, como a falta de alimento e água, e o perigo de ataque de cobras e inimigos humanos. A falta de confiança que as lamentações revelam provoca quase sempre a ira de Javé, e, nesses relatos, Moisés aparece como o supremo intercessor. No episódio do Bezerro de Ouro (*ver p. 65*), por exemplo, ele evita a fúria divina e convence Deus a aliviar as condições do povo.

Em algumas histórias do deserto, Moisés também aparece como autor de maravilhas divinas ou de fenômenos naturais. Ele purifica as águas de Mara atirando nelas um tronco de madeira (Êx. 15:23-25) e extrai água da rocha em um lugar chamado Massa e Meriba (Êx. 17:6-7; Núm. 20:11). Por seu intermédio, Deus envia uma fartura de codornizes e maná, fenômenos característicos da península do Sinai (Êx. 16). Em uma batalha contra os amalecitas, a vitória é alcançada graças ao poder da mão erguida de Moisés (Êx. 17:8-13). Quando Deus envia uma praga de serpentes para punir os israelitas, Moisés a elimina fixando uma serpente de bronze em uma haste: quem fosse picado por uma cobra era curado ao olhar para a serpente de

## A morte de Moisés e de Aarão

Tanto Moisés quanto Aarão morreram fora da Terra Prometida de Canaã. Esse é um fato inegável da tradição israelita, mas foi necessário explicar por que essas duas grandes figuras não puderam usufruir a promessa de Deus a seu povo. No Deuteronômio, a explicação é que Moisés foi punido por repetidos pecados do povo no deserto. Em Números 20, Moisés e Aarão repetem a milagrosa extração de água da rocha em Meriba (Cades, ou Kadesh), e depois Deus lhes diz: "Porque não acreditastes em mim mostrando minha santidade diante dos israelitas, não levareis esse povo à terra que lhe concedi" (Núm. 20:12). A razão disso não é clara. Talvez Moisés e Aarão tenham sido culpados de presunção por não terem creditado a Deus o milagre (Núm. 20:10). Pode ser que a história seja deliberadamente vaga sobre a ofensa, de modo que Moisés e Aarão não fossem incriminados de falta grave. Seja como for, a reputação dos dois é cuidadosamente preservada. Eles nomeiam sucessores para continuar sua obra: Eleazar, filho de Aarão, como primeiro sacerdote (Núm. 20:28) e Josué, filho de Nun, como líder da nação (Deut. 31:7). Os irmãos morrem nas montanhas, Aarão no monte Hor, perto de Cades (Núm. 20:28), e Moisés no monte Nebo, em Moab (Deut. 34:5). Quando Moisés sobe ao monte Nebo (*ver foto acima, à esquerda*), Deus lhe mostra toda a Terra Prometida (Deut. 34). Hoje se sabe que essa inspeção era uma forma de estabelecer o direito sobre um território, de modo que, de certa maneira, Moisés alcança seu objetivo final.

No fim, Moisés é apresentado como um dos patriarcas. Morre, cheio de vigor, em idade avançada, e antes da morte abençoa todas as tribos de Israel, como fizera Jacó. Sua estatura é única, como as palavras finais do Pentateuco deixam claro: "Nunca mais houve em Israel um profeta como Moisés, que conheceu o Senhor frente a frente".

*A Colheita do Maná, obra do Mestre de la Manne, de c. 1470. A Bíblia deriva a palavra "maná" da pergunta* Man hu? *("O que é isto?", em hebraico), que os israelitas teriam feito quando viram aquela "substância fina como geada" (Êx. 16:14). Mas não se conhece a verdadeira origem da palavra, nem a identidade da substância.*

bronze (Núm. 21:6-9). Essa é a origem da serpente de bronze existente no Templo de Jerusalém (*ver pp. 90-91*). Originalmente, a serpente era um símbolo da religião cananeia, mas aqui é atribuída a Moisés, embora sua importância como parte de um culto à serpente tenha sido neutralizada.

A liderança de Moisés é desafiada algumas vezes, até por sua irmã Míriam e por seu irmão Aarão. Eles questionam o papel de Moisés como mediador, mas Deus reafirma sua posição (Núm. 12). Da mesma forma, as histórias que contam a rebelião e a morte de Coré, Datã e Abiram (Núm. 16), assim como a do cajado de Aarão (Núm. 17; *ver também p. 57*), mostram o desafio à autoridade exclusiva da linhagem de Aarão por parte de grupos dentro da congregação.

A caminho de Canaã, os israelitas entram no território moabita a leste do rio Jordão (Núm. 22:1). Balac, rei de Moab, percebendo a ameaça que representam, ordena ao vidente Balaão que lance uma praga contra eles. O relato do fracasso de Balaão (Núm. 22-24) é marcado por temas populares e um humor irônico, como no episódio entre o anjo do Senhor e a jumenta ou mula falante de Balaão (Núm. 22:22-23). Toda vez que Balac pede a Balaão que amaldiçoe Israel, o vidente obedece às instruções de Deus e profere uma bênção (*ver texto à direita*).

### BALAÃO

Balaão é descrito como natural de Petor, à margem do rio Eufrates, e sua ação divinatória (*ver texto principal*) mostra-o como um típico sacerdote-vidente mesopotâmico, conhecido como *baru*. Na Bíblia, ele age sob inspiração de Javé, e o que se conta sobre ele representa várias convenções da lenda profética israelita.

Descobertas recentes indicam que Balaão pode ter existido de fato na região da Transjordânia. Fragmentos de textos aramaicos do século IX a.C. de Deir Alla referem-se a um Balaão que, como no Velho Testamento, era filho de Beor. Conta-se que ele teve a visão de um desastre que se abateu sobre sua cidade, revelação feita por uma assembleia de seres divinos chamados *Shaddim*, que remete ao título *Shaddai*, "Todo-Poderoso", nome arcaico de Deus nas Escrituras Hebraicas (*ver p. 56*). O nome *Shaddai* aparece mais de uma vez na história de Balaão, como em Números 24:4.

*Uma serpente de bronze, de c. 2200-1500 a.C., de Hasor, no norte da Palestina, que pode ter sido usada em rituais ou cerimônias.*

# IV A TERRA PROMETIDA

*Conta a Bíblia que, depois da morte de Moisés (ver p. 66), os israelitas atravessaram o Jordão para Canaã. O Livro de Josué oferece um relato de suas primeiras conquistas e termina com a reafirmação da supremacia de Javé. Mas, segundo o Livro dos Juízes, Israel perdeu várias vezes a fé em Deus, e por isso enfrentou a ira divina. Cada vez que o povo se arrependia, Deus indicava um líder ou "juiz" para vencer os inimigos da nação. O maior deles, Samuel, abriu caminho para uma nova instituição: a monarquia.*



*O vale do rio Jordão.*

## A INVASÃO DE CANAÃ

De acordo com o Livro de Josué, depois da morte de Moisés os israelitas conquistaram a Terra Prometida sob seu sucessor, Josué, em três rápidas campanhas: no centro, depois no sul e finalmente no norte da região. A arqueologia tem sido usada para confirmar e datar o relato bíblico de uma conquista veloz e violenta. Alega-se, por exemplo, que quatro das cidades dominadas por Israel (Laquis, Dabir, Betel e Hasor) foram destruídas entre c. 1300 e c. 1200 a.C. Pode ter acontecido, mas não há prova de que os israelitas tenham destruído essas cidades ou quaisquer outras, porque muitas cidades da Palestina foram devastadas diversas vezes entre 2000 e 1000 a.C. Também não há prova de que outras cidades tenham sido destruídas por Israel entre 1300 e 1200 a.C. De acordo com a Bíblia, Josué e os israelitas capturaram e incendiaram Jericó e Hai, mas recentes descobertas mostraram que Jericó quase não foi ocupada durante esse século, e com certeza não possuía muralha, enquanto Hai foi abandonada centenas de anos antes. A maior parte do território conquistado segundo o Livro de Josué fica na região mais tarde destinada à tribo de Benjamim. O principal objetivo do livro talvez seja mostrar como uma única tribo chegou a possuir território próprio.

Antes da chegada dos israelitas a Canaã, Números oferece um relato da conquista da Transjordânia, o território a leste do Jordão. A narrativa é confusa, por ser construída a partir de diferentes elementos e de temas tradicionais. A Transjordânia é mostrada como uma região disputada por vários povos — edomitas, amorreus, moabitas e madianitas —, que se estabeleceram nela antes da chegada dos israelitas. (Continuou sendo uma área muito disputada em toda a história posterior.) A região é descrita como estranha e sinistra. Quando os israelitas têm relações com mulheres moabitas e veneram o deus local, Baal-Fegor (Núm. 25), despertam a ira de Deus. Essa apostasia é condenada em Números 31:16; o vidente Balaão (*ver p. 67*) é morto por causa disso (Núm. 31:8). No Livro de Josué, grupos israelitas transjordanianos constroem um altar, que é visto pelas outras tribos como o abandono do verdadeiro culto de Javé. Segundo a tradição hebraica, a Transjordânia foi povoada pelos refains, uma raça de gigantes. A palavra também é encontrada em textos cananeus designando seres divinos. Og, rei de Basã, que derrotou e matou os israelitas (Núm. 21:33-35), foi lembrado como um dos refains, e conta-se que o estrado de ferro de sua cama, de cerca de 4,5 metros de comprimento por 2 metros de largura, existiu na cidade amonita de Rabá. Pode ter existido um sarcófago, ou talvez um dólmen de basalto, nas vizinhanças de Rabá.

Segundo a Bíblia, Moisés dividiu a Transjordânia entre as tribos de Rúben e Gad e a então meia-tribo de Manassés (Jos. 1:12-15). Isso provavelmente indica um movimento independente de grupos israelitas pelo Jordão, talvez partindo da área a oeste do rio.

## A travessia do Jordão

A travessia do rio Jordão rumo à Terra Prometida, narrada em Josué 3, é de grande importância simbólica e espiritual para os israelitas. Em preparação para ela, o povo é orientado a passar por um ritual de purificação antes de uma cerimônia religiosa, e a travessia do rio é liderada pelos sacerdotes e pela arca sagrada. A história traça um paralelo entre a travessia do Jordão e a do mar Vermelho durante o Êxodo (Jos. 3:15-17 e 4:23). Ambos os acontecimentos evocam a linguagem da criação, quando as águas do caos foram divididas e a terra seca emergiu. A história é seguida de um relato sobre a origem do santuário de Guilgal, que se conclui com um rito de circuncisão em um local chamado "O Monte dos Prepúcios" e a celebração, em Guilgal, da festa da Páscoa e do Pão Ázimo, realizada na primavera (Jos. 5)

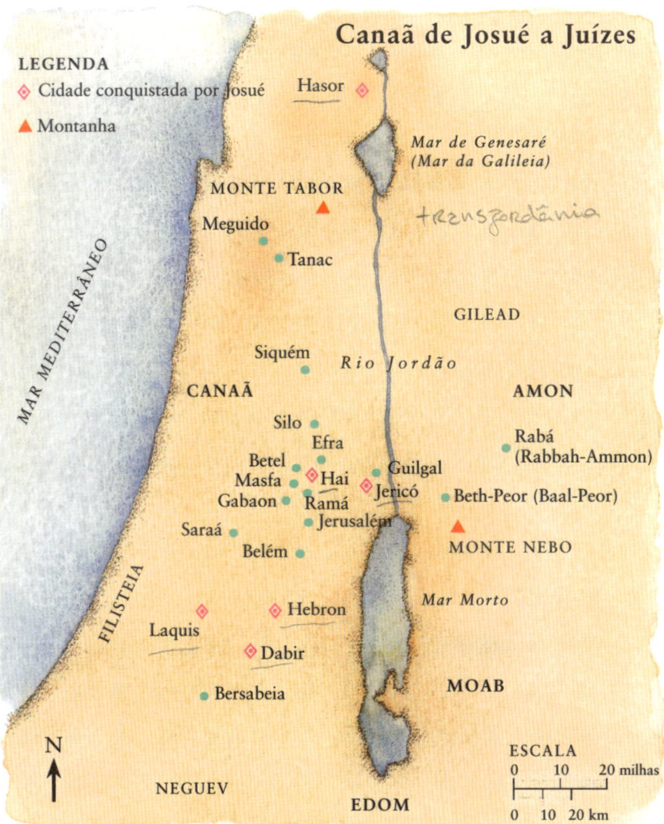

# A QUEDA DE JERICÓ

A Queda de Jericó, *ilustração de Jean Fouquet (c. 1425-80), em* Antiques Judaïques, *tradução francesa da obra do historiador Flávio Josefo do século I.*

*Torre de pedra do Neolítico (c. 7000 a.C.), descoberta durante escavações no sítio da antiga Jericó, perto da cidade moderna. Jericó é a cidade mais antiga do mundo habitada ininterruptamente; foi fundada em c. 8000 a.C.*

O Livro de Josué registra a captura de uma série de cidades no planalto central da Palestina. Jericó, situada em um vau do rio Jordão, é a primeira e mais importante dessas cidades, e símbolo da conquista. A Bíblia combina duas histórias da queda da cidade. A primeira é contada no capítulo 2. Josué envia dois homens em missão de espionagem a Jericó. Uma prostituta, Raab, os esconde dos homens do rei de Jericó. Gratos, os espiões lhe prometem que, se ela amarrasse um cordão vermelho à janela da casa, os israelitas poupariam toda a sua família. O envio de espiões era comum no planejamento militar e implica que Jericó foi capturada por meio de um ataque militar.

A casa de Raab ficava dentro da cidade murada, e o cordão na verdade devia indicar o ponto em que o exército poderia romper a muralha. O cordão vermelho também evoca o sangue que marcou as portas e janelas das casas dos israelitas para protegê-los da praga divina durante a primeira Páscoa (*ver p. 57*).

As muralhas de Jericó não caíram por força de um assalto militar, mas em consequência de um ritual de sete dias, narrado em Josué 6. A segunda história da conquista de Jericó começa com um encontro entre Josué e o comandante do exército celeste, que promete liderar o ataque (Jos. 5:14). Por ordem de Deus, uma procissão de sacerdotes e soldados caminha ao redor de Jericó durante seis dias, acompanhando a Arca da Aliança. No sétimo dia, os israelitas soltam um forte grito e os muros de Jericó caem. O exército israelita ataca a cidade e mata seus habitantes. Todo o espólio vai para o tesouro de Javé, o que era comum nas "guerras de Javé".

A queda da cidade é apresentada como um ato litúrgico: o cerco de Jericó por uma procissão que conduz a arca, acompanhada do soar de trombetas rituais, durante sete dias de festa. A história pode ter origem em um rito celebrado no santuário de Guilgal, que significa "círculo de pedras" (*ver p. 69*). O rito pode ter sido a reencenação de uma lenda segundo a qual a tribo de Benjamim capturou Jericó, cidade cujas muralhas rompidas ainda podiam ser vistas nas proximidades.

Depois de Jericó, a narrativa da ocupação consiste em uma série de tradições locais de uma região mais tarde destinada à tribo de Benjamim. Depois da história do crime de Acã (Jos. 7), que explica a existência de uma pilha de pedras no vale de Acor, vem o relato da captura de Hai (Jos. 8:1-29). Essa cidade foi destruída em c. 2400 a.C. e permaneceu em ruínas até c. 1200 a.C., de modo que era, no máximo, um povoado sem muralhas durante o período provável da ocupação israelita de Canaã. Em hebraico, *hai* significa "ruína", e a narrativa pode ter servido para explicar que as ruínas de Hai resultavam da destruição causada por Josué.

A história dos gabaonitas relata o relacionamento cordial entre Israel e quatro cidades cananeias, da mesma forma que a história de Raab atesta o relacionamento amigável com um grupo de cananeus que dela descendiam. Uma tradição posterior descreve os gabaonitas como um grupo de servos do templo nomeados por Josué. Isso, aliado a outros sinais de relações amistosas entre os recém-chegados e alguns dos antigos habitantes da região, indica que a ocupação israelita nem sempre foi acompanhada da sequência de conquista, destruição e assassinato que caracteriza a narrativa bíblica.

Na verdade, contrariando a tradição bíblica, é provável que a "conquista" fosse lenta e gradual, alcançada por grupos independentes, mas

## As campanhas do norte e do sul

Comparada com os detalhados episódios relacionados à região central, a conquista do resto da Palestina não merece o mesmo destaque. Os pontos altos são a batalha de Gabaon, no sul, e a destruição de Hasor, no norte (*ver mapa, p. 69*).

Uma passagem da história de Gabaon se refere a uma série de fenômenos naturais raros (Jos. 10:12-13). Parte dessa passagem é fragmento de um antigo poema que implora ao sol e à lua que fiquem parados. Gabaon era um antigo santuário, importante na história posterior israelita, e há evidências de que Shamash, o deus-sol, fosse venerado ali. O poema dirigia-se a divindades astrais cananeias, mas foi transferido a Javé pelos israelitas.

Hasor era a cidade mais importante da Galileia, como indica o Livro de Josué (Jos. 11:10). Recentes escavações revelaram o tamanho e a força da cidade. Hasor parece ter sido parcialmente destruída pelo fogo no fim do século XIII a.C., mas é improvável que as tribos israelitas tivessem capacidade militar para tomar uma cidade tão fortificada. Além disso, a derrota de Jabin, rei de Hasor, é atribuída no Livro dos Juízes a uma coalizão de tribos, depois da morte de Josué. É provável que a história em Josué represente uma tradição local das tribos que se estabeleceram na Galileia, independentemente do processo de conquista do resto do país.

*A antiga Hasor, no norte de Israel. De acordo com a Bíblia, foi tomada por Josué (Jos. 11:10) e mais tarde por Débora e Barac (Jz. 4:2 e 4. 24). A cidade foi reconstruída e fortificada por Salomão (1 Reis 9:15) e Acab.*

Depois da conquista de toda a Canaã, grande parte do restante do Livro de Josué é ocupada por um longo relato da divisão da terra entre as 12 tribos. Muitas das informações desse relato podem ter derivado de antigos materiais, mas há consenso em que a demarcação precisa do território israelita dificilmente terá ocorrido antes do período do reino unificado de Davi e seus sucessores.

relacionados, ao longo de séculos (*ver p. 74*). Na época da ocupação israelita da Palestina, o país estava dividido em pequenos reinos-cidades, habitados por povos conhecidos como cananeus e amorreus ou amoritas. Essa situação se encontra refletida em cartas escritas entre c. 1450 e 1350 a.C. por governadores de várias cidades cananeias ao faraó do Egito, então seu senhor.

Algumas cartas, descobertas em Amarna, no Egito, mencionam ataques dos *hapirus*, povo associado aos hebreus. Os distúrbios foram em escala limitada, e é simplismo equiparar os ataques dos *hapirus* com o registro bíblico da conquista israelita. Parece provável que o movimento dos *hapirus* fosse apenas parte do longo e gradual processo do estabelecimento de vários grupos israelitas em Canaã.

A Bíblia unifica as tradições de vários desses grupos sob influência daquele que fugiu do Egito. Josué 24 pode dar uma pista de como essa única tradição se tornou dominante. Josué reúne uma grande assembleia das tribos israelitas no santuário de Siquém. Dirigindo-se a elas, declara que seus ancestrais "serviram a outros deuses". O objetivo da fala de Josué é converter todos os israelitas, muitos dos quais também veneravam outros deuses, a Javé, o verdadeiro Deus de Israel. O clímax da assembleia ocorre quando todo o povo reconhece Javé como o Deus que guiou Abraão, Jacó e Moisés e liderou o povo à Terra Prometida: "Serviremos ao Senhor nosso Deus [Javé], e a ele obedeceremos" (Jos. 24:24).

# OS JUÍZES

O Livro dos Juízes trata do destino das tribos israelitas na Palestina antes do estabelecimento de um reino unificado. Em Siquém, as tribos se comprometeram a venerar Javé, mas, depois da morte de Josué, a nação começou a cultuar as divindades cananeias (*ver quadro abaixo*). Dessa forma, os israelitas incorreram no julgamento divino e caíram nas mãos de inimigos estrangeiros. Quando isso acontecia, a nação se arrependia e voltava a Javé, que então escolhia um "juiz", que primeiro levava o povo à vitória militar sobre seus opressores e depois governava Israel durante sua vida. Porém, depois da morte de cada juiz, Israel voltava as costas a Javé e a mesma sequência de acontecimentos ocorria. Esse modelo se

## A religião dos cananeus

*Este relevo em basalto mostra Baal, deus cananeu das tempestades. Baal era o guardião das chuvas e, portanto, garantia a fertilidade do solo. É a principal figura de um importante ciclo de mitos destinados a marcar o fim do ano agrícola e o início das chuvas de outono.*

Até recentemente, o que se conhecia da religião dos cananeus dependia das Escrituras Hebraicas, de algumas inscrições fenícias e de autores gregos da Antiguidade. Essa situação mudou drasticamente com a descoberta, a partir de 1929, de um grande número de textos em Ras Shamra, no noroeste da Síria, local da antiga cidade cananeia de Ugarit. Esses textos (chamados "ugaríticos") em escrita cuneiforme, muito usada no antigo Oriente Próximo, oferecem uma imagem do panteão, da mitologia e do culto dos cananeus.

Os cananeus veneravam um grupo de divindades, das quais as mais importantes eram El (o deus criador e chefe do panteão; *ver p. 39 e p. 45*), Baal (o jovem deus das tempestades e divindade mais ativa) e suas esposas, as deusas Ashtaroth (ou Astarte) e Asherah (ou Asera) e Anath (*ver pp. 22-23*). A Bíblia faz referência a todos esses deuses e deusas, como por exemplo em Juízes 2:13 e 3:7. A religião cananeia concentrava-se na fertilidade, na maneira de garantir a abundância das colheitas, de animais e crianças. A fertilidade é o tema subjacente da maioria dos mitos ugaríticos, que deviam ser recontados e reencenados em forma de ritual todos os anos, para assegurar a contínua prosperidade da terra e do povo.

Não é difícil entender por que uma religião desse tipo atraiu tanto os israelitas, que tinham sobrevivido em ambiente estrangeiro e se adaptado ao modo de vida agrícola. A agricultura era a principal preocupação dos deuses cananeus locais, de modo que era natural que os lavradores israelitas se voltassem para eles ou transferissem suas funções a Javé.

*Ruínas de Ras Shamra, antiga cidade de Ugarit. Atingiu sua maior prosperidade nos séculos XV a XIII a.C., período a que pertencem as descobertas mais significativas dos textos mitológicos ugaríticos.*

repetiu muitas vezes até o aparecimento do último juiz, Samuel. Com ele, funda-se a monarquia.

Como indica seu título, o livro se centra na figura do "juiz", que não era um juiz no sentido jurídico moderno. A palavra "líder" nos dá uma impressão mais precisa do seu papel, e a Bíblia às vezes o descreve como "libertador" ou "salvador". A chefia permanente das tribos estava nas mãos dos "anciãos", homens idosos encarregados da condução dos negócios graças a sua sabedoria e experiência. Os juízes, porém, surgiram em reação a uma grave crise, que quase sempre assumia a forma de um perigoso ataque externo. Sua missão era restrita aos momentos em que eles eram possuídos pelo "espírito de Javé" — possessão que lhes permitia realizar feitos sobre-humanos de força e poderio militar. O juiz representa um tipo de liderança que caracteriza as sociedades tribais, a "carismática". Os juízes desapareceram com a formação do Estado unificado, quando a autoridade suprema foi transferida ao rei.

O Livro dos Juízes retrata o juiz como um governador de todo o povo israelita, mas essa imagem representa a visão de um editor posterior, que quase certamente pertencia à escola de escritores que produziram o Deuteronômio (*ver p. 106*). Esses autores, que sempre viram Israel como uma entidade única, enfatizam o fato de que a desobediência a Javé automaticamente gerava um desastre nacional. A um exame mais cuidadoso, as histórias dos juízes que o editor usou na verdade tratam apenas dos heróis e heroínas populares de determinadas tribos ou localidades. Essas figuras heroicas surgiam para salvar seu grupo quando ameaçado de um ataque (provavelmente de pequena escala) por grupos vizinhos.

*A muralha da antiga Siquém, que aparece com destaque na Bíblia. A cidade ocupava uma posição estratégica no vale entre monte Gerizim e o monte Ebal. Foi destruída pelo rei hasmoneu João Hircano em 107 a.C.* (ver p. 142)*. Mais tarde, a cidade romana de Neápolis (moderna Nablus) foi construída nas redondezas.*

## Uma visão alternativa da ocupação israelita

O capítulo de abertura do Livro dos Juízes apresenta um relato da ocupação israelita da Palestina muito diferente do que se encontra no Livro de Josué. Em Juízes, as tribos, ou mesmo grupos menores, atuam de forma independente, por iniciativa própria, cada um em uma região. Em Josué, por exemplo, conta-se que as cidades de Hebron e Dabir foram capturadas por uma nação unificada sob a liderança de Josué. Mas, de acordo com Juízes, Hebron foi dominada pela tribo de Judá, e Dabir, pelo pequeno clã de Otoniel, e não há nenhuma menção a Josué (Jz. 1:9-13).

O relato de Juízes também revela que em muitos lugares os israelitas se estabeleceram ao lado dos habitantes locais. Os recém-chegados não tentavam expulsar ou exterminar os nativos, e a Bíblia afirma que eles eram usados como força de trabalho (Jz. 1:27-35). A ocupação israelita restringia-se aos distritos montanhosos e não se estendia às cidades-Estados cananeias da planície, que preservaram a independência por muito tempo (*ver também Jz. 1:19*). As relações entre essas cidades e os recém-chegados israelitas variavam de um lugar para outro. Muitas vezes havia hostilidade mútua, mas Juízes indica que os dois grupos com frequência coabitavam em relativa paz. Houve inclusive exemplos de verdadeiras confederações entre eles, evocando a aliança entre Josué e os gabaonitas em Josué 9 e 10 (*ver p. 70*). A aliança entre Gedeão e Abimelec e a cidade cananeia de Siquém, narrada em Juízes 8 e 9, é um exemplo. A história das relações entre a tribo de Benjamim e a cidade cananeia de Silo (Jz. 21) provavelmente tem a mesma explicação.

# HERÓIS E HEROÍNAS

*Uma estela sírio-hitita de c. 850 a.C. que parece representar Gilgamesh* (no centro)*, herói da literatura mesopotâmica. Lendas sobre seus feitos eram populares e podem ter influenciado a história de Sansão.*

*O monte Tabor, onde Barac teria derrotado Sísara (Jz. 4:14-15).*

Quando estavam no período estável da monarquia e olhavam para trás, para a época dos Juízes, os israelitas viam um passado muito diferente do seu próprio tempo. Foi um período marcado por indivíduos heroicos, que assumiram a iniciativa de grandes feitos de armas — uma situação que se resume bem na afirmação: "Naqueles tempos não havia rei em Israel; cada um fazia o que era correto a seus olhos" (Jz. 21:25). Em termos de caráter literário, o paralelo mais próximo com o Livro dos Juízes é o de *Ayyam al'Arab*, "A Época dos Árabes", coletânea de tradições tribais árabes da era heroica pré-islâmica. Como o Livro dos Juízes, *Ayyam* dedica-se quase inteiramente à guerra.

Em Juízes há cinco ciclos de histórias originalmente independentes sobre heróis e heroínas, figuras locais que se tornaram símbolos nacionais. Na maioria deles, três informações básicas são fornecidas: a pessoa da figura heroica; sua tribo, que celebra o herói ou heroína em suas tradições; e um santuário ao qual a figura está ligada, onde essas tradições foram preservadas e recontadas. Essa visão limitada foi preenchida com lendas locais, narrativas populares e aspectos do culto, para produzir a forma bíblica existente.

O primeiro ciclo refere-se a Aod (Jz. 3:15-30), que assassina o rei Eglon de Moab, opressor dos israelitas. A história começa como o típico conto folclórico de um herói tribal, narrado com certa dose de humor negro (como os chocantes detalhes do assassinato do rei "muito gordo" em 3:22). Mas, em sua forma final, Aod tornou-se símbolo nacional, "salvador" dos israelitas, aquele que põe fim à condenação divina da opressão estrangeira.

A narrativa seguinte trata de uma campanha militar da profetisa Débora, o único juiz do sexo feminino, e Barac (Jz. 4-5). O monte Tabor, santuário das duas tribos envolvidas na batalha, aparece com destaque. E o poema declamado por Débora (Jz. 5) é provavelmente um salmo de agradecimento pela vitória, cantado em uma festa solene. O poema começa com a descrição de uma manifestação de Deus, e a vitória é obtida quando até as estrelas e as águas torrenciais de Quison se juntam à luta contra os inimigos de Israel (Jz. 5:20-21).

## Gedeão

A terceira história do ciclo de Juízes, uma narrativa longa e elaborada, centra-se em Gedeão (Jz. 6:11-8:32). Ele parece ter sido o herói popular de um pequeno clã, celebrado como aquele que preservou a instituição social da irmandade matando os dois reis de Madiã que tinham assassinado seus irmãos (Jz. 8:18-21).

Entretanto, nas tradições escritas sobre ele, Gedeão é um herói nacional que surge da obscuridade para a grandeza por escolha e inspiração divinas. Lidera sua tribo na batalha e, como quase sempre acontece nessas lendas, recebe um novo nome: Jerobaal (Jz. 6:32). Como recompensa por seus feitos, os israelitas lhe pedem que seja rei (Jz. 8:22), oferta que, de acordo com a narrativa, ele recusa. Mas a rivalidade entre dois de seus filhos pelo trono depois de sua morte implica que ele de fato aceitou o reinado e governou Israel.

Entremeada com o relato do chamado de Gedeão por Javé está a lenda sobre a fundação do santuário da tribo de Manassés em Efra (Jz. 6:24), que teve papel importante nessa saga. Conta-se também que ele erigiu um éfode (aqui, a palavra significa uma imagem de culto, e não uma veste sacerdotal) em Efra, e sua história termina com a menção de que ali está seu túmulo. Parece claro que a história da vida de Gedeão teve origem no santuário, onde provavelmente era recitada em ocasiões cerimoniais.

## Sansão

A quinta saga de Juízes é a famosa história de Sansão (Jz. 13-16), figura notável e complexa. Por um lado, é um simples herói popular, filho de Manué, da tribo de Dan. Mas o nascimento de Sansão evoca o de vários patriarcas (*ver pp. 36-51*): sua mãe era estéril e recebe a promessa divina de que conceberá um filho (Jz. 13:3). O anúncio da concepção ocorre em Saraá e está interligado com a lenda da fundação de um santuário no local (Jz. 13:15-24).

Ao contrário de outros juízes, Sansão não é eleito em um momento de crise para levar os exércitos israelitas à vitória sobre seus opressores. Sua grandeza é prevista e ordenada por Deus (Jz. 13:5). Ele derrota os filisteus (*ver p. 77*) com feitos extraordinários de força, como a morte de mil homens com a queixada de um jumento (Jz. 15:15). Como os "trabalhos" do herói grego Hércules (que vem sendo comparado a Sansão desde, pelo menos, o século IV a.C.), esses feitos provêm de várias fontes. Alguns originam-se de lendas locais e outros derivam de rituais religiosos e temas mitológicos comuns no Oriente Próximo, como a morte de um leão (Jz. 14:6). A fonte da extraordinária força de Sansão são seus longos cabelos, segundo uma crença popular muito divulgada, principalmente entre os povos semitas. Ele usa estratagemas, como no enigma que propõe (Jz. 14:14) e nos ardis que repetidamente prepara para sua traiçoeira mulher Dalila quando ela o aborrece para revelar o segredo de sua força (Jz. 16:6-17). Sansão também corporifica outro conhecido caráter do folclore: o homem que vive se envolvendo com mulheres e é sempre enganado por elas.

Deus abandona o herói a seu destino depois que ele finalmente conta a Dalila seu segredo: seus cabelos são cortados durante o sono, e os filisteus o capturam e o cegam. Quando exibem seu troféu em uma festa no templo filisteu, Sansão apela a Deus (Jz. 16:28) que lhe dê a vitória final. Ele recupera sua força e derruba duas colunas do templo, matando todos os que estão lá dentro, inclusive a si próprio. Esse ato heroico de suicídio é um sinal de que Sansão é de novo aceito por Deus. Lembra a apoteose de Hércules narrada pelo escritor romano Sêneca: Hércules monta sua própria pira funerária, fala com o pai no céu e ouve a resposta. A história de Sansão termina com seu sepultamento no túmulo de sua família, em Saraá.

*Sansão carrega os portões de Gaza, após arrancá-los (Jz. 16:2-3), em uma* Biblia pauperum *("Bíblia dos pobres"). Obras como essa, fartamente ilustradas, destinavam-se aos analfabetos pobres.*

A terceira narrativa conta a história de Gedeão (*ver quadro ao lado*). A ela se segue um relato sobre Jefté (Jz. 11:1-12:7), que parece representar uma coletânea de lendas do santuário de Masfa. A história contém vários temas mitológicos e folclóricos conhecidos, como a origem modesta do herói (a mãe de Jefté era prostituta) e o juramento de consequências trágicas (Jz. 11:30-31). No caso de Jefté, por força do juramento, ele tem de sacrificar sua filha virgem, o que teria originado um festival anual feminino de lamentações. Na verdade, o festival assinala a morte do espírito da fertilidade durante a estação seca.

A quinta das histórias heroicas é a de Sansão (*ver quadro acima*).

# SAMUEL

*O centro do santuário pré-israelita em Silo talvez fosse semelhante a este altar circular no templo cananeu de Meguido, no norte da Palestina, que data de c. 2000 a.C.*

O último e maior dos juízes foi o profeta Samuel. O anúncio de seu nascimento (1 Sam. 1) segue o padrão bíblico da promessa de um filho a uma mulher infértil, mas há indicações de que a história se referisse originalmente ao futuro rei Saul (*ver pp. 78-81*). Ana, mãe de Samuel, dá esse nome ao filho porque o tinha "pedido" ao Senhor (1 Sam 1:20) e afirma ter "doado" o menino à divindade (1.Sam. 1:28): os dois verbos remetem ao nome Saul. A oração de agradecimento de Ana (1 Sam. 2:1-10) nada tem a ver com o nascimento da criança, mas é na verdade um salmo real. O editor bíblico de um período posterior pode ter pretendido exaltar o ofício do profeta, que Samuel representava, acima do de rei. Talvez seja por isso que a Samuel é atribuída a dominação dos filisteus, pouco provável historicamente. Como seus antecessores, Samuel é ligado a determinado santuário (no caso, Silo, antigo local sagrado dos cananeus). Sua maior celebração era uma grande peregrinação outonal, durante a qual as mulheres executavam uma dança ritual para aumentar a fertilidade dos vinhedos (Jz. 21:21). Nessa festa Ana é agraciada com a promessa de um filho. Silo tinha um templo dedicado a Javé (1 Sam. 1:9), primeira menção na Bíblia a uma estrutura permanente.

O templo abrigava a Arca da Aliança (*ver também p. 64*), da qual se podiam obter oráculos. A palavra hebraica que se costuma traduzir como "arca" significa "caixa" ou "cesto", e é provável que vários santuários possuíssem tal objeto. Sua característica especial é que ela podia ser transportada de um lugar para outro: santuários portáteis eram comuns no Egito, na Mesopotâmia e em Canaã, e uma tenda-santuário portátil, a *qabba*, é característica da cultura beduína e árabe pré-islâmica. A arca de Silo, em particular, era uma espécie de estandarte de guerra que liderava o exército israelita na batalha, como em 1 Samuel 4. Era manifestação da presença de Javé e se identificava com ele: quando a arca é trazida ao acampamento pelo exército israelita, os filisteus exclamam: "Os deuses vieram ao acampamento" (1 Sam. 4:7). Todos esses elementos aparecem em uma seção de 1 Samuel conhecida como "a história da arca", que narra como os filisteus capturaram a arca e a levaram para o templo de seu deus Dagon, em Azoto. Mas Javé, tomando a forma da arca, destrói a imagem de Dagon (1 Sam. 5:4), e os filisteus levam a arca para longe (1 Sam. 6:11-12). Ela para em dois santuários israelitas, Bet-Sames e depois Cariat-Iarim, onde permanece sob a custódia de Eleazar. Esse episódio pode refletir memórias de um tempo em que a arca circulava pelos santuários vizinhos.

Havia uma ordem sacerdotal hereditária em Silo, que provavelmente acabou com a destruição da cidade pelos filisteus, embora a Bíblia atribua esse fato à insatisfação de Deus com certas práticas ligadas à religião, como a prostituição ritual (1 Sam. 2:22). Em Silo, Deus era chamado "Senhor dos Exércitos" (como em 1 Sam. 1:3), título que devia ser de origem cananeia. Os "exércitos" eram as forças celestes que vinham em socorro de Israel nas batalhas, embora talvez também incluíssem as forças terrenas.

A figura de Samuel foi muito exagerada na tradição bíblica. A informação mais autêntica indica que ele era um profeta-vidente no santuário de Ramá, onde construíra um altar e presidia os rituais de sacrifício, e onde foi enterrado. Dali, partia num circuito anual, distribuindo justiça em três santuários (Betel, Guilgal e Masfa) dentro de uma área relativamente pequena no centro da Palestina (1 Sam. 7:16-17). Na Bíblia, Samuel se torna juiz de toda a nação, grande chefe militar e profeta, na forma como esse ofício foi entendido na tradição israelita posterior (*ver p. 94*). No texto bíblico, foi Samuel que inaugurou a fase seguinte da história de Israel, a monarquia.

## Os filisteus

Os filisteus, ou filistinos, que deram nome à Palestina, tomaram parte de uma grande rebelião étnica que ocorreu na região do mar Egeu nas últimas décadas do século XIII a.C. Essa revolta ficou conhecida como o movimento dos "povos do mar", grupos (provavelmente indo-europeus) que desceram a costa leste do Mediterrâneo e destruíram o Império Hitita e a cidade cananeia de Ugarit (*ver p. 72*), ameaçando o Egito. Foram finalmente enfrentados, em c. 1190 a.C., pelo faraó Ramsés III, que os expulsou para a costa sul de Canaã.

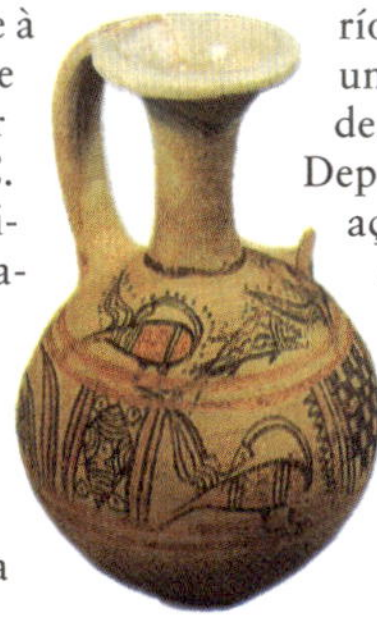

*Jarra de cerveja filisteia decorada do século XII a.C. A cerâmica filisteia mostra influências micênicas.*

Ali, eles se organizaram na confederação das cidades-Estado de Azoto, Ascalon, Ecron, Gat e Gaza, onde se desenvolveu uma rica e complexa cultura. Logo tentaram penetrar no interior, onde encontraram os israelitas. Constituíam uma grave ameaça a Israel, porque apresentavam uma força militar unificada contra as tribos israelitas, muito menos organizadas. Em consequência disso, os israelitas caíram sob domínio filisteu por longo período, e foi só quando Israel se tornou um Estado unificado sob o rei Davi que os filisteus foram derrotados e confinados dentro de seu território. Depois disso, nunca mais representaram séria ameaça, mas guerras intermitentes continuaram por muitos anos entre eles e os reinos israelitas, até que o povo e os governantes filisteus foram deportados pelo rei Nabucodonosor II da Babilônia, no início do século VI a.C. — mesma época do exílio dos israelitas.

Os israelitas sabiam que os filisteus tinham vindo do Egeu (Amós 9:7 diz que ele vieram de "Cáftor", ou seja, Creta) e eram um povo não semita: ao contrário dos israelitas, os filisteus são descritos como "incircuncisos". Mas os filisteus adotaram as divindades da religião cananeia local: dos três deuses filisteus citados nas Escrituras Hebraicas, Dagon e Astarte são encontrados em textos ugaríticos, e Belzebu, nome cujo significado é discutido, é evidentemente um epíteto do deus Baal (*ver pp. 22-23 e p. 72*).

*Prisioneiros filisteus são levados ao cativeiro (de um templo do faraó Ramsés III em Madinet Habu, no Egito).*

# V OS PRIMEIROS REIS

*Acredita-se que a monarquia foi estabelecida em Israel em resposta à pressão dos filisteus, e com certeza Samuel recebeu a promessa de que Saul libertaria o povo de Deus desses inimigos. Mas parece mais provável que a ameaça filisteia só tenha induzido Israel a pôr em prática uma tendência que já se delineava. O país passava de sociedade tribal para Estado unificado, a mesma evolução que ocorria entre os povos vizinhos. O governo de Saul foi o prelúdio dos reinados de Davi e de Salomão, sob os quais o reino unificado de Israel alcançou o auge do poder e do prestígio. Durante esse período, Jerusalém e seu templo tornaram-se o centro da civilização e da religião israelita.*



## SAUL

A ascensão do primeiro rei dos israelitas, Saul, é narrada longamente (1 Sam. 8-11). Há consenso entre os estudiosos de que a narrativa combina três versões distintas do desenrolar dos fatos. Um dos relatos analisa o reino a uma luz positiva, vendo sua função como uma instituição introduzida em Israel por iniciativa de Deus. É basicamente um conto popular, no qual o jovem Saul é descrito em termos idealizados (1 Sam 9:2). Ele é guiado pela divina providência para a casa do profeta Samuel, em Ramá. Lá, Javé instrui Samuel a ungi-lo rei. O profeta obedece (1 Sam. 10:1) e promete a Saul três sinais para legitimar sua inesperada eleição, entre eles a possessão pelo espírito divino. Todos esse sinais ocorrem no momento devido, mas a essa altura

### O reinado de Saul

O reinado de Saul é geralmente considerado menos importante na história de Israel. Embora a Bíblia enfatize que a monarquia era um fato novo para os israelitas (*ver quadro na página ao lado*), o papel de Saul deu continuidade, de certo modo, ao velho sistema de líderes ou juízes carismáticos (*ver pp. 72-73*), próprio de um pequeno grupo de tribos sem ambições de expansão territorial. Diferentemente de outros monarcas do Oriente Próximo, entre eles os reis israelitas posteriores, Saul não tinha uma grande capital real nem dispunha de serviço civil. Ele não conseguiu derrotar os filisteus nem estabelecer uma dinastia.

Por outro lado, pode-se dizer que Saul firmou as principais características do futuro papel monárquico. A Bíblia vê nele o iniciador da ideia de "reino" como entidade distinta, que, desse modo, passava das mãos de um sucessor para outro. Os "direitos do rei", que Samuel expõe ao povo em 1 Samuel 8, correspondem aos privilégios legais dos monarcas cananeus, e Saul fez realmente exercício de todos os itens listados por Samuel. Ele convocou os jovens israelitas para formar um exército, apossou-se de propriedades dos súditos para redistribuí-las, criou impostos e, como qualquer outro rei da época, teve um harém. Sua residência era em "Gabaá de Saul" (1 Sam. 11:4), não exatamente uma capital de reino como a Jerusalém de Davi (*ver quadro, p. 82*), mas construiu uma grande fortaleza nesse lugar. Saul atacou quatro cidades gabaonitas, tradicionais aliadas de Israel, porque pretendia criar um Estado consolidado: essas localidades formavam uma área de separação entre Judá e as tribos de Efraim e Benjamim. Ele usava um diadema e um bracelete, insígnias típicas dos reis do Oriente Próximo.

A maior diferença entre Saul e os juízes foi o caráter sagrado do cargo de rei. O ritual da unção dotou-o do espírito de Deus e tornou sua pessoa inviolável e sagrada; ele se tornou o "ungido de Deus".

Saul guarda segredo do que aconteceu. O segundo relato vê a monarquia de maneira negativa. Os anciãos israelitas vão a Samuel e pedem um rei (1 Sam. 8:5), mas Deus diz a ele que, fazendo isso, os anciãos na verdade "me rejeitam como rei". Então, o instrui a advertir o povo da natureza opressiva do governo monárquico, o que Samuel faz (1 Sam. 8:11-18). Mas os israelitas insistem, e Javé, mesmo relutante, concorda com o pedido.

Algum tempo depois (o episódio da unção de Saul entra nesse intervalo), as tribos israelitas se reúnem no santuário de Masfa. Saul, que tinha se escondido entre a bagagem, é escolhido por Deus e feito rei por aclamação. Nesse relato, não se menciona nenhuma unção (1 Sam. 10:17-24).

Um ataque amonita à cidade de Jabes de Galaad é o ponto de partida do terceiro relato sobre a ascensão de Saul. A notícia é levada a Saul, que aparentemente vivia como simples lavrador em Gabaá (1 Sam. 11:5). Como um dos juízes de Israel (*ver p. 72*), ele é imediatamente tomado pelo "espírito de Deus" e "sua ira é grandemente atiçada". Saul reúne as milícias israelitas e rompe o cerco. Em gratidão, o povo vai ao santuário de Guilgal e o investe rei. A convocação de Samuel para que o povo vá a Gilgal e lá renove o reino (1 Sam:11-14) provavelmente foi inserida pelo editor bíblico para harmonizar os três relatos da ascensão de Saul.

A visão negativa do reino em 1 Samuel 8 tem sido atribuída a uma escola israelita posterior, que culpava a monarquia pelos desastres que se abateram sobre o país depois do reinado de Salomão. Mas também é possível que ela reflita um debate que ocorria à época da introdução da monarquia, assim como diferentes tradições dos santuários de Ramá, Masfa e Guilgal, que podiam apresentar reivindicações a Saul. Esses e outros elementos foram entremeados para criar o processo formal de ascensão que caracterizou a monarquia de Israel. Ele se fazia em três etapas: a designação divina através da unção, acompanhada por um oráculo que assegurasse ao rei a graça divina e estabelecesse seus direitos e deveres; uma vitória sobre inimigos do reino, real ou encenada como parte de um ritual; e, finalmente, sua aceitação e seu reconhecimento público como o escolhido de Javé.

## A importância da monarquia

*Saul é ungido rei de Israel por Samuel (1 Sam. 10:1), da Bíblia de Nuremberg, de 1483.*

Antes da ascensão de Saul, a Bíblia oferece provas de que o velho sistema dos juízes estava se desintegrando e se revelava insatisfatório. Samuel indica seus filhos para sucedê-lo como "juízes sobre Israel", mas eles se desviam do bom caminho: aceitam suborno e pervertem a justiça (1. Sam. 8:1-3). A Bíblia conta que os anciãos procuram o velho Samuel e pedem que ele indique um novo tipo de governante, em imitação da prática estrangeira: um rei (1 Sam. 8:5). A instituição da monarquia já existia desde séculos no Oriente Próximo, e, embora diferisse significativamente em caráter de uma nação para outra, muitas características eram comuns a todas as monarquias da região. Acima de tudo, a monarquia era uma instituição sagrada, em toda parte ligada às divindades da nação. O rei, acreditava-se, era escolhido pelos deuses e deusas para representar seu povo diante deles. As divindades, por sua vez, regulamentavam todos os assuntos nacionais através do soberano. Foi essa característica fundamental que fez da instituição da monarquia um passo novo e revolucionário para os israelitas.

# O DESTINO DE SAUL

A história de Saul é a de um herói de tragédia grega. No curso do drama, há sempre um momento crucial em que o herói cai em desgraça. No caso de Saul, isso ocorre quando Deus, por meio de Samuel, subitamente o rejeita como rei, depois que ele deixa de obedecer a uma ordem divina (1 Sam. 15:26). Javé retira seu espírito benevolente de Saul e envia um "espírito mau" para atormentá-lo (1 Sam. 16:14). Doenças físicas e mentais são muitas vezes atribuídas a maus espíritos, de modo que a Bíblia provavelmente se refere a um estado de paranoia ou depressão. Saul é levado a uma sucessão de atos violentos, como o massacre dos sacerdotes em Nobe (1 Sam. 22:18), e, finalmente, à sua própria perdição. O narrador conta a história de Saul com certa simpatia por seu infortúnio e o mostra como figura heroica, embora trágica.

Saul está envolvido em três conflitos. O primeiro é o rompimento com Samuel, fato que determina seu destino. A ruptura ocorre em dois incidentes relacionados com a autoridade exigida pela nova instituição da monarquia. No primeiro incidente, Saul desagrada Samuel ao oferecer um sacrifício público (1 Sam. 12:9). Seu erro não foi ter se apossado de uma função sacerdotal, mas ter usurpado o controle da religião nacional da figura do juiz, representada por Samuel. No segundo incidente, Saul não termina a destruição dos amalecitas como Deus ordenara (1 Sam. 15:3). Ao poupar o rei amalecita e todo o seu valioso espólio, Saul de fato reivindica o direito de mudar um decreto religioso absoluto, e por isso é condenado. Seus atos também revelam imoralidade política, algo que pode ser menos chocante para nós do que provavelmente era para os contemporâneos de Saul.

O segundo conflito de Saul é com Davi (*ver texto lateral*). O motivo é a inveja obsessiva de Saul em relação ao jovem, provocada pelo canto de vitória das mulheres israelitas depois que Davi matou Golias, o gigante filisteu: "Saul matou milhares, e Davi dezenas de milhares" (1 Sam. 18:7). Saul interpreta a canção como o desejo de que Davi tome seu lugar de rei, e desse momento em diante seu comportamento para com o outro é uma sucessão de tentativas desesperadas de matá-lo.

Finalmente, há o conflito familiar de Saul. Sua filha Micol se apaixona por Davi e se casa com ele, e, quando Saul atenta contra a vida de Davi, Micol frustra sua tentativa com uma artimanha (1 Sam. 19:13). Jônatas, filho

**A ASCENSÃO DE DAVI**

**O início da carreira de Davi, assim como seu caráter, é narrado de várias maneiras. O relato de sua unção (1 Sam. 16:13) reflete um tema popular, no qual o membro mais jovem e menos merecedor da família é inesperadamente preferido aos irmãos e irmãs. O caráter de lenda percorre toda a história da ascensão de Davi a uma alta posição na corte de Saul.**

**O feito mais famoso do jovem Davi é a morte do gigante filisteu Golias (1 Sam. 17:48-51). Em outra parte (2 Sam. 21:19), conta-se que Golias foi morto por Elianã, outro belemita, o que indica que o feito só mais tarde foi atribuído a Davi. Davi é retratado como modelo de cavalheirismo, magnânimo com Saul, cuja vida poupou duas vezes, em Engadi (1 Sam. 24:7) e Gabaá de Aquila (1 Sam. 26:9). É adulado por todos e capaz de profunda afeição, em especial por Jônatas, filho de Saul (1 Sam. 20 e outros). É músico talentoso e compositor, e o som de sua lira tem poder quase mágico (1 Sam. 16:23). Há ainda outro aspecto de Davi, provavelmente mais histórico. Ele seria chefe de bandoleiros no deserto da Judeia, onde planejava astutamente seu futuro presenteando as principais famílias da região e firmando alianças de casamento com elas (1 Sam. 25:39-43). Na busca de seus objetivos, Davi se prepara para se tornar vassalo do rei filisteu de Gat. Entretanto, segundo a narrativa, evita ajudar os filisteus contra os israelitas (1 Sam. 27:8-12).**

Abaixo, à direita: *A montanha de Engadi, onde Saul se escondeu de Davi (1 Sam. 24).*

Abaixo: Davi e Golias, *de um manuscrito inglês de c. 1020.*

A Morte de Saul *(1562), de Pieter Bruegel, o Velho (c. 1515-69). Saul (*à esquerda*), ferido gravemente e diante da derrota, tomba sobre sua espada (1 Sam. 31:4).*

e herdeiro de Saul, torna-se amigo íntimo de Davi e o protege do complô paterno (1 Sam. 19:1-7 e outros), porque reconhece que é Davi, e não ele, quem sucederá o pai como rei.

Antes de sua batalha final contra os filisteus, Saul segue o costume das guerras antigas e busca orientação divina. Durante seu reinado, empreende uma reforma religiosa, como mais tarde os monarcas israelitas fariam, erradicando os "médiuns e feiticeiros", que alegavam ser capazes de convocar fantasmas e espíritos, prática contrária ao culto de Javé (1 Sam. 28:3; comparar com Lev. 20:6 e 20:27). Porém, depois da rejeição de Saul, Javé se recusa a lhe falar através dos meios legítimos de divinação: sonhos, Urim e Tumim (misteriosos meios divinatórios) e profetas. Saul é obrigado a recorrer a uma necromante em Endor, que aparentemente escapara ao seu banimento (1 Sam. 28:7). Ela tinha um *'ob*, palavra que costuma ser traduzida como "espírito familiar", ou seja, era médium. A aparição da sombra de Samuel (1 Sam. 28:14) revela como os antigos israelitas percebiam o destino dos mortos: mantinham a forma física, inclusive as roupas, com que tinham morrido e levavam uma existência sombria sob a terra, distantes da vida real. Vivendo nesse reino misterioso, tinham o poder sobrenatural de predizer o futuro.

Saul é dominado pelo terror após a terrível predição de Samuel de sua derrota e morte (1 Sam. 28:19). Mas a narrativa conta que ele se recupera, e o leitor é levado a presumir que aceita seu destino e o enfrenta com bravura. Quando três de seus filhos, entre eles Jônatas, morrem lutando contra os filisteus, e tudo está perdido, Saul encontra a morte por meio do suicídio heroico no monte Gelboé (1 Sam. 31:4), embora mais tarde se diga que destacou um estrangeiro para pôr fim à sua agonia quando estava moribundo (2 Sam. 1:9). O grande lamento de Davi (2 Sam. 1:17-27) é por dois homens que considerava heróis: "Saul e Jônatas, amados e amáveis! Na vida e na morte não se separaram; eram mais rápidos que águias, mais fortes que leões".

# DAVI

*O tanque de Gabaon (atual El Jib), onde os exércitos de Isbaal e de Davi se enfrentaram (2 Sam. 2).*

Depois da morte de Saul (*ver p. 81*), seu reino continuou sob um de seus filhos, Isbaal, no norte do país, ao passo que o trono foi removido para Manaim, a leste do Jordão, fora da área de ocupação filisteia. Enquanto isso, no sul, os clãs que apoiavam Davi tinham prometido (*ver texto lateral, p. 80*) ungi-lo rei da casa de Judá (2 Sam. 2:4). Irrompeu a guerra entre Isbaal e Davi, e na época as figuras realmente poderosas eram os comandantes-em-chefe, Abner do lado de Isbaal e Joab do lado de Davi. Uma vívida narrativa conta como os dois exércitos se encontraram no tanque de Gabaon (*ver ilustração à esquerda*), onde, seguindo um antigo costume de guerra, cada lado escolheu 12 guerreiros para lutarem, dois a dois, até a morte. O resultado foi incerto (2 Sam. 2:16), e uma batalha geral se seguiu, na qual Abner matou Asael, um dos irmãos de Joab.

Mais tarde, Isbaal recrimina Abner por ter mantido relações com Resfa, uma das concubinas de Saul. (Segundo um texto cananeu de Ugarit, tomar a mulher de um rei morto significava reivindicar o trono; comparar com 1 Reis 2:22.) Abner fica furioso com a recriminação e negocia com Davi para trazer a confederação do norte para seu lado (2 Sam. 3:12). Abner visita Davi para finalizar o acordo, mas é morto por Joab, que quer vingar a morte de Asael, e o plano fracassa. Depois da morte de Abner, os seguidores de Isbaal

## Jerusalém

A tomada de Jerusalém por Davi (*ver página ao lado*) teve implicações para a vida da nação. Ela se tornou a capital real, algo que faltara a Saul (*ver quadro, p. 78*) e constituía característica essencial de qualquer monarquia do Oriente Próximo. Era um ponto estratégico entre as tribos israelitas do norte e do sul, mas não foi atacada por nenhuma delas.

Até sua captura, Jerusalém era um enclave cananeu habitado pelos jebuseus. Davi trouxe a cidade para a tradição religiosa israelita, tornando-a local permanente da arca de Silo (*ver p. 76*). Por trás do detalhado relato das celebrações da transferência da arca (2 Sam. 6-19), provavelmente existiu um rito de coroação. Por esse ritual, Davi assumiu o papel de governador jebuseu, herdeiro do rei-sacerdote Malquisedec, que abençoou Abraão em Gênesis 18 (*ver p. 39*). A procissão com a arca à frente era provavelmente o clímax de uma grande festa anual que celebrava a escolha de Jerusalém como morada de Deus e da dinastia de Davi.

*Samuel unge Davi, em afresco da sinagoga de Dura Europos, na Síria, de c. 245 d.C. Os trajes romanos refletem o caráter cosmopolita desta cidade fronteiriça greco-romana junto ao Eufrates.*

Davi não exterminou a população de jebuseus, e muitas das tradições religiosas desses habitantes influenciaram a fé de Israel. Javé foi assimilado ao deus local de Jerusalém, El-Elion. Significativamente, o Deus de Israel teria feito uma aliança com o rei que repete sua aliança com a nação. O reinado de Davi foi portanto marcado por uma profunda mudança na natureza da monarquia em Israel, que assumiu o caráter geral dos reinos do Oriente Próximo. Depois disso, cada monarca que assumia o trono era considerado filho adotivo da divindade, o que garantia a continuação da dinastia (*ver, por exemplo, 2 Sam:7 e Salmos 2 e 89*).

## O império de Davi

Esperava-se que todo governante fosse um líder guerreiro, que tentasse expandir o território de seu Estado, e Davi não foi exceção. Durante seu reinado (c. 1000-961 a.C.), foi-lhe possível adotar um programa expansionista, porque existia um vácuo político no Oriente Próximo. O Império Hitita desaparecera em c. 1200 a.C., e depois da morte do grande imperador Tiglat-Pileser I, em c. 1078 a.C. , o Estado assírio entrara num período de decadência que durou dois séculos. Desde c. 1065 a.C. , o Egito também se tornara impotente sob a vigésima primeira dinastia. O campo estava livre para os israelitas e outros povos se estabelecerem como Estados fortes.

Depois da eliminação total da ameaça filisteia (2 Sam. 8:1), a Bíblia narra uma série de conquistas de importantes países vizinhos por Davi. Ele derrota os amonitas e se torna seu rei (2 Sam. 12:30). Moab passa a ser um Estado dependente (2 Sam. 8:2) e Edom é dominado militarmente, tornando-se uma província submetida ao governo israelita (2 Sam. 8:14). Conta-se que Davi estacionou seus exércitos em dois dos reinos arameus (ou aramaicos), que entretanto continuaram sendo uma pedra no sapato de Israel por muitos anos.

Davi também forjou significativos laços diplomáticos. Fez uma aliança com Hirã, rei de Tiro, um dos importantes entrepostos comerciais fenícios que tinham se separado havia pouco do Egito e entravam numa era de ouro. A aliança com os fenícios tornou-se a pedra fundamental da subsequente política exterior israelita (*ver p. 89*).

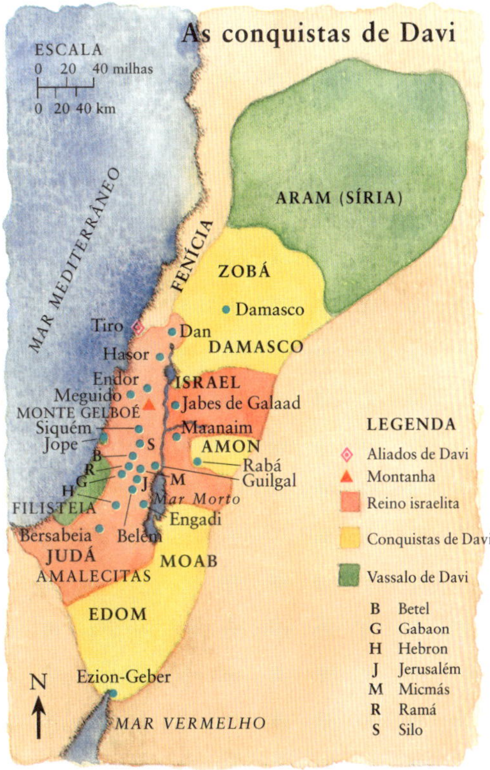


percebem que a divisão do reino não é mais viável, e dois de seus oficiais o matam (2 Sam. 4:6-7).

A morte de Isbaal abre caminho para o segundo passo da ascensão de Davi — que sempre mostrara respeito por Saul e pelos que o apoiavam. Por isso, envia uma mensagem de agradecimentos aos habitantes de Jabes de Galaad por terem dado ao corpo de Saul sepultamento digno, lançado uma maldição solene sobre Joab pela morte de Abner e executado os assassinos de Isbaal. Por isso, não foi surpresa quando as tribos do norte fizeram aliança com Davi e o ungiram rei (2 Sam. 5:3).

Como chefe de um reino unificado, Davi foi capaz de, em duas campanhas, expulsar os filisteus da montanha central do país e abrir caminho para o terceiro passo de sua ascensão ao poder, a tomada de Jerusalém. Só há um breve relato de sua conquista, mas a Bíblia mostra que ela foi tomada mediante um estratagema, provavelmente porque os israelitas não tinham experiência nem meios para o cerco (2 Sam. 5:6-8). O que importa é que Jerusalém foi conquistada pelo exército pessoal de Davi, que por isso ganhou sua posse, assim como seus descendentes, por direito de conquista. Como a enfatizar a conquista, ele lhe deu outro nome, "Cidade de Davi", e construiu uma fortaleza ali para si mesmo (*ver também quadro na página ao lado*).

*Estatueta de argila que mostra uma mulher no banho. Encontrada em Achzib, na Palestina, data de c. 1300-900 a.C. Betsabeia se banhava quando Davi a viu pela primeira vez (2 Sam. 11:2).*

# O REINADO DE DAVI

Depois que Davi se estabeleceu em Jerusalém (*ver p. 83*), passou a organizar seu Estado, que teve como modelo os países vizinhos, em particular o Egito. Ele administrou por meio de uma burocracia de servidores da corte conhecidos como "servos do rei", um termo cananeu. Seus principais membros eram Joab, comandante das tropas israelitas; Banaías, comandante do exército mercenário estrangeiro (principalmente cretenses e filisteus); dois sacerdotes-chefes, Sadoc e Abiatar; um arauto real, que anunciava os decretos do rei; e um secretário de Estado, que registrava os decretos e outros assuntos.

A história interna do reinado de Davi está registrada em vários capítulos de 2 Samuel e nos primeiros capítulos de 1 Reis, uma seção distinta que talvez tenha sido escrita por alguém que viveu durante o reinado de Davi. Seu tom é secular: Deus não intervém diretamente nos fatos e não é mencionado com frequência, e o propósito divino é mediar as ambições e motivos humanos. Essa seção tem sido chamada "história da corte de Davi" e "narrativa da sucessão ao trono". Embora provavelmente o relato não seja tão coerente e uniforme quanto se supõe, os dois títulos são justificados. Consiste em lendas de rivalidades no seio da família real, exacerbadas por um aspecto das monarquias do Oriente Próximo, o harém. Um rei e suas várias esposas geravam fortes ambições entre irmãos

## Oposição ao governo de Davi

Os séculos posteriores idealizaram o reinado de Davi, mas a Bíblia mostra que ele enfrentou graves problemas e tensões. Davi nunca conseguiu reconciliar os seguidores de Saul com o seu governo. Uma séria rebelião foi instigada por Seba, da tribo de Benjamim, que levantou as tribos do norte com um grito de guerra: "Nada temos em comum com Davi!" (2 Sam. 20:1). Seba depois foi traído pelos cidadãos de Abel (2 Sam. 20:22).

À revolta de Seba seguiu-se a crise mais grave do reino, a rebelião de Absalão, filho de Davi e seu herdeiro depois da morte de Amnon (*ver página ao lado*). Absalão é um típico herói popular, famoso pela beleza e pelos longos cabelos (2 Sam. 25-26). Nessa época, Davi envelhecia e perdia o comando do reino, e Absalão conquistou a afeição do povo com a promessa de aliviar seu sofrimento (2 Sam. 15:2-6). Proclamou-se rei em Hebron, tirando de Davi seu território mais importante. Seu levante foi grave, porque a ele se aliaram não só as tribos do sul, mas também os partidários da dinastia de Saul. Davi afastou-se da capital por algum tempo e só conseguiu voltar com a ajuda de mercenários e outros estrangeiros.

A Morte de Absalão, *pintura do século XIX sobre o piso da catedral de Sena (que é do século XIII), na Itália.*

Antes da batalha final, Davi ordenou a seus generais que tratassem brandamente seu filho. Mas o comandante-em-chefe, Joab, não teve nenhuma indulgência paternal, e matou Absalão quando ele ficou pendurado pelos cabelos em uma árvore (2 Sam. 18:9-15). O velho rei, tomado pela dor, lançou um breve lamento poético: "Ó meu filho Absalão, meu filho Absalão! Tivesse eu morrido em teu lugar, ó Absalão, meu filho, meu filho!" (2 Sam. 18:33).

*Davi com o profeta Natã* (à esquerda) *e ajoelhado em arrependimento* (à direita), *em um livro de salmos bizantino de c. 950 d.C.*

e meios-irmãos, todos lutando pelo poder. A narrativa mostra como os filhos de Davi que tinham direito à sucessão foram sendo eliminados, até que só Salomão restou.

A primeira história dessa seção conta o adultério de Davi com Betsabeia, mulher de Urias, oficial hitita de seu exército (2 Sam. 11:2-12:25). Para tirar Urias do caminho, Davi ordena a Joab que o coloque "onde o combate esteja mais renhido". Urias é morto e Davi se casa com Betsabeia, que está grávida do rei. Mas os atos de Davi enfurecem Deus, e o profeta Natã, com uma parábola, leva o rei a se culpar (2 Sam. 12:1-6). Davi reconhece seu pecado, e Natã diz que Deus não o matará, mas sua casa enfrentará problemas e o filho de Betsabeia morrerá. A criança morre, e a história termina com o nascimento de um segundo filho, Salomão, que foi amado por Javé. O comportamento despótico de Davi ao tomar Betsabeia para si e planejar a morte de seu marido não parece ter sido incomum em monarcas do Oriente Próximo. A diferença é a condenação de seu ato por Natã, que fala em nome de valores israelitas mais antigos e mais simples.

A história seguinte, narrada em 2 Samuel 13, centra-se em Amnon, filho mais velho de Davi. Em uma típica intriga de harém armada por seu primo "muito sagaz", Jonadab, Amnon atrai a meia-irmã Tamar à sua cama e a possui. Para vingar-se, o irmão de Tamar, Absalão, mata Amnon, eliminando assim o sucessor do trono. Absalão é banido por seu ato, e seu ressentimento o leva a rebelar-se contra Davi — revolta que acaba provocando sua desgraça (*ver quadro na página ao lado*).

### A ASCENSÃO DE SALOMÃO

Quando ficou evidente que as forças de Davi declinavam, irrompeu a luta sucessória entre dois partidos, cada um com interesses definidos e apoiado por um dos filhos do rei (1 Reis 1-2). As duas facções corporificavam as tensões existentes entre a população de Judá e a cidade real de Jerusalém, que persistiu até a queda do reino.

De um lado estava o grupo de Judá, cujo candidato era Adonias, o mais velho dos filhos sobreviventes do rei, que nascera durante a estada de Davi em Hebron (2 Sam. 3:4). Atrás dele estava Joab, comandante militar de Davi, e o sacerdote Abiatar, único sobrevivente do massacre dos sacerdotes empreendido por Saul em Nobe (*ver p. 80*), que buscou refúgio junto a Davi durante seus anos no deserto. A facção oposta baseava-se em Jerusalém e era apoiada por Salomão, filho de Davi e Betsabeia (*ver texto principal*). Por trás de Salomão havia figuras que ganharam proeminência depois que Davi se estabeleceu em Jerusalém: o sacerdote Sadoc, o profeta Natã e Banaías, capitão da guarda estrangeira do palácio.

Depois da morte de Davi (1 Reis 2:10), Salomão assumiu o trono e logo tomou medidas duras para afastar a oposição. Adonias foi executado sob um pretexto trivial (1 Reis 2:13-25). Como era politicamente perigoso matar um sacerdote, Abiatar foi apenas deposto e banido (1 Reis 2:27). Joab refugiou-se no "tabernáculo do Senhor" agarrando-se aos cornos do altar (*ver abaixo*). Mas foi morto por Banaías (1 Reis 2:34), que também matou Semei, líder da tribo de Benjamim (1 Reis 2:46).

*Altar com cornos, de Meguido, de c. 9800 a.C.* (ver 1 Reis 1:50; 2:28).

# SALOMÃO

Depois de subir ao trono (*ver p. 85*), Salomão não embarcou em nenhuma campanha expansionista, e seu reinado (c. 961-922 a.C.) foi lembrado como um período de paz e prosperidade, quando "Judá e Israel viveram em segurança de Dan a Bersabeia" (1 Reis 4:25). Essa descrição foi usada em livros proféticos posteriores para registrar a perfeição da futura era messiânica. Acima de tudo, Salomão foi lembrado como a personificação da sabedoria. No pensamento israelita, a sabedoria era uma qualidade prática, algo de que todas as pessoas precisavam para avaliar as circunstâncias de sua existência e fazer sucesso na vida (*ver pp. 126-127*). Como responsável pelo bem-estar da nação, Salomão era o governante ideal (*ver quadro abaixo*).

No início de seu reinado, Salomão visitou Gabaon, "o mais importante dos lugares altos" (1 Reis 3:4), que ainda não fora substituído por Jerusalém como principal santuário. Lá, Deus lhe apareceu em sonho, que tem paralelo na experiência do faraó Tutmés IV, a quem a Esfinge de Gizé apareceu em sonho para lhe dizer que ele seria escolhido por Deus e sua sucessão ao trono seria legitimada. Ao despertar, o faraó ofereceu sacrifícios. Todos

## Os escritos de Salomão

A fama da sabedoria do rei Salomão foi tão grande que muitos textos conhecidos como "de sabedoria" (*ver pp. 126-127*) chegaram a ser atribuídos a ele. Seria dele o Livro da Sabedoria, um dos textos apócrifos da Bíblia, assim como várias seções do Livro dos Provérbios (*ver p. 126*). Salomão teria proposto 3 mil provérbios sobre árvores e animais (1 Reis 2:32). A palavra hebraica para "provérbio" é *mashal*, de um verbo que significa "ser como" ou "comparar". Os "provérbios" de Salomão eram portanto símiles e metáforas, ditos breves (como se vê em Provérbios) em que uma observação tirada do mundo natural ou animal servia para esclarecer o comportamento humano. Enxergar essa ligação era prova de sabedoria, e a capacidade de compor os provérbios era importante para um monarca, porque eles eram usados nas relações diplomáticas. O estoque de sabedoria do Oriente Próximo consistia nessas

Salomão Dita os Provérbios, *da* Bible Historiale *francesa, de 1357.*

máximas. Como essa sabedoria era de caráter secular, podia ser apropriada e adaptada por diferentes nações, processo que foi facilitado pelos amplos contatos internacionais iniciados por Salomão.

As histórias sobre a riqueza de Salomão e seu amor pelas mulheres sem dúvida explicam por que o autor do Eclesiastes (*ver p. 126*) assumiu sua *persona* e por que é atribuído a Salomão o altamente erótico Cântico dos Cânticos (*ver p. 131*). A Bíblia afirma que "seus cânticos foram mil e cinco" (1 Reis 5:12).

Da mesma forma, devido à tradição de que Salomão escreveu poesia, dois dos Salmos (*ver p. 121*) são atribuídos a ele.

## A rainha de Sabá

A Rainha de Sabá Chega à Corte do Rei Salomão, *pelo Mestre dei Cassoni, da Itália, do fim do século XV.*

Outra história que enaltece a sabedoria de Salomão é o famoso episódio da visita da rainha de Sabá (1 Reis 10:1-13). Visitas cerimoniais entre casas reais, acompanhadas de troca de ricos presentes, eram comuns na cena política do Oriente Médio. De acordo com a Bíblia, a rainha soubera da fama de sábio de Salomão e fora "testá-lo com questões difíceis" (1 Reis 10:1). A capacidade de um soberano demonstrar sabedoria e conhecimento a outro numa competição de enigmas era um valioso instrumento diplomático. Exemplo semelhante ocorre na história de Sansão (Jz. 4).

*Cabeça de pedra de uma mulher de Sabá, primeiro milênio a.C.*

Muitos aspectos fantásticos e eróticos foram agregados à história do encontro dos dois monarcas nas tradições judaica, islâmica e etíope, mas o relato bíblico provavelmente reflete a sóbria realidade política. O reino de Sabá ficava no sul da Arábia, na região do atual Iêmen. Os países dessa região tinham o monopólio quase total do valiosíssimo comércio de mirra e olíbano, com os quais a rainha de Sabá presenteou Salomão em grande quantidade. Salomão forçara sua entrada nesse comércio enviando uma armada ao mar Vermelho, e um acordo seria benéfico para as duas nações.

O império de Salomão abrangia de norte a sul o "Caminho Real", na Transjordânia, e a rota leste-oeste, do sul da Palestina a Gaza, duas artérias pelas quais os produtos de luxo árabes eram exportados. O encontro entre os monarcas pode ter levado a um acordo segundo o qual a rainha dava à armada de Salomão acesso aos portos que ela controlava, enquanto Salomão garantia a segurança das rotas de comércio que cruzavam seu território (*ver também p. 89*).

esses elementos constam da história do sonho de Salomão (1 Reis 3:5-15). O relato da Bíblia se distingue porque o rei pede a Deus sabedoria, e Javé promete lhe dar "mente sábia e com discernimento", que lhe traria "riquezas e honras" como a nenhum outro monarca de seu tempo.

Logo depois há uma história que ilustra como funcionava a sabedoria do rei na administração da justiça. Duas prostitutas vão à presença de Salomão com um bebê, cada uma alegando ser a mãe do menino. Salomão se vê diante de duas reivindicações conflitantes e nenhuma prova. Então pede uma espada e propõe cortar o bebê em dois e "dar metade a uma e metade a outra" (1 Reis 3:25). Uma das mulheres implora pela vida do bebê, preferindo que Salomão o entregue à rival a vê-lo morto. A outra mulher, vingativa, afirma que o filho "não será meu nem teu" e propõe que o rei parta o menino ao meio. Com seu conhecimento de psicologia, Salomão vê na compaixão da primeira mulher a mãe verdadeira e lhe entrega a criança. Quando os israelitas souberam da decisão, perceberam que seu novo rei possuía verdadeiramente "a sabedoria de Deus".

# O REINADO DE SALOMÃO

*Navios de guerra fenícios em relevo assírio do século VII a.C. A aliança com os fenícios, detentores do maior poder marítimo da região, foi fundamental para a política externa de Salomão.*

Sob Salomão, o reino assumiu aos poucos a forma de Estado despótico. Prova disso foi a instituição do recrutamento da população para trabalhar nas obras públicas, assim como os israelitas foram forçados a fazer no Egito. Texto ugaríticos revelam que essa também era uma prática dos cananeus. Uma passagem parece indicar que o trabalho forçado só se aplicava aos povos que tinham sido incorporados ao reino de Davi (1 Crôn. 22:1), mas fica claro que os israelitas nativos também foram recrutados (comparar 1 Reis 12:4 e 12:18). A explicação provável é que os não israelitas tinham a condição de servos permanentes do Estado, enquanto os israelitas só eram recrutados para o trabalho em circunstâncias excepcionais, como o extenso programa de construções de Salomão. Davi pode ter considerado a introdução do recrutamento, mas foi no reinado de seu filho que ele se tornou fundamental para a administração estatal.

*Ruínas da cidade fenícia de Biblos (bíblica Gebal, atual Jebail, no norte do Líbano). As relações diplomáticas e comerciais de Salomão lhe garantiram ajuda dos habitantes de Biblos para a construção do Templo de Jerusalém* (ver pp. 90-91).

Embora não tenha se envolvido em guerras violentas, Salomão se preocupou em proteger seu reino de ataques. Há menção a várias cidades em que ele estabeleceu tropas militares com carros e cavalaria (1 Reis 9:15-19): Hasor protegia a fronteira norte e Meguido controlava uma passagem estratégica da costa para o interior. Gezer, destruída pelo faraó egípcio e oferecida a Salomão como dote de sua filha por ocasião de seu casamento com o monarca, foi reconstruída para servir como posto de observação da área de ocupação filisteia. Escavações em todos esses sítios revelaram que houve um extenso programa de construção no reinado de Salomão.

O rei também construiu cidades-armazéns como parte da organização geral do Estado, narrada em 1 Reis 4. Seu território foi dividido em 12 distritos administrativos, cada um chefiado por um governador regional. A divisão, de certa maneira, se baseava nas velhas áreas tribais, mas não era rigidamente ligada a elas. O objetivo da reorganização foi permitir a cada distrito fornecer alimento à casa real durante um mês por ano, de modo que os 12 distritos provavelmente foram determinados pelos 12 meses do ano. As antigas cidades cananeias também foram incorporadas aos novos distritos regionais. As provisões mensais, que cada governador devia organizar, eram armazenadas nas cidades-armazéns antes de serem enviadas à corte em Jerusalém.

Sob Salomão, o império israelita se tornou poderoso no cenário internacional. O rei foi capaz de usar seu prestígio para estender sua influência sobre os Estados vizinhos por meios diplomáticos. Salomão firmou um tratado com o rei Hirã, de Tiro, dando continuidade à aliança iniciada por Davi (1 Reis 5:12). Por força desse tratado, Hirã ofereceu a Salomão a madeira dos famosos cedros do Líbano para suas construções, além de habilidosos artesãos para cortar as árvores e transportá-las por mar.

O grande harém de Salomão é condenado na Bíblia, que alega que isso levou o rei a aceitar as divindades veneradas por suas esposas estrangeiras (1 Reis 11:1-8). O tamanho do harém provavelmente é exagerado para apresentar o monarca como modelo de riqueza e virilidade. Mas o harém real era parte importante da diplomacia, porque os tratados internacionais eram consolidados com um casamento entre as famílias reais. Salomão provavelmente seguiu esse costume: a narrativa bíblica dá especial ênfase a seu enlace com uma filha do rei do Egito, que tinha seu próprio palácio em Jerusalém (1 Reis 7:8 e 9:16). Na época de Salomão, o Egito estava em declínio, mas sua fama ainda era reconhecida. O fato de o próprio faraó considerar importante a amizade de Israel mostra o prestígio internacional que o reino de Salomão conquistara.

## As atividades comerciais de Salomão

Muitas das referências bíblicas à imensa riqueza de Salomão são de caráter lendário ou folclórico, mas sem dúvida possuem base histórica. Parte da riqueza do rei viria dos tributos pagos pelas regiões estrangeiras de seu reino, mas a principal fonte de recursos, que pagou seus muitos projetos de construção, foi o comércio. Várias das mais importantes rotas comerciais da região cruzavam o império de Salomão, que soube usufruir o controle das caravanas que por elas viajavam. Em particular, ele explorava o lucrativo comércio de especiarias e metais preciosos com o sul da Arábia. (*ver quadro, p. 87*).

A aliança de Salomão com o rei fenício Hirã, de Tiro (*ver acima*), revelou-se vital, porque os israelitas não tinham nenhuma experiência marítima. Salomão construiu uma armada para operar no mar Vermelho, e Hirã, detentor de grande poder marítimo, forneceu aos israelitas habilidosos marinheiros e navios. A armada real tinha o centro de operações no porto de Ezion-Geber, perto de Eloth (Eilat), no mar Vermelho, embora não se conheça sua localização exata.

Uma atividade comercial em tão grande escala levou à emergência de um novo fenômeno em Israel: a classe dos mercadores. Uma nota na Bíblia registra como esses mercadores importavam cavalos do Egito e de Kue (atual Turquia) para o exército de Salomão e os vendiam aos governadores dos Estados ao norte de Israel (1 Reis 10:28-29).

*Tabuleta votiva do sul da Arábia, gravada na antiga escrita de Sabá (primeiro milênio a.C.).*

# O TEMPLO

O mais importante dos projetos de construção de Salomão foi o Templo de Jerusalém, que desempenharia papel fundamental na vida e no culto da nação. Ao construí-lo, ele cumpria um dos deveres dos reis do antigo Oriente Próximo, que devia erguer o edifício mais esplêndido possível em sua capital como morada do deus nacional. O Templo de Jerusalém foi uma inovação: quando o rei Davi planejou construir um lar para Javé, o profeta Natã o proibiu de fazê-lo, com o argumento de que até então Deus só habitara uma tenda ou tabernáculo móvel (2 Sam. 7:6 e 1 Crôn. 17:4).

Como os israelitas não tinham experiência na construção de templos, Salomão recorreu ao rei Hirã, de Tiro, que lhe forneceu os materiais e a mão de obra, em particular um artesão, também chamado Hirã, que fez os ornamentos (*ver quadro abaixo*). O Templo foi portanto uma construção essencialmente fenícia ou cananeia: sua planta tripartite é similar ao do santuário de Tell Tainat na Síria e de um templo de Hasor. Foi construído ao norte da cidade original de Davi (*ver mapa, p. 190*), em um antigo local sagrado dos jebuseus, ligado a uma eira onde Davi havia construído um altar (2 Sam. 24:18). Esse foi o local escolhido para o altar ao ar livre. As paredes do Templo, feitas de fileiras de cedros do Líbano, foram adornadas com querubins, palmeiras e flores (talvez lótus), símbolos religiosos comuns no antigo Oriente Próximo. O portal de entrada era ladeado por duas colunas, uma característica dos templos fenícios. A importância dessas colunas é discutida, mas seus nomes Jaquim ("Javé estabelece") e Boaz ("Nele está a força") indicam que elas simbolizam a presença de Deus. Talvez correspondessem às figuras guardiãs das divindades que se erguiam na entrada dos santuários e palácios mesopotâmicos.

## Os ornamentos do Templo

Os ornamentos do Templo de Salomão tinham simbolismo cósmico. Havia uma grande bacia de metal, chamada "mar" (1 Reis 7:44), apoiada sobre 12 estátuas de touros. Um texto bíblico afirma que a bacia era usada para as abluções dos sacerdotes, mas isso é improvável, já que elas tinham mais de 2 metros de altura. O nome "mar" equivale ao *apsu* mesopotâmico, nome dado tanto ao oceano subterrâneo quanto à bacia do Templo que o simbolizava. O touro era símbolo de fertilidade, associado ao deus cananeu Baal (*ver p. 72*).

*A Arca da Aliança e dois anjos, de manuscrito hebraico do século XIII.*

No Templo havia também bacias para a lavagem ritual, decoradas com guirlandas, touros, leões e querubins. O principal altar de sacrifícios representava a montanha dos deuses, centro do mundo, com a base apoiada no "seio da terra". Na cerimônia de dedicação do templo, a Arca da Aliança foi colocada no santuário central, o Santo dos Santos, deixando de ser um objeto portátil; com isso, acreditava-se que Javé habitaria permanentemente, a partir daí, o local mais sagrado de todos – nas palavras introdutórias da prece dedicatória de Salomão: "O Senhor disse que deve morar na escuridão profunda. Eu vos construí um lar exaltado, a mansão em que residireis para sempre". (1 Reis 8: 12-13). Essa crença originou a doutrina de que Jerusalém e seu templo eram invioláveis. Ladeada pelas estátuas de dois grandes querubins que evocavam figuras similares nos tronos dos reis fenícios, a Arca era vista como o trono em que Deus se assentava como divindade invisível.

A edificação do Templo (*ver 1 Reis 6*) foi acompanhada pela construção do palácio (bem maior) de Salomão. Isso simbolizava o papel do Templo não só como santuário nacional, mas também como capela real. O rei era o chefe do culto de Javé e liderava importantes atos rituais. Salomão oficiou pessoalmente a consagração do Templo, oferecendo sacrifícios e a prece dedicatória.

Na religião cananeia, a morada dos deuses era a montanha. Os salmos usados no culto do Templo mostram que muito da mitologia e do simbolismo da montanha divina se transferiu para o monte Sião, morada de Javé (*ver, por exemplo, p. 59*).

## Os outros templos de Jerusalém

O Templo de Salomão foi destruído no saque babilônico de Jerusalém (587-586 a.C.; *ver pp. 110-111*), mas foi restaurado pelos que voltaram do exílio mais de meio século depois. O segundo templo parece ter sido bem mais modesto que o primeiro, e sua importância foi um tanto diferente (*ver pp. 120-121*). Foi profanado e saqueado sob o império grego selêucida (*ver pp. 138-139*) e depois pelos romanos (*ver p. 142*). Em c. 20 a.C., Herodes, o Grande, rei da Judeia romana (*ver p. 142*), lançou-se à construção de um edifício totalmente novo. As descrições do templo de Herodes, cuja construção levou dez anos, revelam que ele reproduzia as dimensões do edifício de Salomão. Seguia o estilo arquitetônico greco-romano contemporâneo e seu esplendor foi intencional, como uma afirmação visual da importância do reino de Herodes a seus superiores romanos. Herodes era visto por muitos de seus súditos como um usurpador, e a opulência de seu templo foi uma tentativa de conquistá-los.

Há evidências, porém, de que as pessoas mais devotas e tradicionais do povo desconfiaram de seus motivos e que o Templo nunca mereceu sua afeição e devoção. Seja como for, esse último e mais grandioso dos templos de Jerusalém teve vida breve: finalmente terminado em 64 a.C., foi incendiado quando o imperador romano Tito tomou Jerusalém, durante uma revolta dos judeus em 70 d.C., e nunca foi reconstruído. Entretanto, o local do Templo continua a ser sagrado. Uma parte de suas ruínas, a colossal parede ocidental (o conhecido "Muro das Lamentações"), é ate hoje importante local de oração para os judeus. No lugar do santuário central ergue-se o Domo da Rocha, um dos locais mais sagrados do islã. Ele foi construído em 685-691 d.C. para marcar o local onde Abraão teria preparado o sacrifício de Isaac (*ver p. 43*) e de onde o profeta Maomé teria subido aos céus.

*Judeus oram no Muro das Lamentações, parte das poucas ruínas do Templo de Herodes. A colossal construção de pedra é típica da arquitetura herodiana.*

*Reconstrução artística da fachada sul do Templo de Herodes (*ver também foto à p. 163*).*

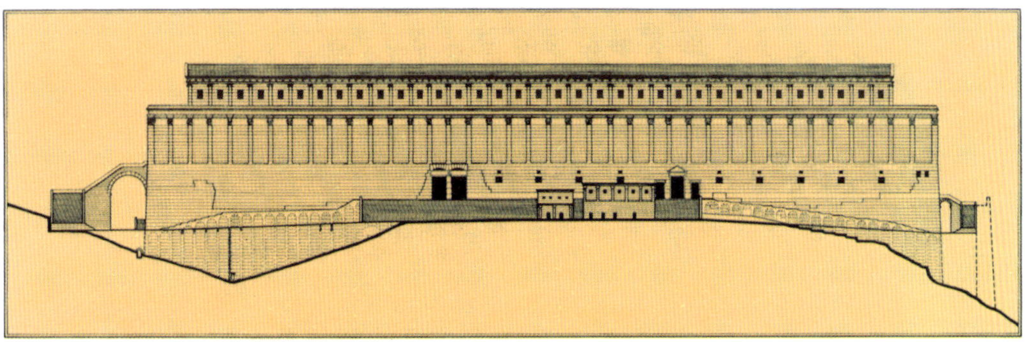

# OS PROBLEMAS DO ESTADO

A Bíblia aponta problemas e tensões no reinado de Salomão, que, embora de efeitos limitados durante sua vida, tiveram sérias consequências no futuro. Houve dificuldades em dois territórios estrangeiros dependentes, Edom e Aram (*ver mapa, p. 83*). A agitação ali seria punição divina ao fato de Salomão venerar divindades estrangeiras, como se conta em 1 Reis 11, mas a importância do episódio pode ter sido exagerada. Um dos oponentes de Salomão, o príncipe edomita Adad, talvez fosse apenas um provocador menor. Rezon, líder rebelde arameu, chegou a estabelecer um reino independente em Damasco, mas pode ter sido no período de fragilidade de Israel depois da morte de Salomão. Salomão também teria enfrentado dificuldades financeiras, motivo pelo qual cedera vinte povoados da Galileia a seu aliado Hirã, de Tiro, por uma grande soma (1 Reis 9:11). Mas a história na verdade enfatiza a capacidade de barganha de Salomão: Hirã fica desapontado com sua nova propriedade e a chama de "Cabul", que pode significar "terra que não serve para nada".

Mais grave foi o descontentamento interno, causado principalmente pela instituição do trabalho forçado. Trinta mil homens recrutados para trabalhar em turnos no exterior passavam um mês no Líbano e dois em casa (1 Reis 5:14). Os lavradores livres teriam se rebelado contra essa servidão, o que pode ter causado várias interrupções no plantio. Outros milhares foram obrigados a trabalhar nas pedreiras e nas numerosas obras de Salomão. Outra fonte de pressão interna foi a antiga tensão entre o norte (Israel) e o sul (Judá).

## A influência egípcia nos assuntos israelitas

O Egito desempenhou papel importante nos acontecimentos do reino de Salomão e imediatamente após. Havia muito o país tinha a hegemonia da Palestina, e, embora um faraó da vigésima segunda dinastia tenha achado prudente fazer aliança com Salomão, a política egípcia não mudou. Os egípcios não desencorajavam movimentos capazes de enfraquecer o poder do rei israelita. Seus oponentes, Adad e Jeroboão, ganharam abrigo e apoio dos faraós, e o primeiro recebeu até a cunhada de um rei egípcio em casamento.

A Bíblia registra que Jeroboão foi bem recebido pelo "rei Sesac do Egito" (1 Reis 11:40). Este era na verdade o faraó Sheshonk I, que subiu ao trono em c. 945 a.C. como fundador da nova dinastia líbia. Foi um governante forte, que restaurou as riquezas de seu país. No reinado de Roboão, sucessor de Salomão, Sheshonk enviou uma expedição à Palestina e chegou a Jerusalém. Sua campanha foi considerável: uma lista das cidades que ele capturou, gravada em uma parede do templo do deus Amon-Rá em Karnak, contém mais de 150 cidades palestinas. A lista não inclui Jerusalém, e o relato bíblico, situado no quinto ano do reinado de Roboão (*ver p. 95*), só menciona um ataque à cidade. Sheshonk foi provavelmente subornado por Roboão, que lhe pagou tributo com os tesouros do templos e do palácio real. Outras evidências dos extensão da investida de Sheshonk são sua coluna da vitória em Meguido e uma estátua sentada do faraó encontrada em Biblos, no Líbano.

*Ruínas de Meguido, cidade importante sob Salomão e seus sucessores. Foi saqueada pelo faraó Sesac durante o reino de Roboão, de Judá.*

Os dois problemas se juntaram na revolta de Jeroboão, oficial real da tribo de Efraim, do norte, que conhecia bem os efeitos do recrutamento: era encarregado do trabalho forçado em seu distrito tribal. Segundo a Bíblia, Jeroboão recebeu a divina promessa do profeta Aías de que governaria as dez tribos do norte de Israel. As outra duas eram as tribos de Judá e de Benjamim, que Deus reservara à dinastia de Davi (1 Reis 11:29-32). O apoio de Aías a Jeroboão foi importante, porque o profeta era ligado a Silo, primeira sede do símbolo nacional, a Arca (*ver p. 76 e p. 90*): representava a antiga tradição religiosa israelita, que tinha sido substituída depois da construção do Templo de Jerusalém.

A revolta de Jeroboão não derrubou Salomão, porque, como Aías dissera, Deus lhe prometera que ele seria rei "todos os dias de sua vida, por amor de meu servo Davi" (1 Reis 11:34). Jeroboão fugiu para o Egito para esperar o momento propício na corte do faraó (*ver quadro abaixo*).

## A divisão do reino

Com a morte de Salomão (1 Reis 11:43), seu filho Roboão assumiu duas partes do reino, Judá e Jerusalém. O domínio da dinastia sobre Israel, no norte, se apoiava em um tratado entre o rei Davi e as tribos. Como tinha de renovar esse tratado, Roboão se reuniu com os representantes tribais do norte em Siquém, onde Josué tinha feito a divisão do território entre as tribos. O resultado foi o rompimento inamistoso entre os simpatizantes do antigo e os do novo conceito de governo, como relata 1 Reis 12. Os anciãos conselheiros de Roboão aprovaram o pedido, feito pela assembleia, de alívio das condições do trabalho servil (*ver texto principal*). Mas os jovens conselheiros do rei, que tinham crescido sob o regime despótico de Salomão, o convenceram a recusar. Assim, a assembleia se dissolveu com o antigo grito tribal: "A tuas tendas, ó Israel!"

O rebelde Jeroboão voltou do Egito (*ver texto principal*) e foi coroado rei do país. Roboão tentou recuperar o controle sobre o reino enviando Adoram, chefe da organização do odiado trabalho servil, a Israel. Foi uma ação insensata: Adoram foi apedrejado até a morte, e desde então a nação ficou dividida entre as duas monarquias, de Israel e de Judá (1 Reis 12:19).

Jeroboão tentou consolidar seu novo reino estabelecendo uma religião independente, de modo que o povo de Israel não tivesse de orar no Templo de Jerusalém. Erigiu bezerros de ouro nos santuários de Betel e Dan (1 Reis 12:28-29). A narrativa bíblica é escrita do ponto de vista de Jerusalém e apresenta esse ato como pecado. Mas Jeroboão provavelmente só estava revivendo o antigo culto que representava Deus como um touro (*ver p. 65*), ou montado em um touro como outras divindades do Oriente Próximo.

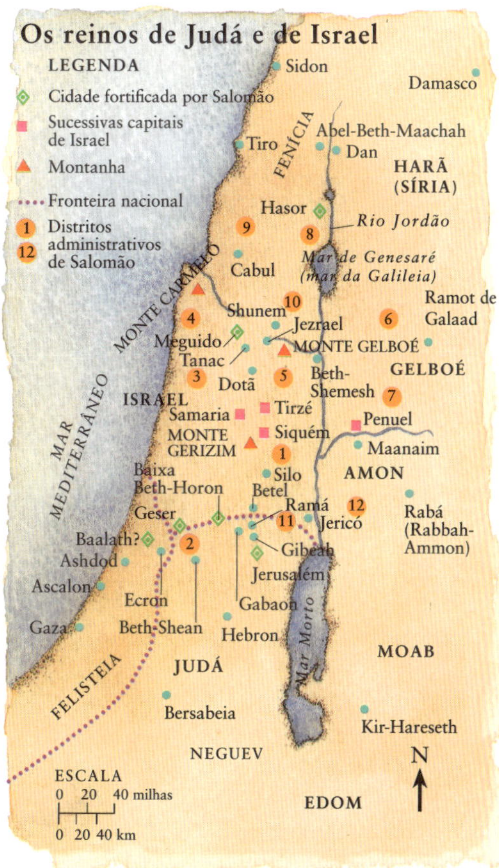

# VI OS PROFETAS

*Na tradição israelita, profetas e profecias surgiram na Bíblia no período em que Samuel nomeou Saul primeiro rei de Israel (ver p. 78). Como profetas podem existir em praticamente qualquer sociedade, talvez fossem conhecidos dos israelitas antes disso. Com a monarquia, a sociedade israelita se torna mais organizada, e os profetas surgem como membros de uma instituição reconhecida, processo que provavelmente foi acelerado pela existência de grupos de profetas na religião cananeia. Não é fácil definir o que distingue o profeta de outras figuras inspiradas pela divindade, como juízes ou sacerdotes. Os profetas eram indivíduos que nem sempre atuavam da mesma forma, e a Bíblia faz bastantes referências à hostilidade entre diferentes grupos proféticos.*



*Selo fenício de opala com vários símbolos que formam o nome YZBL, "Jezabel", rainha de Israel no século IX a.C.*

## O PAPEL DOS PROFETAS

Os vários termos usados para descrever os profetas na Bíblia indicam os papéis que eles desempenhavam para atender às necessidades sociais e são um tanto estereotipados para facilitar seu reconhecimento. O termo genérico "profeta" é tradução da palavra hebraica *nabi*, que pode significar "orador" ou "porta-voz". Portanto, os profetas não eram primordialmente pessoas que previam o futuro, embora tivessem esse poder e o exercessem, mas arautos da vontade divina, que falavam em nome de Deus, com a habitual introdução: "Assim disse Javé". Sua principal função era manter o relacionamento correto entre a nação e Deus e fortalecê-lo com suas palavras e atos. O verbo derivado de *nabi* significa "agir como profeta" e quase sempre denota o comportamento incontrolável descrito como "êxtase". Ser possuído pela divindade, pelo "espírito" ou pela "mão" de Javé, era aspecto essencial da profecia. Provocava nos profetas a compulsão de transmitir a mensagem divina, mesmo contra sua vontade. Esse comportamento não se restringia aos profetas de Javé: a história de Wen-Amon, do século XI a.C., no Egito, conta como um jovem da cidade fenícia de Biblos foi tomado pelo delírio profético durante uma cerimônia de sacrifício e transmitiu a mensagem da divindade que o possuíra.

Os profetas também são chamados de "videntes", os que têm o dom de uma segunda visão ou podem distinguir os presságios dos fenômenos naturais. Outra denominação era "homem de Deus", aquele que estava em contato com o reino sobrenatural. Dizia-se que os profetas tinham acesso à corte de conselheiros celestes de Javé. O profeta era portanto um "mensageiro", e os oráculos proféticos quase sempre usavam uma fórmula pela qual um emissário falava em nome de seu superior.

Os profetas atuavam em diversos contextos sociais. Um profeta podia atender às necessidades de uma localidade baseado em um santuário, como acontecia com Samuel em Ramá. Mas, principalmente durante o início da monarquia, havia corporações de profetas que percorriam os santuários do país. Talvez mais importantes fossem os profetas da corte, uma função comum nas monarquias do antigo Oriente Próximo. Eles ofereciam orientação divina ao rei nos assuntos de Estado. Alguns, como Natã e Gad, são mencionados na corte de Davi, mas o rei mantinha grande número de profetas, dos quais 400 são mencionados em 1 Reis 22:6. Esse número encontra paralelo nos 450 profetas do deus fenício (cananeu) Baal na casa de Jezabel (1 Reis 18:22), que indica que a ideia de uma corporação de profetas pode ter sido emprestada por Israel da monarquia cananeia. A Bíblia traça uma nítida imagem dos profetas de Baal por ocasião de seu encontro com Elias no monte Carmelo (1 Reis 18). Para chamar a atenção do deus, "eles clamavam em voz alta e, como era o costume, retalhavam-se com espadas e lanças até que o sangue jorrasse. Passado o meio-dia, continuavam em transe... mas não houve voz nem resposta" (1 Reis 18:28).

## O reino dividido depois de Salomão

Depois da morte de Salomão, a monarquia israelita foi dividida em dois reinos, o de Israel, no norte, e o de Judá, no sul. Lutas entre eles ocorreram com certa constância, e a nova dinastia aramaica de Damasco, sob Ben-Adad I (c. 880-942 a.C.), soube explorar essa situação. Enquanto Judá permanecia relativamente estável, o norte vivia constantes conflitos. Jeroboão I (922-901) foi sucedido por seu filho, depois deposto por um golpe militar — ao qual outros três se sucederam. A Bíblia explica essa instabilidade como condenação de Deus à iniquidade de Jeroboão I (1 Reis 12:28-33 e 13:33-34), que seus sucessores teriam perpetuado. Duas lendas proféticas, cheias de detalhes vívidos, contam como dois profetas pronunciaram a sentença na casa de Jeroboão e depois no próprio reino do norte (1 Reis 13).

A situação caótica do norte chegou ao fim com a ascensão do último usurpador, Amri (876-869 a.C.), que conseguiu estabelecer um Estado forte e uma dinastia estável em uma nova capital, Samaria. Ele deteve o avanço de Damasco e reconquistou Moab, perdido durante os anos de fragilidade de Israel. Amri só recebe uma breve menção na Bíblia, porque o autor bíblico o considerava ainda mais iníquo que seus antecessores. Entretanto, conquistou uma alta posição, fato que é atestado em inscrições assírias, que, muito tempo depois do desaparecimento de sua dinastia, se referem ao reino de Israel como "casa de Amri".

Reis de Israel e de Judá

*Não se pode datar com absoluta precisão os reinados dos monarcas israelitas. Esta lista segue a cronologia de W. F. Albright, aceita como uma das mais apuradas. Todas as datas são aproximadas e a.C.*

| O REINO UNIFICADO | | REIS DE JUDÁ | | REIS DE ISRAEL | |
|---|---|---|---|---|---|
| Saul | 1020-1000 | Roboão | 922-915 | Jeroboão I | 922-901 |
| Davi | 1000-961 | Abiam | 915-913 | Nadab | 901-900 |
| Salomão | 961-922 | Asa | 913-873 | Baasa | 900-877 |
| | | Josafá | 873-849 | Ela | 877-876 |
| | | | | Zambri | 876 |
| | | Jorão | 849-842 | Amri | 876-869 |
| | | Ocozias | 842 | Acab | 869-850 |
| | | Atalia | 842-837 | Ocozias | 850-849 |
| | | | | Jorão | 849-842 |
| | | Joás | 837-800 | Jeú | 842-815 |
| | | Amasias | 800-783 | Joacaz | 815-801 |
| | | | | Joás | 801-786 |
| | | Azarias | 783-742 | Jeroboão II | 786-746 |
| | | Joatão | 742-735 | Zacarias | 746-745 |
| | | Acaz | 735-715 | Selum | 745 |
| | | Ezequias | 715-687 | Manaém | 745-738 |
| | | Manassés | 687-642 | Faceia | 738-737 |
| | | Amon | 642-640 | Face (ou Peca) | 737-732 |
| | | Josias | 640-609 | Oseias | 732-721 |
| | | Joacaz | 609 | | |
| | | Joaquim | 609-598 | | |
| | | Jeconias | 598-597 | | |
| | | Sedecias | 597-587/6 | | |

**A PROFECIA NO ORIENTE PRÓXIMO**

**Algumas das mais interessantes informações sobre profecias no período dos dois reinos israelitas vêm das regiões semítica ocidental e mesopotâmica. Uma estela do rei Zakir (c. 780 a.C.), do Estado arameu de Hamath, registra como ele recebeu um oráculo de vitória de seu deus por meio de profetas, chamados de "videntes" ou "mensageiros". Cartas do século XVIII a.C. da cidade de Mari, no Eufrates, contêm vários oráculos dados ao rei Zimrilim por adivinhos cujas palavras e atos lembram os dos profetas bíblicos. Esses oráculos contêm revelações obtidas em sonhos, visões e transes. Paralelos também foram encontrados em textos que continham oráculos de vários reis do Império Assírio (c. 680-627 a.C.)**

Elias Recebe a Visita do Anjo *(1 Reis 19:5), em retábulo de Louvain, na Bélgica, obra de Dirck Bouts (c. 1420-75).*

# ELIAS

O profeta Elias alcançou proeminência no período do rei Acab, de Israel (869-850 a.C.). Os profetas do reino construíram a história de sua carreira de modo a apresentá-lo como defensor de Javé contra o culto do deus cananeu (fenício) Baal. Os textos sobre Elias exageram seu papel histórico, como o famoso massacre dos profetas de Baal, que realizou no monte Carmelo (1 Reis 18:40) e que provavelmente ocorreu sob o rei Jeú (842-815 a.C.). A Elias são atribuídos poderes milagrosos: segundo a Bíblia, acolhido por uma viúva em Sarepta, ele multiplicou o pouco de farinha e azeite que ela possuía e livrou seu filho da morte (1 Reis 17). É provável que essa história tenha sido apropriada de seu sucessor, Eliseu (2 Reis 4), que era muito mais enraizado nos acontecimentos de sua época (*ver p. 98-99*).

Elias é apresentado como o novo Moisés. Seu embate com os profetas de Baal no monte Carmelo, onde desafia as crenças deles (1 Reis 18), lembra o episódio de Êxodo 32, em que os israelitas constroem e veneram um bezerro de ouro e são punidos com uma praga por sua idolatria. Mas o legado de Moisés é mais evidente no relato sobre Elias no monte Horeb, local em que Moisés recebeu a revelação. Ali, Elias ouve a voz de Deus, que lhe diz para ungir Hazael e Jeú os novos reis de Aram e Israel, e um novo profeta, Eliseu, como seu sucessor (1 Reis 19).

## Acab

A Bíblia apresenta o rei Acab, filho e sucessor de Amri (*ver p. 95*), a uma luz muito desfavorável. Na visão bíblica, ele era um títere de sua mulher Jezabel, servindo e venerando o deus dela, Baal, e fazendo "mais para provocar a ira do Senhor, Deus de Israel, do que todos os reis de Israel antes dele" (1 Reis 16:33). O antagonismo entre ele e o profeta Elias é contado em 1 Reis 17-19. Várias narrativas que provavelmente se referem a reis posteriores foram transferidas para ele, com o intuito de depreciá-lo. Por exemplo, o episódio da batalha de Ramot de Galaad (1 Reis 22), que conta a morte de um monarca chamado apenas de "rei de Israel", pode ter sido inserido, porque originalmente não era sobre Acab, cujo nome só é mencionado nos versículos 39 e 40 do capítulo. Então, conta-se que Acab "dormiu com seus ancestrais", que na Bíblia significa que ele morreu em paz.

Uma visão mais objetiva de Acab mostraria que ele realizou um governo forte e estável. Construiu cidades e preservou seu Estado renovando a aliança israelita com os fenícios de Tiro (*ver p. 89*). Dominou o reino de Judá pelo casamento de sua filha Atalia com Jorão, filho do rei judeu Josafá (873-849 a.C.). A importância de Acab é mostrada em uma inscrição de Salmanasar III, rei da Assíria (c. 859-824 a.C.), primeiro monumento assírio a incluir o nome de um rei israelita. Acab se aliou a uma velha inimiga de Israel, Damasco, contra Salmanasar, e os aliados enfrentaram os assírios em Qarqar, no vale do Orontes, em 853 a.C. Embora Salmanasar tenha proclamado vitória, seu avanço foi contido. Sua inscrição lembra que Acab tinha 2 mil carros e 10 mil homens de infantaria. Seu contingente de carros era o maior das forças aliadas, indicação clara de sua riqueza e poder.

Elias parece ter liderado um ataque ao culto de Baal, que era venerado pelo rei israelita Acab e por sua mulher, Jezabel, e revivido o culto de Javé. O martírio que ocorre no monte Carmelo mostra que Baal não apenas é um usurpador do território de Javé, como tampouco é deus: só Javé é verdadeiramente Deus.

Nos ensinamentos de Elias, Javé adquire aspecto universal. Ele é o verdadeiro senhor da natureza, domínio reivindicado pelas divindades cananeias, e pode controlar os acontecimentos em terra estrangeira. Isso está claramente expresso no episódio do monte Horeb, que também representa uma experiência profética genuína. Em Horeb, Elias tem de reconhecer que sua missão fracassou e que Javé decidiu transferir sua tarefa a outro.

A nêmesis de Elias é Jezabel, apresentada como mulher de grande capacidade e determinação. Ela explora ao máximo a autoridade que sua posição lhe confere, como no episódio da vinha de Nabot (1 Reis 21), pelo qual Elias a amaldiçoa (21:23).

Era costume que os consortes estrangeiros venerassem seus próprios deuses, mas Jezabel exagerou ao pretender substituir Javé por Baal, deus de sua Tiro natal. (Sua filha Atalia tentou o mesmo em Judá). Seu pai Etbaal, rei fenício de Tiro, era sacerdote de Astarte, e Jezabel introduziu o culto da deusa Asera (1 Reis 18:19).

Jezabel terminou sofrendo a acusação de bruxaria e teve morte violenta, empurrada da janela por seus servos durante o golpe de Estado de Jeú (*ver quadro abaixo*) e, de acordo com a maldição de Elias, devorada por cães (2 Reis 9:30-37).

*Conta a Bíblia que, antes de morrer, prevendo a aproximação de Jeú, Jezabel pintou o rosto e postou-se à janela (2 Reis 9:30). Defendendo sua crença religiosa até o fim, talvez tenha assumido o papel de uma deusa: "a mulher à janela", provavelmente a deusa Astarte, é um tema da arte assíria, como na peça de marfim acima, de c. 800 a.C.*

## A Palestina depois de Acab

Acab foi sucedido pelos filhos Ocozias (850-849 a.C.) e Jorão (849-842 a.C.), mas a mãe deles, Jezabel (*ver texto principal*), continuou sendo o poder por trás do trono. A política de imposição do culto de Baal continuou. Embora Jorão tenha removido a coluna sagrada de Baal em Samaria, o fato de ela ter sido destruída mais tarde por Jeú pode indicar que ele apenas a removeu para recolocá-la depois.

A dinastia de Amri foi finalmente derrotada por Jeú (842-815 a.C.), comandante do exército do rei Jorão. Sua violenta rebelião, narrada em 2 Rei 9 e 10, ocorreu durante um ataque aparentemente frustrado, sob a liderança dos reis de Israel e Judá, à cidade arameia de Ramot de Galaad.

Jeú foi apoiado pela profecia de Eliseu (*ver pp. 98-99*) e pelos recabitas, grupo israelita que se opunha à vida sedentária de Canaã e vivia em tendas, abstendo-se do vinho e da agricultura.

*Jeú prostrado diante do rei assírio Salmanasar III, em monumento conhecido como "Obelisco Negro de Salmanasar". É a única representação de época de um rei israelita.*

Mas a usurpação de Jeú minou o reino. Com violência, ele extirpou o culto de Baal e matou Jorão de Israel, Jezabel e toda a família real (Jeú talvez tenha instigado o massacre dos profetas de Baal que a Bíblia atribui a Elias; *ver texto principal*). Com isso, rompeu a aliança com os fenícios e os judeus, cujas famílias tinham se ligado à de Acab pelo casamento. Depois da morte do neto de Acab e Jezabel, o rei Amasias de Judá, sua mãe, Atalia, assumiu o poder. Atalia, viúva do rei Jorão de Judá (849-842 a.C.), impôs sobre Judá a mesma política religiosa que sua mãe, Jezabel, tinha fomentado em Israel.

Em consequência dos problemas de Estado, Jeú não resistiu à pressão sempre crescente da Assíria. Foi obrigado a se tornar vassalo do rei assírio Salmanasar III (c. 859-824 a.C.).

A Assunção de Elias *(2 Reis 11:1), pintura russa do século XVI. O profeta estende seu manto a Eliseu, enquanto um anjo o transporta em uma carruagem de fogo.*

# ELISEU

As histórias da Bíblia sobre Eliseu, discípulo e sucessor de Elias (*ver pp. 96-97*), constituem uma narrativa caracterizada por temas lendários e folclóricos. Ao contrário de Elias, que manteve hostilidade inabalável contra os reis de Israel, Eliseu às vezes aconselhou os poderosos de seu tempo, além de aliviar o sofrimento das pessoas comuns. Também diferentemente de Elias, uma figura solitária, Eliseu atuou em grupos de profetas, que provavelmente construíram e registraram sua saga.

Ele é mencionado pela primeira vez em 1 Reis 19, quando Javé ordena a Elias no monte Horeb que faça de Eliseu seu sucessor. Não foi ungido, mas escolhido quando arava um campo, e Elias se aproximou e atirou seu manto sobre ele (1 Reis 19:19). Oficialmente, Eliseu sucedeu Elias depois que o acompanhou de Guilgal a Betel, a Jericó e ao Jordão, onde foram separados por "um carro de fogo com cavalos de fogo" e Elias "ascendeu ao céu em um redemoinho" (2 Reis 2:11). Eliseu herdou o manto de Elias, representação do ofício profético, e uma dupla porção do "espírito" de Elias, seu misterioso poder. Separou as águas do Jordão com o manto (2 Reis 2:14), assim como Elias o fizera (2 Reis 2:8), reencenando a travessia do rio feita por Josué (*ver p. 68*). Os profetas que tinham acompanhado Elias e Eliseu na volta de Jericó declararam que "o espírito de Elias repousa em Eliseu" e prostraram-se diante dele como seus servos (2 Reis 2:15-16).

Muitas das histórias sobre Eliseu em 2 Reis são relatos de milagres que mostram os poderes sobrenaturais do profeta. Assim, ele purifica uma fonte em Jericó (2 Reis 2:19-22), envia um filho a uma mulher sunamita,

## Os arameus

Os arameus eram um povo que, no último quarto do segundo milênio a.C., partiu do deserto e se espalhou por quase todo o Crescente Fértil. Na Bíblia, os patriarcas e matriarcas hebreus (*ver pp. 36-51*) estão intimamente ligados aos arameus, que estabeleceram uma série de Estados independentes a oeste e a norte do rio Eufrates.

O mais importante deles foi Damasco, onde o rei Rezon fundou uma nova dinastia no tempo de Salomão (1 Reis 11:23-25), dando início a um relacionamento de três séculos entre Israel e Damasco.

Nos primeiros e conturbados anos de Israel, Damasco, governado pelo rei Ben-Adad I, conseguiu dominar o reino do norte. Sob o rei Acab, de Israel, porém, a ameaça assíria levou os dois Estados a uma aliança, até que a rebelião de Jeú acabou por mudar a política de Israel (*ver p. 97*).

Quase ao mesmo tempo, Hazael de Aram, motivado por Eliseu, segundo a Bíblia, usurpou o trono de Damasco e conquistou todo o território de Israel a leste do Jordão. A Bíblia registra lutas com o sucessor de Hazael, Ben-Adad III, envolvendo ataques a Samaria, que, segundo uma lenda, foi salva por Eliseu.

Mas, desse período em diante, Damasco enfraqueceu com os repetidos ataques assírios. Em consequência disso, Israel, sob os reis Joacaz (815-801 a.C.) e Joás (801-786 a.C.), retomou a iniciativa. A última cena da vida de Eliseu mostra o profeta moribundo garantindo a Joás a vitória sobre Damasco em um ato de simbolismo profético: Eliseu ordena ao rei israelita que lance uma flecha na direção do Oriente e depois golpeie a terra com as flechas remanescentes. Mas Joás fere a terra apenas três vezes, o que lhe daria só três vitórias sobre os arameus. Se tivesse dado cinco ou seis golpes, teria destruído seu rival para sempre (2 Reis 14-19). Depois de dominado por Jeroboão II (786-746 a.C.), Damasco entrou em declínio, até que finalmente foi destruído pela Assíria em 732 a.C.

ressuscita-o quando ele morre (2 Reis 4:8-37) e faz a lâmina de ferro de um machado flutuar (2 Reis 6:1-7). O carro e os cavalos de fogo que transportaram Elias para o céu com certeza se referiam originalmente a Eliseu, que também era conhecido como "carro e cavalaria de Israel" (2 Reis 13:14). Acreditava-se que Eliseu tivesse o poder de convocar os exércitos celestiais de Deus em socorro da nação: em uma ocasião, quando o rei de Aram cercou o campo de Eliseu, ele foi socorrido por cavalos e carruagens de fogo que superavam as forças dos arameus (2 Reis 6:15-17).

Todos esses atos ocorrem na companhia de grupos de profetas, ambiente no qual a saga de Eliseu tomou forma, quando os discípulos recolheram várias tradições locais sobre ele. Fundamental para a imagem de Eliseu é o relacionamento com um grupo profético chamado "companhia dos profetas" ou "filhos dos profetas" (2 Reis 2:5; 4:1; 4:38; 5:22; 6:1; 9:1). A "companhia dos profetas" parece designar os seguidores de Eliseu, descritos como seus "servos", sendo ele o "senhor". Na Bíblia, quase todas as aparições do termo se restringem ao período de c. 860-840 a.C. e a uma região geográfica compacta, que abrigava os antigos santuários israelitas de Guilgal, Betel e Jericó, onde esses profetas viviam e atuavam dentro do reino do norte de Israel. Parece ter havido um movimento organizado em reposta à política religiosa da dinastia de Amri, que governava o reino do norte, em particular a rainha Jezabel (*ver pp. 96-97*). A "companhia dos profetas"deixou de existir quando, com a derrota da dinastia de Jeú (*ver p. 97*), sua missão terminou.

*Escultura em marfim de um deus, do leito funerário de Hazael, soberano do reino aramaico de Damasco, c. 840 a.C.* (ver quadro na página ao lado).

## Moab

Eliseu também se envolveu nos acontecimentos do reino de Moab, que fora conquistado por Davi (*ver mapa, p. 83*), mas recuperara a independência pouco depois. Um relato contemporâneo dos fatos do ponto de vista moabita está na "Pedra Moabita", coluna de basalto de 1 metro, de c. 839 a.C., que celebra as conquistas de Mesa, rei de Moab. Registra que Amri de Israel recuperou Moab, mas, depois da morte de Amri, Mesa se libertou do jugo, assumiu a ofensiva e capturou várias cidades israelitas na Transjordânia. Numa linguagem que lembra muito a maneira como Israel atribuía suas vitórias a Javé, Mesa dá a glória de seu triunfo ao deus nacional de Moab, Chemosh.

A inscrição na Pedra Moabita não esclarece se a revolta de Mesa ocorreu durante o reinado de Acab ou depois de sua morte, mas o primeiro versículo de 2 Reis afirma: "Depois da morte de Acab, Moab se rebelou contra Israel". Mesa é descrito como um criador de ovelhas que pagava um enorme tributo anual em cordeiros e madeira ao rei de Israel, mas deixou de fazê-lo depois da morte de Acab (2 Reis 3:4-5). Por isso, Jorão de Israel (849-842 a.C.), filho e sucessor de Acab, desfechou uma campanha contra ele, mas logo faltou água para seus homens e animais, e Eliseu foi chamado em seu socorro. Um músico também foi convocado e, enquanto ele tocava, a mão de Javé baixou sobre Eliseu, que, em nome de Deus, prometeu água e a derrota de Moab. A água chegou no devido tempo, e os israelitas avançaram sobre seu alvo, mas foram frustrados quando Mesa, não vendo outro recurso, sacrificou seu filho mais velho e sucessor na muralha da cidade. O sacrifício lançou o terror entre os israelitas (2 Reis 3:27), que foram obrigados a se retirar. É surpreendente que Israel tenha reconhecido implicitamente o poder de um deus estrangeiro, Chemosh de Moab.

*A Pedra Moabita, descoberta na Transjordânia em 1868.*

# A ASSÍRIA

*O rei Assurbanípal conduz seu carro em batalha, em relevo no palácio real de Nínive, c. 650 a.C.*

A Assíria, que ocupava uma grande planície fértil ao longo do rio Tibre, já tinha uma longa história. Mas sua grande era, em que teve contato direto com os dois reinos israelitas, foi o período do Império Neoassírio (c. 911-609 a.C.). Por volta do início dessa era, pelo menos uma das campanhas de Salmanasar III (c. 859-824 a.C.) envolveu o reino do norte, Israel (*ver quadro, p. 96*).

Depois da morte de Salmanasar, a Assíria entrou em declínio. A eliminação da ameaça assíria, aliada à fraqueza de Damasco, permitiu a Israel e a Judá, respectivamente sob Jeroboão II (786-746ac) e Azarias (783-742ac), obter ganhos territoriais significativos. Entretanto, a ascensão de Tiglat-Pileser III (745-727 a.C.) marcou o início da era de ouro assíria, e, com uma sucessão de governantes capazes, a política assíria obteve permanentes conquistas, gerando um império de províncias e Estados vassalos (*ver mapa, p. 107*), marcado pelo aumento das deportações para controlar os povos conquistados. Para administrar o Estado, foi criada uma burocracia eficiente e responsável, e as cidades imperiais foram ampliadas e embelezadas, principalmente Nínive, transformada em uma capital magnífica por Senaquerib (705-681 a.C.). O reino do norte, Israel, foi mais tarde incorporado ao império (*ver quadro na página ao lado*), e o do sul, Judá, tornou-se seu vassalo. Mas os recursos assírios foram se esgotando e o desaparecimento do império foi rápido e dramático. Nínive foi conquistada pelos medas e caldeus em 612 a.C., e o último baluarte da resistência assíria, Harã, foi destruída em 609 a.C. (*ver p. 108*).

A Assíria foi um império civilizado. Sua arte, como atestam os relevos nas paredes dos templos e palácios, atingiu padrão muito alto, e a grande biblioteca do rei Assurbanípal (669-627 a.C.), em Nínive, preservou os escritos religiosos e outros textos dos sumérios, a principal influência cultural

*Acompanhado dos servos, Assurbanípal reclina-se em um canapé para cear com a rainha, em um relevo de Nínive.*

## O fim do reino de Israel

O rei Jeú (842-815 a.C.) fundou uma dinastia que durou cerca de um século, trazendo um período de estabilidade a Israel, o reino do norte, apesar dos graves problemas do Estado (*ver p. 97*). A ausência da Assíria significou que os países vizinhos estavam livres para dar vazão a suas ambições e rivalidades (Amós 1-2). Israel estava envolvido com o Estado dos arameus, Damasco. Sob Joacaz (815-801 a.C.), Hazael de Damasco (*ver p. 98*) reduziu o exército de Israel a 50 cavalos, dez carros e 10 mil soldados de infantaria. Entretanto, Joás (801-786 a.C.), filho de Joacaz, recuperou várias cidades que o pai havia perdido.

O longo reinado de Jeroboão II (786-746 a.C.) foi um período de trégua para Israel. Ele restaurou totalmente as fronteiras do reino, e Amós dá a entender que houve considerável prosperidade em seu reinado. Depois da morte de Jeroboão, vários usurpadores subiram ao trono, causando instabilidade interna. Quando a ressurgente Assíria invadiu o reino, sob Tiglat-Pileser III, um desses usurpadores, Manaém (745-738 a.C.), foi obrigado a pagar aos assírios um imenso tributo de prata, e Israel tornou-se vassalo assírio. Depois da morte de Tiglat-Pileser, o último rei de Israel, Oseias (732-721 a.C.), revoltado e com apoio do Egito, negou-se a pagar tributo aos assírios. Seguiu-se o desastre: o filho de Tiglat-Pileser, Salmanasar V, invadiu Israel, e sua capital, Samaria, caiu depois de três anos de cerco. Sob Sargão II, sucessor de Salmanasar, o antigo reino do norte se tornou província assíria e, de acordo com seus anais, quase 30 mil membros da elite de Israel foram deportados para a região ao norte do Eufrates. Os deportados, que nunca mais viram a terra natal, foram substituídos por estrangeiros vindos de outras partes do Império Assírio (2 Reis 17).

*Prisioneiros nus capturados pelo rei Sargão II da Assíria (722-705 a.C.).*

da civilização assíria. O esplendor de Nínive ficou famoso. A cidade era cercada por extensas fortificações que protegiam palácios e templos, como o magnífico santuário da deusa Ishtar, protetora da cidade.

A Bíblia às vezes vê a Assíria como instrumento dos propósitos divinos (Isa. 10:5-11). No entanto, para os Estados menores, os assírios eram opressores, com métodos brutais de guerra e uma política que hoje poderia ser considerada de "limpeza étnica": controlava os povos conquistados através da deportação. Acima de tudo, foi o pesado tributo imposto aos vassalos que levou Estados menores como Judá a se rebelar, apesar das circunstâncias desfavoráveis. Várias passagens da Bíblia proclamam o julgamento divino sobre a Assíria e profetizam sua queda iminente. Uns poucos versículos na profecia de Sofonias vaticinam a devastação de Nínive (Sof. 2:13-3:5), mas sua destruição em 612 a.C. é celebrada no Livro de Naum, um dos mais belos produtos do gênio literário israelita. A breve obra de Naum consiste em duas composições proféticas interligadas e tem o caráter de uma maldição profética. Naum foi provavelmente um profeta ligado ao Templo de Jerusalém, e seu texto pode ser descrito como uma liturgia. A queda de Nínive é narrada como um evento cósmico, descrito em temas extraídos do antigo mito mesopotâmico da derrota do caos primordial. O poema expressa o entusiasmo de Judá com sua libertação do jugo assírio, que o deixa livre para celebrar suas festas religiosas, "para que nunca mais o ímpio invada a tua terra" (Naum 1:15). As últimas palavras do livro mostram que a notícia da queda de Nínive era bem-vinda no Oriente Próximo: "Todos os que souberem da tua sorte aplaudirão. Porque, quem nunca experimentou a tua infinita crueldade?"

**REIS DA ASSÍRIA, 934-609**
*Todas as datas são aproximadas e a.C.*

| | |
|---|---|
| Ashur-Dan II | 934-912 |
| Adad-Nirari II | 912-891 |
| Tukulti-Ninurta II | 891-884 |
| Assurbanípal II | 884-859 |
| Salmanasar III | 859-824 |
| Shamshi-Adad V | 824-811 |
| Adad-Nirari III | 811-783 |
| Salmanasar IV | 783-773 |
| Ashur-Dan III | 773-755 |
| Ashur-Nirari V | 755-745 |
| Tiglat-Pileser III | 745-727 |
| Salmanasar V | 727-722 |
| Sargão II | 722-705 |
| Senaquerib | 705-681 |
| Esarhaddon | 681-669 |
| Assurbanípal | 669-627 |
| Ashur-Etel-Ilani | 627-624 |
| Sin-Shumu-Lishir | 624-623 |
| Sin-Shara-Ishkun | 623-612 |
| Assuruballit II | 612-609 |

# OS PROFETAS CLÁSSICOS

O Livro de Amós (c. 760 a.C.; *ver texto lateral*) marca o advento do que se pode chamar de profecia "clássica", que seria de fundamental importância tanto para o judaísmo como para o cristianismo. Em vez de contar histórias em que os profetas (como Elias e Eliseu; *ver pp. 96-97*) têm papel de destaque, a profecia clássica é representada na Bíblia por quinze livros que contêm oráculos atribuídos a um determinado profeta. Em muitos casos, só são fornecidas umas poucas informações biográficas dele. Os três livros mais longos são atribuídos aos "Profetas Maiores": Isaías, Jeremias e Ezequiel. Os outros doze são bem mais curtos e pertencem aos "Profetas Menores": Oseias, Joel, Amós, Abdias, Jonas, Miqueias, Naum, Habacuc, Sofonias, Ageu, Zacarias e Malaquias. Antigamente, falava-se de "profetas escritores", mas na verdade os profetas clássicos não escreveram suas mensagens. Os livros que levam seus nomes são obra de seguidores que coletaram e transmitiram suas profecias e as adaptaram às circunstâncias.

Por trás dos livros, porém, é possível vislumbrar os indivíduos e seus ensinamentos. Não é clara a linha divisória entre eles e seus antecessores e contemporâneos: a fonte de sua inspiração e a maneira como atuavam eram basicamente as mesmas. Mas os profetas clássicos tinham consciência do conflito fundamental entre eles e outros profetas, que denunciavam como "falsos". Os "falsos profetas", sucessores do mesmo estilo de profecia, acreditavam que sua função era garantir o bem-estar da nação. Diferentemente disso, grandes profetas como Isaías e Jeremias proclamavam a iminente destruição de Israel, em face da desobendiência do povo aos termos da Aliança (*ver pp. 62-63*). Ao mesmo tempo que anunciavam a ruína da nação, porém, prometiam que, por meio da destruição, Deus conduziria seu povo a uma nova vida. (O significado de "Israel" é às vezes ambíguo nesse período, porque o termo pode se referir a toda a nação de Israel ou ao reino israelita do norte, distinto do reino meridional de Judá.)

**AMÓS**

**Todas as características da profecia "clássica" (*ver texto principal*) estão presentes no Livro de Amós. Ele era de Judá, mas profetizou no reino de Israel em seus últimos anos de grandeza, sob Jeroboão II (786-746 a.C.; *ver quadro, p. 101*). É provável que tenha sido proprietário de terras, e sua mensagem reflete grande conhecimento das tradições religiosas e culturais de Israel. O Livro de Amós começa, seguindo a tradição, com uma série de oráculos contra as nações estrangeiras (Amós 1-3). Mas então muda drasticamente (2:4) e passa a acusar os israelitas, que haviam desprezado as leis divinas do Livro da Aliança (2:4). Israel também é acusado da opressão dos pobres por práticas comerciais corruptas (2:6), da perversão da justiça (6:14) e da ostentação de luxo (6:4-7). O profeta também denuncia o culto em famosos santuários, como Betel e Guilgal (5:5), não por idolatria, mas porque seus fiéis acreditavam que a estrita observância do ritual os desobrigava de deveres morais e éticos (5:21-24).**

**Amós conta o momento de seu chamado (7:14), um aspecto essencial do ofício profético, quando Deus o tirou da vida "normal" e o convocou para a profecia. Entretanto, ele nega que seja um profeta como os das corporações proféticas. Em uma série de dramáticas visões, Amós antevê o fim de Israel, embora as palavras finais do livro, que talvez não sejam dele, contenham a promessa da restauração. O império de Davi recuperaria sua glória, e Deus promete a seu povo que eles "não serão mais arrancados da terra que lhes dei" (Amós 9:15).**

O Profeta Amós, *de Juan de Borgoña (c. 1470-c. 1535).*

## Miqueias e Oseias

Miqueias era de Judá, mas profetizou contra Samaria, capital do reino do norte, Israel: isso significa que ele deve ter atuado antes da queda dessa cidade em 721 a.C. A coleção original de seus oráculos foi muito aumentada com material posterior, em particular com o trabalho de um profeta contemporâneo do norte. Não há consenso sobre a extensão exata do material adicional.

A mensagem de Miqueias traz otimismo e condenações, mas reflete, no todo, a linguagem e a liturgia do Templo de Jerusalém. Começa com a descrição tradicional de uma manifestação de Deus, com Javé vindo de seu santuário (Miq. 1:3). Porém, seu julgamento não se dirige ao inimigo, mas aos reinos israelitas de Judá e Israel. Entre os acusados estão sacerdotes, profetas oficiais e mercadores, assim como os que se sustentam na força militar, adivinhos e ídolos. Fazer justiça e agir com humildade valem mais do que inúmeros sacrifícios.

Entretanto, depois que Jerusalém foi destruída por seus pecados, Miqueias usa um dos temas do culto do Templo, o ataque às nações de Sião e sua aniquilação. Ele oferece a primeira imagem de um salvador futuro, ou messias, que é uma ideia que reflete a ideologia monárquica: um futuro rei que seria um segundo Davi. Esse rei seria atingido na face, ato que fazia parte do ritual de consagração dos monarcas israelitas, e é descrito como o primeiro homem, outro tema da monarquia israelita (Miq. 5:1-5).

O profeta Oseias também profetizou no reino do norte, provavelmente pouco depois de Amós (*ver texto lateral na página ao lado*), durante o confuso período depois da morte de Jeroboão II em 746 a.C., que assistiu à rápida sucessão de seis reis em 14 anos (*ver quadro, p. 95*). Sua maior preocupação era combater a religião popular de Israel, na qual Javé era associado a Baal e aos ritos sexuais da religião cananeia: recentes descobertas arqueológicas confirmam a veracidade desse fato. Os ritos do culto cananeu davam material ao profeta para seus ataques. Em uma seção biográfica no início do livro, Deus ordena a Oseias: "Vá, tome uma esposa dada à prostituição" (Os. 1:2).

A prostituta torna-se um símbolo da infidelidade a Javé. A adoção de Baal, que na religião cananeia era marido da terra e fonte de sua fertilidade, representa a rejeição, por parte de Israel, de seu verdadeiro esposo, Javé. Assim, a vida nacional é envenenada, e a maior parte do Livro de Oseias contém a condenação de todas as instituições do reino do norte, que estaria fadado à destruição.

Entretanto, há algo mais na visão da antiga aliança entre Deus e Israel como um casamento. Oseias é de novo aconselhado a amar uma mulher adúltera, da mesma forma que "o Senhor ama o povo de Israel, embora ele se volte para outros deuses" (Os. 3:1). Nesse caso, a mulher é símbolo do desejo de Deus de levar ao arrependimento o povo que ele escolheu sobre todos os outros. A mensagem que distingue o profeta é que Javé é Deus de amor: Deus sempre amou seu povo escolhido, Israel, e nunca abandonará a nação, por mais que a castigue por seus pecados.

Esquerda: O Profeta Miqueias, *de André Beauneveu (c. 1335-1410).*

Direita: O Profeta Oseias, *na Bíblia de Worms (Alemanha, c. 1148).*

# VII O FIM DOS DOIS REINOS

*Depois da queda de Israel, o reino de Judá viveu uma história de instabilidade. Apesar dos esforços de Ezequias, Manassés e Josias, o reino foi incapaz de suportar a pressão de seus vizinhos. Foi conquistado pelo rei babilônico Nabucodonosor II em 587 ou 586 a.C., e grande parte da população foi obrigada a se exilar.*



## EZEQUIAS

Após o período de turbulência que se seguiu à queda da casa de Amri (*ver p.* 99), Judá foi capaz de reafirmar sua independência do reino de Israel e tirar vantagem da fragilidade do reino arameu de Damasco. Edom foi recuperada e, no longo reinado de Azarias (também chamado Ozias, 783-742 a.C.), Judá desfrutou um período de estabilidade e prosperidade semelhante ao de Israel, que também reviveu sob o contemporâneo de Azarias, Jeroboão II (786-746 a.C.).

Essa era chegou ao fim com a nova expansão da Assíria sob Tiglat--Pileser III. Para enfrentar a ameaça assíria, o rei Face de Israel (737-732 a.C.) e o rei Rasin de Aram renovaram a aliança do tempo do rei Acab e tentaram convencer o rei Acaz (735-715 a.C.), neto de Azarias, a se juntar a eles. Como Acaz recusou, eles o atacaram e, para enfrentar a crise, Acaz se tornou vassalo da Assíria, que aliviou a pressão sobre ele derrotando os aliados do norte (2 Reis 16:9). Acaz talvez não tenha se tornado vassalo contra a vontade, porque a Bíblia o desaprova como rei que tentou assimilar o culto de Javé ao padrão religioso do Oriente Próximo (2 Reis 17; 2 Crôn. 18). Por exemplo, quando se encontrou com Tiglat-Pileser em Damasco, Acaz viu um altar, provavelmente sírio, e ordenou que ele fosse copiado (2 Reis 16:10-11). Em seguida, introduziu-o no Templo de Jerusalém como objeto de culto.

O filho e sucessor de Acaz, Ezequias (715-687 a.C.), ao contrário, é visto a um olhar favorável na Bíblia, que declara que "depois dele não houve quem lhe fosse semelhante entre todos os reis de Judá, nem entre os que o antecederam" (2 Reis 18:5). Ele reverteu a política religiosa de Acaz e instituiu uma reforma para extirpar as práticas cananeias da religião de Judá, principalmente o culto de uma serpente de bronze que teria sido feita por Moisés (2 Reis 18:4; 2 Crôn. 29). Essa reforma representou a reafirmação da religião e da identidade nacional. Através dela Ezequias tentou atrair o povo do antigo reino de Israel, que deixara de existir depois de conquistado pelos assírios (2 Reis 18:9-10 e 2 Crôn. 30; ver p. 101).

Ezequias praticou uma política consistente contra a Assíria durante todo o seu reinado. Conta-se (2 Reis 20:12-19) que recebeu uma delegação do

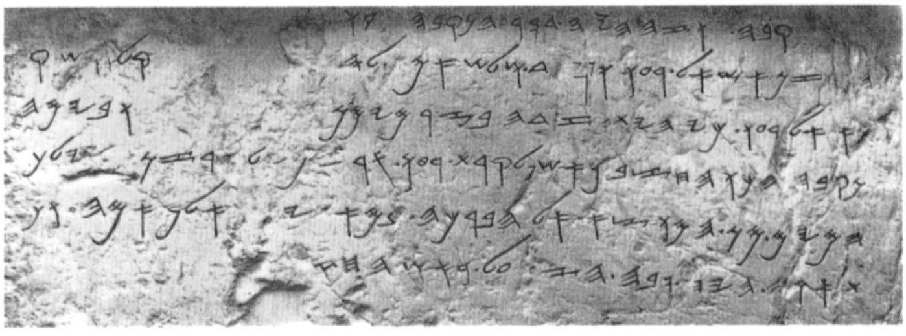

*Esta inscrição em hebraico, de c. 700 a.C., celebra o momento e o ponto em que dois grupos de mineiros que cavavam o novo aqueduto do rei Ezequias, partindo um de cada extremidade, se encontraram. O túnel percorre 533 metros, da fonte de Gion, fora das muralhas da cidade, ao tanque de Siloé, na cidade velha de Davi (ver mapa, p. 190).*

rei da Babilônia, Marduk-Apal-Iddina (na Bíblia, Merodac-Baladã), que tinha lutado, com algum sucesso, para libertar seu reino do domínio assírio. Sem dúvida, tentava organizar uma resistência conjunta contra a Assíria. Para garantir o suprimento de água em caso de cerco, Ezequias construiu um aqueduto que ainda existe (2 Reis 20:20; 2 Crôn. 32:30). Mais tarde, logo depois da ascensão de Senaquerib ao trono da Assíria em 705 a.C., Ezequias juntou-se a uma ampla coalizão contra a Assíria — que incluía a Fenícia, cidades filistinas (ou filisteias) e talvez também Moab, Edom e Amon. A revolta era apoiada pelo Egito, onde uma nova e vigorosa dinastia etíope tinha assumido o poder em c. 715 a.C. Os faraós viam que, se toda a Palestina fosse dominada, o Egito seria o alvo seguinte dos assírios. Dessa época em diante, o Egito sempre se colocou contra o expansionismo assírio na região.

Em resposta à rebelião de Ezequias, o imperador assírio Senaquerib invadiu Judá em 702 a.C. Ele registrou em seus anais a campanha, durante a qual teria tomado 46 cidades da Judeia, entre elas a localidade estratégica de Laquis. O sítio e a captura de Laquis estão representados em relevos no seu palácio, em Nínive. Seus anais relatam que ele cercou Jerusalém, prendendo Ezequias "como um pássaro em uma gaiola". Para evitar o saque da cidade, o rei de Judá foi obrigado a se submeter e pagar um pesado tributo. A narrativa bíblica confirma o pagamento do tributo, mas diz que os assírios exigiram a rendição de Jerusalém (2 Reis 18-19; Isa 36-38). Ezequias transmitiu a notícia ao profeta Isaías (*ver texto lateral*), que, para tranquilizá-lo, proferiu um oráculo dizendo que a cidade não seria atacada. Segundo a Bíblia, o inimigo bateu em retirada depois que o anjo de Deus derrubou quase duas centenas de milhares de homens em campo assírio (2 Reis 19:35-36).

É difícil conciliar o relato dos anais de Senaquerib com o da Bíblia. A principal figura no relato bíblico é Isaías, e o texto contém todos os sinais de uma lenda profética. O fato de Jerusalém ter sido poupada e Ezequias haver permanecido no trono deve ter parecido um milagre para o povo de Jerusalém. Eles talvez tenham interpretado os acontecimentos à luz da teologia oficial, que afirmava que Deus protegeria sua morada (Isa. 35,37; *ver texto lateral*). Entretanto, a dura realidade parece ter sido outra: Ezequias se tornou vassalo do rei assírio. Senaquerib distribuiu a maior parte do território de Judá entre os chefes filisteus que lhe foram fiéis.

**ISAÍAS**

**O profeta Isaías foi uma figura importante nos reinados de Azarias, Joatão (742-735 a.C.), Acaz e Ezequias, de Judá. Era o confidente dos reis, muito envolvido nos movimentos políticos da época e profundamente ligado ao culto e à teologia do Templo de Jerusalém. Foi lá que ele recebeu seu chamado (Isa. 6). O Livro de Isaías é um documento complexo, que contém material de datas muito diferentes, mas formou-se o consenso de que a voz do profeta pode ser ouvida nos primeiros 39 capítulos. Mesmo essa parte do livro parece ter incorporado material posterior, embora muito menos do que às vezes se supõe.**

**Como outros profetas, Isaías promete uma mescla de destruição e prosperidade. Condena os abusos sociais, pelos quais os chefes da nação são responsáveis, e anuncia o julgamento futuro. Mas sua confiança é ainda maior que a de profetas anteriores. Ele reafirma a inviolabilidade da cidade de Deus (Isa. 37:35), desde que a nação se arrependa de suas ofensas e tenha fé nas promessas de Javé (Isa. 1-2). Se o povo tiver confiança absoluta em Deus, estará sempre seguro, de modo que as políticas de força e de envolvimento das alianças estrangeiras são desnecessárias. Essa mensagem é o cerne de seu discurso a Acaz quando o rei enfrenta a coalizão entre Israel e Damasco (Isa. 7:3-15) e de sua advertência contra a confiança no novo poder do Egito (Isa. 19-20, 31). Sua visão para o futuro é de uma Jerusalém santa, em que um rei ideal, da linhagem de Davi, reinará em paz e com justiça (Isa. 9, 11, 32).**

**Partes do Livro de Isaías são atribuídas a dois diferentes autores proféticos conhecidos como "Segundo Isaías" ou "Dêutero-Isaías" (*ver p. 112*) e "Terceiro Isaías" (*ver texto lateral, p. 117*).**

*Prisioneiros israelitas são levados cativos depois da queda de Laquis diante dos assírios; de um relevo no palácio do rei Senaquerib, da Assíria, em Nínive.*

# MANASSÉS E JOSIAS

Depois de Ezequias (*ver pp. 104-105*), a Bíblia apresenta dois reis de Judá de características opostas. O filho e sucessor de Ezequias, Manassés (687-642 a.C.), é apresentado como o pior dos monarcas judeus, por ter reintroduzido as práticas pagãs. A Bíblia vê nisso a causa da queda do reino (2 Reis 21:12-14; *ver p. 110*). Entretanto, a uma luz mais favorável, Manassés pode ser visto como alguém que tentou reverter as medidas religiosas de políticas do pai, que tinham levado Judá à beira do desastre (*ver p. 105*). Provavelmente, sentiu que a única esperança de a nação manter alguma identidade era tornar-se vassala do Império Assírio (*ver pp. 100-101*). A Assíria atingiu o apogeu na primeira parte do reinado de Manassés, quando, em 671 a.C., o rei Esarhaddon (681-669 a.C.) derrotou o faraó egípcio Taharka. Textos assírios mostram que Manassés foi de fato um súdito leal, pelo menos na maior parte de seu longo reinado. Em consequência, ele parece ter recuperado o território perdido por seu pai, porque foi capaz de ocupar "todas as cidades fortificadas de Judá" (2 Crôn. 33:14). Sua política religiosa visava a restaurar a situação existente antes de Ezequias destruir os santuários locais, uma medida impopular e desagregadora.

Segundo 2 Crônicas, os assírios "fizeram Manassés cativo, puseram-no a ferros e o levaram para a Babilônia" (2 Crôn. 33:11). Durante sua prisão, Manassés aparentemente se arrependeu e, depois de libertado, revogou suas medidas religiosas. Muito do relato bíblico é lendário, mas o episódio de sua captura e prisão indica que nem sempre foi um vassalo subserviente da Assíria. Ele pode ter se rebelado quando, na parte final de seu reinado, a Assíria perdeu o controle do Egito sob o sucessor de Esarhaddon, Assurbanípal (669-627 a.C.).

Ao contrário de Manassés, seu neto Josias (640-609 a.C.) é retratado como o monarca ideal, que restabeleceu o culto exclusivo de Javé e restaurou o verdadeiro reino de Davi. O pai de Josias, Amon, "abandonou o Senhor" e foi assassinado em uma conspiração palaciana depois de dois anos de reinado (642-640 a.C.). Mas os conspiradores foram mortos, e aos oito anos Josias foi colocado no trono pelo "povo da terra", provavelmente a classe de proprietários rurais comprometida com a independência de Judá (2 Reis 21:23-24). A independência parece ter sido o objetivo constante de Josias durante seu reinado. Ele foi capaz de seguir tal política porque

**DEUTERONÔMIO**

**O "livro da lei", encontrado no Templo no reinado de Josias (*ver página ao lado*), é um importante marco histórico tanto da história religiosa de Israel quanto da Bíblia. Seu aparecimento é a primeira menção a um documento escrito que contém normas para a vida e o culto. Representa o início do desenvolvimento da Lei religiosa escrita (a Torá), que se tornou aspecto fundamental do judaísmo. O livro também marca o primeiro passo na compilação de um cânone das Escrituras.**

**Acredita-se que o "livro da lei" está relacionado ao Deuteronômio da Bíblia, que enfatiza o dever de erradicar todos os elementos estrangeiros do culto de Javé, mensagem que pode ter impulsionado o programa de reforma de Josias. Entretanto, o livro bíblico como existe hoje é produto de um complexo processo de composição que ocorreu ao longo de muitos anos. Se o livro de Josias realmente ficou escondido no Templo até ser "descoberto" é questionável. Alguns aspectos do Deuteronômio indicam que ele teve origem entre os exilados do norte que fugiram para Jerusalém, o centro remanescente do javismo depois da queda do reino de Israel em 721 a.C. Sua obra era um programa para a fé e a prática religiosas futuras da nação e exigia a total purificação do javismo. Também é possível que a obra tenha surgido durante o reinado de Manassés, antecessor de Josias, em reação à sua política religiosa (*ver texto principal*). Foi com a ascensão de Josias que surgiu o clima religioso e político ideal para que o livro se tornasse público. O volume "encontrado" no Templo provavelmente consistia apenas nos "estatutos e normas" que formam os capítulos de 12 a 26 do Deuteronômio e pode ter sido obra de figuras eminentes do círculo de Josias, como Helcias, o sacerdote-chefe, e a profetisa Hulda, que estiveram ligados ao aparecimento do livro (2 Reis 22; 2 Crôn. 34).**

*O anjo de Deus ataca os assírios (2 Reis 19:35-37), da Bíblia de Nuremberg, de 1483.*

nesse período o império assírio se enfraqueceu demais para intervir nos assuntos da Palestina. A Bíblia se concentra nas reformas religiosas de Josias, que foram parte da reafirmação da identidade nacional. Segundo 2 Reis, Josias realizou um expurgo na religião de Judá em conformidade com os ensinamentos do "livro da lei", encontrado no curso das obras de reforma do Templo (2 Reis 22:8; *ver texto lateral da página ao lado*). Mas 2 Crônicas afirma que a destruição dos objetos e das práticas do culto pagão ocorreu seis anos *antes* da "descoberta" do livro da lei (2 Crôn. 34:14). Foi provavelmente isso que aconteceu. Uma vez purificado o culto da nação, a "descoberta" do livro foi a oportunidade para a renovação formal da Aliança de Deus com seu povo. A Páscoa foi adequadamente celebrada pela primeira vez desde antes da monarquia (2 Crôn. 35:18; 2 Reis 23:22; mas comparar com 2 Crôn. 30).

Tem-se interpretado a reforma de Josias como uma remoção das divindades e dos ídolos assírios. A Bíblia menciona o que seriam as típicas práticas religiosas mesopotâmicas, como o culto dos exércitos celestes (2 Reis 23:5), assim como dos cavalos e do carro do sol (2 Reis 23:11). Entretanto, não há evidência de que a Assíria tenha imposto suas divindades aos Estados vassalos. Além disso, as divindades e os cultos que Josias suprimiu existiam entre os povos vizinhos, como os cananeus, os sidônios, os moabitas e os amonitas. O objetivo de Josias era estabelecer o culto exclusivo de Javé, livre de contaminação estrangeira. Suas reformas se estenderam ao velho reino do norte, Israel, que era praticamente uma província assíria — mas o enfraquecido Império Assírio foi incapaz de resistir ao movimento de Josias pela restauração do reino unificado de Davi e Salomão.

*Carta do rei Esarhaddon da Assíria sobre a dinastia de faraós etíopes. Esarhaddon derrubou essa dinastia em 671 a.C.*

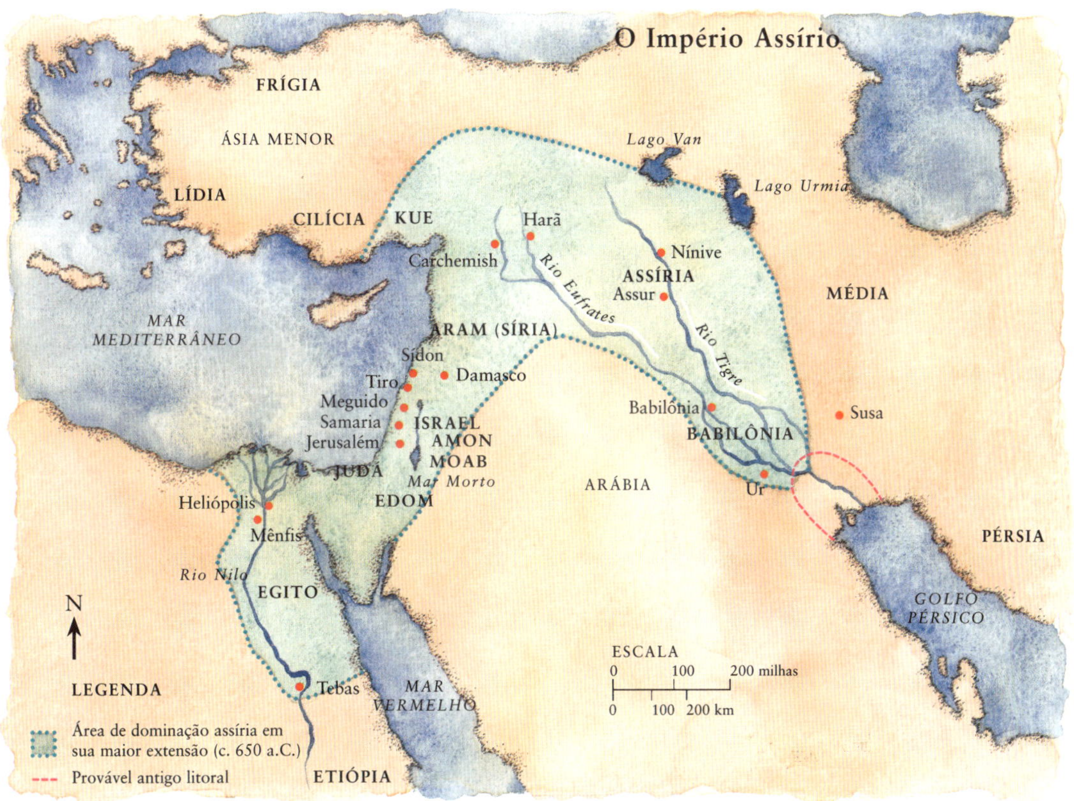

# O DECLÍNIO DE JUDÁ

**REIS DO IMPÉRIO CALDEU (NEOBABILÔNICO)**
***Todas as datas são aproximadas e a.C.***

| | |
|---|---|
| Nabopolassar | 625-605 |
| Nabucodonosor II | 605-562 |
| Evil-Merodac [Amel-Marduk] | 561-560 |
| Neriglissar | 559-556 |
| Labashi-Marduk | 556 |
| Nabonido | 555-539 |
| Baltasar | 552-542 |

As conquistas do rei Josias de Judá (*ver pp. 106-107*) não duraram muito. Ele morreu em 609 a.C., na batalha contra o faraó Necau II do Egito, que voltara a ser independente da Assíria em 663 a.C. sob o antecessor de Necau, Psamético I, da vigésima sexta dinastia. Em 612 a.C. a capital assíria, Nínive, foi tomada por uma coalizão de neobabilônios e medas (*ver quadro abaixo*), e o Egito mudou sua política contra os assírios, percebendo que a Assíria enfraquecida era uma ameaça menor que o recém-vitorioso Império Neobabilônico que a tinha suplantado. Os egípcios apoiaram o Estado assírio de Assuruballit II (612-609 a.C.), centrado em Harã, no norte da Mesopotâmia. Para ajudar Harã, o Egito estabeleceu uma base em Carchemish, no Eufrates. Necau passava pela Palestina com seu exército a caminho de Harã quando foi interceptado por Josias. Este provavelmente temia que, a menos que Necau fosse detido, o domínio assírio sobre Judá abriria caminho para a dominação egípcia. O rei judeu tentou deter o avanço do faraó em Meguido, mas tombou na batalha que se seguiu (2 Reis 23:29; 2 Crôn. 35:23-24).

Necau não conseguiu evitar a queda de Harã, mas, pelo menos por um tempo, esteve livre para afirmar seu domínio sobre a Síria e a Palestina. Depois da morte de Josias, "o povo da terra" escolheu como rei seu filho mais novo, Joacaz, em detrimento do irmão mais velho, Eliacim, provavelmente por acreditar que Joacaz daria continuidade à política paterna de apoio

## Os neobabilônios e os medas

*A Porta de Ishtar, um dos portões da cidade construídos como parte da luxuosa reconstrução da cidade de Babilônia por Nabucodonosor II. É revestida de azulejos azuis entremeados de baixos-relevos com motivos de bisões, serpentes e dragões.*

Durante o primeiro milênio a.C., algumas tribos, conhecidas coletivamente como caldeus, se infiltraram no extremo sul da Mesopotâmia e aos poucos ganharam o controle das antigas cidades da Babilônia. Ali, reis caldeus como Merodac-Baladã lutaram para se libertar da Assíria. Em 2 Reis 20 e Isaías 39, conta-se que Merodac-Baladã enviou uma delegação ao rei Ezequias de Judá (*ver pp. 104-105*). O período do apogeu caldeu começou com Nabopolassar, que derrotou a Assíria, tomou o império e fundou uma dinastia chamada de "neobabilônica" para distingui-la das civilizações babilônicas anteriores. No reinado de seu filho, Nabucodonosor II (605-562 a.C.), o Estado chegou ao auge do poder e esplendor, mas seus três sucessores reinaram por períodos curtos e conturbados. O último rei neobabilônico, Nabonido, não era membro da família real. Em 539 a.C., o Império Neobabilônico caiu ante os persas. Na Bíblia, os caldeus também são vistos como magos e videntes, ofícios que os fizeram famosos em todo o Oriente Próximo.

Em comparação, pouco se sabe sobre os medas (ou medos), povo indo-europeu intimamente ligado aos persas. Ao longo de séculos, eles ocuparam a região que hoje é o noroeste do Irã, conhecida nos tempos antigos como Média. Perto do fim do século VII a.C., o rei Ciáxares fundou o forte Império Meda, com capital em Ecbátana (atual Hamadan, no Irã), e juntou-se a Nabucodonosor para aniquilar a Assíria. Mas o sucessor de Ciáxares, Astíages, foi derrotado pelo rei persa Ciro em 550 a.C., e a Média se tornou província do Império Persa.

da religião nacional e da independência. Necau parece ter entendido isso, porque, depois de apenas três meses, depôs Joacaz e levou-o preso para o Egito, onde ele morreu (2 Reis 23:34). Necau substituiu-o por seu irmão, mudando seu nome de Eliacim para Joaquim (609-598 a.C.). Quando era nomeado, o rei quase sempre recebia de Deus um novo nome; o fato de o nome ter sido dado pelo faraó enfatiza a condição de vassalagem de Judá, confirmada pela imposição de um pesado tributo.

A hegemonia egípcia teve vida curta, porque em 605 a.C. o rei babilônico Nabucodonosor II derrotou Necau em Carchemish. Necau teve de se refugiar no Egito e entregar toda a região da Síria-Palestina aos babilônios. No ano seguinte, Nabucodonosor saqueou a cidade filistina de Ascalon e partiu para Jerusalém, obrigando Joaquim à submissão.

## Jeremias

Como outras obras proféticas da Bíblia, o Livro de Jeremias tem sido exaustivamente reinterpretado, em especial por autores que refletem a visão do Deuteronômio (*ver texto lateral, p. 106*). Entretanto, Jeremias emerge como uma personalidade distinta da de qualquer outro profeta de Israel. Parece ter sido filho de Helcias, alto-sacerdote na época do rei Josias, até a queda de Jerusalém e o exílio na Babilônia (*ver pp. 110-111*). Em passagens angustiadas, ele expressa sua compulsão pela profecia, sabendo que sua mensagem será rejeitada. O livro contém longas passagens biográficas (como o capítulo 26), nas quais podemos ter uma imagem razoavelmente autêntica da vida do profeta e informações sobre os últimos dias de Judá. Jeremias usava um escriba, Baruc, que transcrevia suas palavras e pode ser o autor de grande parte do texto existente.

O Livro de Jeremias segue o padrão da condenação divina de Judá e sua posterior restauração. Jeremias conta que, se Judá aceitar o castigo da dominação babilônica, sua sorte será restaurada (Jer. 27). Essa mensagem gerou conflito entre ele e os defensores da rebelião, em particular o rei Joaquim, que se opunha à Babilônia. Em um famoso episódio, Joaquim rasga e queima em público o pergaminho no qual Baruc havia transcrito os oráculos do profeta (Jer. 36:23). Jeremias foi preso por causa de suas visões, e até o rei Sedecias, que o respeitava, só podia consultá-lo em segredo e, finalmente, não quis mais aceitar seus conselhos.

Se Judá se submetesse a seu destino, isso não significava a perda da esperança. Para Jeremias, o destino da nação estava nas mãos dos que se exilaram na Babilônia. Ele tem uma visão de dois cestos, um de figos bons, representando os exilados, e outro de figos podres, simbolizando os que ficaram na terra (Jer. 24). Em carta aos exilados, ele os exorta a buscar o bem-estar da Babilônia e criar uma vida nova ali. Se fizessem isso, ele diz, Deus os ouviria e os traria de volta para casa.

*Jeremias retratado como clérigo erudito medieval pelo Mestre da Anunciação de Aix (c. 1440).*

# A QUEDA DE JERUSALÉM

Nabucodonosor II e Seus Conselheiros, *de Frans Francken, o Jovem (1581-1642).*

A ascensão do rei Joaquim (*ver p. 109*) foi o prelúdio do ato final da história do reino de Judá. Em 601 a.C., Nabucodonosor II da Babilônia enviou uma expedição para conquistar o Egito, mas foi derrotado pelo exército egípcio e obrigado a recuar. Seu vassalo Joaquim, descrito no Livro de Jeremias como rei brutal e arrogante, aproveitou esse momento de debilidade de Nabucodonosor para se libertar, provavelmente com a suspensão do pagamento do tributo. Nabucodonosor levou algum tempo para reagrupar suas forças, mas, enquanto isso, tentou enfraquecer Judá. A Bíblia registra que o país estava devastado por guerrilheiros das tribos do deserto enviados por Deus (2 Reis 24:2), mas que atuavam instigados pelo rei babilônico.

Joaquim morreu em 598 a.C. e foi sucedido por seu filho Jeconias, ou Joaquin (598-597). A transmissão de poder ocorreu em má hora, porque na primavera seguinte Nabucodonosor invadiu Judá. Jeconias entregou Jerusalém quase sem resistir e evitou a destruição da cidade pagando um pesado tributo (2 Reis 24:13). O pior foi que ele, sua família, sua corte, 7 mil pessoas da elite de Jerusalém e mil artesãos habilidosos foram deportados para a Babilônia. Nabucodonosor substituiu Jeconias por seu tio Matanias, filho de Josias, e o chamou Sedecias (2 Reis 24:17). Ele é conhecido com esse nome como o último rei de Judá.

Sedecias ficou em situação insuportável. Muitos judeus continuavam considerando o cativo Jeconias seu rei por direito e viam em Sedecias um usurpador. Muitos dos que ficaram em Judá deviam se sentir assim, e essa era com certeza a visão dos exilados na Babilônia. Tábuas administrativas do tempo de Nabucodonosor listam as rações de azeite entregues pela casa real a Jeconias e seus filhos. O documento refere-se a ele como "rei de Judá", o que indica que mesmo os babilônios continuavam a ver nele o rei judeu por direito.

Os versículos finais de 2 Reis e de Jeremias registram como o sucessor de Nabucodonosor, Evil-Merodac (*ver quadro, p. 108*), libertou Jeconias da prisão e lhe deu um cargo honroso na corte imperial. Na Bíblia, esse ato de clemência serve como prova de que Deus jamais abandonaria a casa de Davi.

Em Judá, a deportação dos mais antigos funcionários do reino enfraqueceu seriamente a estrutura do Estado. O Livro de Jeremias mostra como Sedecias ficou dividido entre diferentes grupos de conselheiros, alguns favoráveis à rebelião e outros propondo a conciliação e a submissão à Babilônia (Jer. 37-38). A facção rebelde queria apoiar o Egito, que ainda alimentava ambições em relação à Palestina. O profeta Jeremias, um dos apaziguadores, advertia contra a loucura de confiar nos egípcios e se opor a Nabucodonosor. Mas a facção linha-dura prevaleceu e levou Sedecias a, final e fatalmente, se rebelar.

A queda de Judá é narrada no último capítulo de 2 Reis, 2 Crônicas e Jeremias. Em reação à revolta de Sedecias, Nabucodonosor sitiou Jerusalém. As defesas da cidade aguentaram dezoito meses, e então os defensores parecem haver tido uma breve trégua, quando o exército egípcio obrigou os babilônios a levantar o cerco temporariamente (Jer. 37:5). Como o assírio Senaquerib (*ver p. 105*), Nabucodonosor fez anteceder o ataque à capital pela tomada de várias cidades estratégicas de Judá. Segundo Jeremias 34:7, só Laquis e Azeca resistiram. Cartas escritas por oficiais judeus nos postos avançados do comando da guarnição de Laquis relatam os movimentos das tropas babilônicas. Uma delas relata que a cidade de

## Judá depois de 586 a.C.

O Segundo Livro dos Reis conta as consequências da destruição de Jerusalém em 586 a.C., assim como o infortúnio em que a cidade mergulhara sob o rei Jeconias uma década antes (*ver texto principal*). Em ambos os casos, a narrativa afirma, com certo exagero, que a maioria da população foi deportada, deixando apenas "as pessoas mais pobres da terra" (2 Reis 24:14 e 25:12). Uma fonte mais confiável está preservada em Jeremias (*ver p. 109*), que afirma (Jer. 52:28-30) que "três mil e vinte e três judeus" foram deportados em 597 a.C., mas só "oitocentos e trinta e dois" depois da queda e destruição de Jerusalém. Na verdade a política da Babilônia em relação à sua nova província foi moderada, e a vida continuou em Judá.

O rei babilônico indicou um judeu, Godolias, como governador, nome que aparece em um selo da época, que o identifica como administrador do palácio real de Judá. Homens importantes e comandantes militares do país se aliaram a Godolias em seu quartel-general em Masfa. Segundo Jeremias, os refugiados judeus voltaram das terras vizinhas para casa e colheram uma boa safra (Jer. 40,12). A Bíblia também conta que peregrinos do norte foram assassinados quando ofereciam sacrifícios no "templo do Senhor", o que faz crer que o culto continuou nas ruínas do Templo de Jerusalém (Jer. 40:4-5).

Godolias foi morto em Masfa por Ismael, membro da família real deposta, que também foi responsável pela matança dos peregrinos. Ismael retornara do exílio em Amon e provavelmente pretendia restaurar a dinastia davídica deposta com apoio dos amonitas. Os remanescentes seguidores de Godolias temeram a represália babilônica depois do assassinato e fugiram para o Egito, levando com eles o profeta Jeremias (uma lenda posterior conta que o profeta foi apedrejado até a morte nesse país).

O Livro de Jeremias registra uma segunda deportação em massa para a Babilônia, que teria envolvido mais de 700 judeus e ocorrido cinco anos depois da queda de Sedecias, ou seja, em 582-581 a.C. (Jer. 52:30). Essa talvez tenha sido a reação babilônica ao assassinato de Godolias. Desde essa época, Judá provavelmente ficou sob o controle direto do governador babilônico da Samaria, província ao norte de Judá. Mas, seja o que for que tenha acontecido, pouco se sabe sobre as condições do país durante cerca de 40 anos.

*Selo israelita com a inscrição "A Fadaías, filho do rei". Fadaías era membro da família real nos últimos dias de Judá independente (1 Crôn. 3:16-17).*

Azeca caíra, enquanto outras se queixam das atividades dos partidários da conciliação em Jerusalém. Há também menção a um velho oficial do exército que teria sido despachado para o Egito, provavelmente em busca de ajuda.

Jerusalém finalmente caiu em 587 ou 586 a.C., e o castigo por sua longa resistência foi duro. Sedecias foi levado ao quartel-general dos babilônios em Rebla, no Líbano. Lá, conta a Bíblia, seus filhos foram mortos diante de seus olhos, e seus oficiais foram executados. O próprio Sedecias teve os olhos furados e, posto a ferros, foi levado para a Babilônia (2 Reis 25:7; Jer. 52:10-11). Em Jerusalém, Nabuzardã, comandante de Nabucodonosor, supervisionava a destruição do Templo, do palácio real e das casas de cidadãos eminentes. Os tesouros que restaram no Templo foram levados como espólio de guerra. Era o fim da autonomia de Judá, e o fim do velho Israel como Estado independente.

# EXÍLIO NA BABILÔNIA

O choque com a destruição de Jerusalém (*ver pp. 110-111*) se reflete com força total no livro Lamentações, obra anônima atribuída ao profeta Jeremias. O fim da independência de Judá colocou profundas questões espirituais para Israel. A mais importante era saber se o destino de Jerusalém significava que Javé havia sido derrotado por divindades mais poderosas, que agora teriam que ser veneradas em seu lugar. A Bíblia insinua que alguns israelitas aceitaram essa opinião. No Egito, Jeremias e seus companheiros exilados discutiram veementemente sobre a causa do desastre nacional. Em uma notável diatribe, o profeta culpa o culto a deuses estrangeiros, mas seus interlocutores atribuem o desastre ao fato de terem deixado de venerar a "rainha do céu", a grande deusa-mãe do Oriente Próximo, como faziam seus ancestrais (Jer. 44). Depois da primeira deportação, de 597 a.C., o profeta Ezequiel (*ver quadro abaixo*) presenciou no Templo rituais do culto ao sol e ao deus protetor da vegetação, Tamuz (Ez. 8:14).

A fé e a nacionalidade de Israel parecem ter sido preservadas e reinterpretadas de modo mais convincente pelos exilados judeus na Babilônia. As

## "Segundo Isaías"

Os capítulos de 40 a 55 do Livro de Isaías contêm os oráculos de um profeta anônimo, comumente chamado "Segundo Isaías" ou "Dêutero-Isaías". Ele pregava na Babilônia perto do fim do Exílio, e sua mensagem é de alegria e esperança. Israel, ele declara, pagara por seus pecados, e a era do divino perdão e da restauração estava nascendo (Isa. 40:1-5). Ele imagina o retorno à Terra Prometida como um segundo Êxodo, ainda mais maravilhoso que o primeiro. Em seus ensinamentos, o monoteísmo se expressa claramente pela primeira vez: Deus não é apenas o maior deus, mas o único (Isa. 44:6), e o Segundo Isaías desdenha dos deuses e deusas estrangeiros como ídolos sem vida, sem existência real (Isa. 44:9-20). Só o único Deus verdadeiro, Javé, controla o mundo e determina sua história.

O Segundo Isaías tinha consciência da situação política de seu tempo. A Babilônia estava ameaçada pelo rei persa Ciro (*ver p. 115*), e o profeta antevê sua queda iminente. Ele vê Ciro como o rei ungido do Senhor (Isa. 45:1), que conduzirá os exilados judeus de volta à terra natal depois que Deus os levar à vitória (Isa. 45:13).

Os oráculos do Segundo Isaías falam de uma figura que é chamada de "servo", cuja identidade tem sido muito discutida. Os primeiros cristãos o viam como o Messias e o identificavam com Jesus, especialmente em Isaías 53 (*ver p. 225*). A imagem do servo parece ser formada por várias imagens tradicionais. Alguns de seus aspectos lembram Moisés, um típico rei davídico, e um dos profetas. Mas ele defende Israel, com o qual ele é explicitamente identificado, como em Isaías 44:1. Israel é a nação escolhida por Deus, mas suporta desdém e sofrimento. Isso marca o surgimento de um novo conceito: a vocação de Israel como vítima que se sacrifica pelo mundo todo. O propósito divino da escolha de Deus é que ele deve expiar, através do sofrimento, os pecados de toda a humanidade. "O justo, meu servo, justificará muitos, porque suportará suas iniquidades" (Isa. 53:11; *ver também pp. 105 e 117*).

LAMENTOS POR JERUSALÉM

Os caminhos de Sião estão de luto,
porque ninguém mais vem às suas festas;
todas as suas portas estão desertas,
seus sacerdotes gemem;
suas virgens sofrem,
e a própria Sião vive na amargura.

Seus adversários se tornam senhores,
Seus inimigos prosperam,
Porque o Senhor a faz sofrer
Por causa da profusão de suas transgressões;
Seus filhos partiram
Cativos diante do inimigo.

*Lamentações 1.4–5*

Às margens dos rios da Babilônia,
ali nos sentávamos e ali chorávamos
quando nos lembrávamos de Sião.
Nos salgueiros que ali havia
penduramos nossas harpas.
Porque nossos captores
nos pediam cânticos,
e nossos opressores nos pediam alegria,
dizendo,
"Cantai-nos uma das canções de Sião!"

Como cantar um cântico do Senhor
em terra estranha?
Se eu te esquecer, ó Jerusalém,
que minha mão direita encolha!
Que minha língua se prenda ao teto de minha boca,
se eu não me lembrar de ti,
se eu não colocar Jerusalém
acima de minha maior alegria.

*Salmo 137.1–6*

condições nessa terra estrangeira lhes permitiram preservar sua identidade. Governados pelos anciãos líderes da comunidade, os exilados viviam em povoados organizados, como Tel-Abib (Ez. 3:15) e outros lugares nas vizinhanças do canal de irrigação do rio Cobar, perto da cidade de Nipur. Uma preocupação dos exilados era preservar e registrar por escrito as tradições de Israel, com a intenção de criar um corpo de escrituras sobre o qual pudessem apoiar sua esperança no futuro. Foi durante o exílio que a Bíblia como a conhecemos começou a tomar forma: no Pentateuco (os cinco primeiros livros); na história de Israel (de Josué a 2 Reis), narrada por escritores da escola que produziu o Deuteronômio (*ver p. 106*); e nos textos proféticos. Vivendo em terra estrangeira, os exilados queriam enfatizar os elementos da religião de Israel que distinguiam os judeus de outros povos. Nessa época, portanto, foram enfatizados aspectos como o sabá, a circuncisão e a necessidade da pureza ritual.

As calamidades que atingiram os israelitas passaram a ser vistas não como perda do poder de Javé, mas como punição pelos repetidos pecados religiosos e sociais do povo. Essa crença fundamenta a interpretação da história de Israel por parte da escola deuteronômica. Da mesma forma, a mensagem dos profetas, de que o juízo divino restauraria a nação por meio da purificação, era apresentada como norma. Os israelitas começaram a ver Javé como uma divindade universal, que controlava o destino de todas as nações e permanecia com seu povo, mesmo depois de ele ter perdido sua terra. Os exilados nunca perderam a esperança de que Deus os levaria de volta à terra natal e restauraria Israel.

Uma das figuras mais notáveis do período do exílio foi o profeta Ezequiel. Sacerdote que fora levado para a Babilônia com o rei Jeconias na primeira deportação de judeus em 597 a.C. (*ver p. 110*), Ezequiel formula sua mensagem em termos e imagens sacerdotais. O Livro de Ezequiel pinta um quadro notável da natureza da inspiração profética, com visões, experiências extáticas de levitação e estranhos sinais simbólicos.

O livro começa com o chamado de Ezequiel "entre os exilados à margem do rio Cobar" (provavelmente o canal que derivava do Eufrates perto de Babilônia), no quinto ano depois da primeira deportação (ou seja, c. 592 a.C.). Ele assume a forma de uma grande visão de Deus, que se tornaria um componente central do misticismo judaico posterior. Certos detalhes da visão, como o querubim alado (Ez. 1:4-5), lembram aspectos da religião mesopotâmica, mas parecem refletir mais o culto do Templo de Jerusalém — só que agora Javé se manifesta não apenas em Sião, mas também em terra estrangeira. Para explicar a destruição de Jerusalém, Ezequiel afirma que a presença de Javé, "glória do Deus de Israel", tinha abandonado o Templo poluído, privando-o de proteção divina (Ez. 10:18-19). A restauração só seria alcançada quando a divina glória retornasse ao santuário.

A fé de Ezequiel no futuro é expressa de várias maneiras. O povo devia assumir a responsabilidade por suas ações e não atribuir a culpa dos desastres que o tinham atingido aos pecados de seus ancestrais. Ele vê seu povo derrotado e exilado como uma pilha de ossos humanos que volta à vida graças ao sopro divino. A partir dessa época a nação se torna uma comunidade preenchida pelo espírito (Ez. 37:1-14). O livro termina com uma visão detalhada do novo Templo, centro e símbolo de um novo Israel (Ez. 40-48). O clímax da visão do novo Templo é a volta da divina presença (Ez. 43:2-5), sinal da restauração de Israel. A voz divina diz ao profeta que o Templo é o lugar "onde residirei entre o povo de Israel para sempre" (Ez. 43:7).

*Ilustração do Livro de Ezequiel na Bíblia de Lambeth, produzida na Inglaterra em c. 1140-50 (no sentido horário: o chamado de Ezequiel (Ez. 1:1-3); a visão do pergaminho (2:9-3:3); seis carrascos, entre eles o "homem vestido de linho", recebem instruções de Deus (9:1-5); as instruções são executadas (9:6-7).*

*Espírito de quatro asas no palácio do rei Sargão II da Assíria (722-705 a.C.), em Khorsabad. Essas figuras eram comuns na arte mesopotâmica e podem ter inspirado o querubim alado da visão de Ezequiel (Ez. 1:5-6).*

**ZACARIAS**
**Como Ageu (*ver texto principal*), o profeta Zacarias esteve em atividade durante o reinado de Dario I, da Pérsia (522-486 a.C.). O profeta também depõe esperanças nacionalistas em Zorobabel, a quem promete dignidade real e confia a fundação do novo Templo (Zac. 3:6-10). Ele é coroado e recebe o título real de "Renovo" (Zac. 6:12-13). Nessa passagem, o nome de Zorobabel foi substituído pelo do sumo sacerdote Josué. Talvez Dario, após garantir seu reinado, tenha deposto Zorobabel, que desaparece da história nessa altura. Com o fracasso da última tentativa de restaurar o reino de Judá, muito da antiga ideologia e dos velhos rituais teriam sido adotados pela figura mais velha da sociedade judaica, o sumo sacerdote. Isso explicaria por que o nome de Josué substituiu o de Zorobabel em Zacarias 6 e outros.**

*O túmulo monumental de Ciro II da Pérsia em Pasárgada, no Irã.*

# A VOLTA DO EXÍLIO

O Livro de Esdras (*ver p. 116*) abre com um decreto do rei Ciro, o Grande, da Pérsia, depois da vitória sobre a Babilônia em 539 a.C. Ele atribui suas vitórias a Javé, "Deus dos céus", e afirma que Javé "me incumbiu de construir uma morada para ele em Jerusalém". Em seguida, autoriza a volta do exilados judeus para realizar a tarefa (Esd. 1:2-4).

A autenticidade desse decreto tem sido contestada, porque parece improvável que um rei persa creditasse seus sucessos ao deus de um povo estrangeiro dominado. Por outro lado, em um decreto genuíno, Ciro atribui suas vitórias a Marduk, deus da Babilônia. Esse documento confirma a afirmativa da Bíblia de que, em várias regiões, Ciro reconstruiu templos e fez retornar a população.

Em Esdras 6 há outra versão, mais confiável, do decreto relativo aos judeus, que parece ter sido encontrado em Ecbátana, no oeste da Pérsia (Esd. 6:2). É na verdade um memorando ao tesoureiro real autorizando as despesas para a construção do Templo. O documento não menciona a volta dos exilados, mas isso com certeza não seria responsabilidade do tesoureiro.

Segundo o Livro de Esdras, depois do decreto de Ciro, uma caravana de deportados voltou a Judá. O número fornecido é muito grande — cerca de 50 mil — e provavelmente inclui vários grupos que retornaram em diferentes épocas e sob diferentes reis. Conta-se que o novo Templo foi fundado por Sasabassar, oficial persa que teria sido nomeado governador de Judá (Esd. 5:16-18). Sasabassar provavelmente foi acompanhado de um pequeno grupo de judeus, que ergueram um altar a céu aberto no local do Templo e celebraram as festas de outono dos Tabernáculos (Esd. 3:3-4).

A construção foi suspensa por causa da oposição dos que tinham permanecido em Judá e dos habitantes de várias etnias do antigo reino do norte de Israel. Os oponentes do Templo contaram com o apoio de outros oficiais provinciais persas. O resultado, apesar da narrativa confusa, foi que a construção ficou parada até 520 a.C., segundo ano do rei Dario. Então, por instigação dos profetas Ageu e Zacarias (*ver abaixo e texto lateral*), a obra recomeçou sob a direção de dois líderes judeus, Zorobabel e Josué (Esd. 5:1-2). Os governadores consultaram o rei para saber se os judeus tinham recebido autorização para isso, Dario respondeu que sim, e o novo Templo foi concluído em março de 516 a.C.

A narrativa de Esdras tem o intuito de enfatizar a atitude favorável do Império Persa para com os judeus e mostrar que a reconstrução do Templo tinha aprovação real. De maneira geral, apresenta um quadro claro e unificado dos acontecimentos, mas a realidade deve ter sido bem mais complicada.

Como Esdras, Ageu refere-se a um atraso na reconstrução do Templo, mas o atribui à falta de entusiasmo dos habitantes de Judá ("esse povo", Ag. 1:2) e não menciona exilados retornados. Em resposta à mensagem do profeta, o governador de Judá, Zorobabel (neto do rei Jeconias; *ver p. 110*), e o sumo sacerdote Josué iniciaram a obra do Templo no segundo ano do reinado de Dario. Ageu envia um oráculo a Zorobabel, pelo qual Deus lhe diz "Eu te escolhi" e promete "abolir o trono dos reis". Isso corresponde ao período tumultuado do Império Persa no início do reinado de Dario. Ageu dá a entender que o oráculo a Zorobabel e a reconstrução do Templo, longe de terem aprovação persa, representaram uma tentativa de restaurar o reino de Judá.

## Ciro, o Grande, e Dario I

O reinado de Ciro II da Pérsia foi um marco na história do Oriente Próximo. O monarca com certeza merece o epíteto "o Grande" mais do que qualquer outro rei. Ele fundou um império que duraria mais de dois séculos e pela primeira vez colocou todo o Oriente Próximo, da Índia às fronteiras da Grécia, sob um só monarca. São muitas as lendas sobre ele, que é considerado por autores gregos da Antiguidade, como Heródoto e Xenofonte, um modelo de rei. Isso ocorreu porque, ao contrário dos assírios e babilônios, ele e seus sucessores não tentaram erradicar instituições consagradas nem deportar populações nativas. Preservaram e restauraram os antigos sistemas legais e sociais dos territórios subjugados e deram particular atenção à preservação dos locais sagrados. Não surpreende que Ciro tenha sido saudado como libertador, não apenas pelo povo de Judá, mas também pelos habitantes da capital da Babilônia, que (segundo seus próprios anais) abriram suas portas para ele sem resistência.

O filho de Ciro, Cambises, teve um reinado comparativamente curto, mas conseguiu incorporar o Egito ao império. O fim de seu governo foi marcado pela intranquilidade política, e o sucessor, Dario, que tinha origens obscuras, teve de lutar arduamente para garantir sua ascensão. Sob Dario, o Império Persa atingiu sua maior extensão, expandindo-se até o norte da Índia, e o magnífico palácio que ele construiu na capital, Persépolis, testemunha a riqueza e o esplendor de seu Estado. A única sombra sobre seu reinado foi o fracasso da expedição contra os gregos, que derrotaram os persas na batalha de Maratona em 490 a.C. Essa campanha frustrada teve profunda importância no futuro: mais tarde, em 330 a.C., o Império Persa caiu diante dos gregos comandados por Alexandre, o Grande.

**REIS DO IMPÉRIO PERSA**
*Todas as datas são aproximadas e a.C.*

| | |
|---|---|
| Ciro II (o Grande) | 550-529 |
| Cambises II | 529-522 |
| Dario I | 522-486 |
| Xerxes I | 486-465 |
| Artaxerxes I | 465-425 |
| Xerxes II | 425-424 |
| Dario II | 423-404 |
| Artaxerxes II | 404-359 |
| Artaxerxes III | 359-338 |
| Arses | 338-336 |
| Dario III | 336-330 |

*Relevo do palácio de Dario I da Pérsia, em Persépolis, de c. 500 a.C., que mostra o imperador entronizado recebendo um dignitário meda, atrás do qual postam-se dois servos.*

# VIII DEPOIS DO EXÍLIO

*O exílio na Babilônia provocou uma reavaliação da vida espiritual de Israel, que começou entre os exilados e prosseguiu depois de seu retorno a Judá, em especial através da obra de Esdras e Neemias. A vida da nação agora se centrava no Templo, e Javé era cada vez mais visto como o deus nacional de Israel, mas também como deus verdadeiro e universal. No período pós-Exílio, o cânone bíblico começou a tomar forma. Durante quase todo esse período, a Palestina foi dominada pelo Império Persa e pelos impérios helênicos que o sucederam. Entretanto, em meados do século II a.C., mais de quatro séculos depois da queda do último rei de Judá, os macabeus estabeleceram um Estado judeu independente.*



## ESDRAS E NEEMIAS

Segundo a Bíblia, os líderes Esdras e Neemias realizaram uma reconstrução fundamental da religião e da sociedade de Judá pós-Exílio. A carreira de Esdras é relatada nos quatro últimos capítulos do livro que leva seu nome, assim como em dois capítulos incorporados ao Livro de Neemias. A história de Neemias é contada na primeira pessoa, mas isso não significa que seja uma autobiografia. O uso do "eu" é um recurso estilístico baseado nas inscrições do Oriente Próximo destinadas a glorificar um herói nacional.

As tradições sobre os dois personagens originalmente eram separadas, mas foram reunidas pelo autor bíblico conhecido como "o Cronista" para dar sequência aos dois livros de Crônicas, os primeiros a recontar a história de Israel. Não se sabe se Esdras e Neemias foram de fato contemporâneos. Na Bíblia, ambos aparecem no período de um rei persa chamado Artaxerxes, que pode ter sido o primeiro ou o segundo desse nome (*ver quadro, p. 115*). Há consenso em que Neemias viveu sob Artaxerxes I (465-425 a.C.), mas estudiosos afirmam que Esdras veio mais tarde, sob Artaxerxes II (404-359 a.C.). A tendência atual é situar os dois na época do primeiro desses imperadores e considerar suas carreiras concomitantes.

Esdras é descrito como sacerdote e "escriba da lei de Deus dos céus" (Esd. 7:12), ou seja, é responsável, na administração persa, pelas questões religiosas israelitas. Segundo a política imperial persa em relação aos povos dominados, Esdras era encarregado de investigar como a lei judaica estava sendo observada em Judá. Assim que chegou a Jerusalém, imediatamente pôs fim aos casamentos entre exilados retornados e estrangeiros. Vendo nessa prática uma contaminação da terra e da "semente sagrada" de Israel, ordenou que todas as esposas estrangeiras e sua prole fossem expulsas para purificar a nação e evitar a ira de Deus. Mais tarde, como narra Neemias 8-10, ele leu em voz alta a lei de Moisés em uma grande cerimônia de ressurgimento da Festa dos Tabernáculos. Esse evento provavelmente marcou a primeira fase da codificação do Pentateuco, os livros que contêm as leis dadas por Deus a Israel (*ver p. 118*). Esdras exigiu que os cidadãos proeminentes de Judá se comprometessem a observar a lei em juramento solene (Neem. 9:38-10:29).

A obra de Neemias foi em grande parte secular. Ele era copeiro da corte persa em Susa quando recebeu a informação de que as fortificações de Jerusalém haviam sido destruídas (Neem. 1:3). Em 445 a.C., vigésimo ano do reinado de Artaxerxes, o rei autorizou Neemias a ir a Judá (Neem. 2:6), provavelmente como governador imperial, função que ele alega ter exercido por 12 anos (Neem. 5:14). Por trás disso pode estar a preocupação persa em construir uma província de Judá forte para conter o possível expansionismo dos egípcios.

A grande conquista de Neemias, contada em uma série de cenas dramáticas (Neem. 3-6), foi a rápida reconstrução das muralhas de Jerusalém em face da oposição dos chefes vizinhos, liderados por Sanabalat, governador da

Samaria. Houve uma tentativa de enganar Neemias e levá-lo a refugiar-se de seus inimigos no Templo (Neem. 6:10), mas ele se recusou, sabendo que isso seria pecado (Neem. 6:13). Esse episódio deu origem à teoria de que Neemias era um eunuco — e, como tal, proibido pela lei judaica de entrar no santuário (Deut. 23:1).

Neemias também concebeu uma nova estrutura administrativa para Judá e Jerusalém, tratou da questão da observância do sabá e, como Esdras, tentou pôr fim aos casamentos mistos (Esd. 10-13). Juntos, Esdras e Neemias estabeleceram uma sólida base religiosa e civil para a futura vida da comunidade judaica.

*Esdras copia as Escrituras, em um manuscrito italiano do século VII a.C.*

## Os judeus de Elefantina

Entre 1906 e 1908, papiros escritos em aramaico e datados do período persa foram descobertos na ilha de Elefantina, antiga Yeb, no Nilo, no sul do Egito. Os documentos eram de uma comunidade de mercenários judeus no exército egípcio que, como os judeus que fugiram para o Egito com Jeremias (*ver p. 109*), migraram provavelmente por causa das invasões assírias e babilônias de Judá.

Os documentos mostram que eles tinham um templo dedicado a Javé, mas também veneravam outras divindades, entre elas a deusa Anath (*ver p. 72*). Isso provavelmente reflete as práticas religiosas judaicas populares no período anterior ao Exílio. Esse templo foi destruído por instigação dos sacerdotes egípcios em c. 410 a.C. Um dos textos é uma carta a Bagoas, governador persa de Jerusalém, buscando apoio para a sua restauração. Os autores da carta dizem que também procuraram os filhos de Sanabalat, governador de Samaria e principal opositor do profeta Neemias (*ver texto principal*). A resposta de Bagoas, que também foi preservada, sanciona a restauração do templo de Elefantina. A carta dá a entender que as autoridades religiosas de Judá pós-Exílio começavam a reivindicar Jerusalém como único santuário legítimo. Os sacrifícios de Elefantina, diz Bagoas, deviam ser apenas de alimentos e incenso. O sacrifício de animais, elemento central do culto por envolver derramamento de sangue, só era permitido em Jerusalém.

*Ruínas do templo de Elefantina, dedicado às divindades Khnum e Anuket.*

MALAQUIAS E O "TERCEIRO ISAÍAS"

A situação de Judá depois do retorno dos exilados, mas antes da chegada de Esdras e Neemias (*ver texto principal*), pode ser reconstruída a partir de dois documentos desse período, o Livro de Malaquias e os capítulos 56-66 do Livro de Isaías (*ver p. 105*), cujo autor é muitas vezes chamado "Terceiro Isaías". A principal preocupação do profeta Malaquias era o casamento dos judeus, em especial das classes superiores e até do clero, com mulheres de nações vizinhas. Ele acreditava que essas uniões eram uma ameaça tanto à identidade nacional de Israel quanto à singularidade de sua fé (Mal. 2:11-12). Malaquias também condenou certos usos, como o sacrifício de animais impuros e a fraude no pagamento do dízimo.

O Terceiro Isaías pode ter pertencido a uma facção que acreditava que o fim do mundo estava próximo e se opunha à religião representada pelos sacerdotes do Templo. Ele pinta um quadro sombrio do estado da sociedade. Seus líderes são venais e bêbados, há opressão social e a justiça é distorcida. Ele lista um catálogo de abusos religiosos: negligência na observação do jejum e do sabá; práticas pagãs; idolatria; sacrifício de crianças; cultos de fertilidade; consultas aos espíritos dos mortos; e ingestão de carne de animais proibidos, como o porco. Evidentemente, as expectativas geradas pelo fim do Exílio e pela reconstrução do Templo não se concretizavam.

# A LEI

A palavra "Lei" é usada para traduzir o hebraico *Torah* (Torá), que significa "instrução", "orientação". É usada primordialmente em relação aos cinco primeiros livros da Bíblia (do Gênesis ao Deuteronômio), também chamados Pentateuco ou "Livros de Moisés". Entretanto, o Pentateuco contém muito mais que apenas normas legais. Inclui toda a história das relações de Deus com a humanidade desde a criação do universo até a morte de Moisés (*ver pp. 26-67*).

A codificação do Pentateuco é fundamental para entender como a Lei de Israel foi vista no período após o Exílio. A versão final do Pentateuco tem sido vista como uma combinação de três documentos: uma narrativa do período da monarquia, o Deuteronômio (*ver p. 106*) e uma obra produzida em círculos sacerdotais. Recentemente, questiona-se se alguma parte do Pentateuco como ele é hoje data de período anterior ao Exílio, embora não haja dúvida de que os autores bíblicos beberam em muitas tradições antigas. De qualquer forma, o Pentateuco foi escrito em forma semelhante à atual durante o período de dominação persa (539-330 a.C.; *ver p. 115*).

O surgimento do Pentateuco escrito levou à codificação dos outros livros que os cristãos chamavam de Velho Testamento. Assim surgiu o que é conhecido como "cânone", a lista de livros que formam as Sagradas Escrituras, diferentes de outros textos religiosos. Entretanto, o Pentateuco sempre foi considerado supremo — os samaritanos, por exemplo, nunca reconheceram os outros livros do cânone judaico (*ver p. 125*), que foi se constituindo em etapas ao longo de séculos e provavelmente só atingiu sua forma definitiva no fim do século I d.C.

A teoria de uma Torá transmitida oralmente se desenvolveu junto com a Lei escrita. Acreditava-se que Deus havia dado a Moisés não apenas um

## Santidade e o Dia do Perdão

Uma característica do Deus do judaísmo após o Exílio é sua santidade intrínseca, qualidade partilhada pelo povo escolhido. Os capítulos do Levítico que têm sido chamados de "Código de Santidade" (Lev. 17-26) se resumem em uma frase fundamental: "Sereis santos, porque eu, o Senhor vosso Deus, sou santo" (Lev. 19:2). A santidade da nação seria garantida pela fiel observância da Lei, o que ocasionou um novo e mais abrangente entendimento do propósito do culto. O sacrifício (*ver pp. 122-123*) passou a ser visto não mais como um ritual eficaz por si só, mas como um ato meritório de obediência que seguia as normas contidas na Lei.

O ritual do sacrifício e o santuário onde ele era realizado (o Templo de Jerusalém) passaram a ser vistos como meios pelos quais a nação podia expiar seus erros passados. O sacrifício e o Templo eram o foco do divino perdão. O centro da santidade no Templo não era mais a arca em si (*ver p. 90*), mas sua tampa de ouro, chamada "assento da misericórdia". Ali os pecados eram expiados, especialmente pela aspersão de sangue no "Dia da Expiação", ou "Dia do Perdão", o Yom Kippur (Lev. 23:27; 25:9).

O Dia do Perdão era provavelmente observado desde muito tempo, mas só é mencionado em textos posteriores ao Exílio, quando adquiriu a enorme importância que ainda possui no judaísmo. O ritual que marcava o dia tinha o efeito de anular todos os pecados cometidos pela nação durante o ano anterior. Como afirma o Levítico em 16:6-22, o Templo e o corpo sacerdotal eram purificados pelo ritual de sangue. Depois o sumo sacerdote (*ver p. 123*) transferia os pecados do povo para um bode (o bode expiatório), em um ritual que tem muitos paralelos no Oriente Próximo. O animal era então libertado no deserto para levar seu fardo de pecados a um espírito demoníaco chamado Azazel.

texto escrito, mas instruções orais, que foram transmitidas por sucessivos mestres. Com o tempo, esses ensinamentos adquiriram quase o mesmo *status* da Lei escrita. A Torá oral representou a obra dos escribas, uma importante classe de eruditos que estudavam e interpretavam a Lei e estenderam seu alcance a todas as áreas da vida.

O Pentateuco reflete as preocupações da comunidade judaica da época. Depois do Exílio, a Lei de Israel passou a ser entendida como expressão da vontade de Deus para todo o mundo, e a obediência a ela superou todas as outras obrigações religiosas. A Lei era vista como algo eterno, preexistente e independente, e não algo que só passou a existir quando foi revelada a Moisés no monte Sinai (*ver pp. 60-63*). Alguns referem-se à Lei como uma imagem do cosmo e como meio pelo qual o mundo foi criado.

Depois do Exílio, o conceito judaico de Deus se tornou cada vez mais espiritual, transcendente e universal. Cresceu a tendência a evitar o uso do nome pessoal de Deus, Javé, que o definia especificamente como divindade nacional de Israel, em favor de títulos mais abstratos, como "Senhor" ou "Senhor dos céus", ou circunlóquios como "o Nome". Os primeiros israelitas representavam Deus como o ser que intervinha diretamente nos assuntos humanos e falava com homens e mulheres frente a frente. Essa imagem se tornou inaceitável depois do Exílio, e, para explicar como um ser transcendente podia se comunicar com sua criação, admitiu-se a existência de intermediários. Atributos divinos, em especial a Palavra, a Sabedoria e o Espírito, foram personificados em seres através dos quais Deus atuava no mundo (*ver também quadro abaixo*).

## Anjos

Israel sempre retratou Javé cercado por uma corte de espíritos celestiais que agiam em seu nome e serviam como seus mensageiros. Quando Deus diz "Façamos o homem à nossa imagem e semelhança" em Gênesis 1:26, pode estar se dirigindo a esses seres (*ver p. 27*; comparar com Salmos 29:1; 82:1). No judaísmo pós-Exílio, surgiu uma hierarquia de anjos, com seis ou sete escalões. No topo do exército angélico havia quatro anjos mais velhos (arcanjos), com nomes terminados em "*el*", que significa "deus": Gabriel, Miguel, Rafael e Uriel. A função dos anjos era louvar Deus no céu e agir como intermediários entre Deus e os homens (a palavra "anjo" vem do grego *angelos*, "mensageiro"). Eles também protegiam Israel e as outras nações.

A influência da religião antiga do Oriente Próximo pode ser notada na maneira como os anjos são descritos. Eles têm asas, como os espíritos alados comuns na crença mesopotâmica. Sua organização em seis ou sete grupos lembra os sete *amesha spentas*, seres que personificam aspectos do deus supremo dos persas, Ahura Mazda (*ver p. 154*), e é também uma reminiscência dos sete corpos celestes que eram venerados pelos babilônios.

*Um deus alado, armado de espada e emitindo raios de luz, ataca um monstro; reconstituição de um relevo do palácio real assírio em Nimrud de c. 870 a.C.*

# O SEGUNDO TEMPLO

*O rei Davi toca sinos, em um livro de salmos do século XIII produzido em Norwich, na Inglaterra.*

Quando os exilados voltaram do cativeiro na Babilônia para Judá (*ver pp. 114-115*), descobriram que sua terra natal tinha sido devastada durante a ocupação babilônica e que seu território se reduzira a uma pequena região ao redor da antiga capital, Jerusalém. Com isso, ficou evidente que a política do rei Josias de eliminar todos os elementos estrangeiros da religião nacional (*ver pp. 106-107*) não podia ser implementada sem dificuldade. O Templo de Jerusalém, reconstruído pelos primeiros exilados (*ver pp. 114-115*), ocupava o centro do renascimento religioso nacional e ganhava novo significado e novo caráter. A crença em um Deus universal (*ver quadro, p. 112*) encontrava paralelo na doutrina de um único templo. O Deus único universal só se manifestava no Templo de Jerusalém, único lugar em que os fiéis podiam oferecer sacrifícios a Deus.

O Templo também assumiu papel mais prático no período depois do Exílio. Com o fim da monarquia, a responsabilidade pelos assuntos internos do país foi transferida para as autoridades do Templo (*ver p. 123*), com o que Judá assumiu a forma de "Estado do Templo", uma teocracia. Questões civis e religiosas eram administradas pelo pessoal do Templo, que também funcionava como tesouro nacional. O papel fundamental do Templo na vida nacional foi reforçado pela antiga obrigação de todo fiel do sexo masculino de comparecer ao santuário por ocasião das três grandes festas anuais: Páscoa, Pentecostes, ou Festa das Semanas, e Festa dos Tabernáculos (Deut. 16:16). Nesse dias, Jerusalém se enchia de peregrinos. Mais tarde, no período da dominação romana (a partir do fim do século I d.C.), as celebrações religiosas muitas vezes geravam revoltas contra Roma.

Agora as festas estavam integradas à história da nação. Originalmente, a Páscoa e a Festa do Pão Ázimo eram celebradas em casa, mas nessa época a refeição da Páscoa só podia ser feita em Jerusalém, onde os cordeiros pascais eram sacrificados no Templo (Deut. 16:16). A cerimônia acabou sendo vista como uma celebração do Êxodo do Egito (*ver texto lateral, pp. 58-59*). A festa de Pentecostes (Deut. 16:9-12), na primavera, marcava o fim da colheita do trigo e, embora tenha conservado seu caráter agrícola, acabou ligada aos acontecimentos do passado de Israel, como a aliança com Noé depois do dilúvio (*ver p. 33*) ou a entrega da Lei a Moisés no Sinai (*ver pp. 60-61*).

Durante a semana do grande festival de outono, as pessoas deviam viver em cabanas de madeira, costume que gerou o nome de Festa dos Tabernáculos. Os trabalhadores agrícolas viviam nesses abrigos temporários

**O SALMO DE DAVI**

**O Senhor é o meu pastor; nada me faltará. Ele me faz repousar em pastos verdejantes. Leva-me para junto das águas do descanso. Refrigera-me a alma. Guia-me pelas veredas da justiça por amor de seu nome. Ainda que eu ande pelo vale da sombra da morte, não temerei mal algum, porque tu estás comigo; teu bordão e teu cajado me consolam.**
**Preparas-me uma mesa na presença de meus adversários, unges-me a cabeça com óleo; meu cálice transborda.**
**Bondade e misericórdia me seguirão por todos os dias de minha vida, e habitarei a casa do Senhor para todo o sempre.**

***Salmo 23***

*Vista da atual Jerusalém, do monte das Oliveiras para o monte do Templo. A mesquita de cúpula de ouro de Omar (o Domo da Rocha), terceiro santuário mais sagrado do islã, foi construída em c. 690 a.C. no local ocupado pelo centro do antigo Templo.*

## Os Salmos e a música no Templo

O Saltério, ou Livro dos Salmos, é considerado o livro de cantos religiosos do Templo no período após o Exílio. Entretanto, inclui material que abrange vários séculos, e muitos dos salmos datam do período anterior ao Exílio, pelo menos na forma original. O livro contém coletâneas de salmos que se distinguem pelo títulos, como: os 73 salmos — quase metade do livro — atribuídos ao rei Davi; os cânticos de peregrinação (Salmos 120-134), salmos de peregrinos e salmos que representam textos usados por dois coros do Templo; os cânticos de Asaf (Salmos 73-83); e os cânticos dos filhos de Coré (os coreítas, como os Salmos 44-49). É possível distinguir diferentes tipos de salmos, assim como as ocasiões em que eles eram usados. Muitos deles são lamentos de um sofredor (por exemplo, 42-43) ou da comunidade diante de uma catástrofe nacional (44 e 74). Há salmos de agradecimento (116 e 118) e outros que celebram Deus como soberano (96-99) e sua escolha de Sião, Jerusalém (48, 87). Outros salmos referem-se ao próprio monarca davídico.

*Moedas que mostram instrumentos usados no Templo: trombetas* (em cima) *e uma lira* (embaixo). *Foram cunhadas pelo chefe rebelde judeu Simon Bar Kochba durante a revolta contra Roma de 134-135 d.C.*

Muitos dos salmos não são poemas de um só autor, mas textos litúrgicos usados no Templo durante o culto. O nome hebraico para Saltério é *Tehilim*, "Cantos de Louvor", que indica a função dos salmos no Segundo Templo. Nesse período, os salmos costumavam estar ligados ao passado da nação e recebiam títulos relacionados a fatos históricos, como os episódios da vida do rei Davi (por exemplo, Salmos 51 e 63). A predominância cada vez maior da Lei escrita (*ver pp. 118-119*) também deixou sua marca no Saltério. A divisão em cinco livros foi provavelmente referência ao Pentateuco, os cinco livros de Moisés. O Salmo 119, o mais longo capítulo da Bíblia, é uma glorificação da Lei.

A música desempenhava papel muito importante no culto do Segundo Templo ("salmo" vem de uma palavra grega que significa "canto acompanhado de harpa"). Os ritos do Templo não se limitavam à oferenda de sacrifícios, mas incluíam prostrações, caminhadas ao redor do altar, procissões no santuário e outros rituais, em geral acompanhados de música. Com a destruição do Templo em 70 d.C., essa música litúrgica praticamente desapareceu, e não sabemos ao certo como ela era. Mas a Bíblia oferece algumas pistas. O Salmo 68:24-27 fala de uma grande procissão ritual no Templo, liderada pela arca, morada de Javé (citado no vs. 24), seguida de cantores, instrumentistas e moças tocando pandeiros. Outras passagens (Salmo 150:3-5) referem-se a trombetas, instrumentos de corda e de percussão. As danças litúrgicas também eram comuns. Cantos e gritos alegres (como no Salmo 81:1) caracterizavam a maioria das celebrações no Templo.

Muitos salmos aparentemente se referem ao chefe de um coro e provavelmente aos nomes de melodias (Salmo 56). Crê-se que fossem cantados por corporações de cantores profissionais. O autor de 1 Crônicas 16 alega que o rei Davi organizava esses coros sob direção de um maestro chamado Asaf, que guiava os cantores em um hino de louvor (1 Crôn. 16:36). O autor na verdade se refere a seu próprio tempo (pós-Exílio). A afiliação a esses coros era hereditária, e os cantores eram escolhidos entre os funcionários levitas do Templo.

durante a colheita. Na Bíblia, porém, essa não era mais uma necessidade da agricultura, mas as cabanas eram construídas para lembrar como os israelitas viviam no deserto no período em que Deus livrou seu povo da escravidão no Egito (Deut. 16:13-15).

O período após o Exílio assistiu ao início da diáspora ("dispersão"), estabelecimento de povoados judeus permanentes fora da Palestina. O Templo de Jerusalém se tornou a autoridade central para a regulamentação da vida religiosa das comunidades judaicas espalhadas pelo exterior. Em todo o mundo, cada adulto pagava meio siclo (*shekel*) por ano para a manutenção do Templo.

# SACRIFÍCIO

*Esta antiga placa babilônica de Nipur mostra um sacerdote que oferece uma libação a um deus sentado* (em cima); *fiéis levam animais para o sacrifício* (embaixo).

O sacrifício, oferenda de um animal ou objeto a uma divindade, era uma característica universal das religiões primitivas e desempenhou papel proeminente no culto dos israelitas. Fizeram-se muitas tentativas de explicar seu significado, mas não há uma única teoria que leve em conta todos os aspectos do sacrifício. A Bíblia o considera uma prática natural, e o ritual que o acompanha é descrito em Levítico 1-7 com detalhes que dão ideia do propósito original do sacrifício.

Uma teoria explica o sacrifício como presente a uma divindade. Nas sociedades do antigo Oriente Próximo, era impensável um indivíduo se aproximar de um superior, humano ou divino, sem levar algum presente. Os sacrifícios de animais com certeza tinham a intenção de ofertar alimento, ideia que se enquadra no tipo de sacrifício conhecido como holocausto (do grego *holos*, "todo", e *kaustos*, "queimado"), assim chamado porque a vítima era totalmente queimada no altar. O Levítico descreve-o como "um sacrifício oferecido pelo fogo, de odor agradável" (Lev. 3:16). Trata-se de uma referência a um antigo conceito segundo o qual a divindade literalmente cheirava a fumaça fragrante da oferenda e assim olhava de maneira favorável quem a oferecia. Aparece no Gênesis, que conta que Noé ofereceu um holocausto depois do Dilúvio (*ver pp. 32-33*), e "o Senhor aspirou o odor agradável e disse em seu coração: 'Nunca mais amaldiçoarei a terra por causa do homem' " (Gên. 8:20-21). Isso por sua vez lembra o mito de inundação babilônico narrado no épico *Gilgamesh*. Depois do dilúvio, Utnapishtim sai de seu barco para oferecer um sacrifício e os deuses se reúnem "para cheirar o doce odor". Depois do Exílio, o holocausto se tornou o tipo predominante de sacrifício. Elaboradas oferendas diárias feitas no Segundo Templo eram vistas como presentes em honra de Javé.

A ideia de que pelo sacrifício o fiel comunga com Deus fundamenta outro tipo de sacrifício, a "oferenda partilhada", que tinha esse nome porque parte dela era ofertada à divindade e o restante era comido pelos fiéis. Foi a forma mais comum de sacrifício nos primeiros tempos, quando o animal era sacrificado para uma refeição, na qual a divindade tinha a sua parte. Acreditava-se que isso criava um laço entre Deus e os participantes do sacrifício. No Levítico, muito desse antigo caráter comunitário do ato sacrificial se perdeu: as oferendas eram partilhadas apenas pelos sacerdotes (Lev. 6:29; 7:6).

No período após o Exílio, o principal objetivo de todos os tipos de sacrifício passou a ser a expiação e o perdão. O sacrifício neutralizava as consequências do pecado e da impureza e restaurava o relacionamento do povo com Deus. Quando um animal era sacrificado, a expiação era alcançada com a aspersão do sangue da vítima sobre o altar do Templo. O sangue era "vida", e seu derramamento representava não só a morte, mas também a libertação da força vital. Essa ideia era aplicada na "oferenda de purificação", na qual o ritual de sangue era particularmente importante (Lev. 4:5-7), e na "oferenda de reparação". Os compiladores do Levítico consideravam esses tipos de oferenda, descritos nos capítulos 4-7, fundamentais ao sistema sacrificial como um todo. Para eles, o propósito prioritário do sacrifício era limpar a nação do pecado e sua punição. Todos os sacrifícios eram expiatórios, mesmo os que não envolviam o derramamento de sangue, como se vê em Levítico 5:11-13 e outros (*ver também p. 43 e pp. 192-193*).

## O corpo sacerdotal do Segundo Templo

A estrutura administrativa do Templo após o Exílio se completou depois de um longo processo de evolução. Fazer parte do corpo de funcionários do Templo constituía um direito hereditário, e todos os oficiantes descendiam diretamente de Levi, filho de Lia e Jacó (*ver p. 47*) e lendário ancestral dos levitas, tribo israelita da qual provinham todos os sacerdotes.

Havia outros levitas, os servos do Templo, que não eram sacerdotes. O profeta Ezequiel afirma que eles perderam sua condição por causa da idolatria (Ez. 44:10-13). Parece provável que descendessem de sacerdotes que oficiavam em santuários regionais, onde elementos estrangeiros podem ter se insinuado no culto de Javé. Esses santuários foram abolidos pelo rei Josias, de Judá (*ver pp. 106-107*), que provavelmente trouxe os ex-sacerdotes excedentes para Jerusalém.

Acima: *Aarão transforma o Nilo em sangue (Êx. 7:21), em manuscrito hebreu de Barcelona, na Espanha, em 1320.*

Abaixo: *Aarão retratado como sumo sacerdote dos israelitas em vitral da catedral de Chartres, na França.*

Os servos do Templo eram encarregados das tarefas mais subalternas, servindo como porteiros e imolando os animais para os sacrifícios (Ez. 44:11). Ainda assim, esses levitas ocupavam posição digna: cuidavam da música do Templo (*ver p. 121*) e conservavam a antiga função sacerdotal de ensinar a Lei ao povo. Alguns dos discursos em Crônicas 1 e 2 podem ser sermões levíticos desse período que sucedeu o retorno do Exílio.

Os principais rituais de sacrifício do Segundo Templo eram realizados pelos sacerdotes levitas, que alegavam descender de Sadoc ou de Abiatar, os dois sacerdotes do rei Davi (2 Sam. 20:25). No corpo sacerdotal do Segundo Templo, Sadoc e Abiatar eram considerados descendentes de Aarão, irmão de Moisés (*ver p. 54*), o primeiro sumo sacerdote dos israelitas, descendente de Levi (Êx. 6:19-21).

Mas a linhagem de Sadoc tinha posição de liderança, provavelmente por causa de um acordo entre sua família, que controlava o sacerdócio do Templo antes do cativeiro na Babilônia, e os sacerdotes dos antigos santuários israelitas, como Silo. Durante o Exílio, o clero regional tinha assumido o controle da função sacerdotal do Templo de Jerusalém, tirando-a das mãos dos sadoquistas. Quando eles voltaram da Babilônia, os dois grupos chegaram a um acordo que restaurou a liderança dos descendentes de Sadoc, mas também permitiu que os sacerdotes regionais partilhassem a administração do Templo.

Antes do Exílio, o culto israelita era chefiado pelo rei, embora existisse também um chefe do clero de Jerusalém, que era chamado simplesmente de "sacerdote". Com o fim da monarquia, ele passou a ser chamado de "sumo sacerdote". O sumo sacerdote arrebatou do rei a posição de chefe da nação e herdou muito da ideologia real. Originalmente, só o rei era ungido: depois do Exílio, o sumo sacerdote foi ungido em sua entronização. (Algumas passagens da Bíblia levam a crer que os sacerdotes comuns também eram ungidos, mas isso não parece ter ocorrido na prática.)

O sumo sacerdote vestia roupas tão ricas quanto as dos reis (Eclesiástico 45:8-13). Usava um turbante, uma touca real, adornada com um medalhão de ouro, ou "flor". Isso parece derivar da prática dos faraós egípcios, entre os quais esse emblema simbolizava a vida eterna do rei. O peitoral do sumo sacerdote, adornado com pedras preciosas, lembra os usados pelos faraós e pelos reis da Síria, mencionados em Ezequiel 28:13. De acordo com o Livro da Sabedoria, o mundo inteiro estava representado no manto sacerdotal (Sab. 18:24). A impressão causada por essas vestes se revela na descrição extática feita pelo sumo sacerdote Simeão (Simeão II, que exerceu a função entre 219-196 a.C.) em Eclesiástico 50:11: "Quando ele pôs sua túnica gloriosa e se vestiu de perfeito esplendor [...] tornou a corte do santuário gloriosa".

# DEUS DE TODOS OS POVOS

O estrito monoteísmo (*ver quadro, p. 112*) que se tornou característico do judaísmo depois do Exílio envolvia uma tarefa missionária: levar todos os povos a reconhecer Javé. Na Bíblia, essa visão universalista é expressa em algumas passagens dos profetas pós-Exílio. Zacarias (*ver p. 114*), por exemplo, antevia um tempo em que todas as nações iriam em peregrinação a Jerusalém prestar homenagem a Javé (Zac. 8:22), enquanto o Terceiro Isaías (*ver p. 117*) fala do Templo como "casa de oração para todos os povos" (Isa. 56:7). Malaquias chega a afirmar que Javé era venerado pelos gentios (Mal. 1:11).

Rute, protagonista do livro que leva seu nome, é representada como modelo de proselitismo, símbolo da missão de Israel de converter os gentios. A encantadora história de Rute se passa "no tempo em que governavam os juízes" (Rute 1:1), e fala de ancestrais do rei Davi. Na Bíblia cristã, está situada entre o Livro dos Juízes e o Primeiro Livro de Samuel, embora o cânone judaico a coloque entre o Cântico dos Cânticos e as Lamentações, nos livros ditos sapienciais (Salmos, Provérbios, Jó, Cântico dos Cânticos, Rute, Lamentações, Eclesiastes, Ester, Daniel, Esdras-Neemias e Crônicas).

Quando a história começa, a belemita Noemi e seu marido Elimelec deixam Judá durante uma época de fome e partem para Moab. Quando estão lá, seus dois filhos se casam com mulheres nativas, Orfa e Rute. Elimelec e os dois filhos morrem, e, quando a fome acaba em Judá, Noemi se prepara para voltar a Belém sozinha, aconselhando as noras moabitas a voltar para suas famílias (Rute 1:8).

No entanto, Rute insiste em acompanhar Noemi. Quando elas chegam a Belém, a história de sua devoção à sogra se espalha. É tempo de colheita; Rute encontra trabalho nos campos de Booz, rico fazendeiro e parente do marido de Noemi. Booz encontra Rute e exalta sua virtude por cuidar de Noemi e buscar refúgio sob as asas do Deus de Israel (Rute 2:11-12). Mais tarde, eles se casam e, para alegria de Noemi, Rute gera um filho que dará continuidade à linhagem de Elimelec. Esse filho é Obed, que será pai de Jessé e avô do rei Davi.

Jonas e o Peixe Grande *(no alto), ilustração de* A Fina Flor das Histórias, *manuscrito turco de 1583.*

**JONAS**

**O autor do Livro de Jonas apresenta uma nova e notável imagem de Deus: quando os pecadores mostram arrependimento, Deus também "se arrepende", porque é de sua natureza ser sempre misericordioso tanto com judeus quanto com gentios.**

**O autor cria uma história sobre o profeta Jonas, que é mencionado em 2 Reis 14:25. Deus envia Jonas à cidade pecadora de Nínive para anunciar sua destruição. A princípio, o profeta tenta escapar a seu dever fugindo em um navio, mas Deus envia uma tempestade. Jonas percebe que Javé está furioso com ele e, não querendo ser culpado pelo desastre, pede aos marinheiros que o lancem do barco. É engolido por um "peixe grande" (Jon. 1:17), mas implora por sua libertação (Jon. 2) e é largado em terra firme. Vai para Nínive, mas os habitantes se arrependem de seus pecados e Deus poupa a cidade. Por meio de um sinal, Deus mostra a Jonas que tem piedade até dos não israelitas e cuida deles (Jon. 4:6-11).**

Noemi Roga a Rute e Orfa que Voltem à Terra de Moab, *pintura (1795) de William Blake.*

## Os samaritanos

Como presente do Deus único a Israel, a Lei separou seu povo de todas as outras nações e definiu o que significava ser um verdadeiro israelita, questão fundamental na vida espiritual da nação depois da volta da Babilônia. Mas, como a Lei exigia estudo e interpretação constantes, vários grupos dentro da comunidade tinham pontos de vista diferentes. O judaísmo pós-Exílio não era uma fé monolítica: ele continha seitas e partidos com diferentes entendimentos da Lei. Isso gerou tensões internas, ilustradas com clareza no caso dos samaritanos.

*Ruínas do templo samaritano no monte Gerezim. A comunidade samaritana, que hoje conta com centenas de fiéis, ainda realiza os tradicionais sacrifícios da Páscoa no monte.*

No Novo Testamento, os samaritanos aparecem como uma comunidade étnico-religiosa que vive na região do antigo reino do norte de Israel (de cuja capital, Samaria, tomaram o nome). Alegavam ser descendentes das tribos israelitas de Efraim e de Manassés, mas a essa época os judeus havia muito os consideravam um povo estrangeiro (como em Eclesiástico 50:26). Entretanto, havia a consciência de uma herança partilhada — a história de Jesus e da mulher da Samaria (*ver p. 177*) se refere a um ancestral comum, Jacó —, e os samaritanos eram vistos como uma seita que surgira a partir da situação religiosa depois do Exílio. O Pentateuco era a maior autoridade tanto para judeus quanto para samaritanos. Entretanto, para os samaritanos o Pentateuco era a única Escritura — e diferia do Pentateuco judaico em alguns aspectos. Os dois grupos sustentavam que só havia um santuário legítimo em que se podiam oferecer sacrifícios: para os samaritanos não era Jerusalém, mas o monte Gerezim, perto da cidade de Siquém (atual Nablus).

É difícil determinar quando e como ocorreu a ruptura entre os dois grupos. A Bíblia considera os samaritanos uma população etnicamente mista introduzida pelos assírios depois da queda de Israel em 721 a.C. (*ver p. 101*). Eram, portanto, contaminados por influências religiosas estrangeiras. Mas a tradição samaritana data a ruptura de um período muito anterior, o tempo dos Juízes (*ver p. 72*), quando o sacerdote Eli, antecessor de Samuel, fundou um santuário em Silo como rival do de Gerezim. Nenhuma das hipóteses é totalmente verdadeira, e dois fatores devem ter contribuído para a separação, que na verdade ocorreu ao longo de séculos. Considerações políticas devem ter sido importantes. A oposição à reconstrução de Jerusalém e de seu templo era liderada por autoridades do antigo reino do norte (*ver p. 114*). Elas sem dúvida mantinham-se fiéis ao velho santuário de Siquém, que alegavam ter sido fundado por Josué. Entretanto, o historiador judeu Josefo, do século I d.C., afirmou que a separação foi provocada por sacerdotes dissidentes de Jerusalém. Isso talvez explique como os samaritanos vieram a possuir o Pentateuco, que fora codificado em Jerusalém (*ver p. 118*). Também pode justificar a construção, no monte Gerezim, de um templo samaritano (destruído pelo governador judeu João Hircano em 128 a.C.).

A verdade pode estar numa combinação dos dois fatores. A doutrina dos samaritanos possui aspectos da antiga tradição israelita, como o sacrifício dos cordeiros na Páscoa (que ocorre até hoje no monte Gerezim), ao lado de aspectos do judaísmo pós-Exílio, como o Pentateuco.

A época da redação da história de Rute não é certa, mas parece provável que tenha sido escrita depois do Exílio. Para alguns, a história é um protesto consciente contra as políticas de Esdras, em particular contra sua proibição de casamentos entre israelitas e estrangeiros (*ver p. 116*), e seria, portanto, datada do período desse líder.

O propósito do autor era apresentar a heroína moabita não só como uma pessoa que é acolhida pelo povo escolhido como devota de Javé, mas que se torna ancestral do mais famoso rei de Israel — e também, para o cristianismo, de Jesus, que é visto como descendente de Davi.

Entretanto, não há evidência de polêmica no Livro de Rute, que tem tom claramente lendário. A história foi provavelmente obra de um grupo de escritores que usavam as lendas como modelo.

# SABEDORIA

*A deusa egípcia Ísis alimenta o jovem deus Hórus, em estatueta de bronze e ouro do período 664-332 a.C.*

O Livro dos Provérbios é um tesouro de sabedoria popular. Como diz o título, contém, na maioria, séries de provérbios, como "Uma resposta suave aplaca a ira, mas uma palavra dura provoca a cólera" (Prov. 15:1) e "A soberba precede a ruína, e o orgulho precede a queda" (Prov. 16:18). A Bíblia atribui o livro ao rei Salomão, arquétipo de homem sábio (*ver pp. 86-87*), mas na verdade ele é constituído de coletâneas de diferentes épocas.

Houve quem dissesse que os ditos dos Provérbios surgiram entre os cortesãos do período anterior ao Exílio e refletem suas preocupações. Isso é improvável, já que a grande maioria dos provérbios trata de temas como a agricultura, a família e questões pessoais. Outros pensaram que o que a Bíblia chama de "o sábio", como em Provérbios 1:5, fosse um grupo profissional de escribas. Segundo essa teoria, os provérbios constituíam o material de ensinamento das escolas de escribas, que provavelmente foram anexas à corte judaica antes do Exílio. Existiam escolas como essas no Egito e na Mesopotâmia, mas não há sinais de sua existência em Israel. O Livro

## Eclesiastes

Os sábios de Israel eram otimistas: percebiam uma ordem no universo que os humanos também podiam descobrir. Se as pessoas se alinhassem a ela, encontrariam felicidade e prosperidade. Caso contrário, seu destino seria o sofrimento e a ruína. Essa lição é contestada no notável Livro do Eclesiastes. O autor é descrito pelo termo hebraico *Koheleth*, ou Coélet, traduzido para o grego como *Ekklesiastes* ("pessoa que conduz uma reunião"), donde o título do livro. O termo é tradicionalmente traduzido como "pregador" (ou "professor"). *Koheleth* provavelmente significa algo como "orador", e a obra talvez seja formada de notas feitas para palestras públicas, embora o autor se identifique como o rei Salomão, o sábio ideal. O Eclesiastes apresenta uma visão de Salomão muito diferente da imagem tradicional do rei. O livro começa com uma famosa declaração: "Vaidade das vaidades! Tudo é vaidade!" (Ecl. 1:2), que se repete perto do fim (Ecl. 12:8). A riqueza e a sabedoria de Salomão seriam uma total futilidade, "vaidade e vento que passa" (Ecl. 1:14 e outros). Existe uma ordem no mundo, mas a mente humana não pode descobri-la (*ver texto lateral*), e o que acontece na vida é muito mais uma questão de oportunidade. Acima de tudo, toda conquista humana é frustrada pela inevitabilidade da morte, tema que persegue o autor e encontra expressão em um comovente poema sobre a velhice e a morte que encerra o livro (Ecl. 11:7-12:8).

Há paralelos com o Eclesiastes na cultura do antigo Oriente Próximo. A inexorabilidade da morte é a maior preocupação do épico mesopotâmico *Gilgamesh*, e vários textos egípcios e mesopotâmicos expressam ceticismo sobre a possibilidade de conquistar uma vida boa. Mas o Eclesiastes não é totalmente pessimista. Os homens não são capazes de descobrir o segredo da existência, mas, como Deus envia o bem e o mal, podem se preparar para os benefícios que ele pode lhes conceder. A antiga sabedoria de provérbios de Israel (*ver texto principal*) pode ajudá-los a fazer isso (Ecl. 12:9-14).

UM TEMPO PARA TODAS AS COISAS

**Tudo tem a sua ocasião própria, e há um tempo para todo propósito debaixo do céu.**
**Tempo de nascer e tempo de morrer;**
**tempo de plantar e tempo de arrancar o que se plantou;**
**tempo de matar e tempo de curar;**
**tempo de derrubar e tempo de edificar;**
**tempo de chorar e tempo de rir;**
**tempo de prantear e tempo de dançar;**
**tempo de espalhar pedras e tempo de ajuntar pedras;**
**tempo de abraçar e tempo de abster-se de abraçar;**
**tempo de buscar e tempo de perder;**
**tempo de guardar e tempo de jogar fora;**
**tempo de rasgar e tempo de costurar;**
**tempo de ficar calado e tempo de falar;**
**tempo de amar e tempo de odiar;**
**tempo de guerra e tempo de paz.**
**Que proveito tem o trabalhador daquilo que faz? Tenho visto o trabalho penoso que Deus deu aos filhos dos homens para dele se ocuparem. Ele tudo fez belo em seu tempo; também pôs na mente dos homens a ideia da eternidade, se bem que eles não possam descobrir a obra de Deus do princípio ao fim.**

*Eclesiastes 3:1-8*

dos Provérbios deixa claro (Prov. 4:3-4) que a sabedoria proverbial era aprendida no contexto da família em Israel. "O sábio" não era, portanto, uma classe profissional.

Entretanto, a sofisticada forma poética dos provérbios faz crer que eram transmitidos entre intelectuais, como "os homens de Ezequias, rei de Judá", aos quais um das coletâneas é atribuída (Prov. 25:1). Esses intelectuais seriam influenciados pela tradição da sabedoria do Oriente Próximo. Provérbios contém duas coletâneas atribuídas a autores não israelitas, possivelmente sábios edomitas (Prov. 30 e 31). Além disso, as 30 máximas em Provérbios 22:17-24:22 ("As palavras do sábio") foram adaptadas de 30 capítulos de instrução moral do escriba egípcio Amenemope.

A influência de uma tradição de sabedoria mais ampla aparece em Provérbios 1-9, de caráter muito diferente do resto do livro. São extensos discursos típicos da literatura sapiencial do Oriente Próximo, em que "sabedoria" representa um conceito de ordem encontrado tanto na natureza quanto na sociedade humana. Uma palavra que se destaca nos textos sapienciais do Egito é *maat*, "ordem universal", que também é o nome de uma deusa que corporifica a ordem, a harmonia, a verdade e a justiça divinas. Existem paralelos entre a deusa Maat e a personificação feminina da sabedoria (em hebraico, a palavra para "sabedoria" também é feminina) que aparece nos nove primeiros capítulos dos Provérbios (a partir de Prov. 1:20). Ela também tem sido comparada com a deusa cananeia Asera, cujo símbolo era a árvore da vida: em Provérbios 3:18 a sabedoria é "árvore da vida para os que lançam mão dela". A figura da Sabedoria contrasta com outra figura feminina, a "mulher louca " (Prov. 9:13-18) ou a "mulher estranha" (Prov. 5:3 e outros). Ela personifica a estupidez e também tem características que lembram um tipo de deusa do Oriente Próximo cujo encanto perigoso seduzia jovens amantes.

A tradição sapiencial mais antiga de Israel tem sido vista mais como uma sabedoria centrada no homem do que em Deus. Mas textos posteriores desenvolveram o conceito de sabedoria como atributo inseparável de Javé, funcionando como seu agente na criação e no governo do mundo. A personificação da sabedoria, segundo Provérbios 8:23, existiria antes da criação do universo (conceito encontrado em textos egípcios e mesopotâmios) e, segundo Provérbios 8:27, estaria com Javé na sua obra de criação. Em 8:30, de acordo com uma interpretação do texto hebraico, a sabedoria também é representada como uma "criança pequena" que brinca na divina presença, o que lembra a condição da deusa Maat como filha de Rá, o grande deus-sol do antigo Egito. Elementos mitológicos cercam outra figura da sabedoria, a que aparece no capítulo 24 do Eclesiástico, ou livro apócrifo de Sirac. O capítulo se denomina "Autoelogio da Sabedoria". Como a grande deusa-mãe egípcia Ísis, a Sabedoria se louva numa linguagem que a liga com a natureza e a fertilidade. Por exemplo: "Eu regarei meu jardim e darei de beber aos meus canteiros de flores" (Eclo. 24:31). Mas, apesar dessas ressonâncias mitológicas estrangeiras, a Sabedoria liga-se a elementos fundamentais da vida nacional de Israel. Como Javé, sua morada é em Israel (Eclo. 24:8), e ela é identificada com a Lei escrita (Eclo. 24:23).

Uma imagem diferente da divina sabedoria pode ser encontrada em outro apócrifo, o Livro da Sabedoria, produto da comunidade judaica grega de Alexandria, no Egito (*ver texto lateral, p. 132*). Nesse livro, a Sabedoria é descrita em termos extraídos da ciência e da filosofia gregas. Ela é o agente criativo, a expressão da presença divina em tudo (Sab. 7:22-24), diretriz da história de Israel, em especial no Êxodo (Sab. 10). Ao mesmo tempo, é emanação de Deus, exalação da divina glória, radiância da luz eterna, espelho e imagem de Deus (Sab. 7:25-26).

*Um faraó faz uma oferenda à deusa Maat, em estatueta de prata dourada do período de 1303-1224 a.C. A grande pluma no cabelo da deusa representa a justiça e a verdade. Na crença egípcia, o coração dos mortos era comparado com essa pluma, em balanças do mundo subterrâneo. Se o coração fosse mais pesado, é porque estava carregado de pecados, e a alma era devorada por um monstro.*

# OS SOFRIMENTOS DE JÓ

O Livro de Jó conta a história de um homem justo e rico, Jó, que nunca perde a fé em Deus apesar de seu terrível infortúnio. A obra pode ser vista como uma teodiceia, uma justificativa da bondade de Deus num mundo em que ele permite a existência do mal (*ver também p. 40*). A data de sua composição é incerta, mas o livro provavelmente se inspirou na doutrina de um deus transcendente, inteiramente justo, do período pós-Exílio, e no papel central da Lei. Nessa época, a sociedade estava dividida entre fiéis seguidores da Lei e infiéis. A justiça divina exigia que os fiéis fossem recompensados com o favor de Deus, mas isso nem sempre acontecia. Surgiu então uma questão: como compatibilizar os sofrimentos do justo com a justiça que se esperava de Deus? É dessa questão que trata o Livro de Jó. Ele não se preocupa com o problema do sofrimento em geral (em outras palavras, não busca saber por que há dor, doença e morte no mundo). Toda a obra parte do pressuposto de que o sofrimento de Jó é resultado da ação divina. A própria figura de Jó aparece no Livro de Ezequiel (Ez. 14:14, 20), junto com Noé e Daniel, como modelo de homem justo. Ele é o símbolo daqueles que sofrem, em qualquer tempo ou lugar.

A maior parte da obra é poesia, mas a narrativa em versos é limitada por um prólogo e um epílogo em prosa, que, juntos, parecem constituir uma antiga lenda popular. Obedecendo a uma tendência comum nas lições de sabedoria de Israel (*ver pp. 126-127*), a lenda apresenta um indivíduo

## Satanás

Na parte central do Livro de Jó, presume-se que a fonte das aflições de Jó é o próprio Deus. Isso está de acordo com a crença israelita em que tudo, bom ou mau, vem diretamente de Javé. Entretanto, de acordo com o início da narrativa, é Satanás quem causa os desastres que atingem Jó (Jó 1:12, 2:6). Ele não é figura do mal, mas um membro da corte celeste (Jó 1:6) que só age com a permissão de Deus. "Satanás", ou "Satã", na verdade é um título, que significa "adversário" ou "acusador" (em hebraico *ha-satan*), termo jurídico que equivale mais ou menos a "promotor".

A evolução de Satanás como um caráter negativo pode ser encontrada na própria Bíblia. Em 2 Samuel, Deus incita Davi a fazer um censo (2 Sam. 24:1), pecado que resulta em uma praga devastadora sobre Israel. Mas, na passagem de 1 Crônicas, é Satanás — aqui o termo se tornou nome próprio — que provoca o censo e a praga (1 Crôn. 21:1). Isso reflete a visão do judaísmo pós-Exílio de que Deus é a única fonte de bondade, e a fonte do mal deve ser, portanto, buscada em outro lugar. Como o ser que tentou a humanidade a agir contra a vontade divina, Satanás se tornou inimigo de Deus. Mais tarde, aparece em textos judaicos como chefe dos anjos caídos (*ver texto lateral, p. 32*), que foram expulsos do paraíso por causa de uma rebelião contra Deus e são a causa do mal no mundo.

Satanás e os Anjos Rebeldes *(1808), de William Blake (1757-1827).*

No Novo Testamento, Satanás é chefe de um reino do mal que se opõe ao reino de Deus. O reino satânico se manifesta na atividade dos demônios que afligem a humanidade.

*À esquerda:* Jó Sentado sobre Cinzas, *em* Heures d'Étienne Chevalier, *c. 1445, de Jean Fouquet (c. 1420-c. 1480). O tema de Jó sentado sobre um monte de cinzas (referência a Jó 2:8), na companhia dos amigos, foi muito pintado nesse período.*

que aceita pacientemente seus sofrimentos e por isso é recompensado por Deus. Segundo essa teoria, o autor de Jó substituiu a parte central da antiga lenda por um longo diálogo poético (Jó 38:1-42:6). Entretanto, é provavelmente melhor considerar o livro como um todo. Tem-se perguntado que solução ele oferece para o problema do sofrimento, mas talvez deva ser visto como obra de imaginação poética que oferece uma série de ideias para esclarecer o problema. Quando Jó enfrenta a manifestação de Deus (Jó 38:1-42:6), o autor chama a atenção para o mistério e a liberdade das ações divinas, mas também enfatiza a validade da busca humana para entender esse mistério.

Os amigos de Jó, Elifaz, Baldad e Sofar, vão consolá-lo e confortá-lo (Jó 2:11), mas ficam tão chocados com seu estado que a princípio não conseguem falar. Quando o fazem, tentam em vão convencer Jó de que ele devia estar em estado de pecado para ter sofrido tanto. Os amigos têm apenas a função de lançar argumentos para que Jó (e o autor) possam refutá-los. Mas o que eles dizem, embora não seja a última palavra, tem valor. Eles enfatizam o valor positivo da aceitação e da confiança na benevolência divina. Como Elifaz diz a Jó: "Reconcilia-te com Deus e fica em paz; assim o bem virá a ti" (Jó 22:21).

**A TRADIÇÃO DO ORIENTE PRÓXIMO E O LIVRO DE JÓ**

**O problema que preocupa Jó também estava na mente de pensadores de outras partes do Oriente Próximo, e uma série de textos do Egito e da Mesopotâmia faz crer que o Livro de Jó foi em parte influenciado pela tradição geral. Os textos em questão diferem consideravelmente, tanto em forma quanto em conteúdo, mas contêm elementos que lembram aspectos do livro bíblico. A forma do diálogo ocorre com frequência para apresentar um debate ou uma disputa entre um sofredor e outro participante. O poema babilônico "Diálogo sobre a Miséria Humana" usa uma forma de diálogo parecida com a do que ocorre entre Jó e seus três amigos: o sofredor e seu interlocutor falam em estrofes alternadas, o primeiro fazendo amargas queixas contra a aparente injustiça divina, e o segundo respondendo com conselhos moralistas e observações gerais. Como Jó, em geral o sofredor se declara inocente.**

**Tanto no Egito como na Mesopotâmia, esses diálogos são às vezes emoldurados por uma narrativa que descreve a natureza da agonia do sofredor. Isso não significa dizer que o Livro de Jó depende diretamente de todos ou de algum desses textos. Sua extraordinária força poética e sua beleza o diferenciam de qualquer outra composição, tanto na cultura do Oriente Próximo quanto no restante da Bíblia.**

Retrato da Rainha Ester, *de Andrea del Castagno (c. 1421-1457).*

# HISTÓRIAS POPULARES E CANÇÕES DE AMOR

A diáspora (*ver glossário*) — dispersão de muitos judeus da Palestina por várias regiões do Oriente Próximo — colocou esse povo em contato com um mundo mais amplo. Uma consequência disso foi a produção de contos destinados ao entretenimento popular, baseados em fatos supostamente históricos, envolvendo judeus e outros povos. Essas histórias contam, com humor e ironia, episódios dramáticos e violentos, intrigas da corte e perigos enfrentados por lindas e virtuosas heroínas. São contos que mostram os perdedores (os judeus) levando a melhor sobre poderosos opressores, um frequente tema folclórico. Além de oferecer diversão, portanto, as histórias serviam de estímulo às comunidades judaicas que viviam no exterior, às vezes em ambiente hostil.

A história de Ester, contada no livro que leva seu nome, situa-se na esplêndida corte do histórico imperador persa Xerxes (486-465 a.C.). Provavelmente, nasceu entre os judeus que viviam na Pérsia e talvez seja adaptação de um conto persa: os nomes da heroína judia, Ester, e de seu pai adotivo, Mardoqueu, parecem derivar das divindades babilônicas Ishtar e Marduk. O livro nunca menciona Deus — ausência que foi preenchida por acréscimos feitos na tradução grega da obra, os quais são hoje encontrados nos apócrifos. Ester vive com o pai adotivo na capital persa, Susa. Depois que a rainha persa, Vasti, cai em desgraça (Est. 1:19), a beleza e o encanto de Ester cativam o rei, que faz dela sua rainha (Est. 2:17). Ester é representada como salvadora da nação, que defende Mardoqueu e seus

## Tobit e Tobias

O livro apócrifo de Tobias é composto de duas narrativas entrelaçadas, sobre o velho Tobit e seu filho Tobias. Combina dois temas comuns no folclore, o da "gratidão dos mortos" e o da "noiva infeliz", e também se inspira num conto não bíblico, o de Ahiqar, sábio da corte dos reis assírios Senaquerib e Esarhaddon (*ver pp. 100-101*). Foi produzido pelos judeus da diáspora. Uma versão da história foi encontrada entre os documentos da colônia judaica de Elefantina, no Egito (*ver p. 117*).

A história se passa em Nínive e na Mesopotâmia. Tobit, homem justo, fica cego (Tob. 2:10) e é reduzido à pobreza por ter cumprido o piedoso dever de enterrar os mortos. Mas, apesar de tudo, preserva sua integridade, e sua piedade é recompensada. Recupera a visão e a prosperidade, e tem um fim feliz e tranquilo.

*Amuleto de calcário, de 650 a.C., que representa o demônio mesopotâmico Pazuzu.*

A história do jovem Tobias é um típico conto folclórico. Assume a forma da busca, pelo herói, de uma noiva, Sara, cujos sete maridos foram mortos por um demônio, Asmodeu, na noite de núpcias (Tob. 3:8). (A ideia de que a noite de núpcias é um momento de perigo, em que as forças do mal podem atacar os noivos, é comum no folclore.) Em sua busca, Tobias faz uma longa viagem e enfrenta vários perigos. Na missão de exorcizar o demônio (e também de restaurar a visão do pai), ele é acompanhado e ajudado por um jovem chamado Azarias, que é Rafael, um dos arcanjos (*ver p. 119*), disfarçado. A figura de Asmodeu é típica da preocupação dos judeus pós-Exílio com os demônios e reflete a crença na existência de um reino de poderes do mal que lutam contra os agentes do verdadeiro Deus.

companheiros judeus contra as intrigas de um conselheiro antissemita do rei, Amã. Ela mostra talento e coragem para levar adiante o conselho de Mardoqueu e confrontar Xerxes quando seu povo está ameaçado. Amã é um vilão, vaidoso e conspirador, que no fim é pendurado na forca que construíra para Mardoqueu (Est. 6:10). O autor mostra profundo conhecimento dos costumes persas, mas a história não é verdadeira. O objetivo da narrativa é explicar a origem do Purim (que em hebraico significa "sorteio"; Est. 9:24-28), festa popular semelhante a um carnaval. O Purim não é mencionado na Lei (*ver pp. 118-119*) e provavelmente representa a versão judaica de uma festa que ocorre em muitas culturas perto do equinócio de primavera.

O livro apócrifo de Judite tem muito em comum com o de Ester, mas sua heroína tem caráter muito mais forte, lembrando figuras como Débora e Jael em Juízes 4-5. Essa obra tem como pano de fundo uma grande invasão de Judá comandada pelo tirano Holofernes, marechal do "rei Nabucodonosor da Assíria", presumivelmente uma referência ao rei Nabucodonosor II da Babilônia (605-562 a.C.), que exilou os judeus (*ver pp. 110-111*). Entretanto, o autor devia ter em mente os acontecimentos do tempo de Antíoco IV Epifânio (175-164 a.C.), rei do Império Selêucida, que provocou a revolta dos macabeus (*ver pp. 138-141*).

Judite, viúva rica, evita a ameaça a seu povo oferecendo-se a Holofernes. Quando ele dorme, bêbado de cair, ela o degola com uma espada (Jdt. 13:8) e volta para casa em Betúlia com sua cabeça em um saco. O assassinato gera desordem entre os assírios e leva à vitória os israelitas, que celebram com uma canção em louvor a Deus e a sua agente, Judite (Jdt. 16:1-17). A história a retrata como modelo de mulher judia, bela, incorruptível, obediente à religião e disposta a "despir as vestes de viúva" (Jdt. 16:7) e enfrentar o perigo pela salvação de seu povo e de sua religião.

**DO CÂNTICO DOS CÂNTICOS**

**"O meu amado fala e me diz:**
**'Levanta-te, meu amor, formosa minha,**
**e vem;**
**porque eis que passou o inverno,**
**a chuva cessou, e se foi.**
**As flores surgem na terra;**
**chega o tempo de cantar**
**e a voz da pomba**
**ouve-se em nossa terra.**
**A figueira já dá figos verdes,**
**e as vinhas estão em flor**
**e exalam seu aroma.**
**Levanta-te, meu amor, formosa minha,**
**e vem.**
**Ó minha pomba, que andas pelas fendas da**
**rochas, pelos recantos do penhascos,**
**deixa-me ver a tua face,**
**deixa-me ouvir a tua voz,**
**porque a tua voz é doce,**
**e a tua face é bela'."**

*Cântico dos Cânticos 2:10-14*

## O Cântico dos Cânticos

O Cântico dos Cânticos (ou Cantares de Salomão) é único na Bíblia. Trata-se de uma série de poemas que celebram, em linguagem exótica e erótica, o amor físico entre um homem e uma mulher. Não admira que tenha havido um longo debate sobre se ele devia fazer parte das Sagradas Escrituras, e é provável que sua inclusão no cânone se deva ao fato de ser atribuído a Salomão, mencionado várias vezes no texto. A interpretação tradicional, tanto no judaísmo como no cristianismo, é que se trata de uma alegoria do amor de Javé por Israel. Para os cristãos, ele também expressa o amor de Cristo por sua Igreja.

A obra lembra poemas de amor egípcios e canções árabes de casamento em louvor dos encantos físicos da noiva. Há também semelhanças com os textos sobre o sagrado matrimônio da deusa Ishtar com seu consorte Tamuz, um pastor (ou a união de um rei e uma rainha como seus representantes). Alguns consideram o livro a liturgia de um casamento divino, o que é improvável. O mais provável é que ele simplesmente celebre o amor humano.

*Relevo assírio que representa um deus (provavelmente Tamuz, também conhecido como Dumuzi), de c. 1750 a.C.*

Entretanto, se não é a liturgia de um casamento real, o Cântico dos Cânticos pode ter derivado dela. Os poemas formam uma espécie de diálogo antifonal entre o homem, a mulher e um coro que a acompanha, as filhas de Jerusalém. O homem é às vezes identificado com o rei Salomão e aparece como um pastor, título real que lembra Tamuz. Os poemas podem remontar ao período da monarquia, embora sua versão final provavelmente pertença à época pós-Exílio.

# HELENISMO

**OS JUDEUS DE ALEXANDRIA**

**As comunidades judaicas cresceram em muitas cidades helenísticas (*ver à direita*), mas a mais importante delas, em tamanho e influência, foi a de Alexandria, no Egito. Ali, os judeus não abandonaram sua fé ancestral nem seus costumes, mas tentaram entendê-los e interpretá-los por meio do ensinamento grego. Um resultado importante desse processo foi a tradução das Escrituras para o grego. Essa tradução, a Septuaginta, ou dos Setenta, foi assim chamada porque teria sido feita por 70 (em latim, *septuaginta*) estudiosos a pedido do rei Ptolomeu II do Egito. Visava primordialmente a atender as necessidades da comunidade judaica de fala grega e revela como elas entendiam suas antigas Escrituras. Mas também servia a um propósito apologético, demonstrando que o monoteísmo judaico não era incoerente com a filosofia grega.**

**Os judeus de Alexandria também produziram novos textos religiosos em grego, como o Livro da Sabedoria, ou Sabedoria de Salomão (*ver p. 127*). A obra inspira-se na história bíblica e na tradição judaica, mas também usa as ideias e as formas filosóficas universalistas do helenismo. Em particular, trata o conceito de sabedoria em termos da doutrina do logos, o princípio racional ordenador do universo proposto pelos filósofos estoicos.**

Alexandre, o Grande (*ver quadro na página ao lado*) foi mais do que apenas um extraordinário conquistador militar. Ele desejou unir Oriente e Ocidente com base na civilização grega, da qual era defensor. O resultado foi o surgimento de uma nova cultura, chamada genericamente de "helenismo", que combinava elementos gregos e orientais e dominou o Oriente Próximo de c. 330 a.C. até o estabelecimento da supremacia romana, em 30 a.C. Mas a língua e a cultura gregas mantiveram sua importância na civilização do Oriente Próximo por muitos séculos.

O helenismo criou um clima intelectual dominado pela literatura, pela ciência e, em especial, pela filosofia gregas, no qual germinou a ideia de um mundo que era posse comum dos seres humanos "civilizados". As principais escolas filosóficas gregas da época (cínicos, estoicos e epicuristas) enfatizavam o cosmopolitismo e o individualismo. As barreiras entre os povos caíam, principalmente com a adoção generalizada do *koine*, a língua grega de todos os dias, que se tornou a língua franca do mundo civilizado.

O maior impulso à expansão do helenismo foi a construção ou reconstrução das cidades do Oriente Próximo segundo o modelo das cidades da Grécia. Alexandre fundou várias cidades novas (*ver mapa*), nas quais estabeleceu seus soldados mercenários — política que continuou com seus sucessores. As cidades helenísticas se espalharam por toda a região; eram espaços atraentes, abertos, com uma praça (ágora) cercada por cortes de justiça, templos, um teatro e um ginásio. Ofereciam um ambiente humano e elegante que contrastava com a esqualidez e o confinamento típicos das cidades do antigo Oriente Próximo. Entre as novas cidades, destacava-se Alexandria, no Egito, fundada por Alexandre em 331 a.C. Com suas famosas biblioteca e academia, construídas pelo rei grego do Egito, Ptolomeu II, era o símbolo do que havia de melhor na cultura helenística. Entretanto, essa civilização não foi bem recebida universalmente nem aberta a todos. Sua economia se apoiava na escravatura, e o poder administrativo estava nas mãos dos gregos e dos que adotavam os métodos gregos. Esse foi um dos principais motivos da reação dos judeus da Palestina ao helenismo.

## Alexandre, o Grande, e seus sucessores

Em 333 a.C., o rei Alexandre III da Macedônia (Alexandre, o Grande) derrotou o rei persa Dario II em Issus, na Síria (*ver mapa*). Em 331 a.C., todo o Império Persa estava nas mãos de Alexandre e ele já chegara à Índia. O império de Alexandre teve vida curta: em 323 a.C. ele morreu na Babilônia, com apenas 33 anos. Os territórios conquistados foram divididos entre cinco de seus generais, que enfrentaram vários anos de lutas. Mas, em 312 a.C., dois deles se firmaram como lideranças no Oriente Próximo. Ptolomeu se estabeleceu no Egito, enquanto Seleuco controlava a região que correspondia mais ou menos ao antigo Império Babilônico (*ver p. 108*). Assim, foi restaurado o velho padrão político do Oriente Próximo, com dois grandes impérios, o do Egito e o da Mesopotâmia. Como no passado, a Palestina ficou entre os dois poderes e mudou de mãos várias vezes antes que o rei selêucida Antíoco III Magno obtivesse o controle da região com sua vitória, em 199 a.C., em Paneias (mais tarde Cesareia de Filipe; *ver mapa, p. 164*).

A DINASTIA SELÊUCIDA
***Todas as datas são aproximadas e a.C.***

| | | | |
|---|---|---|---|
| Seleuco I Nicátor | 312–281 | Demétrio II Nicátor | 129–125 |
| Antíoco I Sóter | 281–261 | Cleópatra Tea | 125–123 |
| Antíoco II Teos | 261–246 | Antíoco VIII Gripo | 125–96 |
| Seleuco II Calínico | 246–225 | Seleuco V | 125 |
| Seleuco III Sóter | 225–223 | Antíoco IX Filopáter | 114–95 |
| Antíoco III Magno | 223–187 | Seleuco VI | 95 |
| Seleuco IV Filopáter | 187–175 | Antíoco X Eusébio | 95 |
| Antíoco IV Epifânio | 175–164 | Antíoco XI Epifânio Filadelfo | 95 |
| Antíoco V Eupátor | 164–162 | | |
| Demétrio I Sóter | 162–150 | Demétrio III Filopáter Sóter | 95–88 |
| Alexandre Balas (Epifânio) | 150–145 | Felipe I | 95–84 |
| Demétrio II Nicátor | 145–139 | Antíoco XII Dionísio | 87 |
| Antíoco VI Epifânio | 139–138 | Filipe II | 84 |
| Antíoco VII Sidetes | 138–129 | | |

*Ruínas da cidade helenística de Gerasa (atual Jerash, na Jordânia), uma das cidades do leste da Jordânia que fazia parte do grupo conhecido como Decápole (*ver mapa, p. 143*).*

*Mosaico da cidade romana de Pompeia que representa Alexandre, o Grande, na Batalha de Issus. Alexandre está à esquerda, e seu adversário, o rei Dario, no centro.*

# DANIEL

**BEL, SUSANA E A CANÇÃO DOS TRÊS JUDEUS**

**Como a obra que leva seu nome, outras histórias sobre Daniel sobreviveram. Os contos apócrifos de Bel e o Dragão e de Susana e os Velhos, anexas ao Livro de Daniel na Septuaginta, tradução grega das Escrituras Hebraicas (*ver texto lateral, p. 132*), mostram a sabedoria de Daniel não como capacidade de interpretar sonhos, mas como uma astúcia prática que lembra a do rei Salomão (*ver p. 86*). Elas têm sido consideradas as primeiras histórias de detetive do mundo.**

**A história de Bel e o Dragão é um exemplo da propaganda judaica contra a idolatria, desdenhada com um humor que teria deliciado uma plateia popular. Da mesma forma, a história de Susana tem elementos que apelam ao gosto popular: a tentativa de sedução de uma bela jovem por dois velhos juízes da comunidade e seu desmascaramento por parte de Daniel. A história termina com a reconfortante garantia de que Deus sempre protegerá e preservará a virtude.**

**De modo a conferir à história dos três judeus na fornalha um tom mais abertamente religioso, a Septuaginta insere uma oração e um hino (*A Oração de Azarias* e *A Canção dos Três Judeus*) entre Daniel 3:23 e 3:24. O texto inserido, que geralmente é considerado apócrifo (ou deuterocanônico), é cantado por três judeus companheiros de Daniel (Azarias é o nome hebraico de Abdênago) quando são atirados na fornalha por Nabucodonosor. Os três são modelos de piedade judaica, e sua fuga do fogo é explicada pela intervenção de um anjo que apaga as chamas. *A Canção dos Três Judeus* (também traduzida como *A Canção das Três Crianças* ou *A Canção dos Três Jovens*) foi adotada na liturgia da Igreja cristã do Ocidente em dois hinos conhecidos, pelas palavras de abertura em latim, como *Benedictus es* (vs. 26-34) e *Benedicite* (vs. 37-68).**

Daniel, herói do livro que leva seu nome, começa como uma figura lendária do passado remoto. No Livro de Ezequiel, ele aparece como herói nacional, encarnação da sabedoria, talvez nativo da cidade de Tiro. É, portanto, de origem cananeia: uma figura chamada Daniel é tema de um dos textos cananeus de Ugarit (*ver p. 72*). Na Bíblia, ele se torna um dos judeus exilados na Babilônia, e as histórias a seu respeito são do tipo que se tornou popular no período pós-Exílio (*ver, por exemplo, pp. 130-131*). Elas ilustram como os judeus deviam se comportar em um ambiente estrangeiro e idólatra, e como sua fé na religião e na Lei seria recompensada. Apesar de graves crises ocasionais, os judeus viveram quase sempre em paz no cativeiro. Alguns até alcançaram altas posições na corte dos babilônios e de seus sucessores, os medas e os persas.

A amizade e o respeito entre Daniel e esses reis estrangeiros contrastam com a hostilidade entre os judeus e o rei helenístico Antíoco IV Epifânio, do século II a.C. (*ver pp. 138-139*). É provável que, entre 150 e 100 a.C., um editor tenha compilado o ciclo popular de histórias sobre Daniel na forma atual do livro, de modo que as histórias fossem relevantes para tratar das perseguições de Antíoco IV. A imagem de ouro de Nabucodonosor, que todos eram obrigados a venerar (Dan. 3:5), lembra o decreto de Antíoco que obrigou os judeus a "construir altares, locais sagrados e santuários para os ídolos" (1 Mac. 1:46) e, em particular, o "sacrilégio desolador" que ele cometeu ao erigir um altar de sacrifício no Templo de Jerusalém (1 Mac. 1:54). Da mesma forma, a exigência de Dario de um culto pessoal (Dan. 6:7) pode se referir à presunção de divindade de Antíoco.

As histórias refletem acima de tudo o caráter tradicional de Daniel como homem extremamente sábio. É sua sabedoria que lhe permite interpretar sonhos, provar sua superioridade diante dos magos e videntes da Babilônia e ganhar a confiança do rei. Tudo isso parece repetição consciente da história bíblica de José (*ver pp. 48-51*). Há um forte propósito teológico por trás de todos esses episódios: nenhum adversário, por mais poderoso que seja,

Susana e os Anciãos *(c. 1560)*, de Jacopo Tintoretto *(1518-94)*. *Antes do Renascimento, os artistas tratavam a cena do banho de Susana com grande discrição. A partir de 1500, porém, o aspecto erótico da história passou a ser enfatizado.*

O Banquete de Baltasar *(1820), de John Martin (1789-1854).*

pode resistir ao Deus verdadeiro, e mesmo o maior dos reis é obrigado a reconhecer que sua autoridade deriva de Deus.

Uma descoberta recente lançou luz sobre duas das mais surpreendentes histórias do Livro de Daniel. A primeira delas diz que o rei Nabucodonosor da Babilônia enlouqueceu e foi banido da sociedade humana por sete anos, até retornar ao Deus de Israel e ser restaurado (Dan. 5:31-37). Não se conhece nada sobre a vida de Nabucodonosor II (605-562 a.C.; *ver p. 108*) que corresponda a esse episódio. Mas algo semelhante pode ter acontecido a Nabonido, último rei neobabilônico (555-539 a.C.), que deixou a Babilônia por dez anos para viver em Teman, cidade remota do deserto da Arábia. Entre os Manuscritos do Mar Morto (*ver p. 145*) há uma oração atribuída a Nabonido, na qual ele conta que em Teman sofreu de úlcera durante sete anos. Depois de orar em vão para deuses de ouro, prata, bronze, ferro, madeira e pedra, foi curado por um exorcista judeu, que lhe ordenou que escrevesse uma oração para glória do verdadeiro Deus.

Há outra ligação com Nabonido na história do banquete de Baltasar (Dan. 5). Nabonido — e não Nabucodonosor, como em Daniel — era pai de Baltasar, que governou como regente de 552 a 542 a.C., na ausência paterna. Em Daniel, Baltasar dá um grande banquete, no qual os convidados bebem em taças sagradas do Templo de Jerusalém e louvam "os deuses de ouro e prata, bronze, ferro, madeira e pedra" (Dan. 5:3-4). Daniel condena Baltasar por exaltar-se "acima do Deus dos céus" (Dan. 5:23) e prevê a queda da Babilônia. Baltasar é morto "nessa mesma noite" (Dan. 5:30). Os deuses louvados no banquete são os mesmos da oração de Nabonido. A história da idolatria e queda de Baltasar pode ter sido adaptada de uma peça de propaganda do clero babilônico destinada à política religiosa do regime de Nabonido. O clero da Babilônia se opôs à preferência de Nabonido pelo deus da lua Sin sobre Marduk, deus nacional.

# TEXTOS APOCALÍPTICOS

As Quatro Bestas e Deus Entronizado, *ilustração de uma visão de Daniel no* Beatus Apocalypse, *produzido em Santo Domingo de Silos, na Espanha, em c. 1100.*

Nos últimos capítulos do livro que leva seu nome, Daniel deixa de ser intérprete dos sonhos dos outros e passa a ser alguém com sonhos e visões próprios. As quatro visões tidas por ele integram o gênero literário conhecido como "apocalíptico". O Livro de Daniel talvez seja a primeira obra totalmente apocalíptica, embora elementos e precedentes do gênero sejam encontrados em alguns profetas. A palavra grega *apokalypsis* significa "revelação" de uma mensagem secreta que está prestes a se cumprir. Assim, Daniel tinha a ordem de escrever suas palavras e mantê-las "secretas e lacradas até o tempo do fim" (Dan. 12:9). Daniel é associado ao exílio na Babilônia no século VI a.C. (*ver pp. 112-113*), mas a mensagem apocalíptica se relaciona à época da perseguição dos judeus pelo rei selêucida Antíoco IV Epifânio em meados do século II a.C. (*ver pp. 138-139*), quando o Livro de Daniel foi de fato produzido em sua forma atual. Os textos apocalípticos contêm investigações sobre a história passada do mundo na forma de previsões. Como se sabe que esses acontecimentos passados ocorreram, eles garantem a confiabilidade do vidente em suas previsões para o futuro. As quatro visões de Daniel dizem respeito aos impérios do antigo Oriente Próximo, culminando em Daniel 11 com uma detalhada história da Palestina sob os ptolomaicos e os selêucidas, além de um relato ainda mais detalhado da carreira do rei Antíoco IV Epifânio.

Daniel parece representar o partido hassidiano, formado pelos "sábios", os únicos a entender sua mensagem (Dan. 12:10). Eles esperam a libertação

## O Segundo Livro de Esdras

Daniel é o único texto apocalíptico no cânone bíblico, mas o apócrifo Segundo Livro de Esdras apresenta muitas semelhanças e, de fato, até referências a ele. Escrito em hebraico, sofreu extensas adições posteriores dos cristãos. É atribuído ao profeta Esdras (*ver pp. 116-117*). Ambienta-se na época do Exílio, mas provavelmente foi escrito em c. 100 d.C. e trata das perseguições do Império Romano e da queda de Jerusalém em 70 d.C.

Como em Daniel, o livro contém principalmente visões. As mais notáveis são as primeiras quatro, nas quais Esdras se envolve num diálogo com um anjo, não apenas sobre o sofrimento dos judeus, mas também sobre o problema da existência do mal no mundo. A conclusão é pessimista: os erros do presente só poderão ser corrigidos em uma nova era, que poucos verão (2 Esd. 8:1). Em outras visões, existe um simbolismo animal. Roma é representada como uma águia que é enfrentada por um leão, um messias nacionalista da casa de Davi (2 Esd. 11:37-12:3), enquanto o autor assume a forma da figura humana de Daniel e faz dele um messias preexistente (2 Esd. 12:31-34).

Esdras se torna um segundo Moisés, com a missão de reescrever as Escrituras, que foram destruídas (2 Esd. 14:21). Cinco assistentes produzem 94 livros em 40 dias. Vinte e quatro deles, que constituem o atual cânone hebraico, devem estar disponíveis a todos, mas os outros 70, que contêm os textos apocalípticos e apócrifos, devem ser transmitidos apenas aos "sábios", porque neles está "o espírito do entendimento, a fonte de sabedoria e o rio do conhecimento" (2 Esd. 14:47).

mais por intervenção divina do que pelo poder militar dos macabeus (*ver pp. 140-141*), que o livro despreza como de "pequena ajuda". A obra foi escrita para estimular os fiéis seguidores da Lei com a promessa de que a perseguição de Antíoco seria breve e a verdadeira religião logo triunfaria.

Os textos apocalípticos são a herança das garantias proféticas de que Deus derrotaria os inimigos de Israel e restauraria a nação, mas sua mensagem de esperança vai muito além. Ela contempla a renovação de todo o cosmo, quando o mundo voltaria ao estado ideal em que fora deixado pela mão divina e a intervenção de Deus marcaria o fim da história. As forças do mal seriam erradicadas para sempre, e os justos que morreram voltariam para desfrutar a felicidade eterna. A crença na ressurreição do corpo aparece pela primeira vez em Daniel (Dan. 12:2). A aceitação cada vez maior da doutrina provavelmente se deve muito ao sentimento de que só Deus é capaz de recompensar os que, como os mártires macabeus, morreram pela fé (*ver pp. 140-141*).

Um aspecto extraordinário dos textos apocalípticos é o uso de linguagem simbólica e de imagética bizarra. Em parte, isso indica o caráter esotérico do gênero apocalíptico: sua linguagem em código só pode ser decifrada pelos que entendem seus segredos. Entretanto, as fontes dessa imagética são os mitos e os rituais do antigo Oriente Próximo. Um exemplo é a prevalência do simbolismo animal, como na primeira visão de Daniel, na qual os impérios do mundo são representados como quatro bestas terríveis: um leão alado; um urso com três costelas entre os dentes; um leopardo com quatro asas e quatro cabeças; e uma criatura "medonha e terrível" com chifres e dentes de aço (Dan. 7:3-7). Eles lembram os monstros fantásticos, frequentes na arte mesopotâmica como representações de forças demoníacas. Na visão de Daniel, eles emergem do "grande mar" — imagem relacionada às "profundezas" de Gênesis 1:2 e que corresponde ao caos de águas hostis que aparece tanto no mito babilônico da criação quanto no mito cananeu de Baal (*ver também pp. 20-23 e 26-27*).

Nesses textos, a divindade derrota o monstro do caos, tema que também é encontrado em Daniel. A última besta é destruída, e então "um ser semelhante ao homem" é apresentado ao deus superior, "o Ancião" (ou "Ancião dos Dias"), e recebe um reino universal (Dan. 7:13-14). O fato de o "ser semelhante ao homem" vir nas nuvens do céu mostra que ele também é divino. Um epíteto do deus supremo dos cananeus, El, é "Pai dos Anos". A cena baseia-se no reino que El dá ao jovem deus das tempestades, Baal, depois que ele foi derrotado por Yam, o Mar, em uma batalha pela soberania. Um anjo explica a visão para Daniel e identifica o "ser semelhante ao homem" com "os santos do Altíssimo" — os pios de Israel —, que "receberão o reino e o possuirão por toda a eternidade" (Dan. 7:18).

*O monstruoso pássaro Imdugud, com cabeça de leão, cujo bater de asas era capaz de causar tempestades, em relevo do templo da deusa Ninhursag em Tell-al-Ubaid (c. 3000 a.C.). Essas bestas fabulosas eram comuns na arte mesopotâmica e inspiraram as criaturas fantásticas em Daniel e em outros textos apocalípticos.*

A imagem mostra um jovem grego a cavalo, com manto, túnica curta e o "capacete de Hermes". Essa maneira de vestir foi amplamente adotada por jovens judeus nas cidades helenizadas da Palestina.

# ANTÍOCO IV EPIFÂNIO

Pouco se sabe das condições de Judá depois de Esdras e Neemias (*ver pp. 116-117*), durante o resto da era persa e do período egípcio ptolomaico. É provável que tenha sido uma época de certa estabilidade para a população judaica. Internamente, o país foi governado por um grupo de famílias aristocráticas e sacerdotais judaicas que formavam uma espécie de senado, o Sinédrio, ou Sanhedrin (do grego *synhedrion*, "conselho"), chefiado pelo sumo sacerdote do Templo.

Com o advento do domínio selêucida (*ver p. 133*), houve uma dissensão entre essas famílias: umas apoiavam os ptolomaicos do Egito e outras, os selêucidas da Síria. A rivalidade foi mais intensa entre os tobíadas e os featuring oníadas. Os ptolomaicos haviam encarregado os tobíadas da coleta de impostos em toda a Palestina, enquanto os oníadas mantinham o sumo sacerdócio e eram geralmente pró-Síria. Entretanto, as duas famílias faziam alianças de acordo com seus interesses. A disputa pelo sumo sacerdócio tornou-se constante fonte de problemas e acabou provocando medidas religiosas repressivas impostas aos judeus por Antíoco IV Epifânio (175-164 a.C.).

Uma disputa entre tobíadas e oníadas provocou o ataque aos tesouros do Templo por parte de Heliodoro, ministro do rei selêucida Seleuco IV Filopáter (187-175 a.C.). O sumo sacerdote Onias III reclamou do ataque ao Templo e foi substituído por Jasão, seu irmão. Jasão pagou alto tributo ao sucessor de Seleuco IV, Antíoco IV, e promoveu a política de helenização. Construiu um ginásio no estilo grego em Jerusalém, no qual até sacerdotes jovens praticavam esportes, correndo nus e disputando o capacete de Hermes. Os judeus entusiastas do helenismo (*ver pp. 132-133*), que em geral pertenciam às classes altas de Jerusalém, trocaram seus nomes hebraicos por nomes gregos, abandonaram a circuncisão e se viam como moradores de uma cidade grega.

Em 171 a.C., Jasão foi deposto em favor de Menelau, que prometeu a Antíoco tributos ainda maiores, pagos com alguns dos tesouros do Templo.

Quando Jasão tentou voltar ao poder, a reação de Antíoco, em 169 ou 168 a.C., foi saquear o Templo. Em 167 a.C., ele lançou uma série de decretos que visavam à assimilação dos judeus ao seu império. Antíoco baniu todos os aspectos distintivos do judaísmo: circuncisão, observância do sabá, datas festivas e normas de purificação. Ao mesmo tempo, os lugares santos foram dessacralizados, os livros da Lei, queimados, e os judeus, obrigados a comparecer a refeições sacrificiais com carne de porco (impura para o judaísmo) e cerimônias em honra de deuses pagãos. Ao impor essas medidas drásticas, Antíoco só manteve contato com o partido pró-helenização de Jerusalém, que partilhava suas intenções, e não previu nenhuma resistência séria. Isso foi um engano, porém (*ver pp. 140-141*).

Não admira que Antíoco apareça sob uma péssima luz na tradição judaica, mas na verdade ele foi um governador capaz e de visão, que tentou conter a ameaça que o crescente poder de Roma representava para seu império. Seu pai, Antíoco III, tinha sido derrotado pelo exército romano em Magnésia, em 190 a.C. Pelo tratado de paz, perdera a Ásia Menor e fora obrigado a pagar uma indenização ruinosa, além de enviar o jovem Antíoco como refém a Roma, onde ele permaneceu 12 anos. Finalmente, o próprio Antíoco aprendeu uma lição, quando um general romano frustrou sua esperança de conquistar o Egito em 168 a.C.

Diante da ameaça romana, Antíoco empreendeu uma forte política de helenização, com o objetivo de unir os vários povos de seu reino heterogêneo. A intenção não era suprimir o culto das divindades locais, embora tenha sido o que pareceu a muitos judeus, mas assimilá-los todos a Zeus. O próprio Antíoco assumiu o título de Epifânio ("[Deus] manifesto"): ele se considerava a manifestação de Deus, fosse qual fosse o nome pelo qual o venerassem.

O altar erguido por Antíoco no Templo de Jerusalém foi considerado pelos judeus um "sacrilégio desolador" (1 Mac. 1:54). Essa expressão era uma deformação do nome Baalshamaim, Senhor dos Céus, um deus semita muito venerado. Sob Antíoco, o Templo foi dedicado ao Zeus do Olimpo. Portanto, Antíoco alegava que Javé, Baal e Zeus eram o mesmo deus sob nomes diferentes, dependendo da origem semita ou grega do fiel.

*Moeda de prata de 4 dracmas de Antíoco IV Epifânio. A efígie do rei* (à esquerda) *o representa como Zeus; o reverso mostra Zeus entronizado carregando a deusa Niké (Vitória). A legenda diz: "Rei Antíoco, Deus Manifesto, Sustenta a Vitória".*

O Saque de Jerusalém *por Antíoco IV Epifânio, iluminura de um manuscrito francês do século XV.*

# OS MACABEUS

O Triunfo de Judas Macabeu *(1635), de Peter Paul Rubens (1577-1640).*

O domínio selêucida na Palestina chegou ao fim por obra dos macabeus, que receberam esse nome graças ao chefe rebelde Judas Macabeu. O movimento macabeu restaurou a liberdade da religião judaica depois da repressão de Antíoco IV (*ver pp. 138-139*), conquistou independência política e restabeleceu uma monarquia judaica, embora tipicamente helenística.

De certa forma, a rebelião macabeia era a expressão da tensão perene entre os judeus mais conservadores do campo e os da capital, cosmopolitas e helenizados. A rebelião foi incitada por um sacerdote do campo, Matatias, dos asmoneus, família que levava o nome de seu patriarca, Asmoneu. Inicialmente, a luta assumiu a forma de uma guerrilha para recuperar a Lei "das mãos dos gentios e dos reis" (1 Mac. 2:48). Ao grupo de Matatias e sua família juntaram-se os hassidianos (ou assideus) — os "pios" ou "fiéis" —, grupo mencionado pela primeira vez em 1 Macabeus 2:42. Os hassidianos eram muito devotados à Lei, dispostos a morrer por ela. Parecem ter sido ancestrais de grupos semelhantes dentro do judaísmo no período romano, como os fariseus e os essênios, e sempre mantiveram identidade independente dos macabeus, dos quais depois se afastaram. Os macabeus se preocupavam mais com a sobrevivência da religião nacional do que com a estrita observância da Lei. Quando souberam do massacre de mil pessoas que se recusaram a pegar em armas no sabá, resolveram que retaliariam se fossem atacados no dia do descanso (1 Mac. 2:41).

Depois da morte de Matatias, a liderança passou ao seu terceiro filho, Judas, apelidado Macabeu (o "Martelo"), porque sob seu comando a rebelião se transformou numa guerra contra as forças governamentais, que ele derrotou em uma série de batalhas. Mais tarde, Judas ocupou o monte Sião (1 Mac. 4:37) e purificou o Templo, que foi novamente consagrado, numa grande e alegre cerimônia, no vigésimo quinto dia de casleu (novembro-dezembro) de 164 a.C., ano da morte de Antíoco IV. Todos os anos, nesse dia se iniciavam as celebrações de dedicação do altar (1 Mac. 4:59), e até hoje o dia marca o início de Hanukká ("Dedicação"), a Festa das Luzes.

*Mausoléu em estilo judaico-helenístico no vale de Cedron, em Jerusalém* (ver mapa, p. 190)*. É conhecido como "Túmulo de Absalão", filho do rei Saul, mas foi provavelmente construído no século I a.C.*

Reconhecendo a vitória de Judas, Lísias, regente que governava em nome do rei menino Antíoco V, anulou os decretos religiosos de Antíoco IV, depôs e executou Menelau, o sumo sacerdote favorável ao helenismo. A liberdade religiosa dos judeus foi restaurada, mas isso não significou liberdade política. Os judeus continuavam submetidos ao Império Selêucida e obrigados a lhe pagar impostos, e a Akra, guarnição militar grega que Antíoco IV fundara em Jerusalém, foi mantida. A nomeação do sumo sacerdote continuou nas mãos dos reis selêucidas. Quando Alcimo, que era de linhagem sacerdotal (ao contrário dos anteriores, escolhidos pelos reis), foi nomeado, os hassidianos romperam com Judas e apoiaram a escolha real. Mas, ao saber que Alcimo era um fervoroso helenista, logo voltaram a apoiar a causa macabeia.

Agora a meta dos macabeus era a independência. Os selêucidas ainda tiveram força suficiente para derrotar Judas, numa batalha em 160 a.C. (1 Mac. 9:18), mas o reino se enfraqueceu pelas rivalidades dinásticas. Jônatas, irmão e sucessor de Judas, apoiou um pretendente ao trono contra o outro e, em recompensa, ganhou o posto de sumo sacerdote e mais privilégios para o que se tornava rapidamente o Estado judaico. A independência plena foi conquistada sob o último irmão, Simão Asmoneu. O rei selêucida Demétrio II (145-139 a.C.) reconheceu Simão como sumo sacerdote e lhe concedeu isenção de impostos, aceitando a soberania de Judá. Simão garantiu seu governo com a tomada da Akra, a última fortaleza dominada pelos estrangeiros. Os judeus passaram a datar os contratos a partir de 142 a.C., "o primeiro ano de Simão, sumo sacerdote, comandante e governador dos judeus" (1 Mac. 13:42).

## Os dois primeiros livros dos Macabeus

O Primeiro Livro dos Macabeus, apócrifo, começa com a carreira de Alexandre, o Grande, e termina com a morte de Simão, líder asmoneu, em cujo governo os judeus conquistaram a efetiva independência (*ver texto principal*) e cujo reinado é descrito em linguagem idealista. O livro só existe em grego, mas foi quase certamente escrito em hebraico por alguém que apoiava a dinastia dos asmoneus, fundada pelos macabeus (*ver texto principal*). É considerada uma narrativa sóbria e confiável, mas tinha a intenção de apresentar os asmoneus como salvadores da nação escolhidos por Deus. O autor se inspira em textos históricos hebraicos anteriores, por exemplo os livros de Samuel e dos Reis, e tende a exagerar os sucessos dos heróis e minimizar suas derrotas.

O Segundo Livro dos Macabeus é um texto em grego, resumo da obra em cinco volumes de Jasão de Cirene, do norte da África. Esse tipo de historiografia helenística, como o próprio autor informa no prefácio, buscava dar prazer ao leitor e provocar sua emoção ao concentrar-se em fatos dramáticos (2 Mac. 2:29-32). O livro é marcado por cenas altamente retóricas, como a tentativa de saque do Templo e o relato do martírio de uma mãe e seus filhos.

O autor vê a revolta macabeia como um conflito religioso entre o helenismo e o judaísmo, e é o primeiro a contrapor esses dois termos. Ele conta a história até o momento que considera a vitória final e decisiva de Judas Macabeu.

# IX A CHEGADA DE ROMA

*Não existe registro bíblico do período entre a ascensão do asmoneu João Hircano, filho de Simão, em 134 a.C. (1 Mac. 16), e o reinado de Herodes, o Grande. Como os selêucidas, cujo governo derrotaram, os asmoneus acabaram se tornando vítimas da rivalidade dinástica, que foi explorada pelo poder imperial que ganhava força na região do Mediterrâneo: Roma. Na época do Novo Testamento, a Judeia tinha se tornado parte do Império Romano e era governada por uma nova dinastia: a de Herodes.*



## DE HIRCANO A HERODES

Nos últimos anos do governo asmoneu, os antigos opositores do helenismo se transformaram em típicos príncipes helenistas, embora sem perder uma clara identidade judaica. João, filho de Simão (*ver p. 140*), o sucedeu em 134 a.C., assumiu o nome grego de Hircano e promoveu uma política agressiva. Estendeu suas fronteiras e destruiu o templo samaritano no monte Gerezim (*ver p. 125*). Como outros governadores helenistas, cunhou moedas que levavam seu nome e símbolos de fertilidade gregos. Sofreu a oposição dos fariseus (*ver p. 185*), descendentes espirituais dos hassidianos (*ver pp. 140-141*), que atormentaram a dinastia até a sua queda. Os fariseus acusavam os asmoneus, que não pertenciam à linhagem sacerdotal, de profanar o ofício de sumo sacerdote por desejo de poder militar e secular.

João morreu em 104 a.C., mas seu filho, Alexandre Janeu (103-76 a.C.), deu prosseguimento à política militarista do pai. Ficou famoso pela brutal supressão da oposição interna. Por meio de conquistas e proselitismo, restaurou o estado judaico ao tamanho que tinha ao tempo de Davi e Salomão. Além de ser sumo sacerdote, assumiu o título de rei, que aparecia em grego (*basileos*) em suas moedas. Mas, depois da morte de Janeu, o

### Herodes, o Grande

Apesar de seus muitos erros, Herodes foi uma figura notável entre os reis subordinados a Roma e mereceu o epíteto de "o Grande". Fortaleceu economicamente seu reino e ampliou as fronteiras (*ver mapa*). Entendeu que sua autoridade dependia do favor de Roma e preservou seu cargo com uma habilidosa diplomacia na luta pelo poder que dominou o império durante seu reinado.

*Ruínas do palácio-fortaleza Herodium, construído sobre uma colina artificial por Herodes, o Grande, que também foi enterrado aqui.*

O reino de Herodes tinha uma população miscigenada, que ele tentou unificar com uma ampla e bem-sucedida política de helenização. Fundou esplêndidas cidades inspiradas na cultura helênica, com teatros, banhos, ágoras, ginásios e templos. Entretanto, ao contrário dos selêucidas (*ver pp. 138-139*), respeitou as suscetibilidades religiosas dos judeus: reconstruiu o Templo numa escala monumental (*ver p. 91 e mapa, p. 190*) e reconheceu o respeito com que o fariseus eram tratados pelo povo. Tentou ganhar o favor dos fariseus observando suas leis rituais e isentando-os do juramento de aliança.

Apesar de todos os esforços, Herodes nunca conseguiu ganhar o coração dos judeus, que o consideravam estrangeiro (ele era metade idumeu) e se ressentiam de seu governo ditatorial, com controle sobre o sumo sacerdócio e medidas helenizantes. A violenta supressão da oposição potencial dentro de sua própria família revelou que Herodes não era capaz de organizar a própria sucessão. No século seguinte, seu fracasso acabou atraindo o desastre para a nação.

estado asmoneu enfrentou uma duradoura rivalidade dinástica. A crescente inquietação popular foi liderada pelos fariseus, que lutaram pela abolição do reino e a fundação de uma teocracia sob um sumo sacerdote de linhagem legítima. O decadente Estado selêucida foi impotente para intervir em Judá, de modo que os asmoneus sobreviveram por algum tempo. Em 64 a.C., um brilhante jovem cônsul romano, Pompeu, capturou Antioquia, na Síria, e pôs fim ao governo selêucida. A chegada do Império Romano selou o destino dos asmoneus. Pompeu se voltou para Judá, onde os filhos de Janeu, Hircano II e Aristóbulo, disputavam o apoio de Roma. Pompeu enviou à Judeia seu embaixador na Síria, Escauro, que apoiou Aristóbulo, mas então o próprio Pompeu sitiou e tomou Jerusalém. Ele entrou no Santo dos Santos do Templo — um sacrilégio que os judeus piedosos nunca esqueceram —, mas também restaurou os sacrifícios regulares e confirmou Hircano II como sumo sacerdote.

O verdadeiro poder por trás de Hircano II foi Antípatro, da Idumeia, cujo povo tinha sido obrigado a se converter ao judaísmo por João Hircano I. Quando Júlio César suplantou Pompeu como imperador romano, Antípatro foi nomeado procurador romano na Judeia, e seu filho, Herodes, se tornou comandante militar da Galileia. O êxito de Herodes no cargo levou o Senado romano a nomeá-lo rei da Judeia em 40 a.C. Embora subordinada a Roma, a Judeia voltava a ser um reino (*ver quadro na página ao lado*).

A SINAGOGA

Um dos fatos mais significativos do judaísmo no início do período romano foi o surgimento da sinagoga. Suas origens são obscuras: ela é mencionada pela primeira vez em textos do século I a.C., época de que datam as ruínas mais antigas das sinagogas na Palestina. Mas a essa altura ela já era uma instituição, surgida provavelmente durante os dois séculos precedentes. De qualquer forma, as sinagogas se espalharam tanto pela Palestina quanto pela Diáspora.

A sinagoga era o lugar ocupado pela Lei no judaísmo do período. Ali eram lidas as Escrituras e ficava exposta a Lei. Era portanto essencialmente local de instrução, não de culto. O culto na sinagoga só se firmou plenamente depois da destruição do Templo em 70 a.C., quando aspectos do culto do Templo, como a salmodia e as orações, foram transferidos para lá. A sinagoga e o Templo não devem ser vistos como instituições contrárias, mas complementares, em particular porque a Lei ensinada na sinagoga autorizava os sacrifícios e o corpo sacerdotal do Templo. A sinagoga estava na esfera de atividade dos fariseus (*ver pp. 184-185*), que a utilizavam para ensinar a Lei e sua interpretação ao povo em geral. Depois da queda do Templo, a doutrina farisaica e a sinagoga foram elementos fundamentais no desenvolvimento do judaísmo.

# A JUDEIA SOB OS ROMANOS

Em seu testamento, Herodes, o Grande, determinou que o reino devia ser dividido entre seus três filhos sobreviventes (*ver mapa, p. 143*). Esse acordo foi ratificado pelo imperador romano Augusto, que, entretanto, lhes negou o título de rei: não podia correr o risco de que viessem a reivindicar a independência. Arquelau recebeu a Judeia, a Samaria e a Idumeia; Antipas, a Galileia e a Pereia; e Filipe, a região primordialmente não judaica ao norte e ao leste do mar da Galileia.

Os três foram típicos governadores helenistas, mas, embora isso funcionasse bem nas regiões de povos mistos, Arquelau não foi aceito pela população fortemente judaica da Judeia tanto quanto fora seu pai. Teve um reinado tumultuado, e as reclamações de seus súditos levaram Augusto a depô-lo em 6 d.C., com o que a Judeia se tornou uma província imperial, subordinada a um procurador romano que residia em Cesareia. Continuou sendo uma província até 66 d.C., com exceção do período de 37 a 44 d.C., quando o imperador Calígula fez do neto de Herodes, Herodes Agripa I, rei da região.

O governo dos procuradores foi um desastre. A maioria deles se revelou insensível aos sentimentos religiosos judaicos e agiu quase sempre sem tato ou de maneira deliberadamente provocativa. O mais famoso procurador, Pôncio Pilatos (no cargo entre 26 e 36 d.C.), adotou os padrões militares romanos, introduziu imagens pagãs em Jerusalém e saqueou o tesouro do Templo para construir um aqueduto. Tais atos provocaram revoltas, que os sucessivos procuradores sufocaram com grande brutalidade. A desordem era frequente durante as grandes festas, quando Jerusalém ficava lotada de peregrinos. A situação poderia ter sido melhor se os romanos tivessem sido capazes de governar, como o faziam em outros lugares, por meio de uma

**A DINASTIA HERODIANA**
(*Ver também os mapas na página 143.*)
*Todas as datas são aproximadas.*

| | |
|---|---|
| **Herodes, o Grande,** *rei dos judeus* | 37-4 a.C. |
| **Arquelau,** *governador da Judeia* | 4 a.C.-6 d.C. |
| **Herodes Antipas,** *governador da Galileia e da Pereia* | 4 a.C.-39 d.C. |
| **Herodes Filipe (Filipe),** *governador das terras a leste da Galileia* | 4 a.C.-34 d.C. |
| **Herodes Agripa I,** *rei das terras a leste da Galileia* | 37-44 d.C. |
| *rei da Judeia, da Galileia e da Pereia* | 41-44 d.C. |
| **Herodes Agripa II,** *rei das terras a leste da Galileia* | 53-100 d.C. |
| *rei de parte da Galileia e da Pereia* | 56/61-100 d.C. |

Herodes, o Grande
- Aristóbulo (morto em 7 a.C.)
  - Herodes Agripa I
    - Herodes Agripa II
- Arquelau
- Herodes Antipas
  - Filipe

Dois fragmentos (acima) encontrados em Massada (à direita), último reduto da resistência judaica aos romanos durante a guerra de 66-73 d.C. Antecipando a derrota, os zelotes que defendiam Massada escreveram seus nomes em pedaços de cerâmica e sortearam a ordem de seu suicídio. No alto à direita da vista aérea, vê-se a rampa construída pelos romanos para romper as defesas da fortaleza.

classe governante aceita pelo povo. Mas a aristocracia judaica tinha pouco apoio popular, e os sumos sacerdotes e o Sinédrio (*ver p. 138*) eram vistos como fantoches de Roma. Os problemas econômicos vieram aumentar a miséria geral. Os impostos cobrados pelos romanos eram um fardo pesado para os pequenos fazendeiros e mercadores.

Por isso, houve constantes tentativas de rebelião, lideradas por indivíduos de pretensões messiânicas, que reuniam muitos seguidores com a promessa de que Deus em breve derrotaria os odiados romanos. A lei e a ordem eram precárias: não havia como impedir a ação de bandidos e de sicários, "homens da adaga", que matavam pessoas associadas aos romanos, entre elas um sumo sacerdote. Os procuradores controlaram a agitação com medidas duras, que só alimentaram o ressentimento dos judeus, preparando o cenário para a catástrofe final. A grande Guerra Judaica (66-73 d.C.) irrompeu quando o último procurador, Géssio Floro, exigiu um pesado pagamento em ouro do tesouro do Templo e provocou uma rebelião que se revelou incontrolável. Floro foi forçado a abandonar a cidade aos rebeldes. A rebelião foi em parte uma guerra civil — uma revolta popular contra as classes altas judaicas, cuja autoridade em Jerusalém foi destruída.

A revolta se espalhou por todo o país. A princípio, os judeus tiveram sucesso, derrotando um exército enviado por Céstio Galo, comandante militar da Síria. Em Roma, logo se percebeu a gravidade da situação, e o imperador Nero (54-68 d.C.) despachou o general Vespasiano para reprimir a revolta. Ele primeiro dominou a Galileia. Depois, em 68 d.C., preparou-se para avançar sobre Jerusalém. Os rebeldes tiveram uma trégua quando, após a morte de Nero, Vespasiano partiu para Roma a fim de assumir o trono, deixando seu filho Tito (mais tarde imperador) encarregado das operações. Em 70 d.C., depois de longo cerco, Tito capturou Jerusalém, destruiu o Templo e levou os tesouros como espólio. Agora a resistência a Roma era liderada pelos zelotes, um partido nacionalista fanático. Eles resistiram até 73 d.C., quando seu último reduto, Massada, antiga fortaleza do rei Herodes nas montanhas, finalmente caiu. Quase toda a guarnição — mil homens, mulheres e crianças — preferiu se suicidar a se render. A esperança dos judeus de um Estado independente na Palestina continuaria sem se realizar por mais 1.900 anos.

*Parte do arco construído em Roma em honra do imperador Tito (79-81 d.C.). Mostra o desfile dos tesouros do Templo através de Roma depois que Tito saqueou Jerusalém em 70 a.C.*

**PROCURADORES ROMANOS NA JUDEIA**
**Todas as datas são aproximadas e d.C.**

| | |
|---|---|
| Copônio | 6–8 |
| Marcos Ambívio | 9–12 |
| Ânio Rufo | 12–15 |
| Valério Grato | 15–26 |
| Pôncio Pilatos | 26–36 |
| Marulo | 37 |
| Herênio Capito | 37–41 |
| [Governo do rei Herodes Agripa I] | 37–44 |
| Cúspio Fado | 44–46 |
| Tibério Alexandre | 46–48 |
| Ventídio Cumano | 48–52 |
| Marco Antônio Félix | 52–60 |
| Pórcio Festo | 60–62 |
| Luceio (Clódio) Albino | 62–64 |
| Géssio Floro | 64–66 |

## Qumran e os Manuscritos do Mar Morto

Nem todo mundo na Judeia reagiu ao domínio romano com violência. Um grupo em particular simplesmente se retirou numa comunidade asceta. Eram os essênios; seus textos — os chamados Manuscritos do Mar Morto — e as ruínas de suas construções começaram a ser descobertos em 1947 no remoto sítio de Qumran, no deserto, à margem do mar Morto.

Os essênios provavelmente se originaram de um movimento de protesto dos sacerdotes aristocratas, os saduceus (*ver p. 123*), contra os asmoneus, que não tinham linhagem sacerdotal (*ver p. 140*). Eram um grupo asceta, com rígidas normas disciplinares, que defendia a propriedade coletiva e tinha um culto próprio, no qual se destacavam as refeições comunitárias. Os manuscritos mostram que sua principal ocupação era o estudo das Escrituras, que eles interpretavam de acordo com os ensinamentos de seu fundador, chamado o Mestre da Justiça. Consideravam-se o único Israel verdadeiro, e sua separação do resto da sociedade judaica foi total. Eram em essência uma seita apocalíptica contemplativa, que se preparava para o julgamento vindouro, quando herdaria as promessas de Deus para Israel. Então, um novo templo tomaria o lugar do impuro Templo de Jerusalém.

Nem todos os essênios viviam em Qumran. Havia muitas comunidades essênias espalhadas pelo país. João Batista e Jesus teriam tido ligações com elas, pelo menos por um período de sua vida. Existem muitas semelhanças entre a visão dos essênios e os ensinamentos de João (*ver pp. 160-161*), de Jesus e da Igreja primitiva. Entretanto, também há muitas diferenças profundas, o que torna improvável uma ligação estreita entre eles.

# O NOVO TESTAMENTO



À esquerda: A Árvore de Jessé, *do Saltério de Ingeborg (França, c. 1210). A linhagem de Jesus a partir de Jessé, pai do rei Davi (Mat. 1:6-16; comparar com Luc. 3:23-38), era comumente representada em iluminuras de manuscritos europeus dos séculos XII a XIV. A genealogia era mostrada como uma árvore: em suas raízes dorme Jessé e no topo está Jesus. Entre eles, estão (de baixo para cima) Davi, Salomão e Maria.*

# I A "BOA NOVA"

*O Novo Testamento começa com os evangelhos de Mateus, Marcos, Lucas e João. "Evangelho" vem do latim* evangelium, *que significa "boa nova". No Novo Testamento, ganha o sentido específico da mensagem deixada por Jesus e pregada por seus seguidores. Para os cristãos, "evangelho" passou a significar o relato escrito da vida, morte e ressurreição de Jesus. Os evangelhos contam histórias semelhantes, mas apresentam fatos e pontos de vista diferentes. Os quatro começam com a pregação de João Batista.*



São Marcos, *dos Evangelhos de Ebbo, produzidos em Rheims, na França, em 816-835 d.C.*

## A VIDA DE JESUS POR ESCRITO

Na maior parte da história cristã, os evangelhos foram considerados biografias; essa visão remonta ao escritor Justino Mártir (c. 150 d.C.), que os definiu como "memórias dos apóstolos". Entretanto, a abordagem crítica comum aos quatro evangelhos do Novo Testamento — Mateus, Marcos, Lucas e João — os vê como obras sem paralelo na literatura de sua época. Segundo essa visão, seus autores, os evangelistas, transmitiram tradições orais populares. Mais recentemente, os evangelhos voltaram a ser vistos como recordações biográficas autênticas, e semelhanças com outros textos do período foram levantadas. Hoje, no entanto, os autores dos evangelhos não são vistos como meros transmissores de tradições existentes, mas como escritores criativos, cada qual contribuindo com sua compreensão particular do material que tinha à disposição.

Para os primeiros cristãos, a única "Escritura" verdadeira era o cânone judaico. Provavelmente, só no fim do século II d.C. foi aceita a autenticidade do que conhecemos como os quatro evangelhos do Novo Testamento. Nessa época, o teólogo Irineu de Lyon (c. 180 d.C.) identificou seus autores com os quatro animais de Ezequiel 1, que desde então se tornaram símbolos dos evangelistas na iconografia cristã: "Os quatro tinham a face de um humano, a face de um leão do lado direito, a face de um touro do lado esquerdo e a face de uma águia; [...] todas as criaturas tinham duas asas" (Ez. 1:10-11).

Vários fatores parecem ter contribuído para que os quatro evangelhos conquistassem condição canônica. Os livros foram compostos relativamente cedo: todos já existiam em 100 d.C., e os estudiosos hoje tendem a datá-los de época ainda mais remota. Apesar das diferenças, em especial entre João e os três evangelhos "sinópticos" (*ver abaixo*), eles compartilham forma e conteúdo, porque contam a vida de Jesus em uma narrativa interligada que começa com as atividades de João Batista e culmina na prisão, morte e ressurreição de Jesus. Os evangelhos contam basicamente a mesma história de maneira mais sóbria e menos lendária que outros textos do cristianismo primitivo que reivindicam a condição de evangelhos (*ver quadro*). A autenticidade dos quatro evangelhos, na forma como era percebida pela Igreja primitiva, estava na maneira como cada livro foi intitulado ("O Evangelho segundo Mateus", e assim por diante). Os cristãos do século II admitiram que esses textos podiam ser reunidos em uma única narrativa: tal harmonização, o *Diatessaron* produzido pelo escritor Taciano em meados do século II d.C., foi muito popular.

Sempre se reconheceu que os evangelhos de Mateus, Marcos e Lucas são tão semelhantes em forma e substância que podiam ser colocados lado a lado e lidos paralelamente. Por essa razão, são chamados evangelhos "sinópticos", de uma palavra grega que significa "ver junto". Existe consenso sobre a existência de uma relação entre os três textos, mas não sobre a exata

## Evangelhos apócrifos

Do século II em diante, se não mais cedo, os cristãos produziram uma vasta literatura para suplementar os textos do Novo Testamento, entre eles evangelhos escritos no estilo dos textos canônicos. Alguns desses evangelhos apócrifos, como o "Evangelho segundo os Hebreus", só são conhecidos por breves citações em outros textos, mas dividem-se basicamente em duas categorias: "evangelhos da infância" e "evangelhos da Paixão". Sua intenção era satisfazer a curiosidade popular sobre fases da vida de Jesus pouco registradas no Novo Testamento, como os "anos secretos" entre seu nascimento e o início de suas pregações, ou a época entre a Ressurreição e a Ascensão. Eles contam apenas acontecimentos lendários com o objetivo de exaltar a pessoa de Jesus. Em geral, têm caráter fantástico e até de mau gosto, como a série de milagres realizados por Jesus quando menino.

Alguns desses evangelhos apócrifos contêm frases de Jesus que não são encontradas na Bíblia, algumas das quais podem ser autênticas. De particular interesse é o "Evangelho de Tomé", um dos documentos descobertos em 1945 em Nag Hammadi, no Egito. Datado provavelmente de c. 140 d.C., é uma coleção de 114 máximas de Jesus, supostamente transmitidas ao apóstolo Tomé depois da Ressurreição. Embora essas máximas possam conter reminiscências genuínas dos ensinamentos de Jesus, a grande maioria representa a doutrina de um movimento religioso conhecido como gnosticismo, popular no mundo mediterrâneo. Portanto, como outros evangelhos não canônicos, o Evangelho de Tomé foi produzido por uma facção cristã que sustentava pontos de vista diferentes dos da corrente predominante na Igreja.

Descida de Cristo aos Infernos *(c. 1310), de Duccio di Buonisegna (c. 1278-1318). O episódio não aparece nos evangelhos canônicos, embora possa ser deduzido em Mateus 27:52, 1 Pedro 3:19 e Salmos 24:7. Encontra-se no Evangelho de Nicodemos, ou Atos de Pilatos, texto apócrifo do século IV, derivado em parte de um texto apócrifo anterior em latim. Segundo a história, depois de sua morte Jesus desceu à região dos mortos (inferno ou limbo) e libertou os justos do pecado e da morte. Assim como neste quadro, os artistas costumavam representar Adão e Eva como os primeiros a ser libertados.*

natureza dessa relação. A questão central do que se costuma chamar de "problema sinóptico" é a origem da forma aparentemente comum dos três primeiros evangelhos. Hoje, a teoria mais aceita (com muitas variações) é que Marcos foi o primeiro evangelista, e Mateus e Lucas teriam se inspirado nele e em um segundo documento, perdido, que os estudiosos chamam de "Q" (do alemão *Quelle*, "fonte"). "Q" não era uma narrativa, pois consistiria quase inteiramente em ditos de Jesus.

Entretanto, essa visão tem sido muito contestada. Não há evidências que apoiem a existência de ordem cronológica nos evangelhos, e a ideia de que, por ser menos sofisticado e menos teológico, o evangelho de Marcos deva ser o primeiro não se sustenta. A existência de "Q" é apenas hipotética, e outras explicações para as semelhanças entre as frases de Jesus em Mateus e Lucas são igualmente possíveis. Uma nova ênfase na individualidade dos evangelhos e na necessidade de estudar cada um deles isoladamente pode levar os estudiosos a concluir que cada autor usou uma variedade muito maior de documentos ou tradições orais. Isso por sua vez pode levar a uma compreensão maior dos motivos que estão por trás de cada relato. Porém, o "problema sinóptico" talvez continue sem solução.

São Mateus, *em manuscrito anglo-saxão dos Evangelhos do século VIII.*

# OS EVANGELHOS CANÔNICOS

O Evangelho de Mateus, primeiro livro do Novo Testamento, desfrutou grande proeminência entre os primeiros cristãos, sendo muito mais citado e comentado que os outros evangelhos. Sua popularidade talvez se deva ao fato de a autoria ser atribuída ao apóstolo Mateus, embora seja mais provavelmente obra de um cristão desconhecido que viveu nas últimas décadas do século I d.C. Mais claramente que qualquer outro evangelho, o de Mateus brotou da vida e dos problemas de uma comunidade específica, possivelmente Antioquia, na Síria. Os estudiosos concordam em que foi escrito para uma Igreja que parecia sofrer considerável tensão. Perseguições (Mat. 10:17-18, 23:34) e dissensões (Mat. 13:21, 24:10) determinaram que a história do evangelho fosse contada de novo. Também é consenso que a Igreja era formada tanto de gentios quando de cristãos judeus, em reflexo da população de Antioquia.

Para Mateus, a história da salvação se divide em duas épocas: a do judaísmo (a Lei) e a de Jesus (o evangelho, ou boa nova). A polêmica contra os escribas e fariseus, como em Mateus 23, visa a enfatizar que Jesus é o Messias e que seus seguidores são o verdadeiro Israel, podendo tomar decisões sobre a doutrina e, em especial, sobre a ordem da Igreja, que é outra das principais preocupações do livro. As muitas citações das Escrituras Hebraicas esclarecem que a era do cumprimento se seguiu à era da promessa. Os cristãos viviam pela Lei de Moisés, mas segundo a interpretação de Jesus, que ocupara o lugar do grande legislador. Surpreendentemente, Jesus é identificado com a Sabedoria de Deus, que nos círculos judaicos já se equiparava à Lei (*ver pp. 126-127*).

Ao contrário de Mateus, Marcos foi, durante grande parte da história cristã, o menos valorizado dos evangelhos. Por volta do fim do século XIX, porém, estudos críticos passaram a considerá-lo o registro mais antigo e mais confiável da vida de Jesus, e provavelmente uma das fontes usadas por Mateus e Lucas. Desde então, cresceu a convicção de que seu autor foi um teólogo, que apresenta seu material com a intenção de transmitir uma determinada mensagem, e não um historiador.

Os versículos de abertura contam ao leitor quem Jesus realmente é: o Messias, aquele que veio cumprir a divina promessa das Escrituras, o Filho de Deus, que enfrenta Satanás no deserto (Mrc. 1:1-15). Mas os contemporâneos de Jesus não aceitaram sua verdadeira natureza: a resposta de Marcos é que isso aconteceu não só por sua cegueira, mas porque fazia parte do planos divinos. Os ensinamentos, a pregação e os milagres de Jesus receberam a incompreensão do povo, das autoridades religiosas e até dos discípulos. Sua identidade só se revelaria por meio de seu sofrimento, morte e ressurreição, o que explica a importância da narrativa da Paixão no evangelho de Marcos. O autor escrevia provavelmente para comunidades da época da Guerra Judaica (66-73 d.C.): Marcos 13 prevê a queda de Jerusalém em termos apocalípticos. Ele quer preparar o povo para o acontecimento ainda mais devastador do julgamento do Filho do Homem. Entretanto, como prelúdio disso, ele terá de sofrer segundo o modelo da vida terrena do Mestre.

São Lucas, *nos Evangelhos de Lichfield (“Evangelhos de São Chad”), em inglês, c. 720 d.C.*

O Evangelho de Lucas é semelhante em conteúdo aos de Mateus e Marcos, mas se diferencia dos outros dois sinópticos de várias maneiras. Grande parte do material é exclusivo da obra de Lucas, que revela considerável talento literário no uso do grego, levando a crer que escrevia principalmente para cristãos não judeus. Ele tem perspectiva histórica própria, porque seu evangelho é o primeiro em dois volumes; o segundo deles contém os Atos dos

## A teologia do Quarto Evangelho

João difere dos outros evangelhos no conteúdo, na ordem dos acontecimentos e, em especial, nos longos discursos, nos quais Jesus fala sobre sua autoridade. O autor parece ter se inspirado em grande diversidade de pensamentos e especulações. Textos de Qumran (*ver p. 145*) indicam que ele pode ter sido influenciado pela crença dualista na luta entre bem e mal, verdade e perversidade, que mais tarde será vencida por Deus. O judaísmo helenístico (*ver p. 132*) e correntes religiosas do mundo greco-romano, como o gnosticismo, também podem haver tido influência sobre o evangelista. As polêmicas com que Jesus se depara indicam que a audiência de João enfrentava uma crise de fé por causa dos ataques de sinagogas, que ameaçavam expulsar quem acreditasse que Jesus era divino (João 9:22, 12:42). O autor responde enfatizando que a fé em Jesus é o meio para a salvação e a vida eterna, e que o Cristo continua acessível àqueles que o procurarem. Um tema central na grande despedida que Jesus dirige aos discípulos (João 14-16) é assegurar aos cristãos que, sem sua partida da terra, a revelação de Deus não estaria terminada: o Espírito, que Jesus entrega na hora de partir, continua essa revelação e será o intermediário entre a realidade de Jesus e a Igreja em todas as épocas.

São João Evangelista Escreve o Evangelho,
*do Apocalipse de Lambeth (Inglaterra, c. 1260.)*

Apóstolos, a história da Igreja primitiva (*ver pp. 214-215*). Na forma como é apresentada nos dois livros de Lucas, ela se divide em três períodos: o de Israel, que termina com João Batista batizando as multidões e com a indicação de Jesus como Filho de Deus (Lucas 1-3); o período de Jesus (Lucas 4-21); e o da Igreja, que começa com a descida do Espírito Santo em Atos 2 (*ver pp. 216-217*). A época de Jesus é portanto o "meio do tempo", um tempo de paz, em que o demônio partiu e a verdadeira natureza do reino de Deus se manifesta na bondade de Jesus. Lucas se preocupa em corrigir a crença de muitos cristãos de que a segunda vinda de Jesus e o fim do mundo eram iminentes. Ao contrário, ele se centra na natureza do reino e em sua realidade na vida da Igreja. O fim do mundo deve ser esperado, de fato, mas não se sabe quando virá. Em Lucas, portanto, Jesus enfatiza a virtude da paciência.

O Evangelho de João se distingue dos três sinópticos. Pertence à tradição "joanina" (do grego *Iohannes*, João), também representada nas cartas de João (*ver pp. 252-253*) e, talvez, no Apocalipse (*ver pp. 254-256*). A data do quarto evangelho é incerta: tem sido considerada uma obra relativamente tardia, mas hoje os estudiosos tendem a atribuir mais valor histórico à sua descrição de Jesus do que no passado. Se o autor do Evangelho de João — em geral chamado simplesmente Quarto Evangelho — era próximo dos três sinópticos ou não, sua obra se serve de fontes e tradições diferentes e mostra uma perspectiva teológica distinta (*ver quadro acima*).

A Visitação, *no* Livre d'Heures du Maréchal de Boucicaut *(norte da França ou Flandres. c. 1410). Na visita a Isabel (mãe de João Batista), Lucas relata que Maria proferiu uma grande oração (Luc. 1:46-55). Conhecida no Ocidente como Magnificat (sua primeira palavra na versão em latim), ela se tornou parte da liturgia da Igreja.*

# O GRANDE PRECURSOR

No início de cada evangelho, a figura de João Batista aparece como precursor de Jesus Cristo, cumprindo a profecia de Isaías: "Uma voz clama: 'Preparai no deserto um caminho para o Senhor'" (Isa. 40:3; cada evangelho faz a citação de modo ligeiramente distinto). João introduz um novo ritual, o batismo, como meio de lavar os pecados do fiel e prepará-lo para o iminente julgamento de Deus (*ver pp. 160-161*). Segundo a Bíblia, as pessoas corriam para ele querendo ser batizadas no rio Jordão (Mat. 3:5-6; Mrc. 1:5). Entre eles estava Jesus, que, ao ser batizado, foi declarado Filho de Deus pelo Espírito que desceu do céu sobre ele "na forma de pomba" (Mat. 3:16; Mrc. 1:10; Luc. 3:22; João 1:32).

O Evangelho de Lucas oferece uma imagem distinta da figura de João Batista em narrativa substancial de sua concepção e nascimento. Lucas inicia com uma introdução no estilo grego e em linguagem clássica, dirigida a um certo Teófilo. Segue-se uma série de histórias no estilo peculiar de Lucas, à maneira da Septuaginta, tradução grega da Bíblia Hebraica (*ver p. 132*), com suas formas de linguagem características. Dois relatos semelhantes do nascimento de João Batista e de Jesus são ligados pelo episódio da visita da mãe de Jesus, Maria, à mãe de João, Isabel (Luc. 1:39-56). Conta-se que o Batista pertencia a uma linhagem sacerdotal: seu pai, Zacarias, era da "linhagem de Abias" e sua mãe, Isabel, era "descendente de Aarão", primeiro sacerdote de Israel (Luc. 1:5). A narrativa reflete com precisão a prática ritual do Templo de Jerusalém no século I d.C.: o anjo Gabriel anuncia a Zacarias o nascimento de um filho, João, por ocasião de uma das duas oferendas diárias de incenso no santuário do Templo (Luc. 1:11-17). Zacarias duvida da notícia trazida por Gabriel e, por isso, o anjo o emudece (Luc. 1:18-20). Esse é um resultado típico dos encontros entre um ser humano e um mensageiro celestial: Ezequiel e Daniel também ficaram emudecidos pela visão (Ez. 3:15; Dan. 10:15).

O relato também segue o padrão das histórias das Escrituras Hebraicas: o filho nasce de uma mulher idosa e estéril, como foi o caso de Isaac

## João e Elias

Quando Gabriel anuncia o nascimento de João Batista (Luc. 1:13-17), diz que ele seria possuído pelo "espírito e poder de Elias", para "conduzir os corações dos pais aos filhos" (Luc. 1:17). O arcanjo está citando as últimas palavras dos profetas canônicos, em que Malaquias prevê a chegada de Elias antes do acontecimento do grande dia de Javé (Mal. 4:5-6). Havia entre os judeus a crença de que o fim da história seria antecedido pelo aparecimento da figura de Elias, vindo do céu, para onde havia ascendido (*ver p. 98*). Foi dessa maneira que os seguidores de João Batista o viram, e é também assim que ele é representado nos Evangelhos Sinópticos. Significativamente, a descrição que Marcos faz das vestes de João no deserto — "pelos de camelo, com uma tira de couro ao redor da cintura" (Mrc. 1:6) — repete a de Elias em 2 Reis 1:8.

Todos os evangelistas dão testemunho da estreita ligação entre João e Jesus, vendo João como o ponto de partida do evangelho, aquele por meio de quem Jesus perceberia a iminência do reino de Deus e seu lugar nessa chegada. Entretanto, ao ver João como Elias, eles enfatizam o caráter precursor de sua missão: ele é o precursor e anunciador daquele que seria ainda maior. Assim, João é visto como a voz que clama no deserto (Isa. 40.3), que prepara o caminho do Senhor. Pode-se entender isso melhor no Quarto Evangelho, no qual João diz não ser Elias, mas a "voz que clama no deserto" da profecia de Isaías, que indica a todos a direção de Jesus Cristo (João 1:23).

(Gên. 18:9-15, 21:1-7), Sansão (Jz. 13) e Samuel (1 Sam. 1). Lucas retoma esse enredo. Por exemplo, na objeção de Zacarias de que ele e a mulher são velhos demais para gerar um filho (Luc. 1:18), repete a resposta de Abraão, pai de Isaac (Gên. 17:17). Mas o paralelo mais interessante talvez seja a declaração de Gabriel de que a futura criança deverá se abster de vinho e bebidas fortes (Luc. 1:15). A mesma instrução é dada à mãe de Sansão antes de seu nascimento (Jz. 13:4), e também se aplicava aos sacerdotes e aos que, como Sansão, eram "nazareus" e tinham feito um juramento especial a Deus (Jz. 13:5). A temperança era também uma característica do grupo religioso israelita radical chamado de recabita, cujo nome deriva de Recab, pai de Jonadab (2 Reis 10:15), patriarca do grupo. Os recabitas renunciaram a todas as armadilhas da civilização, como viver em casas e praticar a agricultura, como se relata em Jeremias 35. Isso lembra a vida ascética do Batista no deserto.

A história do nascimento de João provavelmente expressa a tradição, entre seus próprios discípulos, de destacar o caráter excepcional do Batista. É dada considerável ênfase a seu nome, raro na família de Zacarias (Luc. 1:61). João (*Yohanan* ou *Yehohanan*, em hebraico) significa "Javé foi misericordioso", o que indica que ele representa um ato especial da bondade divina para com seu povo. Para Lucas, porém, o nascimento de João é, acima de tudo, prelúdio do nascimento de Jesus. Esse é o propósito da visita da mãe de Jesus, Maria, à sua parente grávida, Isabel (Luc. 1:39-45). Tanto Isabel quanto o bebê que ela carrega no ventre reconhecem a autoridade maior do filho ainda não nascido de Maria. Esse é o único encontro entre Jesus e João em Lucas, que conta que este foi preso antes do batismo daquele (ver Luc. 3:18-22).

## O Batista e Qumran

Desde a descoberta dos Manuscritos do Mar Morto em Qumran, no fim da década de 1940 e início da de 1950 (*ver p. 145*), levantou-se a hipótese de que João Batista fosse membro da comunidade de Qumran ou, no mínimo, da seita essênia que ela professava. Qumran era governada por uma hierarquia de sacerdotes, o que pode explicar a tradição da linhagem sacerdotal de João. Tanto João quanto a comunidade de Qumran tinham visão fortemente escatológica, ou seja, esperavam o fim do mundo e o juízo final, para os quais se preparavam no deserto. Banhos rituais foram importantes na vida da seita, assim como o foi o batismo no ministério de João.

Entretanto, essas e outras semelhanças podem ser exageradas. Havia muitos movimentos apocalípticos no judaísmo do século I d.C., os quais podem haver tido muito em comum e sofrido mútua influência. A maneira de João de rezar em público para quem quisesse ouvi-lo contrasta com o caráter fechado e sigiloso de Qumran, e não há sinal de que ele partilhasse as crenças da comunidade, como as doutrinas messiânicas. Os banhos de Qumran eram repetidos todos os dias para preservar a pureza levítica, enquanto o batismo praticado por João, pelo menos segundo os evangelhos, só ocorria uma vez por ano e visava a garantir o perdão dos pecados em face do fim do mundo. Entretanto, o historiador judeu Josefo, do século I d.C., afirma que o batismo, como os banhos de Qumran, "não visava ao perdão dos pecados, mas à purificação do corpo". Embora não haja relação direta entre Qumran e o Batista, ambos são exemplos do clima de expectativa apocalíptica.

*O deserto da Judeia, perto do mar Morto.*

# A ANUNCIAÇÃO

A Anunciação, *ícone grego anônimo do século XVII.*

No Novo Testamento há dois relatos da Anunciação, o momento em que um anjo anuncia a iminente chegada de Jesus ao mundo. O motivo dessas narrativas é deixar claro que o nascimento era um milagre, no qual Deus estava diretamente envolvido. Basicamente, elas seguem a mesma forma de vários episódios bíblicos, que contam uma promessa de Deus, feita por meio de um mensageiro angélico ou de um homem santo, da concepção por uma mulher aparentemente incapaz de dar à luz. Eis alguns exemplos: as anunciações a Sara (Gên. 18:9-15; *ver p. 142*), à mãe de Sansão (Jz. 13:2-5; *ver p. 75*) e a Ana (1 Sam. 1:4-10; *ver p. 76*). Em nenhum dos casos tratava-se de uma virgem, e em todos a gravidez ocorreu pelo relacionamento sexual. O milagre está na alteração que Deus faz do curso da natureza, já que as mulheres eram estéreis ou tinham passado da idade normal de ter filhos. Sua concepção demonstra que nada "é impossível para o Senhor" (Gên. 18:14). O mesmo padrão se repete na história do anúncio do nascimento de João Batista à idosa Isabel. A anunciação é feita pelo arcanjo Gabriel, em Lucas 1:7-20, e depois recontada por ele a Maria para tranquilizá-la, em Lucas 1:36-37.

As duas anunciações do nascimento de Jesus são fortemente coloridas com temas das Escrituras Hebraicas. No Evangelho de Mateus, um anjo do Senhor aparece em sonho a José e lhe diz que sua noiva, Maria, está grávida por obra do Espírito Santo (Mat. 1:18-20). Sonhos e aparições de anjos eram recursos bíblicos comuns na narrativa de revelações, como por exemplo em Gênesis 19 e 37. Para Mateus, o principal significado do relato está no nome simbólico do filho de Maria: ele será chamado Jesus, forma grega do nome hebraico Joshua, que significa "Javé salva". Mateus então cita Isaías 7:14: "Eis que a virgem conceberá e dará à luz um filho, e ele se chamará Emanuel, que significa 'Deus está conosco'" (Mat. 1:23). Nem a palavra hebraica traduzida em grego como "virgem" nem seu equivalente grego implicam necessariamente alguém que nunca teve relações sexuais, mas apenas uma jovem que atingiu a maturidade

**O ARCANJO GABRIEL**

**Os anjos, mensageiros celestes de Deus, são liderados por seres superiores chamados "arcanjos" (*ver p. 119*). O número de arcanjos varia, mas Gabriel (*ver ilustração na página ao lado*) é sempre incluído entre eles. Seu nome significa "Força de Deus" ou "Poderoso homem de Deus". Ele aparece pela primeira vez no Livro de Daniel, no qual é ao mesmo tempo mensageiro de Deus e intérprete da visão apocalíptica de Daniel (Dan. 8:16; *ver p. 136*). Daniel também é instrumento da destruição final dos ímpios, e diz-se que ele é o anjo cuja trombeta anunciará o fim do mundo (Apoc. 11:15). Tradicionalmente, é identificado com o arcanjo que deverá anunciar a volta do Cristo em 1 Tessalonissences 4:16.**

*O deus alado Ahura Mazda é representado neste relevo do palácio real persa em Persépolis. Suas manifestações,* os amesha spentas, *podem ter servido de modelo aos arcanjos na Bíblia* (ver acima e também p. 119*)*.

A Anunciação *(c. 1445), um dos cinco painéis pintados por Domenico Veneziano (c. 1400-1461) para o retábulo de Santa Lucia di Magnoli.*

sexual. Mas o evangelista parece ter pretendido dizer que Maria nunca teve relação sexual: sua concepção não ocorre por ação humana, embora José, com sua educação estritamente judaica, esperasse que sua noiva fosse virgem. Ele poderia ter rompido o noivado se ela não o fosse, como de fato planejava fazer antes que o anjo lhe aparecesse (Mat. 1:19).

A narrativa da Anunciação em Lucas (Luc. 1:26-38) prevê a concepção de Maria, assim como o nascimento de um filho, e de novo a influência da Bíblia é evidente. O arcanjo Gabriel aparece em forma humana e anuncia a Maria que Jesus deverá cumprir as promessas messiânicas da linhagem real de Davi (Luc. 1: 27). Mas é José, e não Maria, que descende de Davi (Luc. 1:27), e a afirmação "Não conheço homem", de Maria, (Luc. 1:34) deixa claro que José não é o pai de Jesus. Para explicar essa discrepância genealógica, evangelhos apócrifos posteriores (e a Igreja primitiva) afirmaram que Davi era ancestral de José *e* de Maria.

Em Lucas, Jesus é explicitamente o "Filho de Deus". Ele é concebido, como em Mateus 1:20, pelo Espírito Santo. A narrativa de Lucas não deixa dúvida sobre a virgindade de Maria e o nascimento de Jesus de uma virgem. Estudiosos afirmaram que os relatos em Mateus e Lucas são comparativamente posteriores, e que autores anteriores do Novo Testamento não pareciam saber do nascimento de uma virgem. Por essa razão, tem-se argumentado que a Igreja primitiva criou a história com base em profecias das Escrituras Hebraicas (como Isa. 7:14), de modo a engrandecer a pessoa de Jesus e explicar a ideia do Deus feito carne.

Qualquer juízo sobre a autenticidade do fato de nascer de uma virgem vai depender da crença no milagre. A ideia de um deus fecundar uma mulher era comum na Antiguidade: aparece com frequência na mitologia greco-romana, na qual os filhos dessas uniões são em geral figuras míticas ou lendárias, e também é encontrada em Gênesis 6:1-4 (*ver p. 32*). À medida que o cristianismo se espalhou pelo mundo mediterrâneo, o conceito pode ter influenciado a maneira de apresentar e entender o nascimento de Cristo. Entretanto, a ideia da concepção sem um pai seria rejeitada pela maioria dos judeus, e o Novo Testamento tem o cuidado de evitar descrever a paternidade divina nos termos francamente humanos que caracterizam os mitos sobre as uniões lascivas de, por exemplo, Zeus. Maria concebe por obra do Espírito Santo — um conceito teológico muito mais refinado.

**O LÍRIO E A POMBA**

**A representação artística da Anunciação tem longa tradição, marcada pelo uso de símbolos recorrentes. Um dos mais comuns é o lírio. Símbolo universal de pureza, a flor é pintada com frequência se abrindo em um vaso, em geral entre a figura de Maria e a do anjo Gabriel. A associação entre o lírio e Maria deriva do Cântico dos Cânticos 2:1-2: "Sou a rosa de Sharon, o lírio dos vales. Como o lírio entre os espinhos, assim é meu amor entre as jovens". O Cântico dos Cânticos tem sido interpretado pelo cristianismo (ver p. 139) como alegoria do amor de Deus por Maria, sua noiva, ou do amor de Cristo pela Igreja. Na pintura do artista italiano Domenico Veneziano (*acima*), Gabriel segura um lírio (*Lilium candidum*). Ele às vezes é mostrado segurando um cetro encimado por uma flor-de-lis.**

**A pomba, pássaro mencionado com mais frequência na Bíblia, também tem forte função simbólica. Nas ilustrações bíblicas cristãs, ela é usada para simbolizar o Espírito Santo, e, em representações da Anunciação, costuma aparecer pairando sobre a cabeça de Maria ou com o bico inclinado para a sua orelha — sinal da milagrosa concepção de Jesus (*ver ilustração na página ao lado*).**

# A NATIVIDADE

Só um evangelista, Lucas, relata o nascimento de Jesus em detalhes, mas sua bela e comovente narrativa apresenta alguns problemas. Ele data a Natividade da época do censo de todo o Império Romano ordenado pelo imperador Augusto (27 a.C.-14 d.C.), que teria ocorrido quando Quirino era governador da província romana da Síria (Luc. 2:1-7). Nada se sabe sobre um censo universal no reinado de Augusto, e uma tarefa monumental como essa com certeza teria sido citada em outras fontes. Entretanto, Josefo, autor judeu do século I d.C., registra que Quirino conduziu um censo na Síria e na Judeia, e concorda com Lucas em que era uma inovação. Mesmo que seja esse o censo mencionado por Lucas, existem outras dificuldades: o governo de Quirino só começou em 6 d.C., durante o reinado de Augusto, dez anos depois da morte de Herodes, o Grande (4 a.C.; *ver p. 143*), em cujo reinado Lucas coloca os fatos que antecederam o nascimento de Jesus (Luc. 1:5). O evangelista provavelmente pretendia dar mais autenticidade à sua narrativa ligando-a a fatos históricos. Tanto em seu evangelho quanto nos Atos (*ver pp. 214-215*), a intenção de Lucas parece ter sido dar à história cristã importância universal, como parte da história geral humana. Convém notar que a genealogia de Jesus em Lucas 3 vai além da equivalente em Mateus (Mat. 1), para ligar o Cristo a Adão, ancestral de toda a humanidade.

A Natividade *(c. 1430), obra de artista alemão anônimo. O nascimento de Cristo foi representado pela primeira vez no início do século IV d.C. e desde então tem inspirado mais imagens talvez do que qualquer outro tema do Novo Testamento, exceto a Crucificação. O boi e o jumento são figuras tradicionais, mas não são mencionados em Lucas. Devem sua presença a uma passagem de Isaías: "O boi conhece seu proprietário, e o jumento a manjedoura de seu dono" (Isa. 1:3). Nesta pintura, excepcionalmente, José está ausente.*

Em Lucas, o censo exige que todas as pessoas se registrem na cidade de seus ancestrais, o que obriga José e Maria a viajar de sua cidade natal, Nazaré, na Galileia, até Belém, na Judeia, local de nascimento do rei Davi (Luc. 2:3-4). Mas, um censo romano só levava em conta a residência, e não o lar ancestral, de modo que o motivo de Lucas devia ser teológico. A Igreja primitiva dava considerável importância ao fato de Jesus descender de Davi, mas, mais significativamente, Belém era o lugar em que o Messias deveria nascer, segundo o profeta Miqueias (Miq. 5:2, citado em Mat. 2:6 e referido em João 7:42). Os evangelhos dizem que Jesus veio de Nazaré (Mat. 26:69-71; Mrc. 1:9; João 7:41; etc.). A história de Lucas pode bem ser uma tentativa de conciliar as origens galileias de Jesus com a tradição de que o Messias nasceria em Belém.

Lucas coloca o nascimento de Jesus num cenário humilde: como não havia "lugar para eles na estalagem", Maria deitou Jesus em uma manjedoura (Luc. 2:7), o que dá a entender que ela deu à luz num estábulo. Desde meados do século II, a tradição cristã tem afirmado que Jesus nasceu em uma caverna, e desde o início do século III, no mínimo, uma caverna em Belém é venerada como local de seu nascimento. A atual Igreja da Natividade foi construída sobre ela no reino do imperador Justiniano (527-565 d.C.). As cavernas eram usadas como abrigo para os animais: um estábulo dentro de uma caverna, com sua manjedoura, foi datado de c. 1200 a.C. Entretanto, lendas sobre o nascimento de um ser divino em uma caverna podem ter influenciado a tradição cristã.

A ideia da revelação divina a pessoas simples está de acordo com a visão geral do texto de Lucas. Mas há também muitas histórias pagãs de deuses que visitam camponeses, com pastores no nascimento e na infância de heróis como Ciro, Rômulo e Remo. Os pastores são os primeiros a testemunhar o nascimento de Jesus, enviados a Belém pelo anjo que "trouxe as boas novas" do nascimento do "salvador" mandado por Deus para levar a paz perpétua a seu povo (Luc. 2:8-20). A linguagem de Lucas, em particular as expressões "trazer as boas novas" e "salvador", lembra inscrições da Ásia Menor relativas ao nascimento do imperador Augusto.

## A Apresentação

A história da apresentação de Jesus a Deus no Templo conclui a narrativa do nascimento (Luc. 2:22-39). Ela corresponde à história dos pastores: o centro da vida religiosa judaica agora dá testemunho da natureza e da missão de Jesus. Maria e José apresentam Jesus para o ritual tradicional de purificação. Lucas vê o ritual como uma consagração e o cumprimento espiritual da lei de que o primogênito do sexo masculino pertence a Deus (Luc. 2:22-24). Trata-se provavelmente de uma imitação deliberada da consagração de Samuel no templo de Silo (1 Sam. 1:24-28). Simeão e Ana, que testemunharam a apresentação de Jesus no Templo, são figuras proféticas. O Espírito Santo, que havia prometido a Simeão que ele não morreria antes de ver o Messias, guia-o até o Templo (Luc. 2:26-27). O cântico de louvor de Simeão (Luc. 2:29-32), conhecido como *Nunc Dimittis*, suas primeiras palavras em latim, é composto de reminiscências do Segundo Isaías (*ver p. 112*) e reafirma o que permeia todo o Evangelho de Lucas, quando ele diz que Jesus trará a salvação tanto para os gentios como para Israel. Simeão também prevê a paixão de Jesus e o sofrimento de Maria (Luc. 2:34-35). As comoventes palavras de Simeão a Maria ilustram o interesse de Lucas pelas mulheres. Isso é evidente nos primeiros capítulos de seu evangelho, nos quais se destacam, além de Maria, a mãe do Batista, Isabel, e a profetisa Ana (Luc. 36-39).

A Apresentação no Templo, *mosaico (1291) de Pietro Cavallini (c. 1250–c. 1350) na Igreja de Santa Maria, no Trastevere, em Roma.*

O MASSACRE DOS INOCENTES E A FUGA PARA O EGITO
Segundo Mateus, o rei Herodes ordenou o assassinato de todas as crianças menores de dois anos (o "Massacre dos Inocentes") de Belém, na tentativa de matar o Messias, de cujo nascimento ouvira falar (Mat. 2:16-18). A essa altura, a família de Jesus já tinha fugido para o Egito, onde permaneceu até a morte de Herodes (Mat. 2:13-15).

Mateus cita a profecia de Jeremias em relação ao Massacre dos Inocentes (Mat. 2:18), mas o episódio inspira-se mais em Êxodo 1:15-22 — passagem na qual outro rei ameaça meninos com a morte (*ver pp. 56-67*). A história faz parte da tentativa de Mateus de apresentar Jesus como um novo Moisés (ver também Mat. 2:20 e Êx. 4:19). Não se pode afirmar que o massacre tenha ocorrido, mas Herodes, o Grande (*ver p. 142*) foi com certeza um monarca violento, e a narrativa de Mateus é coerente com a crônica de seu reinado.

A fuga de José e sua família para o Egito é outra história registrada apenas por Mateus (Mat. 2:13-15). Baseia-se em Oseias 11:1 e mostra Jesus indo para o Egito como representante de Israel. De novo, histórias de pessoas que são obrigadas a fugir da opressão dos reis eram compatíveis com o que se sabia do reinado de Herodes.

O registro do estabelecimento da família em Nazaré, no retorno (Mat. 2:23), parece ser uma tentativa de conciliar os antecedentes galileus de Jesus com a tradição de seu nascimento em Belém. Mateus cita uma profecia obscura e não comprovada (Mat. 2:23), aparentemente para mostrar que a palavra "nazareno", pela qual os cristãos foram mais tarde conhecidos, indicava que Jesus veio de Nazaré.

Mateus conta (Mat. 2:22) que José tinha medo de viver na Judeia sob o filho de Herodes, Arquelau, e levou sua família para a Galileia, governada por outro de seus filhos, Herodes Antipas (o Herodes da história de João Batista). Arquelau era um tirano notório: nomeado governador da Judeia pelos romanos depois da morte de seu pai, em 4 d.C., fez um governo tão violento que acabou sendo deposto em favor do governo direto dos romanos em 6 d.C. (*ver mapa, p. 143*).

# OS TRÊS REIS MAGOS

O relato de Mateus sobre os "magos do Oriente" (Mat. 2) serve ao mesmo propósito das histórias dos pastores e de Simeão e Ana em Lucas (*ver quadro, p. 157*). Como estrangeiros que prestam homenagem a Jesus, eles prenunciam a futura disseminação da fé cristã no mundo pagão. É possível que a história da estrela que guiou os magos até Jesus se baseie em algum fenômeno raro na época (por exemplo, tem-se afirmado que o cometa Halley foi visível por volta de 10 d.C.), mas essa não foi a maior preocupação do evangelista.

Como outros povos, os judeus acreditavam que estrelas e planetas podiam ser sinais ou presságios da vontade divina. O relato de Mateus provavelmente tem seu antecedente na Bíblia: em Números, o vidente Balaão prevê que "uma estrela procederá de Jacó" (Núm. 24:17). Esse sinal acabou sendo entendido no judaísmo como uma referência ao Messias: um movimento messiânico judeu contra Roma (132-135 d.C.) chamou seu líder de Simão Bar Kochba, "Simão filho da estrela". Mateus afirma que a estrela que os reis observaram era a do rei dos judeus, e vários salmos entenderam num sentido messiânico a afirmação de que reis trariam presentes a um monarca israelita. Particularmente significativa é a passagem de Isaías que veio a ser interpretada como relativa ao Messias: "As nações virão à tua luz, e os reis ao resplendor de tua aurora". E continua falando de camelos trazendo ouro e incenso em louvor de Deus (Isa. 60:6). Essas passagens deram origem à crença de que os visitantes eram reis e seriam três.

No original grego, os visitantes são chamados *magi*, palavra que descreve os que praticavam artes mágicas no Oriente. Os magos eram originalmente um clã dos medas (*ver p. 108*) que depois formou a casta sacerdotal da Pérsia. No tempo de Jesus, a palavra *magi* indicava os praticantes profissionais de vários tipos de conhecimentos mágicos, como a interpretação dos sonhos ou a astrologia. Essas figuras eram comuns na região do Mediterrâneo, mas a ideia de os magos serem originários do remoto Oriente persistiu sempre, como mostra o Evangelho de Mateus. Em outras passagens do Novo Testamento, os *magi* não são retratados a uma luz tão positiva. Nos Atos dos Apóstolos,

*A atual cidade montanhosa de Nazaré.*

as artes do mago Simão (Atos 8:9-24) e do mago e falso profeta judeu Bar-Jesus, ou Elimas (Atos 13;6-12), são frustradas pelos apóstolos de Cristo. O filósofo judeu Filo, dessa época, mostra grande consideração pelos magos genuínos, mas ataca os charlatães que pervertem suas práticas. Mateus repete a visão positiva de Filo sobre os magos: sua sabedoria lhes permite reconhecer o significado da estrela e a condição real de Jesus (Mat. 2:2), e eles têm o poder de receber a mensagem de Deus em um sonho (Mat. 2:12).

Ao contrário de Lucas, Mateus considera Belém a cidade natal de José e Maria: traça a genealogia de Jesus através da família real de Davi (Mat. 1) e afirma que seus pais têm casa lá (Mat. 2:11). Os astrólogos perguntam em Jerusalém onde nasceu o rei dos judeus (Mat. 2:2), e os sacerdotes e escribas lhes dizem que a profecia havia designado Belém como o lugar de onde viria o verdadeiro rei de Israel, o "pastor" (Mat. 2:4-6). Portanto, Herodes sabe em que cidade nasceu a criança, mas não conhece sua família: só os visitantes do Oriente são guiados pela estrela até a casa onde está Jesus.

*Moeda cunhada pelo chefe revolucionário judeu Simão Bar Kochba durante a revolta contra Roma em 132-135 d.C. Bar Kochba foi aclamado por seus seguidores como o esperado Messias. A moeda mostra a fachada do Templo de Jerusalém, destruído em 70 d.C.*

A Adoração dos Reis, *de um dos mais esplêndidos manuscritos europeus medievais, as* Très Riches Heures du Duc de Berry *(1413-16), ilustradas pelos irmãos Limbourg (ativos em c. 1400-16).*

# II O MINISTÉRIO DE JESUS

*Segundo os evangelhos, a carreira adulta de Jesus começa quando ele é batizado por João, que proclamava a vinda do Messias e do iminente julgamento divino. Depois de 40 dias e 40 noites no deserto, Jesus voltou à Galileia, onde começou seu ministério. Viajou por essa região e foi para Jerusalém, pregando em sinagogas e no campo. Falando a plateias cada vez maiores, ele se servia principalmente de parábolas, pelo menos segundo os Evangelhos Sinópticos. Os milagres, como curar os doentes, exorcizar os demônios e superar a força da natureza, também eram parte importante de seu ministério.*



## O BATISTA

Os autores dos evangelhos fizeram acréscimos à tradição sobre João Batista (*ver pp. 152-153*) para servir a seus propósitos literários e teológicos. Entretanto, os três Evangelhos Sinópticos concordam em que o elemento central de seu trabalho foi a defesa do batismo para a remissão dos pecados: Marcos afirma que ele "pregava o batismo" (Mrc. 1:4). A prática de João está ligada ao batismo judaico dos prosélitos como ritual de iniciação numa nova comunidade, embora haja dúvidas sobre se isso ocorria já na época em que João exerceu sua atividade. Estudiosos também especularam sobre uma possível ligação entre João e a comunidade de Qumran (*ver p. 153*), que também usava os banhos como meio de obter a pureza ritual. Outros movimentos batistas parecem ter florescido no vale do Jordão nos últimos séculos a.C., em oposição ao sacerdócio oficial de Jerusalém. O mandeísmo, uma seita gnóstica, alegava que o Batista era seu membro. Até hoje os mandeístas batizam em águas que denominam de "Jordão".

Característica singular do batismo de João nos evangelhos é o tom escatológico, ou seja, de prenúncio do fim do mundo. Ele afirmava a iminência do julgamento universal, do qual as pessoas só poderiam escapar arrependendo-se e limpando-se dos pecados. Segundo Mateus, os judeus, em especial seus líderes religiosos, os fariseus e os saduceus, não podiam alegar a descendência de Abraão para justificar sua condição de povo escolhido.

O Batismo de Cristo, *do ateliê de Bicci di Lorenzo (1375-1452). João batiza Jesus, enquanto uma pomba desce dos céu (Luc. 3.22).*

Em Lucas, o povo, os coletores de impostos e os soldados perguntam a João como enfrentar o julgamento de Deus. Ele lhes diz que devem levar uma vida baseada na justiça e na responsabilidade social, cada um de acordo com sua profissão (Luc. 3:10-14). O Evangelho de Lucas mostra especial interesse por esses grupos sociais, que também aparecem em destaque em seu relato sobre o ministério de Jesus.

Segundo todos os evangelhos, João dizia que, ao contrário do que as pessoas podiam pensar, ele não era o Messias (por exemplo, em Luc. 3:15). Todos os evangelhos mencionam Isaías 40, que fala daquele que irá "preparar o caminho do Senhor" (Isa. 40:3; comparar com Mat. 3:3; Mrc. 1:3; Luc. 3:4; João 1:23). A esse precursor se seguiria uma figura maior, que faria o julgamento dos ímpios e libertaria os justos por meio do batismo no Espírito Santo. Para o Quarto Evangelho, a representação do Batista como o grande precursor de Jesus obscurece tudo o mais sobre ele: sua atividade como ministrador do batismo é mencionada apenas incidentalmente (João 1; *ver texto lateral*).

O batismo de Jesus pode indicar que ele fosse discípulo de João, e os evangelhos parecem preocupados em negar isso. Em Mateus, João reconhece a superioridade de Jesus e o batiza só quando ele insiste nisso (Mat. 3:13-15). Lucas coloca a prisão de João (Luc. 3:20) antes do batismo de Jesus (3:21) e não afirma explicitamente que foi João quem o batizou. O Quarto Evangelho não faz nenhuma menção ao batismo de Jesus.

O batismo confirma que Jesus é o Filho de Deus e o Messias. Em Marcos, essa parece ser uma experiência pessoal, na qual Jesus aceita sua verdadeira natureza: só Jesus vê "os céus se abrirem" e ouve a voz divina proclamar: "Tu és meu Filho, o Amado" (Mrc. 1:10-11). Em Lucas, a proclamação é descrita como um fenômeno físico: "O Espírito Santo desceu sobre ele na forma corpórea de uma pomba" (Luc. 3:22). Em Mateus, as palavras divinas são pronunciadas na terceira pessoa ("Este é meu Filho"), transformando o povo em testemunha da divindade de Jesus (Mat. 3: 16-17). O pronunciamento de Deus inspira-se no Salmo 2:7 e em outras passagens das Escrituras Hebraicas interpretadas messianicamente. Jesus é chamado de Messias, Filho de Deus e "o Amado", palavra que em grego pode significar também "o Único".

## Jesus com os doutores do Templo

Antes do batismo, só há uma história sobre a juventude de Jesus no Novo Testamento. Segundo Lucas (o único evangelho a registrar o fato), quando tinha 12 anos Jesus se separou dos pais após uma visita a Jerusalém. Depois de muito procurá-lo, eles acabaram encontrando-o no Templo, "sentado entre os doutores, ouvindo-os e interrogando-os" (Luc. 2:41-50). Como os relatos do nascimento e da primeira infância de Jesus, este reflete a tendência cristã de ver a condição messiânica dele não como algo que só se concretizaria com o batismo, mas como uma coisa que existia desde o início de sua vida. O tema central da narrativa surge quando Jesus diz aos pais: "Devo estar na casa de meu Pai" (Luc. 2:49): ele tem consciência de que sua condição de Filho de Deus supera laços familiares. Entretanto, Lucas tem o cuidado de registrar a submissão de Jesus à autoridade paterna (Luc. 2:51).

A história provavelmente foi motivada pelo desejo de saber mais dos primeiros anos de Jesus. Lendas sobre a infância prodigiosa de grandes figuras aparecem na literatura da Antiguidade: por exemplo, Josefo, historiador judeu do século I d.C., conta que, aos 14 anos, foi elogiado por sua erudição numa assembleia de sumos sacerdotes e dirigentes da sua cidade.

*Local em que Jesus teria sido batizado por João no rio Jordão.*

**PRÓLOGO AO QUARTO EVANGELHO**

**O Quarto Evangelho não relata o nascimento de Jesus, nem seu batismo ou sua tentação (*ver p. 162*). Começa com uma imagem da preexistência da encarnação de Jesus Cristo como a Palavra do Senhor: "No começo era o Verbo, e o Verbo estava com Deus, e o Verbo era Deus. Ele estava no princípio com Deus" (João 1:1-2). O texto alude à criadora palavra divina vista no primeiro capítulo do Gênesis (*ver pp. 26-27*) e também foi fortemente influenciado pelo conceito de sabedoria divina (*ver pp. 126-127*) do judaísmo. No evangelho, essa sabedoria é apresentada como exclusiva da pessoa de Jesus Cristo.**

**Em grego, "verbo" se traduz por *logos*, e o ensinamento do Quarto Evangelho lembra o de Filo de Alexandria, autor judeu do século I d.C., que via o logos como a divina entidade junto do próprio Deus. Também pode ser comparado com o logos dos filósofos estoicos, o princípio ordenador do cosmo. (Entretanto, é improvável que seja uma fonte direta do Quarto Evangelho.)**

**O Quarto Evangelho, como os outros, se preocupa muito com João Batista, mas aqui o único propósito da mensagem do Batista é testemunhar a verdadeira natureza de Jesus. Nos diálogos com autoridades religiosas judaicas, João afirma que ele é a única voz que anuncia a vinda de um salvador (João 1:19-23), e a descida do Espírito sobre Jesus é para João o sinal de que Jesus era o esperado, como ele previra (João 1:32-34). João se refere a Jesus como "o cordeiro de Deus" (João 1:29; 1:36), sem dúvida em referência ao cordeiro dos sacrifícios (Êx. 29:38-42): Jesus é aquele que trará a redenção por meio de sua morte. Mas o cordeiro também pode ter conotações apocalípticas (*ver pp. 136-137*), já que é uma figura que vence as bestas do mal, símbolos do pecado, como em Apocalipse 5:6-12.**

# A TENTAÇÃO

Segundo os Evangelhos Sinópticos, a tentação de Jesus pelo demônio no deserto teria ocorrido entre seu batismo e o início de seu ministério. Mateus e Lucas descrevem três cenas de tentação muito semelhantes: o demônio desafia Jesus a transformar pedra em pão, a voar do "pináculo do Templo" e a adorá-lo em troca de riquezas (Mat. 4:1-11; Luc. 4:1-13). Mateus e Lucas diferem quando à ordem da segunda e da terceira tentações, e a opinião geral é que Mateus preserva a sequência mais original, na qual a tentação de "todos os reinos do mundo e seu esplendor" é a última. Nos dois evangelhos, o episódio tem aspectos de uma forma de interpretação bíblica conhecida como *misdrash*, na qual uma passagem da Escritura é elucidada em comparação com versículos de outras passagens da Bíblia (por exemplo, Mat. 4:4, 4:7, 4:10).

O jejum de 40 dias e 40 noites (Mat. 4:2; Luc. 4:2) lembra a estadia de Moisés no monte Sinai, quando recebeu as tábuas da Lei (Êx. 24:18-31:18), e é provável que o número 40 seja uma alusão aos 40 anos da história de Israel no deserto, que o Deuteronômio considera um tempo de teste (Deut. 8:2). Os versículos da Escritura em que Jesus enfrenta as tentações do demônio são os mesmos proferidos por Moisés no Deuteronômio, e cada cena de tentação está relacionada a um episódio das perambulações do povo de Israel pelo deserto. A afirmação "Nem só de pão vive o homem" (Mat.

## A tentação em Marcos

A versão de Marcos da tentação é breve. Registra apenas que Jesus esteve "no deserto 40 dias, tentado por Satanás, na companhia de animais selvagens, e anjos o serviam" (Mrc. 1:13). Esse versículo enigmático pode ocultar uma interpretação da tentação que vê Jesus como um novo Adão em um paraíso restaurado. No Éden (*ver pp. 28-29*), o primeiro homem vivia em paz com os animais, e, segundo a tradição judaica, anjos serviam Adão e Eva no Éden. (Anjos também são mencionados na história da tentação em Mat. 4:11.) Os profetas afirmam muitas vezes que a nova era messiânica seria marcada pela restauração da harmonia paradisíaca entre os homens e os animais selvagens. O Apocalipse de Baruc, por exemplo, um texto siríaco datado, em sua forma original, de c. 100 a.C., afirma que, quando a nova era chegar, "animais selvagens virão da floresta para ajudar o povo". Um prólogo latino ao Evangelho de Marcos, escrito no século IV, deixa explícita a disposição amigável dos animais selvagens citados em Marcos 1:12.

As três tentações feitas a Jesus pelo demônio não aparecem em Marcos da forma como estão descritas em Mateus e Lucas. Marcos diz simplesmente que Jesus foi "tentado por Satanás", o que também lembra Adão e Eva: no Jardim do Éden, eles foram tentados pela serpente, que na época de Jesus era identificada com o demônio. Ao contrário de Adão, Jesus vence Satanás e inaugura uma nova era em que os animais selvagens não seriam mais ameaça e os anjos serviriam a humanidade. Às vezes a Bíblia vê os anos do povo de Israel no deserto como uma época em que ele vivia um relacionamento perfeito com Deus. Quando a nova era chegasse, esse relacionamento seria renovado.

4:4; Luc. 4:4) refere-se, no Deuteronômio, ao presente divino do maná, oferecido aos israelitas durante sua jornada pelo deserto (Deut. 8:3). Colocar Deus à prova (Mat. 4:7; Luc. 4:12) foi o pecado cometido pelos israelitas em Massa (Deut. 6:16). Quando mostra a Jesus, do alto de uma montanha, todos os reinos do mundo (Mat. 4:8-10; Luc. 4:5-8), o demônio parodia Deus ao mostrar a Moisés toda a Terra Prometida do alto do monte Nebo (Deut. 32:49, 34:1). De maneira peculiar ao pensamento apocalíptico (*ver pp. 136-137*), essa parte do episódio da tentação apresenta a era moderna inteiramente submetida ao poder do mal.

No batismo, Jesus foi chamado Filho de Deus (*ver p. 161*); as narrativas da tentação mostram o caráter dessa filiação e também rejeitam as concepções messiânicas populares. Implicitamente, Jesus é comparado aos milagreiros existentes na Palestina na sua época e mais tarde, por exemplo Simão Mago (*ver pp. 224-225*), que seria capaz de transformar pedra em pão e voar, como Jesus foi tentado a fazer. Mas o verdadeiro Messias não usaria seus poderes para se preservar ou para dominar o mundo: sua obra só poderia ser completada através da Paixão, morte e Ressurreição. As palavras finais de Lucas, de que o demônio partiu "até um tempo oportuno" (Luc. 4:13), indicam um novo conflito no futuro.

À esquerda: A Tentação de Cristo no Deserto, *de Juan de Flandres (ativo em c. 1496-1519). Em primeiro plano, o demônio, disfarçado de monge, desafia Jesus a transformar uma pedra em pão (Mat. 4:3; Luc. 4:3). Ao fundo, estão representadas as tentações no alto da montanha (Mat. 4:8; Luc; 4:5) e no "pináculo do Templo" (Mat. 4:5; Luc. 4:9).*

Abaixo: O *canto sul do monte do Templo em Jerusalém. Os grandes blocos (*embaixo e à direita*) são da parede sul original do Templo de Herodes (*ver ilustração, p. 91*). Como esse canto era a parte mais alta das ruínas do Templo, na época bizantina foi identificado com o "pináculo" da história da tentação.*

# O MINISTÉRIO NA GALILEIA

Vista da parte oeste de Tiberíades, com o mar da Galileia a distância.

Depois do encontro com João Batista (*ver pp. 160-161*), Jesus voltou para a Galileia e começou a pregar. Os Evangelhos Sinópticos contam que, até a jornada final a Jerusalém, seu ministério se limitou praticamente a essa região, em particular à área ao longo da margem ocidental do mar da Galileia (também chamado mar de Tiberíades). Em Marcos, às vezes parece haver certa tensão entre a Galileia e as autoridades religiosas de Jerusalém (Mrc. 3:22 refere-se criticamente a "escribas que haviam descido de Jerusalém"; comparar com Mrc. 7:1-2). Entretanto, trata-se de um recurso literário, seguido por Mateus (Mat. 15:1). A suposta oposição entre Jerusalém e a Galileia que às vezes tem sido inferida desses trechos tem pouca base histórica.

A região tem particular importância nos evangelhos de Marcos e Mateus. Para Mateus, é lugar de revelação, onde a chegada de Jesus traz luz ao povo "que estava assentado nas trevas" (Mat. 4:15-16). Isso prenuncia a missão cristã aos gentios, tema que é retomado quando, depois da Ressurreição, Jesus aparece em uma montanha na Galileia e encarrega seus seguidores de "fazer discípulos em todas as nações" (Mat. 28:16-20). O Quarto Evangelho (João 21:1) registra uma aparição de Jesus aos discípulos no mar da Galileia depois da Ressurreição (*ver p. 211*). Em Marcos, Jesus diz aos discípulos que, depois da Ressurreição, seguirá à frente deles para a Galileia (Mrc. 14:28); as mulheres ao pé do túmulo recebem a mesma mensagem (Mrc. 16.7).

## Nazaré e Cafarnaum

Duas cidades, Nazaré e Cafarnaum, têm particular importância no relato do período que Jesus passou na Galileia. Nazaré era à época pouco mais que uma vila. É símbolo da rejeição dos judeus a Jesus, ainda mais pungente porque essa era a sua cidade. Todos os Evangelhos Sinópticos narram que Jesus pregou na sinagoga da cidade, referem a descrença com que foi recebido e sua resposta de que "não há profeta que seja honrado em sua pátria" (Mat. 13:54-57; Mrc. 6:1-6; Luc. 4:16-24), mas o relato mais completo e vívido do episódio é o de Lucas.

Lucas coloca a visita de Jesus à sinagoga de Nazaré bem no início de seu ministério, apresentando a pessoa e a missão de Jesus. Jesus lê uma passagem de Isaías, em que ele anuncia o advento do "ano da graça do Senhor", e então diz que, enquanto lê, o texto da Escritura se cumpre (Luc. 4:16-21). Mas continua, dizendo que os milagres de Elias e Eliseu não beneficiaram os israelitas, mas estrangeiros (Luc. 4:25-27). Aqui Lucas prenuncia a rejeição do evangelho por parte do judaísmo e sua proclamação aos gentios, tema importante no segundo livro dele, os Atos (*ver pp. 214-215*). Por causa dessas palavras, a congregação tenta linchar Jesus atirando-o de uma montanha no limite da cidade, mas, graças à sua misteriosa autoridade, ele é capaz de caminhar por entre a multidão e escapar (Luc. 4:28-30).

*Parte das ruínas de Cafarnaum; no fundo vê-se a sinagoga de c. 350 d.C., que substituiu a que existia no tempo de Jesus.*

A cidade de Cafarnaum é em geral apresentada como contraponto a Nazaré, cenário do sucesso, mas depois também é amaldiçoada por não ter aceitado Jesus. A resistência do povo de Nazaré impede muitos milagres de Jesus. Por outro lado, Cafarnaum é cenário de curas espetaculares: Jesus se estabeleceu nela, onde iniciou e concentrou seu ministério. Nos evangelhos, a cidade é cenário de muitos acontecimentos, como, por exemplo, a cura do servo de um centurião (Mat. 8:5-13; Luc. 7:2-10).

Particularmente importante é a visita de Jesus à sinagoga da cidade (Mrc. 1:21-28; Luc. 4:33-37), um contraponto à sua ida à sinagoga de Nazaré. Na ocasião, seu ensinamento foi considerado de autoridade única, como quando exorcizou um homem possuído pelo demônio. Através desse homem, um bando de demônios grita em uníssono, reconhecendo em Jesus "o Santo de Deus" (Mrc. 1:24; Luc. 4:34). A cura simboliza que o reino de Deus, que Jesus proclama, triunfa sobre o reino do mal.

Jesus vai para a casa de seus discípulos Simão Pedro e André, e cura a sogra de Simão (Mat. 8:14-15; Mrc. 1:29-31; Luc. 4:38-39). O episódio termina com uma cena triunfal, em que Jesus cura multidões de doentes e exorciza muitos demônios (Mat. 8:16; Mrc. 1:32-24; Luc. 4:40-41).

É impossível construir um relato coerente do ministério de Jesus na Galileia a partir dos evangelhos. Eles não oferecem uma cronologia sistemática, e cada um registra os fatos em ordem diferente, quase sempre sem indicação da sua localização geográfica. Apresentam a imagem de um pregador itinerante, que viaja por umas poucas cidades e pelo campo. Os evangelhos falam que Jesus fazia enorme sucesso e atraía multidões (por exemplo, em Mat. 4:24-25 e Mrc. 3:7-8), mas também deixam perceber um tom de fracasso, quando Jesus condena várias cidades por não aceitarem sua mensagem (como em Mrc. 11:21). Portanto, aparentemente ele pregava para aqueles que deixavam as cidades e o seguiam pelo interior.

# A CONVOCAÇÃO DOS DISCÍPULOS

O mar da Galileia, também chamado lago Tiberíades ou lago de Genesaré, figura com destaque no ministério de Jesus. Ele o atravessa regularmente de barco (Mrc. 4:35-41, 5:21; Luc. 8:22-25) e prega de dentro de uma barca (Mrc. 4); vários episódios importantes também ocorrem em suas margens.

Nos Evangelhos Sinópticos, o lago é cenário da convocação dos discípulos, que Mateus e Marcos apresentam como o primeiro ato de Jesus depois que começa a pregar. Caminhando à beira do lago, Jesus se aproxima de quatro pescadores — Simão Pedro e seu irmão André, e Tiago e seu irmão João —, que abandonam o trabalho para segui-lo (Mat. 4:18-22; Mrc. 1:16-20). Em Lucas, o encontro ocorre mais tarde, depois que Jesus prega nas sinagogas de Nazaré e Cafarnaum (*ver p. 165*). Jesus entra no barco de Simão Pedro e diz aos pescadores que lancem a rede, garantindo uma quantidade milagrosa de peixes: "tantos que suas redes começavam a se romper". Testemunhas do poder de Jesus, Simão e seus companheiros, Tiago e João, deixam tudo para segui-lo (Luc. 5:1-11). Nos três Evangelhos Sinópticos, Jesus promete aos pescadores que, em vez de pescar peixes, eles iriam pescar pessoas. Os primeiros quatro discípulos inauguram a comunidade cristã e simbolizam a missão de evangelização, cujo sucesso é prenunciado em Lucas pela pescaria milagrosa. Pedro, Tiago e João formam o núcleo dos discípulos de Jesus, acompanhando-o em várias ocasiões, como na cura da filha de Jairo (Mrc. 5:22-48; Luc. 8:41-55) e na subida do monte em que Jesus se transfigura (Mat. 17:1-8; Mrc. 9:2-8; Luc. 9:28-36; *ver quadro, p. 189*). André tem pequeno papel na narrativa dos sinópticos, mas é mais importante no Quarto Evangelho, no qual é apresentado como alguém que já era seguidor de João Batista.

Também há relatos sobre a escolha de outros discípulos. O quarto evangelista conta a convocação de Filipe, que representa papel considerável em seu evangelho, e de Natanael (João 1:43-51). Os sinópticos narram a convocação do coletor de impostos Mateus, também conhecido como Levi (Mat. 9:9; Mrc. 2:14; Luc. 5:27). Mais tarde, Jesus chama um grupo fechado de "os 12", aos quais dá o poder de curar e de expulsar os demônios, e a missão de levar sua mensagem a um público maior (Mat. 10; Mrc. 3:14-19; Luc. 9:1-6).

Como eram 12 as tribos de Israel (*ver mapa, p. 69*), a escolha dos 12 discípulos indica que a comunidade cristã deverá ser um Novo Israel. Mateus afirma explicitamente que a missão dos 12 é para com Israel (Mat. 10:6), e Jesus promete que, com a chegada da nova era, os discípulos se sentarão em 12 tronos para julgar as 12 tribos de Israel (Mat. 19:28). Os 12 também

*Caná da Galileia. As igrejas comemoram as Bodas de Caná, quando Jesus transformou água em vinho, segundo o Evangelho de João.*

são chamados de apóstolos, do grego *apostolos*, "enviado", termo que corresponde à palavra hebraica *shaliach*, que designa aquele que tem plenos poderes de representação. Quando envia os 12 apóstolos, Jesus diz: "Quem vos recebe a mim recebe, e quem recebe a mim recebe aquele que me enviou" (Mat. 10:40). Lucas registra a escolha de 70 discípulos (Luc. 10:1-16) além dos 12, enquanto outras autoridades do mundo antigo mencionam 72. Este é o número de nações citadas no Gênesis (70 na Bíblia Hebraica, 72 na tradução grega) e, portanto, pode simbolizar a missão da Igreja em todas as nações do mundo.

Para o Quarto Evangelho, o principal lugar da Galileia na carreira de Jesus depois da convocação dos discípulos é Caná, cidade de um de seus primeiros discípulos, Natanael. O evangelista situa ali os dois primeiros milagres de Jesus. O primeiro é a transformação de água em vinho (*ver texto lateral*); o segundo é a cura do filho de um oficial do rei (João 4:46-53), que corresponde à cura do servo do centurião em Mateus 8:5-13 e Lucas 7:2-10. Mateus e Lucas situam o episódio em Cafarnaum, mas no Quarto Evangelho Jesus está em Caná, enquanto a criança doente está em Cafarnaum. A capacidade de Jesus de operar esse milagre a distância enfatiza a grandeza de seu poder e faz os envolvidos acreditarem nele.

AS BODAS DE CANÁ

**No Quarto Evangelho, o primeiro milagre de Jesus é transformar água em vinho em uma festa de casamento em Caná (João 2:1-11). O milagre mostra a sua "glória" — sua natureza divina — aos discípulos, como já tinha ocorrido com João Batista. O episódio é altamente simbólico, o que é comum nos evangelhos. Muitos esperavam um grande banquete para comemorar a vinda do Messias (Apoc. 19:9 cita uma "ceia de casamento"). Na festa, Jesus é o portador da nova vida (o vinho simboliza vitalidade), e a enorme quantidade de vinho que ele propicia, mais de 120 galões (João 2:6), mostra a abundância que recebem todos os que nele creem. A transformação da água, que para o judeus era usada em ritos de purificação, indica que a chegada de Jesus substitui os velhos rituais do judaísmo (*ver também p. 170*).**

Acima: *Grandes jarras de terracota usadas para estocar água ou vinho em Jerusalém; período romano, c. 100 d.C.*

As Bodas de Caná, *de Juan de Flandres (ativo em c. 1496-1519). Jesus* (à esquerda) *ergue a mão numa bênção ao operar o milagre. Ao lado dele está sua mãe, Maria.*

A "cadeira de Moisés", onde os rabinos se sentavam para ensinar, na sinagoga de Corozaim, na Galileia, no século IV d.C. A cidade de Corozaim é mencionada em Mateus 11:21.

# O SERMÃO DA MONTANHA

Segundo Mateus, depois da convocação de Simão Pedro e André, multidões chegavam de todos os cantos da região para "ouvir as boas novas do reino" (Mat. 4:23) e para ser curadas por Jesus. O ponto alto desse período foi um grande discurso proferido por Jesus na encosta de uma montanha, desde então conhecido como Sermão da Montanha (Mat. 5-7). A fala narrada por Mateus é muito semelhante ao discurso que, segundo Lucas, Jesus proferiu em "um lugar plano" (Luc. 6:17), chamado, portanto, de Sermão da Planície (Luc. 6:20-49). Ambos os sermões começam com uma série de bem-aventuranças (em latim *beatitudo*, "felicidade"), promessas de bênçãos aos que pertencem ao reino (Mat. 5:3-12; Luc. 6:20-23). Segue-se uma lista de regras de conduta (Mat. 5:17-7:12; Luc. 6:27-48), e cada discurso termina com uma parábola (Mat. 7:13-27; Luc. 6:39-49). A versão de Mateus é bem mais longa que a de Lucas, mas muitas partes do seu sermão aparecem também em outras passagens deste (por exemplo, Mat. 7:7-11 corresponde a Luc. 11:9-13). Lucas preserva a estrutura básica de um sermão, que Mateus expande incorporando outros ensinamentos de Jesus.

Nas Escrituras Hebraicas, a conduta correta é recompensada neste mundo; nos evangelhos, será premiada no reino da salvação, que pode ser presente ou futuro (*ver p. 171*). As bem-aventuranças são os requisitos de admissão no reino para aqueles a quem ele representa a única esperança. Existem diferenças entre as bem-aventuranças que iniciam o Sermão da Montanha e as do Sermão da Planície. Mateus cita nove delas; Lucas, apenas quatro; as de Mateus estão, na maioria, na terceira pessoa (como em "Bem-aventurados os pobres de espírito"), enquanto as de Lucas estão na segunda ("Bem-aventurados vós

**JESUS E MOISÉS**

**Tem-se afirmado que o Sermão da Montanha apresenta Jesus como um novo Moisés, ensinando a Lei ao povo. Existem correspondências entre os cinco discursos de Jesus no Evangelho de Mateus (Mat. 5-7; 13; 18; 23-25) e os cinco livros da Lei Mosaica. O cenário montanhoso e o fato de Jesus falar sentado — a postura judaica habitual para ensinar — também podem ser referências a Moisés: o banco na sinagoga de onde a Lei era exposta era conhecido como "cadeira de Moisés" (*ver ilustração acima*). Mesmo que se admita tudo isso, deve-se reconhecer que, do ponto de vista cristão, Jesus é muito maior que a figura de Moisés e seu sermão é muito mais que apenas a promulgação de uma nova Lei. A força da Lei Mosaica permanece, mas só para a era de Jesus. O Sermão da Montanha é a proclamação de um reino futuro, que impõe aos discípulos de Jesus exigências que vão além dos requisitos da Lei.**

## Judaísmo

Há relações importantes entre o Sermão da Montanha e certos aspectos do judaísmo da época. A frase "Fazei aos outros o que quereis que vos façam" (Mat. 7:12; também Lucas 6:31), conhecida como "regra de ouro", aparece de maneira muito semelhante em Hillel, rabino do século I d.C.: "Não faça ao seu companheiro aquilo que você odeia". Hillel expressa a regra de forma negativa, mas a forma positiva, como nos evangelhos, também aparece na literatura judaica do período.

Há semelhanças entre o Sermão da Montanha e alguns Manuscritos do Mar Morto (*ver p. 145*). Num deles, a frase "pobres de espírito" ocorre, como em Mateus 5:3. Isso indica que tanto as pessoas que ouviam o sermão quanto a comunidade de Qumran se viam como "os pobres", cada qual seguindo seu próprio intérprete da Lei: Jesus ou, em Qumran, o "mestre da justiça". Mateus 5:43 refere-se a uma regra que diz: "Odeie seu inimigo". Tal ordem não é encontrada nas Escrituras Hebraicas nem na literatura rabínica, mas aparece mais de uma vez nos textos de Qumran, que podem ter sido a fonte de Mateus.

Outra hipótese é que o sermão foi construído como resposta à codificação da Lei oral (*ver p. 118*), adotada pelos rabinos depois da destruição de Jerusalém em 70 d.C. (*ver p. 145*). Como tal, o sermão buscava enfatizar os aspectos éticos e morais dos ensinamento de Jesus para orientação de vida, como era a intenção dos rabinos.

O Sermão da Montanha, *de Joos de Monper, o Jovem (1564-1635).*

que sois pobres"). Costuma-se afirmar que, enquanto Mateus fala de "pobres de espírito" e "aqueles que têm fome e sede de justiça", Lucas se refere literalmente a pessoas carentes quando fala de "pobres" e "famintos". Entretanto, no judaísmo pós-Exílio, "pobre" e "justo" são sinônimos, definindo fiéis da comunidade que procuravam crer totalmente em Deus, e não obter alta posição ou riqueza. Portanto, Lucas pode muito bem entender "pobre" e "faminto" no mesmo sentido que Mateus. Isso pode ser corroborado pelo fato de que tanto Lucas quanto Mateus reconheciam em Isaías 61, uma composição pós-Exílio (*ver p. 117*), a fonte de inspiração de Jesus. As primeiras quatro bem-aventuranças de Mateus inspiram-se em Isaías (comparar, por exemplo, Isa. 61:1-2 e Mat. 5:4), e Lucas registra que Jesus leu o versículo 61 de Isaías na sinagoga de Nazaré (Luc. 4:18-19).

Depois das bem-aventuranças, o Sermão da Montanha prossegue com duas séries de regras de conduta. A primeira (Mat. 5:21-48) consiste em antíteses, ao contrário dos mandamentos da Lei, que estabelecem a conduta esperada dos seguidores de Jesus. Por exemplo: "Ouvistes o que foi dito: 'Olho por olho, dente por dente'. Eu porém vos digo: 'Não resistais ao mal. Se alguém vos golpear a face direita, oferecei-lhe a outra'". (Mat. 5:38-39). A segunda série de normas (Mat. 6:1-7:11) trata do adequado relacionamento dos fiéis com Deus: "Quando deres esmola, não deixes que tua mão esquerda saiba o que a direita está fazendo, para que a esmola seja dada em segredo; e teu Pai, que tudo vê, te recompensará" (Mat. 6:3-4). Essa parte, que inclui o Pai-Nosso (*ver pp. 170-171*), termina com a garantia de que essa prece será atendida (Mat. 7:7-11).

A parte final do sermão apresenta o tema do julgamento vindouro por meio de três parábolas, cada uma oferecendo um conjunto de alternativas. A primeira fala da escolha entre entrar "pela porta estreita", o caminho de Jesus, porque "apertado é o caminho que leva à vida", ou pela "porta larga", que "conduz ao caminho da perdição" (Mat. 7:13-14). A segunda parábola dirige-se contra os falsos profetas, que são como árvores que dão maus frutos, ao contrário de Jesus, a árvore que dá bons frutos (Mat. 7:15-20). A terceira, sobre dois construtores, propõe a escolha entre construir a casa sobre uma rocha e suportar a tempestade, ou construir na areia e vê-la ser levada pela enchente (Mat. 7:24-27).

**AS BEM-AVENTURANÇAS EM MATEUS**

**"Bem-aventurados os pobres de espírito, porque deles é o reino dos céus.**
**Bem-aventurados os que choram, porque serão consolados.**
**Bem-aventurados os mansos, porque herdarão a terra.**
**Bem-aventurados os que têm fome e sede de justiça, porque serão saciados.**
**Bem-aventurados os misericordiosos, porque alcançarão misericórdia;**
**Bem-aventurados os limpos de coração, porque verão a Deus.**
**Bem-aventurados os pacificadores, porque serão chamados filhos de Deus.**
**Bem-aventurados os que sofrem perseguição por causa da justiça, porque deles é o reino dos céus.**
**Bem-aventurados sois vós, quando vos injuriarem e perseguirem e, mentindo, disserem todo o mal contra vós por minha causa.**
**Exultai e alegrai-vos, porque é grande a vossa recompensa nos céus; porque assim perseguiram os profetas que vieram antes de vós."**

***Mateus 5:3-12***

Cristo entre os Apóstolos,
*de um saltério bizantino de c. 1250.*

# O PAI-NOSSO

Mateus e Lucas contam que Jesus ensinou a seus discípulos a oração ao Pai e como deviam orar (*ver quadro na página ao lado*). Ela é conhecida como "Pai-Nosso" e é propositalmente breve, ao contrário das "muitas palavras" (Mat. 6:7) que caracterizavam as preces dos gentios. A versão mais conhecida da oração está em Mateus 6:9-13, no Sermão da Montanha (*ver p. 168*). A versão de Lucas é ainda mais curta e aparece em uma fase posterior do ministério de Jesus (Luc. 11:2-4), quando os discípulos pedem a Jesus que lhes ensine a rezar, como João Batista ensinava seus seguidores.

O texto de Lucas difere do de Mateus quanto às palavras e ao tamanho, e acredita-se que esteja mais próximo das palavras de Jesus. Em Mateus, o Pai-Nosso pode ser uma elaboração do original de acordo com a liturgia da igreja à qual se dirigia o evangelista (*ver p. 150*). A oração foi adotada na sinagoga, onde adquiriu mais ritmo, um padrão mais repetitivo e, segundo algumas fontes, as palavras conclusivas da oração ("Que o reino, o poder e a glória estejam convosco para sempre. Amém"). A versão de Mateus veio a ser a usada pelos cristãos, e manuscritos do Evangelho de Lucas foram sendo cada vez mais adaptados de conformidade com ela.

Há evidências de que o Pai-Nosso tenha sido proferido em aramaico, a língua que Jesus devia falar. O destinatário da oração, "Pai" (Luc. 11:2) ou "Pai nosso" (Mat. 6:9), é a tradução da palavra aramaica *Abba*, que parece ter caracterizado as orações de Jesus: aparece, junto com sua equivalente grega, em Marcos 14:36 e em duas cartas de Paulo (Rom. 8:15; Gál. 4:6). Grupos religiosos da época de Jesus, como os fariseus e a comunidade de Qumran, tinham suas formas especiais de oração, e as preces judaicas do período também se dirigem a Deus como "Pai". O acréscimo das palavras "que estais nos céus" em Mateus reflete a religiosidade judaica, que enfatiza a transcendência de Deus. Existem semelhanças de forma e conteúdo entre o Pai-Nosso e orações judaicas feitas nas sinagogas, como o *Kaddish*, que fala da santificação do nome de Deus e do estabelecimento de seu reino, e as Dezoito Bênçãos, que em muitos aspectos o Pai-Nosso resume. Na forma atual, essas preces judaicas datam de uma época posterior à de Jesus, mas há evidência de que elas derivem de originais muito mais antigos, que podem ter sido usados nas sinagogas no tempo de Jesus.

O Pai-Nosso tem a mesma estrutura básica tanto em Mateus quanto em Lucas, o que indica que as duas versões se baseiam numa mesma fonte, provavelmente o próprio Jesus. A oração começa com o chamado a Deus (Mat. 6:9; Luc. 11:2), seguido de pedidos em benefício do próprio Pai, ou seja, "vós" (Mat. 6:9-10; Luc. 11:2), que depois passam a ser feitos para "nós" (Mat. 6:11-13; Luc. 11:3-4). A frase "bendito seja o vosso nome" (Mat. 6:9; Luc. 11:2) também é característica do culto judaico: o Talmude diz que "uma oração que não contém nenhuma menção ao Nome Divino não é oração". A petição pela chegada do reino de Deus (Mat. 6:10; Luc. 11:2) é o elemento principal do ensinamento de Jesus: o Pai-Nosso antecipa o fim dos reinos deste mundo e o estabelecimento do reino de Deus sobre todas as nações (*ver texto lateral na página ao lado*).

Já a frase que aparece em Mateus, "assim na terra como no céu" (Mat. 6:10), expressa o que Deus requer de seus seguidores no presente, enquanto aguardam o reino vindouro. Esse acréscimo litúrgico reflete o conceito judaico do reino de Deus como realidade eterna e presente. Sua vontade é incontestável na esfera celeste, e Deus é invocado para exercê-la com igual ausência de oposição na terra.

Na segunda metade do Pai-Nosso, o uso do "nós" transfere o foco de Deus para as necessidades dos discípulos. Essas cláusulas parecem diretas, mas na verdade sua interpretação apresenta problemas, no mínimo por causa das palavras diferentes usadas por Mateus e Lucas. No primeiro pedido dessa parte, em ambos se fala no "pão nosso de cada dia", mas a palavra grega que se costuma traduzir por "de cada dia", ou seja, diariamente, não é encontrada em nenhuma fonte da literatura grega antes do Novo Testamento. No suposto original aramaico, podia significar apenas o nosso pão "para o dia", como em Mateus, no qual se pede o pão suficiente para o sustento de "hoje". Com isso, a oração deve ser renovada a cada dia. Se essa for a interpretação correta, o pedido em Mateus é, portanto, de que nossa existência tenha continuidade.

Na frase seguinte a essa, Mateus pede perdão das "dívidas" (Mat. 6:12), enquanto Lucas pede perdão dos "pecados" (Luc. 11:4). Aqui, a diferença talvez se deva a compreensões distintas da palavra aramaica, que pode significar "dívida" ou, no contexto especificamente religioso, "pecado" ou "culpa". Paulo descreveu o judeu piedoso como "devedor da Lei", e alguns estudiosos afirmam que Mateus tem a Lei judaica em mente quando pede que Deus perdoe, ou seja, cancele, nossas dívidas para com ele. Pouco antes, no relato de Mateus do Sermão da Montanha, Jesus nega enfaticamente que deseje abolir a Lei (Mat. 5:17-18). Portanto, é improvável que a congregação judaico-cristã de Mateus orasse para que Deus a livrasse das obrigações do judaísmo.

O pedido final, "não nos deixeis cair em tentação" (Mat. 6:13; Luc. 11:4), traduzido em algumas versões como "não nos induzais à tentação", pode ser de difícil interpretação. Tem-se afirmado que "tentação" se refere ao juramento esperado como precedente imediato de uma era messiânica. Entretanto, pode simplesmente se referir à tentação, sempre um teste para os justos, como mostra o encontro entre Jesus e o demônio no deserto (*ver p. 162*). Em alguns textos judaicos, o fiel pede a Deus que não o induza à tentação em palavras muito parecidas com as do Pai-Nosso.

## As duas versões do Pai-Nosso

Pai nosso, que estais nos céu,
santificado seja o vosso nome.
Venha o vosso reino,
seja feita a vossa vontade,
assim na terra como no céu.
O pão nosso de cada dia
nos dai hoje.
Perdoai-nos as nossas dívidas,
assim como nós perdoamos aos
nossos devedores.
E não nos deixeis cair em tentação,
mas livrai-nos do mal.

Mateus 6:9-13

Pai, santificado seja o
vosso nome.
Venha o vosso reino.
Dai-nos a cada dia o pão necessário
ao nosso sustento.
Perdoai-nos nossos pecados,
pois também nós perdoamos
àqueles que nos ofenderam.
E não nos deixeis cair em
tentação.

Lucas 11:2-4

**O REINO DE DEUS**

**Para os Evangelhos Sinópticos, o tema central da oração de Jesus é o reino de Deus (Mat. 4:17, 23; Mrc. 1:15; Luc. 4:43). Cerca de 50 máximas e parábolas de Jesus tratam do reino. Mateus usa a expressão "reino dos céus", mas trata-se apenas de uma paráfrase respeitosa, tipicamente judaica, e não há diferença de significado.**

**O ensinamento de Jesus revela dois elementos principais em sua apresentação do conceito de reino. Apresenta tom escatológico, ou seja, refere-se ao fim dos tempos, quando Deus estabelecerá seu governo no universo e premiará os justos. Esse é o sentido da urgência de Jesus quando proclama que "o reino de Deus está próximo" (Mat. 4:17; Mrc. 1:15).**

**Entretanto, no pensamento rabínico, o reino é uma realidade moral presente: pode-se dizer que uma pessoa aceita o "jugo do reino" recitando a confissão de fé de Israel em um único Deus. Esse é o segundo elemento sobre o reino presente no ensinamento de Jesus. Ele era um professor de ética, e como tal enfatizava a necessidade de seus seguidores se prepararem no presente para o tempo em que o reino se realizaria plenamente (Luc. 10:25-28). Isso exige arrependimento (Mat. 4:17; Mrc. 1:15), uma substancial mudança no coração, por meio da qual a pessoa aceita a vinda do reino como boa nova, ou evangelho.**

# AS PARÁBOLAS

A palavra "parábola" (do grego, "*parabole*") é usada para definir cerca de 30 histórias atribuídas a Jesus nos evangelhos. Existem cerca de 50 outras às quais a palavra não é aplicada, mas que são do mesmo tipo: uma delas é a história do Bom Samaritano (Luc. 10:29-35). Embora Jesus regularmente fizesse uso de parábolas em suas pregações, não é fácil oferecer uma definição precisa da palavra. No grego clássico, ela significa uma comparação; a Septuaginta, a tradução grega da Bíblia Judaica, emprega-a para traduzir a palavra hebraica *mashal*, que tem basicamente o mesmo sentido. Uma parábola pode, portanto, ser definida, a grosso modo, como uma metáfora, caso em que pode também se referir à grande variedade de formas literárias presentes na Bíblia, como provérbios, enigmas, aforismos e alegorias. Esses e outros recursos linguísticos semelhantes caracterizam as pregações de Jesus, de modo que é compreensível a afirmação de Marcos de que Jesus não fala ao povo "a não ser em parábolas" (Mrc. 4:34).

Entretanto, a palavra "parábola" se aplica mais comumente a uma história real, embora metafórica, de significado mais profundo do que aquele que aparece à superfície. A parábola tem duas formas básicas. A primeira é a narrativa breve e direta, como a do mendigo Lázaro e do homem rico

Acima: *barcos de pesca flutuam no mar da Galileia.*

Pesca de São Pedro e Santo André no Mar da Galileia, *pintura mural espanhola do século XII.*

## O ambiente social

As parábolas da Bíblia representam quase certamente um elemento autêntico da pregação de Jesus. Estão cheias de cenas da vida cotidiana, que revelam um ambiente tipicamente palestino, em especial da Galileia do século I d.C. A parábola da rede de pesca, na qual os bons peixes são separados dos maus (Mat. 13:47-50), reflete uma prática dos pescadores galileus. Muitas parábolas revelam o ambiente palestino: por exemplo, a do semeador (*ver p. 174*) mostra a prática agrícola local, pela qual a semeadura era feita antes que a terra fosse arada. A parábola dos trabalhadores da vinha, que são pagos no fim do dia de acordo com a lei judaica (Mat. 20:1-16), mostra que trabalhadores assalariados, e não escravos, eram a norma.

O rei Davi e Natã, *das* Horas de Nicolas Le Camus, *obra francesa do século XV.*

Estudos recentes explicam o caráter e o ambiente social das parábolas do Novo Testamento. Ao compor suas parábolas, Jesus parece ter desenvolvido a tradição bíblica de contar histórias trazendo o ouvinte para a sua realidade. Bom exemplo disso é a parábola do rico e do pobre, por meio da qual o profeta Natã levou o rei Davi a condenar a si próprio à morte (2 Sam. 12:1-15).

Entretanto, o paralelo mais próximo das parábolas dos evangelhos talvez seja com as histórias equivalentes dos rabinos. O próprio Jesus foi várias vezes chamado de "rabino", que significa "mestre" (por exemplo, em Mat. 26:25 e Mrc. 9:5), embora sua mensagem às vezes diferisse da de outros mestres judeus da época. Para esclarecer certos aspectos da Lei, os rabinos costumavam usar histórias interessantes, inspiradas nas condições econômicas e sociais, que envolviam personagens como senhores de terra, arrendatários e trabalhadores. Muitos de seus ambientes — o campo, a vinha, o banquete, a presença do rei — ocorrem nas parábolas dos evangelhos.

Não admira que seja o Evangelho de Mateus, com suas ligações judaicas, o mais semelhante ao estilo rabínico de ensinar. Mais que qualquer outro evangelista, ele apresenta as parábolas como instrumento educativo e como meio de incutir deveres morais, como faziam os rabinos.

(Luc. 16:19-31). Sem afirmar que um ou outro sejam pecadores ou virtuosos, Jesus diz que o homem rico vai para o inferno e Lázaro, para o céu, "para estar com Abraão". Abraão ignora o apelo do homem rico para que envie Lázaro à casa de seus irmãos, que ainda vivem, para alertá-los do que os aguarda. O patriarca então lhe diz: "Eles têm Moisés e os profetas; que os ouçam!" A parábola defende a obediência à Lei, que os ouvintes, ou leitores, são implicitamente estimulados a aplicar à sua vida. Há também parábolas que propõem uma comparação explícita, usando uma fórmula introdutória como "é como" ou "é como se fosse", por exemplo em Marcos 4:26-32. Esses dois tipos principais de parábolas enfatizam aspectos importantes do ensinamento de Jesus. Muitas servem para explicar o reino de Deus (*ver p. 171*), enquanto outras se preocupam com os deveres e as obrigações morais para com outros seres humanos, exigidos como preparação para os que desejem entrar no reino.

As parábolas de Jesus limitam-se aos Evangelhos Sinópticos. O Quarto Evangelho o mostra ensinando de maneira muito diferente (*ver p. 176*), e o termo que costuma ser traduzido como "parábola" em João 10:6 corresponde a uma palavra diferente da original, em grego, usada nos sinópticos. Os primeiros três evangelhos em geral agrupam parábolas de forma e conteúdo semelhantes, como as parábolas da "semente" em Marcos (*ver p. 174*). Às vezes os evangelistas diferem na forma e na ambientação que dão à mesma parábola, de modo a transmitir um modo particular de ilustrar o ensinamento de Jesus.

# O SEMEADOR

O principal propósito das parábolas de Jesus era ilustrar os temas de sua pregação para uma audiência popular. Entretanto, o significado das parábolas nem sempre é evidente. Marcos diz que na verdade elas tinham a intenção de esconder do povo em geral o significado secreto das mensagens, que só devia ser conhecido do círculo mais íntimo dos discípulos (Mrc. 4:10-12). A Igreja primitiva evidentemente achou que as parábolas precisavam ser explicadas, e os próprios evangelhos mostram Jesus esclarecendo algumas parábolas. O exemplo mais notável é a parábola do semeador, que aparece em todos os Evangelhos Sinópticos acompanhado de uma explicação de Jesus aos discípulos (Mat. 13:3-23; Mrc. 4:3-30; Luc. 8:5-15). É provável que esse acréscimo tenha sido feito posteriormente, para atender às necessidades dos primeiros cristãos. O apócrifo Evangelho de Tomé (*ver p. 149*), que se acredita contenha ensinamentos autênticos de Jesus, traz a parábola, mas não a explicação.

## As parábolas em Lucas

Algumas das mais conhecidas parábolas de Jesus estão em Lucas. São quase sempre realistas e humanas, e têm um tom de alegria e otimismo, ao contrário do sombrio e apocalíptico das muitas parábolas que Lucas compartilha com Mateus e Marcos, como a parábola do semeador (*ver texto principal*).

Na famosa história do Bom Samaritano (Luc. 10:30-35), Jesus conta que um sacerdote e um levita ignoram o sofrimento de um homem ferido que foi atacado e roubado na estrada para Jericó. O homem é então acolhido por um samaritano, que cuida de suas feridas e o leva em sua montaria para uma hospedaria. Em Lucas, o especial interesse de Jesus pelo samaritano (*ver p. 125*) reflete sua preocupação com os excluídos. O doutor a quem Jesus conta a história aceita sua verdade e é aconselhado a se comportar da mesma maneira. A parábola lembra o relato de 2 Crônicas sobre alguns samaritanos que cuidaram dos feridos de Judá e os levaram em jumentos até Jericó (2 Crôn. 28:15).

O Filho Pródigo, *do Mestre dos Bustos Femininos (Baixa Alemanha, c. 1550). O retorno e o arrependimento do filho pródigo foram celebrados com uma festa.*

Três parábolas em Lucas 15 mostram a preocupação do evangelista com os pecadores e com a possibilidade de voltarem a Deus pelo arrependimento. São as histórias da ovelha extraviada (Luc. 15:3-7), da moeda perdida (Luc. 15:8-10) e do filho pródigo (Luc. 15:11-32), que repete a história de José (*ver pp. 48-51*). Elas parecem conter uma crítica aos escribas e aos fariseus (*ver pp. 184-185*), cuja atitude se reflete no irmão pródigo. Mas as três histórias servem principalmente para enfatizar o amor de Deus, que sempre recebe de volta os que se arrependem. Quando o filho, a moeda e a ovelha retornam, há grande regozijo, mesmo no céu.

## A vinha e o banquete de casamento

Duas parábolas que aparecem em mais de um evangelho têm como tema a rejeição de Israel. A primeira é a parábola da vinha e seus arrendatários maus (Mat. 21:33-43; Mrc. 12:1-11; Luc. 20:9-17). Baseia-se nos primeiros versículos de Isaías 5, que Marcos e Mateus praticamente citam. A história é alegórica: a vinha é Israel; os arrendatários são a nação judaica; o proprietário da vinha é Deus; os servos que ele envia são os sucessivos profetas (que, segundo Mateus e Lucas, em outras passagens, foram mortos pelos israelitas); e o filho do proprietário é Jesus. O resultado é a rejeição dos judeus, e por isso o reino a eles prometido será dado aos gentios justos.

*Torre de vigia de um vinhedo na Judeia, como a mencionada em Isaías 5:2.*

Mateus completa a parábola da vinha com a do banquete de casamento (Mat. 22:1-10). Lucas também inclui a parábola do casamento, mas a coloca num ambiente distinto (Luc. 14:15-24) e passa a mensagem direta de que nada deve se pôr no caminho de alguém que responde ao chamado de Deus. Em Mateus, porém, a parábola se torna uma sofisticada alegoria. O anfitrião é um rei — o próprio Deus — e o banquete é a festa de casamento messiânica para seu filho. Os servos enviados para chamar os convidados são mortos por eles, e por isso o rei envia seu exército para destruir aqueles que rejeitaram brutalmente seu convite e incendiar sua cidade. Aqui, Mateus provavelmente se refere à destruição de Jerusalém pelos romanos em 70 d.C. O convidado que não usa traje de casamento só aparece em Mateus (22:11-14). Isso não é compatível com a história precedente e provavelmente foi um acréscimo moralista, uma censura aos membros indignos da comunidade para a qual o evangelista escrevia.

Em Marcos, à parábola do semeador seguem-se a da semente que cresce secretamente (Mrc. 4:26-29) e a da semente de mostarda (Mrc. 4:30-32). As três parábolas estão ligadas pela palavra "semente", e as duas últimas se referem à vinda do reino de Deus (*ver p. 171*). Marcos situa a parábola do semeador num ambiente de repetidas rejeições a Jesus, talvez como advertência de que sua mensagem, "a palavra do reino", podia não ser universalmente aceita. Na interpretação da parábola, Jesus dá a cada detalhe da história seu significado: as aves são Satanás, o calor do sol é a perseguição e os espinhos são os prazeres mundanos. A parábola se torna mais uma lição moral para a vida diária dos cristãos que um chamado aos seguidores de Jesus para que preparem a chegada do reino de Deus, que é a essência do entendimento de Mateus sobre a parábola.

Mateus prossegue seu relato sobre o semeador com um grupo de parábolas diferentes das de Marcos. Omite a da semente que cresce em segredo, mas acrescenta à parábola do grão de mostarda (Mat. 13:31-32) as do joio e do trigo (Mat. 13:31-32), do fermento (Mat. 13:33), do tesouro escondido (Mat. 13:44), das pérolas (Mat. 13:45-46) e da rede de pesca (Mat. 13:47-50). Nessa série de parábolas, Mateus parece enfatizar que o reino está oculto no presente, mas finalmente triunfará, quando os pecadores serão separados dos justos. Essa interpretação é apoiada pela parábola dos bodes e das ovelhas, que só aparece em Mateus (Mat. 25:31-46): quando o reino vier, o "Filho do Homem" colocará os justos à sua direita e os pecadores à esquerda, "como um pastor separa as ovelhas e os bodes".

# OS ENSINAMENTOS DE JESUS EM JOÃO

*Balança comercial de bronze da Judeia romana. Os mercadores do Templo podem muito bem ter usado um utensílio semelhante.*

Segundo uma hipótese, o Quarto Evangelho seria uma interpretação posterior dos três Evangelhos Sinópticos (*ver p. 151*). Hoje, ainda se acredita que esses textos preservam o registro mais autêntico das falas de Jesus, mas é questionável se o autor do Quarto Evangelho se inspirou neles. Parece mais provável que ele tenha se baseado em tradições independentes, possivelmente muito anteriores, sobre a vida e o ministério de Jesus. Isso explicaria as marcadas diferenças entre os Evangelhos Sinópticos e o Quarto Evangelho na apresentação da mensagem de Jesus. Nos primeiros três, os ensinamentos de Jesus consistem principalmente em máximas e parábolas curtas (*ver pp. 172-175*), mas no último ele profere longos discursos (*ver quadro na página ao lado*) e tem extensos debates com seus oponentes. A primeira metade desse evangelho (João 2-12) está estruturada ao redor de seis discursos que explicam o significado de seis milagres — até que Jesus se afasta do mundo para estar com seus discípulos. A segunda metade do evangelho (João 13-20) contém outras séries de discursos, em especial o adeus de Jesus aos discípulos (João 14-17).

Esses discursos são muito diferentes em conteúdo das falas de Jesus nos Evangelhos Sinópticos e servem para promover o objetivo declarado do Quarto Evangelho, que é levar os leitores a "acreditar que Jesus é o Messias, o Filho de Deus, e que, crendo, tenham a vida em seu nome" (João 20:31). Nos sinópticos, Jesus proclama o advento do reino de Deus (*ver p. 171*) e dá instruções morais e religiosas a quem aceitá-lo. O Jesus do Quarto Evangelho fala mais de seu papel e de sua pessoa, alegando ser o Messias e o Filho divino. Seus discursos desenvolvem a afirmação de que ele é "o Verbo", em João 1, capítulo no qual os principais temas de todo o evangelho são introduzidos (*ver também p. 161*).

O Quarto Evangelho é notável por seis frases iniciadas por "Eu sou",

A Purificação do Templo, *c. 1600, de Doménikos Theotokópoulos, conhecido como El Greco (1541-1614). Esta é a terceira pintura de El Greco com esse tema.*

pontos de partida para cada discurso. Nelas, Jesus se define, por exemplo, como o pão da vida (João 6:35-51), a luz do mundo (João 8:12-14) e a videira verdadeira (João 15:1-8). Essas frases iniciadas por "Eu sou" têm autoridade especial, porque retomam a revelação do nome de Deus feita a Moisés em Êxodo 3 (*ver p. 56*).

João relata fatos que não estão nos sinópticos e, quando narra os que estão nos outros evangelhos, em geral lhes dá um cenário e um significado diferentes. Esses aspectos estão evidentes nos episódios que coloca bem no início da carreira de Jesus, nos capítulos de 2 a 4, que formam uma seção independente. São duas narrativas e dois discursos, todos sobre o mesmo tema básico: a nova forma de vida que Jesus traz. A primeira narrativa, sobre a festa de bodas em Caná (João 2:1-11), mostra Jesus substituindo a água do judaísmo pelo novo vinho de seus ensinamentos (*ver também p. 167*). A essa história segue-se a narrativa da purificação do Templo de Jerusalém (João 2:13-22), que os outros evangelhos colocam no fim de seu ministério. (Em João, Jesus visita regularmente Jerusalém por ocasião das festas judaicas; nos sinópticos, ele faz apenas uma visita, que representa o ponto alto de seu ministério.) A história é colocada no início do evangelho porque introduz dois dos principais temas de João: a fé implícita na condição de discípulo (João 2:22) e a controvérsia entre Jesus e "os judeus". No Quarto Evangelho, Jesus não é uma figura de dentro do judaísmo como nos Evangelhos Sinópticos, mas um ser nitidamente diferente dos "judeus". Em João, o termo "judeus" tem significado simbólico e refere-se aos que rejeitam Jesus como Messias.

João dá sua interpretação do episódio da purificação no Templo em um debate entre Jesus e "os judeus" (João 2:18-21): o Templo não é apenas purificado, mas, como Jesus prevê em outra passagem do evangelho, destruído. Entretanto, João acrescenta a promessa de um novo Templo, que será a morada de Deus: o corpo ressuscitado de Jesus (João 2:19-21).

## Nicodemos e a samaritana

Os primeiros dois discursos em João apresentam uma das principais ideias do Quarto Evangelho, a de um novo começo por meio de Jesus. A primeira fala (João 3) é dirigida ao fariseu Nicodemos, teólogo judeu que procura Jesus durante a noite. Ele recebe iluminação da "luz" que "veio ao mundo" (João 3:19).

Jesus ensina que só quem nascer de novo poderá entrar no reino, num renascimento que é simbolizado pelo batismo (João 3:5). O batismo transmite o dom do "espírito", um nível de existência diferente do da "carne", a vida deste mundo (João 3:6). Só Jesus conhece a verdade do céu, já que "nasceu do alto" (João 3:13). Seu poder de salvar aqueles que o aceitarem será revelado quando ele for erguido, "como Moisés ergueu a serpente no deserto" (João 3:14): uma afirmação que prenuncia a crucificação de Jesus.

A segunda fala (João 4:7-26) se insere no contexto do diálogo com uma samaritana à beira do poço de Jacó. Jesus diz à mulher que a água do poço de Jacó não se compara à água da vida eterna que ele traz. Os samaritanos (*ver p. 125*) deviam aceitar o Messias que cumprisse as promessas feitas por Deus aos judeus, mas isso certamente não significava aceitar a exclusividade do Templo de Jerusalém. A ideia é que Jesus inaugura uma era totalmente nova, na qual o culto não está limitado a determinados lugares como o Templo de Jerusalém ou o centro do culto samaritano no monte Gerezim.

*Um poço simples de vila, como os encontrados na Judeia.*

*A cura do paralítico (Mat. 9:2-7; Luc. 5:18-25; comparar com Mrc. 2:3-12 e João 5:5-9). Pintura mural de igreja do século III escavada em Dura Europos, na Síria.*

# OS MILAGRES

O Novo Testamento relata numerosas ocasiões em que Jesus e, depois, os apóstolos operam milagres. Um milagre é quase sempre descrito como um fato que contraria as leis da natureza, mas essa definição não se aplica à visão cosmológica da Bíblia, que não vê o universo como um sistema fechado que opera segundo a lei de causa e efeito. No sentido bíblico, milagre é uma situação em que Deus age de maneira excepcional para produzir determinado resultado. No Novo Testamento, há três palavras gregas para "milagre": "maravilha" (algo extraordinário), "sinal" (evidência de que Deus está agindo) e, mais comumente, "poder" (demonstração da força e do domínio de Deus).

Os milagres eram aceitos como fatos normais no mundo antigo, em particular no judaísmo. A Bíblia registra diversas intervenções milagrosas de Deus em benefício de seu povo, em particular na fuga do Egito, episódio no qual as pragas que assolam o Egito, a abertura das águas do mar Vermelho por Moisés (Ex. 14) e a provisão de alimento no deserto (Êx. 16) são três exemplos. Há ainda vários relatos de milagres realizados por homens santos, como os profetas Elias e Eliseu (*ver pp. 96-99*), que tinham o poder de interceder a Deus. Esses relatos influenciaram muitas histórias de milagres do Novo Testamento. No Novo Testamento, os milagres oferecem a certeza de que, assim como agiu no início da história da nação, Deus voltará a intervir para libertar seu povo do domínio do mal e fundar uma nova era de salvação.

Os milagres de Jesus demonstram aos incrédulos que ele é o Messias esperado e que a nova era prometida do reino de Deus (*ver p. 171*) está para nascer. Quando os discípulos de João Batista perguntam a Jesus se ele é o "que há de vir", o Filho do Homem aponta a evidência visível de

## Fazedores de milagres do tempo de Jesus

Tanto Jesus quanto seus discípulos são retratados como pregadores itinerantes que muitas vezes operavam milagres no curso de sua missão. Como tal, não deviam parecer excepcionais no Império Romano: uma analogia se encontra nos mestres cínico-estoicos que perambulavam pelo Oriente Médio durante os dois primeiros séculos da era cristã.

Também havia muitos judeus milagreiros, que curavam usando nomes mágicos, assim como os discípulos de Jesus curavam em seu nome (Atos 3:6). Milagres também são atribuídos a rabinos. Lendas sobre seu poder de fazer chover constam do Talmude, particularmente a respeito de um certo Honi ha-Meaggel, rabino do século I a.C. Mas o mais famoso milagreiro rabínico foi provavelmente Hanina ben Dosa, do fim do século I d.C. Uma das histórias sobre ele é a da cura milagrosa do filho de outro rabino, Gamaliel II. O filho de Gamaliel estava doente, por isso o pai enviou dois de seus discípulos a Hanina, que declarou que o menino não tinha mais febre. Os discípulos anotaram a hora do anúncio de Hanina e voltaram a Gamaliel, que confirmou que a febre tinha passado naquela hora precisa. É notável a semelhança entre essa história e a passagem do evangelho que conta como Jesus curou o filho de um oficial do rei em Cafarnaum (João 4:46-54; *ver p. 167*).

*O tanque de Siloé, onde Jesus curou o cego (João 9:7), fica na extremidade sul do túnel construído pelo rei Ezequias entre a fonte de Gion e a Cidade de Davi* (ver mapa, p. 190).

seus milagres como prova de seu papel messiânico (Luc. 7:18-23). A lista de curas nesses versículos lembra várias passagens de Isaías, nas quais milagres também aparecem como presságios do estabelecimento do reino de Deus (Isa. 29:18-19, 35:5-6, 61:1). Os fenômenos extraordinários que acompanham o nascimento e a morte de Jesus eram vistos como normais no tempo dele, quando se acreditava que o nascimento e a carreira de uma pessoa especial seriam marcados por sinais incomuns e presságios.

Jesus autorizou os discípulos a operar milagres como ele, e os Atos registram que "muitos sinais e maravilhas foram feitos pelos apóstolos" nos primeiros dias da Igreja (Atos 2:43). É por meio do nome e do poder de Jesus que os apóstolos são capazes de curar. Algumas histórias de milagres nos Atos são muito semelhantes às de Jesus nos evangelhos, como a do mendigo aleijado que Pedro cura junto à Porta Formosa do Templo de Jerusalém. Pedro diz ao mendigo: "Em nome de Jesus Cristo de Nazaré, levanta-te e anda" (Atos 3:6), quase as mesmas palavras com que Jesus cura um paralítico (Mat. 9:6; Mrc. 2:11; Luc. 5:24; João 5:8) e traz a filha de Jairo de entre os mortos (Mrc. 5:41; Luc. 8:54). Assim como os milagres de Jesus marcam momentos significativos de sua vida, os milagres praticados em seu nome marcam momentos significativos de crescimento da Igreja. O milagre de Pedro causa considerável comoção, e sua pregação subsequente resulta em prisão — mas ele conquista 5 mil novos convertidos a Jesus (Atos 4:3-4).

## Os milagres no Quarto Evangelho

O quarto evangelista vai além dos sinópticos na exposição dos milagres, que registram os extraordinários poderes de Jesus e provam seu caráter, sua missão e sua relação única com Deus.

João descreve os milagres como "sinais", e os seis sinais que ele narra correspondem — e às vezes estão diretamente ligados — aos seis discursos e às seis frases iniciadas com "Eu sou" da primeira parte do evangelho (*ver p. 176*), que tem sido chamada "Livro dos Sinais".

Na maioria dos casos, as histórias do Quarto Evangelho têm correspondentes nos Evangelhos Sinópticos, mas João lhes empresta significado particular. A cura de um enfermo no sabá (João 5:2-16) é uma violação da lei judaica, como nos sinópticos, mas no discurso que se segue Jesus diz que o milagre confirma sua condição de filho de Deus e seu igual (João 5:17-47). O relato de um cego que recupera a visão (João 9) também aparece nos sinópticos, mas no Quarto Evangelho seu propósito é revelar Jesus como a luz do mundo: a verdadeira cegueira é a dos que não podem ver essa verdade.

As histórias de milagres encontradas em João, como o episódio de Caná (*ver p. 167*), são da mesma natureza. Assim, a ressurreição de Lázaro (João 11; *ver p. 181*) serve para despertar a fé e é um sinal da vida eterna garantida pela fé em Jesus.

Os Milagres de Cura de Cristo, *da* Bible Moralisée, *produzida em c. 1240 pelo rei Luís IX da França (São Luís).*

# O EXORCISMO

*Uma manada de porcos, em relevo do palácio real assírio, em Nínive, de c. 690 a.C.*

**OUTROS MILAGRES DE CURA**

**Nem todos os relatos de curas feitas por Jesus têm relação direta com a possessão demoníaca. A narrativa sobre o paralítico (Mat. 9:2-8; Mrc. 2:3-12; Luc. 5:18-26; João 5:5-9) se enquadra na visão da época de que a doença era consequência do pecado e mostra que Jesus tem o poder de perdoá-lo e anular os seus efeitos. As histórias do homem que tinha a mão seca (Mat. 12:9-13; Mrc. 3:1-5; Luc. 6:6-10) e do cego (João 9) servem, como outros episódios dos evangelhos, para mostrar que Jesus tem autoridade messiânica para desobedecer às normas estritas do sabá.**

**Dá-se especial importância à cura do leproso (Mat. 8:1-4; Mrc. 1:40-41; Luc. 5:12-15). Deve-se notar que na Bíblia a palavra "lepra"não se refere obrigatoriamente à hanseníase, e pode ser atribuída a muitas doenças de pele. Em Marcos, quando Jesus encontra o leproso, reage com indignação ao seu estado extremamente lastimável. A Lei judaica não oferece meios de curar a lepra: se a doença simplesmente desaparecesse, o leproso tinha de ser examinado pelo sacerdote e depois passar por um ritual de purificação. Mas Jesus substitui a antiga Lei e limpa o leproso de sua doença. Lucas registra a cura de dez leprosos quando Jesus estava na Galileia e na Samaria (Luc. 7:11-19). Acreditava-se que os dez leprosos simbolizavam as dez tribos israelitas que habitaram a região. O único leproso que reconhece Jesus é um samaritano, um não judeu, e o episódio provavelmente simboliza a transmissão dos evangelhos aos gentios. A mensagem é clara: Jesus é o curador que distribui sua benevolência a todos os necessitados, judeus ou não. Todos podem se salvar pela fé em seu poder.**

O exorcismo dos espíritos maus desempenhou papel importante no ministério de Jesus, como registram os Evangelhos Sinópticos. No mundo antigo, acreditava-se que espíritos maus podiam causar doenças e desastres naturais, como tempestades e inundações, e que sua influência tinha de ser combatida através do exorcismo e de outras práticas destinadas a repelir as forças da escuridão. O Quarto Evangelho não registra tal atividade, e, a não ser nos sinópticos, o exorcismo só é mencionado em Atos (Atos 5:16, 8:7, 16:16-18, 19:11-19). Quando Jesus e seus discípulos aparecem expulsando demônios de indivíduos, é impossível saber que condição médica está sendo curada, porque essa informação não é fornecida aos narradores. A imagem dramática de um menino que tem convulsões provocadas por um demônio, a ponto de rolar no chão espumando pela boca (Mrc. 9:14-27; Luc. 9:37-43), indica que ele estava sofrendo um ataque de epilepsia, e as histórias em que Jesus faz um mudo recuperar a fala ou um cego readquirir a visão podem indicar a cura de um mal psicológico ou psicossomático.

No Novo Testamento, os relatos de cura de possessão demoníaca seguem um padrão: a longa e intratável doença, o método de cura e as consequências observáveis. Esse padrão também é encontrado em contos populares gregos e judaicos do século I d.C., e textos mágicos gregos que tratam do exorcismo têm aspectos em comum com os que são atribuídos a Jesus. Por exemplo, o demônio quase sempre reconhece o caráter sobrenatural do curador: Marcos registra que, quando os "espíritos imundos" viam Jesus, "prostravam-se diante dele e gritavam 'Tu és o Filho de Deus!'" (Mrc. 3:11; comparar com Mrc. 8:29). Os textos gregos, como a Bíblia, também descrevem a expulsão do demônio pela força do nome divino e registram a importância de obrigar o espírito a revelar sua identidade, como na história do possesso geraseno (ou gadareno) narrada por Marcos e Lucas. O demônio declara que seu nome é Legião, "porque somos muitos" (Mrc. 5:9; Luc. 8:30). O nome de Jesus logo veio a ser usado para curar a possessão demoníaca, não apenas por seus seguidores, mas também por outros exorcistas.

Para os autores dos evangelhos, Jesus é muito mais do que apenas um entre muitos milagreiros. Os evangelistas refletem a visão da época, segundo a qual os demônios habitavam uma esfera entre o céu e a terra, constituindo um reino do mal comandado por Satanás ou Belzebu. (Comparar com Mat. 12:24-27, onde Jesus nega que aja por ordem de Belzebu, figura derivada do título cananeu Baal-Zebul, o "Senhor Baal". A forma hebraica, Belzebu, significa "Senhor das Moscas" e provavelmente é uma adulteração deliberada.) A vinda do reino de Deus na pessoa de Jesus provoca a destruição do reino do mal, previsível diante de sua capacidade de dominar espíritos maus. Na narrativa do gadarenos, Jesus expulsa um bando de demônios que possuía um homem (dois em Mateus). Vendo que seriam expulsos, os demônios imploram para entrar numa manada de porcos, animais impuros e, portanto, ambiente adequado a eles. Assim que se apossam dos porcos, eles disparam por uma encosta e lançam-se para a morte (Mat. 8:28-33; Mrc. 5:2-13; Luc. 8:27-33).

A visão dos evangelhos sobre o exorcismo praticado por Jesus pode ser resumida numa frase de Lucas: "Se é pelo dedo de Deus que expulso os demônios, é porque o reino de Deus chegou"(Luc. 11:20). A imagem do dedo de Deus também era usada por magos egípcios para descrever as ações divinas para libertar Israel do Egito (Êx. 8:19).

## A ressurreição dos mortos

Acima: *O túmulo de Lázaro em Betânia.*

À esquerda: A Ressurreição de Lázaro, *c. 1309, afresco de Giotto (c. 1266-1337) na Igreja de São Francisco em Assis, na Itália.*

Os evangelhos registram três relatos em que Jesus traz um morto de volta à vida. As mulheres têm papel preponderante nessas histórias, que também ilustram a derrota das forças do mal, já que, como afirma a Carta aos Hebreus, é o demônio que tem o poder da morte (Heb. 2:14).

No relato da cura da filha de Jairo (Mrc. 5:22-24, 35-43), as palavras de Jesus à menina, "*Talita cumi*", que significam "Menina, levanta-te", foram preservadas no original aramaico (Mrc. 5:41), provavelmente porque a frase era usada pelos exorcistas cristãos. Entre as duas partes do episódio insere-se a história da mulher que se cura apenas tocando as roupas de Jesus (Mrc. 5:25-34). Ela se cura pela fé, mas a história preserva a ideia de um misterioso poder do curador. Em Naim, na Galileia, Jesus ressuscita o filho de uma viúva. O relato de Lucas (Luc. 7:11-17) lembra milagres semelhantes dos profetas Elias (1 Reis 18) e Eliseu (2 Reis 4). Quando o morto reviveu, Jesus "entregou-o à sua mãe", uma citação da história de Elias (1 Reis 18:23). Como Elias, Jesus é saudado como grande profeta (Luc. 7:15-16). A história de Lázaro (João 11) é o último "sinal", o ponto culminante do Quarto Evangelho (*ver p. 179*). O evangelista enfatiza a reação emocional de Jesus à morte de Lázaro (João 11:35, 38) e, como em outras passagens, reforça a natureza milagrosa do fato. Conta-se que Lázaro já estava morto havia dias quando Jesus chegou. Segundo a crença popular judaica, a alma abandonava o corpo no quarto dia depois da morte, quando a decomposição se instalava. A ressurreição de Lázaro prenuncia a morte e a ressurreição de Jesus, como ele diz à irmã de Lázaro, Marta: "Eu sou a ressurreição e a vida. Quem crer em mim, mesmo que morra, viverá" (João 11:24-25).

# OS MILAGRES DA MULTIPLICAÇÃO DOS PÃES

A maioria dos milagres de Jesus são curas de doenças, e não é difícil aceitar a sua veracidade, qualquer que seja seu significado religioso; curas semelhantes foram presenciadas em todos os séculos até o presente. Os milagres da natureza, que envolvem elementos ou fenômenos naturais, podem parecer diferentes, mas os autores do Novo Testamento viviam num mundo em que se acreditava que as divindades podiam intervir no curso da natureza, e de fato o faziam. Havia plenas evidências nas Escrituras de que Deus era capaz de dominar o tempo, a qualidade das colheitas etc.

Nos evangelhos, o fato de Jesus dar de comer a multidões a partir de uma pequena quantidade de alimento é tratado como um milagre da natureza de especial importância. Os quatro evangelistas registram a alimentação de 5 mil pessoas (Mat. 14:13-21; Mrc. 6:30-44; Luc. 9:12-17; João 6:1-14). Mateus e Marcos ainda contam uma história semelhante, segundo a qual ele teria alimentado 4 mil (Mat. 15:32-38; Mrc. 8:1-10). Acredita-se que sejam variantes do mesmo episódio. Há razões para pensar que a história das 4 mil pessoas seja a original. O significado das narrativas nem sempre é claro, além da óbvia intenção de demonstrar o poder divino de Jesus. Mateus e Marcos narram a discussão entre Jesus e os discípulos quando descobrem que têm apenas um pão (Mat. 16:5-12; Mrc 8:14-21). Ao referir-se aos dois milagres de multiplicação, Jesus culpa os discípulos de não terem entendido o significado do que acontecera. Marcos não dá nenhuma indicação de que significado seria esse, mas Mateus, de maneira muito obscura, introduz uma advertência contra "o fermento dos fariseus e saduceus", provavelmente a doutrina desses dois grupos (*ver pp. 184-185*).

**OS MILAGRES DA MULTIPLICAÇÃO EM JOÃO**

**No Quarto Evangelho, o significado simbólico da alimentação de 5 mil pessoas (João 6:1-14) é desenvolvido pelo discurso que o acompanha (João 6:25-59), que inclui uma das frases iniciadas por "Eu sou" (*ver pp. 176-177*): "Eu sou o pão da vida" (João 6:35). João interpreta o acontecimento à luz do episódio de Moisés e o maná no deserto. O milagre acontece em uma montanha, o que indica uma associação com Moisés. O verdadeiro "trigo do céu", como o Salmo 78 se refere ao maná, não foi fornecido por Moisés, mas por Deus na pessoa de Jesus (João 6:49-51).**

**Nos sinópticos, quando Jesus toma os pães e os peixes, ele os benze, parte e distribui, antecipando seus atos na Última Ceia (Mat. 26:26-29; Mrc. 14:22-25; Luc. 22:15-20). Em João, quando alimenta os 4 mil (*ver texto principal*), em vez de "benzer" o alimento, Jesus "dá graças" (Mat. 15:36; Mrc. 8:6; João 6:11), uma frase que lembra a Eucaristia (em grego *eucharistia*, "ação de graças"). Assim como a palavra "peixe" tem, na cristandade, significado como símbolo de Jesus, o milagre também pode ser referência ao corpo e ao sangue de Cristo na Eucaristia. O Quarto Evangelho não relata a Última Ceia, mas sua narrativa da multiplicação parece ser o equivalente dela. O discurso se encerra com Jesus dizendo que só os que comerem a carne e beberem o sangue do Filho do Homem ganharão a vida eterna e a garantia de ressurreição no último dia (João 6:54). (*Ver também pp. 192-195.*)**

Jesus Benze os Pães e os Peixes, *mosaico do início do século V na Basilica di Sant'Apollinare Nuovo, em Ravena, na Itália.*

## Vários milagres da natureza

Outros milagres da natureza atribuídos a Jesus ocorrem em um ambiente tipicamente galileu. Os evangelhos contam viagens de barco regulares de Jesus e dos discípulos pelo mar da Galileia, duas delas oportunidades de demonstrar os poderes de Jesus. Certa vez, uma repentina tempestade ameaça afundar o barco, e os discípulos apelam a Jesus, que dorme na popa, para salvá-los: ele repreende o vento e as ondas, restabelecendo a calmaria (Mat. 8:23-27; Mrc. 4:35-41; Luc. 8:22-25). Muitas vezes, na Bíblia, o mar e as tempestades são forças hostis que a palavra de Jesus aplaca. Ao acalmar "ondas furiosas", ele mostra seu poder divino, assim como, no Salmo 89, conta-se que Deus "domina o ímpeto do mar" e "quando as ondas se levantam... aquieta-as". Em outra ocasião, Jesus revela seu caráter sobrenatural — os discípulos pensam que ele é um fantasma — caminhando sobre as águas (Mat. 14:22-33; Mrc. 6:47-51; João 6:16-21). Em Mateus, Pedro tenta fazer o mesmo e fracassa. Ao socorrer o discípulo, Jesus deve ser visto como o salvador de todos os que sofrem e venerado como Filho de Deus (Mat. 14:28-33). Outra história ambientada na Galileia é a do milagre dos peixes. Em Lucas, ela acompanha a convocação de Pedro e antecipa o sucesso de sua missão de pescar almas (Luc. 5:4-10; *ver também pp. 166-167*). Em João, o episódio entra depois da Ressurreição (João 21:4-14) e o simbolismo da narrativa é aumentado. A rede contém 153 peixes (João 21:11): antigos zoólogos gregos acreditavam que esse fosse o número de espécies de peixes, de modo que a pesca representa a natureza universal da Igreja, abrangendo toda a humanidade.

O Milagre da Multiplicação dos Peixes, *de Duccio di Buoninsegna (c. 1278-1318), que ilustra o relato de João 21:7-8.*

As histórias de multiplicação de alimento estão cheias de alusões e simbolismo. Assim como Deus fornecera comida para Israel no deserto (Êx. 16), Jesus alimenta a multidão em um local remoto ou desértico. A era messiânica seria uma época de abundância, e Jesus pode ser visto, como em Caná, como o doador da vida e da fertilidade no banquete messiânico (*ver p. 167*). Entretanto, o paralelo mais próximo dos milagres de multiplicação na Bíblia é a história que conta como Elias alimentou uma centena de homens com 20 pães e algumas espigas de grão (2 Reis 4:42-44). Como Jesus, Elias ordena que o povo seja alimentado e, também como Jesus, é encarado com incredulidade. A história termina com a afirmação de que sobrou comida. O mesmo ocorre nos evangelhos: 12 cestas cheias de pedaços sobraram depois que os 5 mil se alimentaram, sete cestas dos 4 mil no relato de Mateus e Marcos.

# JESUS E OS FARISEUS

A oposição de vários grupos judaicos às palavras e aos atos de Jesus desempenha papel importante na maneira como os evangelhos apresentam sua pessoa e sua mensagem. Às vezes, Jesus acusa seus oponentes em termos extremamente duros (por exemplo, em Mat. 23 e Luc. 11:39-52). Isso pode ser uma projeção, para a época em que Jesus viveu, de uma circunstância que só veio a existir depois, quando os primeiros cristãos eram acusados de hereges e expulsos das sinagogas. No Quarto Evangelho, o termo genérico "os judeus" abrange toda a oposição a Jesus (*ver p. 177*).

Da mesma forma, não há razão para duvidar de que o confronto com facções religiosas dentro do judaísmo foi autêntico na carreira de Jesus. Seus principais oponentes são apresentados como fariseus e "escribas"; estes últimos, principalmente em Lucas, às vezes são chamados de "doutores da lei". Seja qual for sua origem, no Novo Testamento os escribas e os fariseus não se distinguem na prática, e têm a identidade confirmada por fontes judaicas. São expoentes da lei judaica, em seu duplo aspecto: a Lei escrita de Moisés, na forma como está no Pentateuco, e a lei não escrita, a tradição oral transmitida por gerações (*ver pp. 118-119*). Os evangelhos veem nos fariseus aqueles que "se sentam na cadeira de Moisés", lugar na sinagoga de onde a Lei era ensinada (Mat. 23:2; *ver p. 168*), e, ao mesmo tempo, como os que preservam a "tradição dos anciãos" (Mat. 15:2; Mrc. 7:3, 7:5).

Muitas das discussões de Jesus com os escribas e os fariseus versam sobre questões da Lei e da religião judaica, e quase sempre assumem a forma de uma argumentação rabínica. Marcos registra uma série de conflitos no início do ministério de Jesus, nos quais sua autoridade se confronta com a de reconhecidos mestres religiosos (Mrc. 2:5-12, 15-17, 23-28, 3:22-30). Jesus é capaz de rejeitar as regras de estrita observância do sabá (Mrc. 2:23-28), embora em uma história peça a permissão dos fariseus para realizar curas no sabá quando uma vida estiver em risco. Em outras

Jesus na Casa de Simão, o Fariseu, *de um discípulo de Dierick Bouts (c. 1420-75). Esse episódio também é discutido nas pp. 192-193.*

## Seitas judaicas do tempo de Jesus

Existiam muitas facções dentro do judaísmo no século I d.C., cada qual com uma compreensão particular da Lei. Segundo os evangelhos, todas mantiveram contato com Jesus. Os fariseus eram herdeiros do movimento hassidiano, que surgiu como defensor da Lei durante a revolta dos macabeus em meados do século II a.C. (*ver pp. 140-141*). Originalmente, eram muito ativos nos assuntos do Estado judaico que nasceu da revolta e deram apoio à dinastia reinante dos hasmoneus. Aos poucos, porém, acharam que esses governantes se afastavam da estrita observância da Lei e foram perseguidos sob João Hircano (134-104 a.C.) e Alexandre Janeu (103-76 a.C.). Sob Salomé Alexandra (76-67 a.C.), estabeleceu-se a distinção entre Estado e autoridade religiosa. Desde então, os fariseus deixaram de desempenhar papel ativo nos assuntos públicos, dedicando-se a fortalecer o apoio popular por meio de tribunais e sinagogas locais, com muito sucesso. Os fariseus eram também muito ativos no Sinédrio, o conselho de Jerusalém, que servia em parte para sustentar e disseminar sua interpretação da Lei. Mas sua maior conquista, por meio do controle das sinagogas e da preocupação com as regras de pureza, foi transferir a tarefa de preservar a integridade da nação a partir do Templo de Jerusalém para a comunidade local. O judaísmo farisaico conseguiu sobreviver à destruição do Templo em 70 d.C. e à perda de toda esperança de restauração.

Os Fariseus Discutem com Jesus no Campo de Trigo, *de Abel Grimmer (1570-c.1619). O episódio está relatado em Mateus 12 e Marcos 2-3.*

Outra facção, os saduceus, tem sido vista como um grupo sacerdotal. Acreditou-se que seu nome derivava de Sadoc, um dos dois sacerdotes de Davi, mas em hebraico a palavra significa "homens justos". Eles deviam ser muito semelhantes aos fariseus, um grupo com uma interpretação particular da Lei. Rejeitavam a lei oral e consideravam a lei escrita a única autoridade. Não acreditavam na ressurreição dos mortos (Mat. 22:23; Mrc. 12:18; Luc. 20:27), não confirmada no Pentateuco, e nessa questão se chocavam com os fariseus e com Jesus. Também rejeitavam a angelologia e a demonologia, que os fariseus aceitavam (Atos 23:8). Os saduceus eram tradicionalistas e, com a queda do Templo e a ascensão do judaísmo farisaico, desapareceram rapidamente.

Quase nada se sabe sobre os herodianos, mencionados apenas na Bíblia, e só três vezes (Mat. 22:16; Mrc. 3:6, 12:13). O nome indica que eles apoiavam a dinastia herodiana, ao contrário dos saduceus, que, segundo o historiador Josefo, eram pró-hasmoneus. A Bíblia os liga com os fariseus na conspiração da morte de Jesus e na tentativa de confundi-lo na questão do pagamento de impostos a César. A dinastia herodiana (governadores da Galileia no tempo de Jesus; *ver p. 144*) dependia da aprovação dos romanos, e os fariseus faziam oposição a Roma, de modo que tanto herodianos como fariseus podem muito bem ter considerado Jesus um perigoso agitador.

passagens, a discussão sobre o divórcio gira em torno da forma como as Escrituras devem ser interpretadas (Mrc. 10:2-9), e a legalidade do pagamento de impostos a Roma é estabelecida em uma decisão de Jesus tido como aquele que ensina "o caminho de Deus de acordo com a verdade" (Mat. 22:16-22; Mrc. 12:14-17).

Grande parte dos ensinamentos de Jesus estão, de fato, em sintonia com os dos fariseus, mas seus seguidores eram predominantemente judeus comuns, que achavam difícil observar as elaboradas normas farisaicas que regulavam a vida diária, em especial as relativas à pureza ritual. Os fariseus são condenados por impor "pesado fardo" sobre o povo (Mat. 23:4), ao contrário do fardo leve de Jesus, e por se preocupar com detalhes legais em detrimento do verdadeiro propósito da Lei, o estabelecimento da justiça, da misericórdia e da fé (Mat. 23:23). A palavra preferida de Mateus para qualificar os fariseus é "hipócritas" (Mat. 23). Ele os vê como pessoas que não vivem segundo seus próprios preceitos e só querem desfrutar do prestígio, da adulação e do aplauso que recebem como mestres e estudiosos.

# III CRUCIFICAÇÃO E RESSURREIÇÃO

*O ponto alto do ministério de Jesus foi o período em que viajou da Galileia para Jerusalém, pouco antes da Páscoa, para enfrentar a morte, que, segundo os evangelhos, ele já previra. Depois de uma ceia final com os discípulos, Jesus foi preso, julgado e crucificado. Segundo os evangelhos e os Atos, esse não foi o fim da história: Jesus ressuscitou dos mortos e, depois de transmitir orientação e confiança a seus seguidores, ascendeu aos céus.*



## A MORTE DO BATISTA

Herodes Antipas, que os romanos nomearam tetrarca da Galileia e da Pereia depois da morte de seu pai, Herodes, o Grande, em 4 a.C. (*ver quadro, p. 144*), temia que a grande influência de João Batista sobre as massas pudesse provocar uma revolta. Segundo o historiador judeu Josefo, Herodes Antipas (em geral apenas Antipas, mas chamado nos evangelhos de "o tetrarca Herodes") prendeu e executou João em Maquerontes, palácio-fortaleza a leste do mar Morto. Quando mais tarde o tetrarca foi derrotado em batalha, alguns viram nisso a compensação divina pela execução de João.

As circunstâncias da morte de João são narradas de maneira diferente nos evangelhos de Marcos e (em forma mais breve) de Mateus. A corte do tetrarca da Galileia comparecia a um banquete para comemorar o aniversá-

A Morte de João Batista, *ícone russo do século XIX.*

rio de Antipas. João fora preso sob a alegação de ter ofendido Herodíades, mulher de Antipas, por quem ele abandonara sua primeira mulher, filha do rei nabateu Aretas IV (9 a.C.- 40 d.C.). Herodíades tinha sido casada com o meio-irmão de Antipas, chamado Filipe na Bíblia (Mrc. 6:17; Mat. 14:3), mas mais conhecido como Herodes ou Herodes Filipe, que não deve ser confundido com o outro irmão, o tetrarca Filipe (*ver p. 144*). Pela lei judaica, o casamento de Antipas e Herodíades era proibido. João denunciou a contravenção, provocando a ira de Herodíades. Ao contrário de sua mulher, o rei é apresentado por Marcos como um homem tocado pelos ensinamentos de João, que relutava em ir além de sua prisão (Mrc. 6:20).

O clímax do relato da morte de João é a dança que Salomé, filha do primeiro casamento de Herodíades, apresenta diante de Antipas (Mrc. 6:22-28; Mat. 14:6-11). A narrativa tem certo tom de lenda: fala de um rei seduzido por uma linda jovem, a quem impetuosamente promete satisfazer qualquer desejo (Mrc. 6:23). O rei fica horrorizado quando, instigada pela mãe, Salomé pede a cabeça de João Batista numa bandeja. A história deve ter sido preservada pelos discípulos do Batista, que teriam dado ao corpo um sepultamento decente (Mrc. 6:29; Mat. 14: 12). Em Marcos, o relato liga o destino de João ao de Jesus: assim como Batista, Jesus, o verdadeiro Messias que João anunciava, também devia sofrer.

O movimento dos seguidores do Batista não terminou com sua morte. Na Bíblia, missionários cristãos encontram duas vezes seguidores de João (Atos 18:24-19:7). Esses encontros ocorrem em Éfeso, na Ásia Menor, em uma missão de evangelização do apóstolo Paulo (*ver pp. 232-233*), de modo que os seguidores de João, como os primeiros cristãos, deviam ser missionários. Os seguidores dos dois profetas divergiam, entre outras coisas, sobre a natureza do batismo (Atos 18:25-26, 19:2-3). Em Atos 12, discípulos de João recebem o batismo cristão (Atos 19:5-6), e parece que a maioria deles logo foi absorvida pela Igreja. Entretanto, afirmações de que João era o Messias continuaram até o início do século III d.C. Os *Escritos Clementinos* dizem que um dos discípulos do Batista "declarou que João, e não Jesus, era o Messias". Os cristãos tiveram o cuidado de refutar essas alegações (por exemplo, em João 1:20).

*Salomé, filha de Herodíades, que, segundo o relato bíblico, pediu a cabeça de João Batista. Ela era neta de Herodes, o Grande, mas seu nome não é dito na Bíblia. Dela se sabe graças ao historiador Josefo. Primeiro ela se casou com um tio, Filipe, o tetrarca, depois com outro parente, Aristóbulo de Cálquis, na Síria (governou de 70-92 d.C.). Esta imagem é de uma das moedas de seu segundo marido.*

*Ruínas do palácio de Herodes em Maqueronte (atual Mukawir, na Jordânia).*

## Jesus e os zelotes

Como João Batista, Jesus também deve ter sido visto pelas autoridades como um agitador perigoso: Lucas registra um episódio em que fariseus amigos o aconselham a se esconder porque Herodes Antipas queria matá-lo, como fizera com João. Houve quem achasse que Jesus era um revolucionário político, que defendia a resistência armada a Roma, e até que era ligado aos "zelotes" — palavra que abrange diferentes movimentos rebeldes na Judeia no século I d.C. Alguns apoiam essa opinião chamando a atenção para o fato de que um dos discípulos de Jesus era Simão Zelote. Outras supostas evidências seriam a violenta purificação do Templo (*ver p. 191*); frases como "Pensais que vim trazer paz à terra? Não, eu vos digo, mas antes dissensão" (Luc. 12:51); o desejo do povo de fazer Jesus rei; e o fato de que, a confiarmos na inscrição da cruz, Pilatos deve tê-lo visto como alguém decidido a tomar o poder político.

Entretanto, é improvável que Jesus estivesse ligado a revolucionários violentos. Sua afirmação de que homens violentos tomam o reino à força parece ter se dirigido a eles, e a descrição que ele fez de sua vinda e da disseminação do reino é muito diferente. Seus comentários sobre os impostos pagos aos romanos (Luc. 20:25) não teriam a aprovação daqueles que visavam à queda de Roma. A missão de Jesus deve ser vista em um ambiente de intranquilidade política, mas o tom geral de seus ensinamentos, em particular no Sermão da Montanha (*ver pp. 168-169*), mostra que ele não defendia nem a resistência militante nem a revolução armada.

# OS SINAIS DA PAIXÃO

*O local da Transfiguração de Jesus é o monte Tabor, no sul da Galileia. Entretanto, o monte Hermon (*à direita*), no extremo norte de Israel, é o local mais provável; é bem perto de Cesareia de Filipe, local da confissão de fé de Pedro, que precede a Transfiguração.*

Nos Evangelhos Sinópticos, uma mudança da maior importância ocorre quando o ministério de Jesus na Galileia chega ao fim e ele inicia sua viagem para Jerusalém. Não há previsões explícitas da Paixão, o martírio (em latim, *passio*) pelo qual Jesus passará nos dias finais de sua vida na terra. Jesus explica aos discípulos que a jornada a Jerusalém terminará com sua morte e ressurreição (por exemplo, Mat. 16:21; Mrc. 8:27; Luc. 9:22). O auge desse período da carreira de Jesus é o extraordinário episódio da Transfiguração (*ver quadro na página ao lado*).

Em Cesareia de Filipe, no norte da Galileia, perto de uma das nascentes do Jordão (Mat. 16:13-21; Mrc. 8:27; Luc 9:18-20), Jesus pergunta aos discípulos o que o povo pensa dele. Eles respondem que ele é visto como uma das grandes figuras que antecederão o Messias. Então Jesus pergunta aos discípulos como eles o veem, e Simão Pedro, no papel de porta-voz, responde que Jesus é o próprio Messias. Segundo Mateus, a confissão (usada aqui no sentido de "declaração de fé") de Simão Pedro valeu-lhe uma recompensa. Com base no nome Pedro (em grego *Petros*, de *petra*, "pedra"), Jesus promete a Pedro que ele será a pedra sobre a qual será construída a sua Igreja (Mat. 16:17), e de fato lhe confere o poder, que tinha um doutor da lei judeu, de decidir o que era proibido e o que era permitido: "Tudo o que ligares na terra será ligado no céu, e tudo o que desligares na terra será desligado no céu" (Mat. 16:19). Isso explica o papel fundamental de Pedro nos primeiros tempos da Igreja (*ver pp. 218-219*).

Logo depois da confissão de fé de Pedro, Jesus faz a primeira previsão da Paixão. Deixa claro que o Messias não será a figura triunfante da expectativa nacionalista dos judeus, mas aquele que devia sofrer e ser morto, e que ressuscitará dos mortos. Pedro discorda com veemência, e é repreendido por Jesus com as palavras "Afasta-te, Satanás" (Mat. 16:23; Mrc. 8:33). Aqui, Pedro aparece como sempre nos evangelhos: um orador impetuoso, que encarna a impossibilidade dos mortais, mesmo discípulos, de entender

## A Transfiguração

O misterioso episódio da Transfiguração de Jesus (Mat. 17:1-8; Mrc. 9:2-8; Luc. 9:28-36) está estreitamente ligado à precedente declaração de que ele é o Messias (*ver texto principal*) e contém vários temas.

O episódio revela a natureza divina de Jesus e seu intricado relacionamento com o Pai celeste: o clímax da narrativa é o momento em que, como no batismo, Deus proclama Jesus seu único filho. Na Bíblia, as montanhas são muitas vezes cenário de revelações, e talvez seja significativo o fato de Moisés e Elias, que aparecem no episódio, terem recebido a revelação divina em uma montanha sagrada. A nuvem é um sinal da presença de Deus, o que Mateus deixa explícito quando afirma que ela é "luminosa".

Durante a Transfiguração, todo o ser físico de Jesus se transforma. Suas roupas tornam-se brancas de luz, similares às vestes dos seres sobrenaturais, como os anjos. A declaração de Mateus de que o rosto de Jesus resplandeceu lembra a descrição de Moisés depois de seu encontro com Deus (Êx. 34:29-30). A presença de Moisés e Elias durante a Transfiguração tem grande significado. Eles são representantes da Lei e da profecia, pedras fundamentais do velho Israel, cujo destino Jesus agora cumpre. Lucas dá substância à conversa deles com Jesus, que envolve sua "partida" (a palavra grega aqui é *exodos*) e com certeza se refere a sua morte próxima. Entretanto, ao aludir ao Êxodo dos israelitas do cativeiro no Egito, pode estar dizendo que essa morte também significa redenção.

O episódio ocorre na presença de três discípulos. Pedro quer garantir a presença permanente dos três seres celestiais erguendo uma tenda para cada um: "morar em uma tenda" era a expressão judaica para a estadia de um ser divino entre os humanos. Mas Moisés e Elias desaparecem, deixando Jesus sozinho. Apenas ele pode agora atestar a lealdade dos três discípulos, e a história confirma o ensinamento anterior sobre a divindade de Jesus.

A Transfiguração (no alto), *da Bíblia de Floreffe (Flandres, c. 1156). Jesus é ladeado por Moisés e Elias. Os apóstolos João, Tiago e Pedro estão assustados; só Pedro (normalmente representado de cabelos grisalhos e barba) se volta para olhar para Jesus.*

a verdadeira natureza de Jesus e de sua missão na terra. Não aceitar a inevitabilidade da Paixão seria aliar-se ao mundo e a Satanás. Da mesma forma, quando Jesus logo depois volta a predizer sua morte, os discípulos só podem reagir a suas palavras com incompreensão, medo e desgosto (Mat. 16:23; Mrc. 9:31-32; Luc. 9:44-45).

Entretanto, só os discípulos sabem que ele é o Messias e conhecem as consequências disso para ele. Eles são advertidos a não revelar essas coisas até a Ressurreição. Em Cesareia de Filipe, Jesus os instrui, como continuou fazendo em outras ocasiões, sobre os requisitos de sua condição de discípulos: seguir Jesus significa tomar sua cruz e estar preparado para encontrar a morte. Mas essa morte será a porta para a vida eterna e a salvação (Mat. 16:24-28; Mrc. 8:34-38; Luc. 9:23-27).

# JESUS EM JERUSALÉM

Todos os Evangelhos Sinópticos registram um número considerável de eventos durante a viagem de Jesus para Jerusalém, mas com algumas diferenças notáveis. Mateus e Marcos dizem que ele atravessou a região fronteiriça entre a Judeia e a Pereia, chegando mais tarde a Jericó (Mat. 19-20; Mrc. 10). João também menciona brevemente uma pregação a leste do Jordão. Lucas, ao contrário, afirma que Jesus foi por Samaria (Luc. 17:11), mas também visitou Jericó. Lucas pode ter se influenciado pelo fato de que a rota de peregrinação dos galileus a Jerusalém passava pelo território samaritano, mas, como tinha especial interesse por Samaria, talvez tenha querido incluir uma passagem por ali para preparar a futura expansão da Igreja (ver Atos 1:8). De qualquer modo, o relato que Lucas faz da viagem constitui uma sessão separada de seu evangelho e contém a maioria de suas conhecidas parábolas.

O tom de urgência e gravidade crescentes marca os episódios e as frases que aparecem em mais de um dos três evangelhos a essa altura. Há uma terceira e mais detalhada previsão da Paixão (*ver pp. 188-189*), com a afirmação explícita de Jesus de que será entregue aos gentios (Mat. 20:17-19; Mrc. 10:32-34; Luc. 18:31-33). São vários os episódios que tratam da condição de discípulo e dos requisitos para entrar no reino (*ver p. 171*). Só aqueles que tiverem a inquestionável confiança que caracteriza as crianças pequenas podem pertencer ao reino de Deus. Um homem rico, incapaz de aceitar que deve renunciar a tudo para seguir Jesus, é advertido de que a vida eterna só

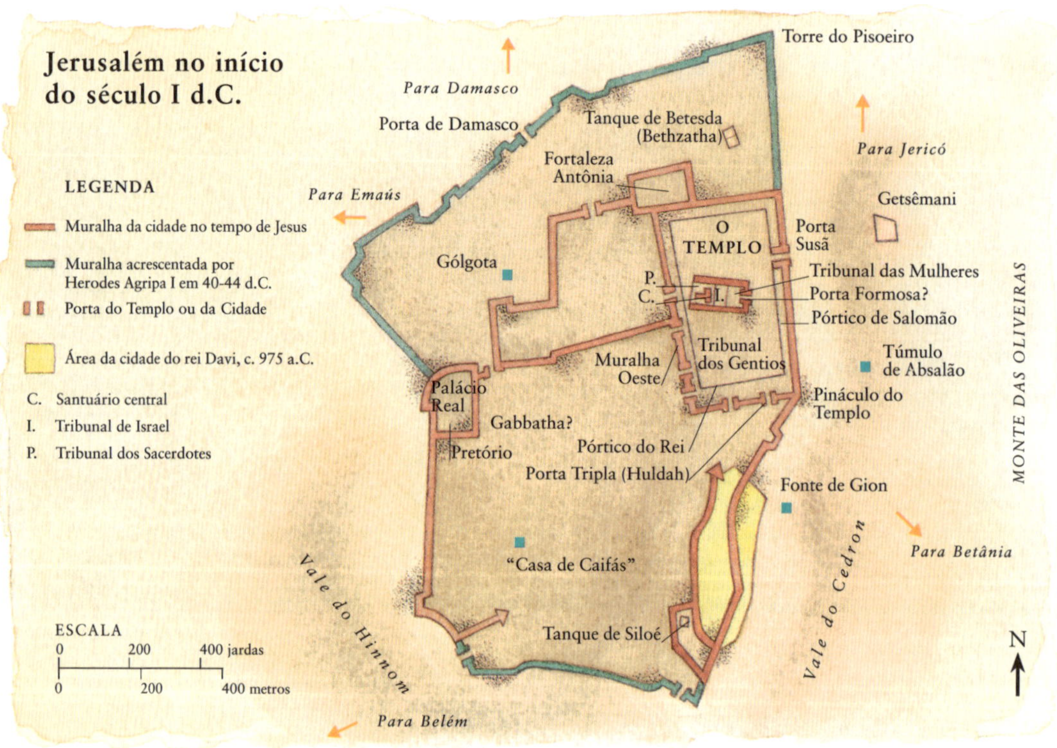

é para os que estiverem preparados a abandonar todas as ligações e preocupações terrenas (Mat. 19:2; Mrc. 10:24). Os filhos de Zebedeu pedem lugar de honra no futuro reino, mas Jesus diz que isso está fora de seu poder: tudo o que tem a oferecer é o cálice do sofrimento e o batismo da morte. Enfatiza que a missão de discípulo é um chamado para servir os outros, assim como o Filho do Homem abandona sua vida para salvar muitos. A recuperação da visão de um ou dois cegos em Jericó é sem dúvida um típico milagre de cura, embora enfatize o fato de Jesus ser aclamado como "Filho de Davi" (Mat. 20:29-35; Mrc. 10:46-52; Luc. 18:35-43). A chegada de Jesus a Jerusalém é marcada por três episódios dramáticos. Chegando ao monte das Oliveiras, Jesus organiza sua entrada triunfal na cidade (Mat. 21:1-11; Mrc. 11:1-11; Luc. 19:29-40). Sua recepção é apresentada como uma explosão de fervor nacionalista, que chama, naturalmente, a atenção das autoridades. A conspiração destas para destruir Jesus indica que seu triunfo será breve. Mas a citação de Mateus da antiga profecia (Mat. 21:5) dá a ideia da importância do fato: Jesus é o esperado rei de Sion. A ênfase na sua humildade mostra o verdadeiro significado de seu reino.

Mais uma vez, a profecia é a pista para entender o episódio da purificação do Templo, quando Jesus expulsa os mercadores e cambistas (*ver também pp. 176-177*). Segundo Isaías, o Templo na era messiânica se tornará "uma casa de oração para todas as nações". Jesus percebe isso e combina os versículos de Isaías com outros, de Jeremias, em que o profeta acusa o Templo de ser um "covil de bandidos" (Mat. 21:13; Mrc. 11:17). O Templo não cumprira seu propósito divino. Segue-se nos evangelhos uma série de fatos e ensinamentos que, entre outras coisas, demonstram a autoridade de Jesus sobre a religião oficial e preveem a destruição do Templo existente.

O estranho episódio em que Jesus amaldiçoa uma figueira (Mat. 21:18-19; Mrc. 11:12-14) deve ser entendido do mesmo modo. A árvore é um símbolo de Israel, que não produziu os frutos desejados por Deus e por isso devia ser destruído. O acréscimo de Marcos, "pois não era tempo de figos", tem sido lido como uma revelação da irracionalidade de Jesus. Entretanto, Marcos pode ter desejado dizer que era muito tarde para Israel cumprir seu destino.

Entrada de Cristo em Jerusalém, *pintura feita em c. 1310 para a catedral de Siena, na Itália, por Duccio di Buonisegna (c. 1260-1318).*

## O Apocalipse Sinóptico

Ao ouvir Jesus prever a destruição do Templo (Mat. 24:1-2; Mrc. 13:1-2; Luc. 21:5-6), os discípulos lhe perguntam como saber quando isso aconteceria. Como diz Mateus, o fato marcaria a segunda vinda de Jesus e o fim do mundo atual.

A resposta de Jesus é um sermão sobre o fim do mundo, o "Apocalipse Sinóptico" proferido no monte das Oliveiras (Mat. 24:4-25:46; Mrc. 13:5-37; Luc. 21:7-36). Expressa na linguagem e na imagética típicas dos textos apocalípticos judaicos (*ver pp. 136-137*), a passagem divide-se em três partes principais: a angústia que precede o momento do fim, a consumação final e a necessidade de ser vigilante e observar os sinais dos tempos. O discurso do evangelista foi provavelmente colorido pelos eventos verdadeiros da queda de Jerusalém em 70 d.C., mas é possível que Jesus tenha previsto uma catástrofe iminente para a nação: em sua época já havia clima de revolta na Judeia.

Antes do fim, diz Jesus, haverá muitas guerras e desastres naturais, assim como uma grave perseguição a seus discípulos. Mas o principal sinal a que os crentes deviam estar atentos seria a profanação do Templo pelo "desolador sacrilégio", referência à dessacralização do Templo pelo rei selêucida Antíoco Epifânio (*ver pp. 138-139*). Quando isso ocorresse, os fiéis deveriam fugir da Judeia — e judeus cristãos parecem mesmo ter se dispersado depois da queda de Jerusalém. Haveria muitas falsas esperanças, muitos falsos cristos e falsos profetas para conduzir a Igreja pelo mau caminho. Mas finalmente o Filho do Homem retornaria em glória para reunir seu rebanho de cada canto do mundo. O Apocalipse seria iminente — "esta geração não vai morrer antes que essas coisas aconteçam" —, mas ninguém saberia o momento preciso de sua ocorrência. O discurso termina com duas parábolas que advertem da necessidade de estar constantemente vigilante à aproximação do último dia.

# A ÚLTIMA CEIA

**A UNÇÃO EM BETÂNIA**

Todos os evangelhos narram que Jesus foi ungido por uma mulher (Mat. 26:6-13; Mrc. 14:3-9; Luc. 7:37-50; João 12:1-8). Exceto pelo de Lucas, todos os relatos situam o episódio em Betânia, vila perto de Jerusalém, nos últimos dias de Jesus. O ato da mulher prenuncia o costume judaico da unção dos mortos, porque, como diz Jesus, "não tendes sempre a mim" (Mrc. 14:7). Em Mateus e Marcos, ela derrama óleo perfumado sobre a cabeça de Jesus: é um ato que lembra a unção dos reis e sumos sacerdotes com óleos preciosos em sua consagração (por exemplo: Êx. 40:13-15; 1 Sam. 10:1, 16:13; 1 Reis 1:39). Além de antecipar a unção do sepultamento, seu ato reconhece em Jesus o Messias ou Cristo, "o ungido" de Deus.

Em João, a mulher (aqui identificada com Maria, irmã de Lázaro) unge os pés de Jesus e não sua cabeça, provavelmente porque João preferiu valorizar o aspecto do funeral, evitando conotações de realeza. Jesus diz que a unção é "para a minha sepultura" (João 12:7) e, de fato, só no Quarto Evangelho o cadáver de Jesus foi ungido (João 19:40).

Lucas coloca o episódio no contexto do ministério na Galileia e dá uma interpretação bastante diferente. A mulher é uma pecadora (uma característica típica de Lucas), que tem sido identificada com Maria Madalena, mas a narrativa não indica isso. Ela derrama óleo sobre a cabeça de Jesus e humildemente lava, beija e unge seus pés. Jesus compara sua atitude com a de seu anfitrião, o fariseu Simão, que não o recebera com o beijo na face e a lavagem dos pés que era norma de cortesia. A atitude da mulher é sinal de amor e confiança, que lhe valem o perdão (Luc. 7:47). A história ilustra dois grandes temas dos evangelhos: a autoridade de Jesus para perdoar os pecados e sua preocupação com os excluídos e pecadores.

Os evangelhos narram que Jesus e seus discípulos fazem uma última refeição juntos na noite de sua prisão, perto da festa de Páscoa. As narrativas dessa última ceia são precedidas pelos relatos dos planos das autoridades religiosas de prender e matar Jesus e da traição de Judas. Jesus é apresentado como aquele que conhece e aceita seu sofrimento e sua morte, "porque o Filho do Homem vai segundo o que está determinado" (Luc. 22:22). Em cada um dos evangelhos, ele diz que alguém que está presente vai traí-lo (Mat. 26:21; Mrc. 14:18; Luc. 22:21; João 12:11).

Houve muitas discussões sobre se a última ceia teria sido ou não uma refeição pascal, feita na véspera do sabá da Páscoa. Segundo o Quarto Evangelho, não foi, porque a crucificação ocorreu um dia antes da Páscoa. Mas João diz, à sua maneira simbólica, que a crucificação aconteceu na época da preparação, quando os cordeiros pascais foram sacrificados (João 19:36, citando Êx. 12:46). Os Evangelhos Sinópticos deixam implícito que a ceia incluiu o cordeiro pascal, principal prato da refeição da Páscoa (Mat. 26:17; Mrc. 14:12; Luc. 22:7-8 e 22:15), mas não o mencionam ligado ao iminente sacrifício de Jesus. Entretanto, eles não tinham a intenção de descrever em detalhes o que se comeu na ceia, mas apenas as palavras e atos de Jesus nessa ocasião, principalmente seus pronunciamentos eucarísticos (*ver quadro na página ao lado*). Também pode ser que os sinópticos entendessem que Jesus tomava o lugar do cordeiro, oferecendo-se como alimento aos discípulos. Em João (*ver pp. 194-195*), a consunção do corpo e do sangue de Jesus é associada à narrativa da multiplicação dos pães e dos peixes (João 6, em especial vs. 45-58).

Jesus e seus discípulos talvez tivessem constituído uma "irmandade" e se encontrassem regularmente para uma refeição religiosa formal. Nessas refeições — momentos importantes na vida da comunidade de Qumran, por exemplo (*ver p. 153*) —, bênçãos eram pronunciadas sobre o pão e o vinho, de acordo com o costume judaico. A última ceia pode ter sido o último momento que Jesus e seus discípulos compartilharam. Se essa teoria estiver certa, a ceia pode ter sido uma refeição pascal, porque os textos judaicos testemunham a íntima conexão entre as irmandades e a Páscoa.

*Em sua última ceia, Jesus e os discípulos podem ter usado utensílios muito semelhantes a esta louça doméstica da Judeia romana que pertenceu a um mosteiro de Martirius, a leste de Jerusalém (c. 350 d.C.).*

*Afresco bizantino da Última Ceia, de Göreme, no centro da Turquia. O peixe, símbolo de Jesus Cristo, representa aqui a Eucaristia cristã; a figura imberbe de Jesus benze o cálice que contém o vinho eucarístico.*

## As palavras eucarísticas de Jesus

As palavras de Jesus em sua última refeição com os discípulos, na forma como estão registradas nos Evangelhos Sinópticos, transformam a Última Ceia na Ceia do Senhor, a Sagrada Comunhão ou Eucaristia (do grego *eucharistia*, "ação de graças"). Quando Jesus diz que não voltará a fazer a refeição da Páscoa nem a beber do fruto da videira até que venha o reino de Deus, a ceia se torna uma antecipação do grande banquete messiânico no fim dos tempos. A comunidade de Qumran (*ver p. 153*) parecia entender suas refeições religiosas da mesma forma: um dos Manuscritos do Mar Morto fala da presença do Messias à mesa comunitária.

*Jesus abençoa o pão, em pintura do final do século III d.C. no cemitério dos santos Paulo e Marcelo, em Roma.*

Nos três evangelhos, Jesus toma o pão e o vinho e diz: "Isto é o meu corpo" e "Isto é o meu sangue", palavras que provocaram grande debate ao longo dos séculos sobre a natureza da presença de Cristo na Eucaristia. Mas os evangelistas veem em Jesus um dos antigos profetas israelitas, executando atos simbólicos que indicam sua morte próxima e o significado dela. O "sangue da aliança" (Mat. 26:28; Mrc. 14:24) refere-se ao Sinai, onde Moisés selou a Aliança com o sangue do sacrifício (Êx. 24:8). A primeira Aliança apoiava-se no Livro da Lei. A nova aliança, encontrada, segundo o entendimento cristão, em Jeremias 31:31-34, se faz mediante a morte redentora de Jesus. Seu sangue é "derramado por muitos" (Mrc. 14:24), em referência ao servo que "carrega o pecado de muitos" (Isa. 53:12). Paulo explica o ato de partir o pão: ele representa "o meu corpo que é partido por vós" (1 Cor. 11:24). O evangelho de Lucas provavelmente preserva a frase original: "Isto é o meu corpo, que é oferecido por vós" — ou seja, oferecido à morte na cruz (Lucas 22:19).

# A ÚLTIMA CEIA EM JOÃO

O Quarto Evangelho coloca a Última Ceia antes da Páscoa e registra apenas um acontecimento durante a refeição: Jesus lava os pés dos discípulos. Segundo o padrão habitual de João, a um "sinal" segue-se um discurso explanatório. Lavar os pés era um ato de humildade e sinal de excepcional deferência. O ato de Jesus mostra, portanto, o que sua encarnação significa: o Verbo desce à mais humilde posição para salvar a humanidade. Acima de tudo, a narrativa ensina a natureza da verdadeira condição de discípulo e como a Igreja vai atuar com base no serviço mútuo, seguindo o exemplo de seu Senhor e Mestre.

Depois desse episódio, o tema do traidor presente à mesa, abordado nos sinópticos, é tratado pelo quarto evangelista, mas com interpretação própria. Judas não é alguém que trai seu mestre por dinheiro, mas um agente do demônio, representante das forças do mal (João 13:27). A frase "E era noite" (João 13:30), que se segue à partida de Judas rumo à sua cruel tarefa de traição, é altamente simbólica. Em frases anteriores de Jesus, Judas é aquele que ama mais a escuridão do que a luz, porque seus atos são maus.

Os elementos mais singulares do relato joanino da Última Ceia (João 13:1-17:26) são três longos discursos, quando Jesus vai separar-se dos discípulos. Eles seguem o padrão habitual em João, segundo o qual uma ação de Jesus é acompanhada por um ensinamento que mostra o significado daquele ato, mas dessa vez o ensinamento precede o fato. Os discursos de despedida explicam aos perplexos discípulos o significado da crucificação e da ressurreição iminentes do mestre. A primeira fala de Jesus ocorre em três fases, em resposta a três perguntas. Tiago pergunta que caminho ele vai tomar, e Jesus lhe diz que ele próprio é o caminho da vida que levará seus seguidores ao Pai celeste (João 14:5-6). Então Filipe pede para ver o Pai e Jesus lhe responde que quem viu a ele viu o Pai, porque o Pai atua nele em perfeita unidade. O mundo não conhece esse segredo, que só será revelado aos que amarem e seguirem Jesus. Outro discípulo pergunta por que só os discípulos, e não o mundo, recebem essa revelação. Ele não recebe resposta direta, porque sua pergunta mostra que os discípulos ainda não entendem o que implica a prometida revelação, nem que sua condição é a morte de Jesus. Em vez

## Jerusalém no Quarto Evangelho

Ao contrário dos Evangelhos Sinópticos, João concentra o ministério de Jesus em Jerusalém. Ele faz cinco visitas à cidade, enquanto os sinópticos registram apenas uma, no fim de seu ministério (além da Apresentação; *ver p. 157*). Em João, Jesus vai à cidade para as festas judaicas, e o autor talvez tenha querido mostrá-lo como verdadeiro herdeiro do judaísmo e como seu transformador.

Em João 2, Jesus vai a Jerusalém na Páscoa, quando se dá a cena da limpeza do Templo. Mais tarde, comparece a "uma das festas judaicas", possivelmente o Pentecostes (João 5:1), que nessa época pode ter se tornado uma celebração da entrega das tábuas da Lei no Sinai (*ver pp. 60-61*). Quando Jesus cura um aleijado, é acusado de violar a Lei trabalhando no sabá, e o comentário em João 5:17 anuncia o advento da nova Lei através de Jesus. Sua visita seguinte ocorre por ocasião da Festa dos Tabernáculos, marcada por um ritual diário com água e uma iluminação brilhante do Templo: ele prega abertamente no Templo, proclamando-se a água da vida (João 7:37-39) e a luz do mundo (8:12). Em seguida, Jesus está de novo em Jerusalém para a festa de Hanukká ou da Dedicação (João 10:22; *ver também p. 140*). Essa é sua última visita antes da Paixão, que se prenuncia quando "os judeus" o acusam de blasfêmia e tentam matá-lo (João 10:31-39).

de responder, Jesus afirma que deve deixá-los; que seu companheirismo na terra tinha terminado, mas que lhes enviaria o Consolador, que estaria com eles para todo o sempre (João 14:15-17, 14:25-26). O Consolador (muitas vezes chamado Paracleto) é o Espírito Santo, o espírito da verdade através do qual os discípulos entenderão o pleno e glorioso significado da vida e da missão de Jesus, que, nesse momento de crise e tragédia, eles são incapazes de compreender.

O segundo discurso retoma vários dos temas do primeiro, mas trata mais diretamente dos discípulos e, por meio deles, da futura Igreja. Na última frase iniciada por "Eu sou" (João 15:1-11; *ver também pp. 176-177*), Jesus se descreve como uma videira, um símbolo de Israel: ele e os discípulos, os ramos, formam uma nova comunidade. Depois de contar algumas parábolas, Jesus adverte os discípulos do destino que os aguarda se não produzirem frutos. Como o seu Senhor, eles devem esperar perseguição e sofrimento do povo deste mundo, mas, quando Jesus tiver conquistado o mundo, sua recompensa final será a paz e a alegria.

A última fala de Jesus é uma prece comovente (João 17). Primeiro, ele pede que lhe seja permitido completar a missão que Deus lhe deu. Depois, ora pelos discípulos, que devem representá-lo no mundo e, finalmente, por aqueles que, no futuro, pela sua palavra, hão de crer nele.

Acima: *Sandálias do século I d.C., de Massada* (ver p. 145). *Este tipo de calçado aberto do tempo de Jesus pode significar que as pessoas lavavam os pés com frequência, uma cortesia devida aos hóspedes (Luc. 5:44).*

Abaixo: Jesus Lava os Pés dos Discípulos, *da Escola de Arezzo, na Itália, c. 1390. Aqui, Jesus aparece lavando os pés de Pedro.*

# GETSÊMANI

Acima: *Antigas oliveiras no Getsêmani, ou monte das Oliveiras* (ver mapa, p. 190). *Não se conhece a localização exata da agonia e prisão de Jesus, mas este olival é considerado o local mais provável.*

À direita: A Prisão de Cristo, *pintada em c. 1310 para a catedral de Siena, na Itália, por Duccio di Buoninsegna (c. 1260-1318).*

Segundo os evangelhos, depois da ceia de Páscoa (*ver pp. 192-193*), Jesus e seus discípulos cruzam o vale do Cedron em direção ao monte das Oliveiras e a um lugar chamado Getsêmani, que significa "prensa de azeite", o que indica a presença de um olival. Antes de chegar lá, Jesus adverte os discípulos de que eles vão abandoná-lo. Como sempre, Pedro reafirma sua lealdade, mas Jesus prevê que ele vai renegá-lo nas horas seguintes (Mat. 26:33-34; Mrc. 14:29-30; Luc. 22:33-34; *ver p. 199*). Lucas acrescenta uma passagem de significado obscuro, na qual Jesus parece dizer aos discípulos que se preparem para a perseguição, até mesmo se armando (Luc. 22:36). Os discípulos apresentam duas espadas e Jesus diz, talvez com ironia: "Basta".

O episódio do Getsêmani (Mat. 26:36-56; Mrc. 14:32-42; Luc. 22:39-46) começa com a comovente cena — particularmente vívida em Lucas — da agonia de Jesus diante da proximidade da Paixão, na qual ele se submete à vontade de Deus. João omite o episódio da agonia porque já apresentou seu equivalente na oração de Jesus na Última Ceia (*ver p. 195*). Os discípulos adormecem, o que enfatiza o isolamento do mestre. João diz que Judas sabia onde encontrar Jesus porque os discípulos costumavam se reunir no Getsêmani, que ele chama apenas de "um jardim" (João 18:1). A força policial enviada para prender Jesus é formada principalmente por guardas do Templo judaico, mas João também menciona "soldados" (ou seja, tropas romanas) e seu comandante. Isso levou alguns estudiosos a afirmar que os romanos tomaram a frente na prisão de Jesus, mas é mais provável que isso seja apenas um ponto de vista do Quarto Evangelho, que enfatiza o papel do poder de ocupação romano — por exemplo, João não relata o julgamento perante Caifás.

O tema da espada se repete quando um dos discípulos (que, em 18:10, João diz que é Pedro) corta a orelha do servo do sumo sacerdote. Jesus não opõe resistência alguma: nada deve impedir que seu destino se cumpra. O evangelho de Marcos encerra o relato com uma cena estranha, na qual um jovem segue Jesus coberto apenas com um pano de linho, que deixa cair quando os soldados tentam prendê-lo (Mrc. 14:51-52). Se Marcos é ou não esse jovem, como muitas vezes se conjeturou, a história pode bem ser um tópico autêntico de informação.

## Anás e Caifás

Depois de preso, Jesus é levado ao palácio do sumo sacerdote (Mat. 26:57; Mrc. 14:53; Luc. 22:54; João 18:13). O Novo Testamento não esclarece a identidade do sumo sacerdote: Marcos e Lucas não o nomeiam, mas para Mateus e João (18:24) trata-se de Caifás. Em João, no entanto, Jesus é levado primeiro à presença de Anás (ou Anano), sogro de Caifás. Na passagem seguinte, a expressão "sumo sacerdote" parece se referir a Anás. É possível que a frase em João 18:24 tenha sido deslocada e antes pertencesse a 18:15, embora os Atos, falando de um tempo logo depois da Ascensão, também se refiram a Anás como sumo sacerdote (Atos 4:6).

No começo do século I, o sumo sacerdote era escolhido pelas autoridades romanas entre um grupo restrito de famílias. Segundo Josefo, historiador judeu, Anás foi nomeado em 6 d.C. por Quirino, governador romano da Síria, e exonerado em 15 d.C. pelo procurador da Judeia, Valério Grato (15-26 d.C.), predecessor de Pôncio Pilatos (26-36 d.C.). Em 18 d.C., Valério nomeou José Caifás, que foi deposto por Vitélio, governador da Síria, em 36 ou 37 d.C. Como Anás já não era sumo sacerdote por volta de 30 d.C., época da Crucificação, parece certo que Jesus tenha sido julgado perante Caifás. Mas Anás ainda era figura influente — nada menos que cinco de seus filhos, além de seu genro, chegaram ao sumo sacerdócio. Portanto, a memória popular pode ter lhe creditado uma permanência mais longa no cargo do que realmente teve. Além disso, antes e depois de Caifás, os sumos sacerdotes mudavam com tanta frequência — foram 18 no período de 60 anos decorrido desde 6 d.C. — que era improvável que a população em geral lembrasse a sucessão exata.

## Judas Iscariotes

Judas Iscariotes é uma figura misteriosa. A origem de seu nome é incerta — talvez seja um patronímico, "filho de Cariot", ou talvez uma cidade no sul da Judeia, mas também pode ter raiz aramaica, significando "o falso". Judas significa "judeu", o que gerou a hipótese de sua figura ser um arquétipo, a representar todos os judeus que rejeitaram Jesus. Mas isso parece improvável, já que se trata de um nome comum e há outro apóstolo chamado Judas. Não há indicação dos motivos de Judas para trair Jesus. Conjeturou-se que ele houvesse perdido a fé no mestre ou tivesse tentado obrigá-lo a reivindicar o poder que o povo esperava fosse exercido pelo Messias.

*Moedas de prata de meados do século I d.C.*

O que o Novo Testamento diz de Judas é permeado de alusões bíblicas. "Trinta moedas de prata", seu pagamento pela traição, é uma soma insignificante, mas derivada de uma passagem obscura de Zacarias (Zac. 11:12-13), que também narra uma cena em que um Judas arrependido lança o dinheiro no tesouro do Templo. As duas versões da morte de Judas — segundo Mateus ele se enforca (Mat. 27:5), mas em Atos ele tomba para a frente e suas entranhas se derramam (Atos 1:18-19) — derivam de histórias bíblicas sobre a morte de homens maus, como Aquitofel (2 Sam. 16:23) e Antíoco Epifânio (2 Mac. 9:7-9). Nos Atos, a morte de Judas explica o nome de um lugar em Jerusalém: Hacéldama, "Campo de Sangue". Em Mateus, o terreno tem esse nome por causa do "dinheiro sangrento" de Judas com que foi comprado (Mat. 27:6-7). Diz-se que a compra do campo era o cumprimento da profecia de Jeremias, embora na verdade seja uma combinação de versículos de Jeremias e Zacarias.

# O JULGAMENTO DE JESUS

*A "Casa de Caifás", em Jerusalém, para onde Jesus teria sido levado depois de sua prisão (Mat. 26:57).*

Todos os evangelhos registram dois julgamentos, ou pelo menos interrogatórios, de Jesus: um pelas autoridades judaicas e o outro por Pôncio Pilatos, governador romano (*ver pp. 200-201*). O processo judaico tem sido considerado sem valor histórico, apenas uma tentativa dos evangelistas de transferir a culpa pela morte de Jesus do governador romano para os judeus. Isso é confirmado pela atitude em geral favorável do Novo Testamento em relação ao poder romano, principalmente nos Atos (*ver pp. 234-237*). Existem discrepâncias entre os relatos do julgamento diante do sumo sacerdote e o que se sabe sobre os procedimentos legais dos judeus. Mas os evangelistas não apresentam um relato literal dos fatos: sua preocupação é primordialmente teológica.

Os Evangelhos Sinópticos relatam que Jesus foi levado diante de um "conselho" (Mat. 26:59; Mrc. 14:55; Luc. 22:66), referência ao Sinédrio, o conselho de anciãos de Jerusalém, que tinha a permissão dos romanos para julgar, dentro de limites, os assuntos internos dos judeus. A história desse conselho no século I d.C., e antes disso, é obscura. É provável que ele tenha passado por mudanças consideráveis. Uma dúvida importante diz respeito à abrangência de seu poder, em particular se, como afirma João, ele não tinha de fato autoridade para impor a pena de morte (João 18:31), o que provocou que Jesus fosse levado a Pilatos. É cada vez mais aceito pelos estudiosos que o governo provincial romano tinha a exclusividade sobre a pena de morte, e que, portanto, não é improvável que Jesus tenha sido julgado duas vezes, pelas autoridades judaicas e pelos romanos.

Também se afirmou que o julgamento do Sinédrio infringiria as leis rabínicas, como a proibição de julgamentos à noite, na véspera do sabá ou de uma festa (e no próprio sabá ou festa). Os julgamentos também só podiam ser realizados em um tribunal formal de justiça. Entretanto, esses requisitos legais foram instituídos muito depois do tempo de Jesus e talvez ainda não estivessem em vigor. Eram normas estabelecidas pelos fariseus (*ver p. 185*), que não influíram diretamente na condenação de Jesus e que podem não ter sido obedecidas pelas autoridades sacerdotais na época dele. Além disso, embora Jesus tenha sido levado à noite do Getsêmani para a casa do sumo sacerdote (*ver pp. 196-197*), não há provas de que o julgamento tenha ocorrido ali. Por fim, numa leitura cuidadosa dos evangelhos nada indica que ele tenha sido realizado durante a noite e não na manhã seguinte.

Jesus foi condenado pelas autoridades judaicas pela blasfêmia de se afirmar filho de Deus (Mat. 26:59; Mrc. 14:62; Luc. 23:2b; João 19:7), mas fontes legais rabínicas afirmam que uma pessoa só podia ser culpada de blasfêmia se proferisse o Nome divino (Javé). Nada nos evangelhos indica que Jesus tenha feito isso, embora em Lucas ele diga que "o filho do homem estará sentado à mão direita do poder de Deus" (Mat. 26:64; Mrc. 14:62). A expressão "o poder de Deus" talvez fosse um eufemismo, e Jesus talvez tenha usado mesmo o Nome. Entretanto, a lei contra proferir o Nome também pode ser posterior, e a blasfêmia talvez fosse interpretada de maneira mais ampla na época de Jesus; por exemplo, os evangelhos registram em outras passagens que ele ofendeu seus oponentes alegando ser capaz de perdoar os pecados.

Em Mateus e em Marcos há indicações de que a acusação principal contra Jesus, apoiada pelas duas testemunhas que a lei judaica exigia, foi ter ameaçado destruir o Templo (Mat. 26:60-61; Mrc. 14:57-58). Se isso for verdade, Jesus poderia ser condenado por ambas as autoridades que o julgavam: pelo Sinédrio, como ofensor da religião, e pelos romanos, como perigoso agitador.

## A negação de Pedro

Depois da prisão, Jesus foi levado à casa do sumo sacerdote (*ver p. 197*), que provavelmente ficava no bairro rico de Jerusalém, na colina oeste da cidade. Recentes escavações revelaram grandes e belas casas da época de Jesus, construídas ao redor de um pátio interno, às quais se tinha acesso por uma entrada em colunata. Esse foi o cenário da negação de Pedro (Mat. 26:69-75; Mrc. 14:66-73; Luc. 22:54-62; João 18:25-27), cumprindo a profecia de Jesus no Getsêmani (*ver p. 196*).

O episódio mostra Pedro a uma luz desfavorável, mas é importante na fase final do progressivo isolamento de Jesus. Quando de sua prisão, todos os discípulos o abandonaram e fugiram, exceto Pedro, que estava decidido a cumprir a promessa de "ver onde aquilo terminaria" (Mat. 26: 58). Segundo João, Pedro estava acompanhado de "outro discípulo", um conhecido do sumo sacerdote, e lhe garantiu a entrada.

A história é cuidadosamente elaborada, com as três negações de Pedro crescendo em intensidade. Os relatos dos sinópticos terminam com Pedro chorando amargamente. João suaviza a narrativa, omitindo o momento em que ele recorda a profecia de Jesus e seu amargo arrependimento. Entretanto, isso também enfraquece a emoção da história. Lucas, ao contrário, com seu habitual talento narrativo, carrega na intensidade emocional, registrando o olhar significativo que Jesus lança a Pedro depois da terceira e última negação (Luc. 22:61).

O Sofrimento de Pedro *(Mrc. 14:72; Mat. 26:75; Luc. 22:61), da Etiópia, século XVII.*

# O JULGAMENTO PERANTE PILATOS

O julgamento de Jesus diante de Pôncio Pilatos, procurador da Judeia (Mat. 27:11-14); Mrc. 15:1-5; Luc. 23:1-16; João 18:28-38), seguiu os procedimentos habituais da província romana. Ocorreu no pretório, residência do governador em Jerusalém, que talvez fosse o antigo palácio de Herodes ou a Fortaleza Antônia (*ver mapa, p. 190*). Foi uma audiência oficial, realizada no tribunal (estrado onde eram feitas as comunicações públicas), no pátio pavimentado diante do pretório. Ali foi colocada a cadeira de juiz de Pilatos.

Em sua função judicial, os governadores provinciais romanos se preocupavam principalmente com a ordem pública, cuja manutenção garantiam pela força. O julgamento se iniciou com a denúncia dos acusadores — no caso de Jesus, os principais sacerdotes, anciãos e escribas. Jesus não foi acusado de violar uma lei específica, mas de certos atos de rebelião: ele teria subvertido a nação, opondo-se ao pagamento de impostos ao imperador e alegando ser o Messias, um rei. Isso faria dele um líder da resistência a Roma. Inicialmente, Pilatos tenta se eximir de uma decisão. Em João, ele busca transferir a responsabilidade para as cortes judaicas: "Julgai-o segundo a vossa lei" (João 18:31). Os governadores às vezes evitavam casos desgastantes enviando o acusado para ser julgado em seu lugar de origem. Em Lucas, quando Pilatos descobre que Jesus era da Galileia, remete o caso ao governador da região, Herodes Antipas (*ver p. 186*), que estava em Jerusalém para a Páscoa (Luc. 23:7).

Pilatos dá a Jesus o tratamento legal romano habitual. Aqueles que, como Jesus, não apresentavam defesa, tinham três oportunidades de se retratar, como se sabe por uma famosa carta do escritor romano Plínio sobre os cristãos. Como Jesus não mudou de postura, Pilatos foi obrigado a declará-lo culpado. Os adversários de Jesus pressionaram Pilatos a acusá-lo de traição a César

## Pôncio Pilatos

Pôncio Pilatos (Pontius Pilatus, em latim) foi governador da Judeia de 26 a 36 d.C. Seu título correto, o de "prefeito" — e não "procurador" —, foi descoberto em 1961, em uma inscrição em Cesareia (*ver ilustração*). Pilatos teria ido de Cesareia para Jerusalém a fim de vigiar a cidade na Páscoa, época em que a insurreição pairava no ar (*ver pp. 144-145*). Fontes judaicas costumam ter opinião desfavorável sobre ele. Dois autores do século I, o historiador Josefo e o filósofo da religião Filo, relatam que ofendeu a sensibilidade dos judeus ao levar para Jerusalém escudos e estandartes com imagens idólatras romanas. Pilatos suprimiu uma rebelião provocada pelo uso do tesouro do Templo para construir um aqueduto. Depois de um distúrbio em Samaria, executou os líderes samaritanos, ato pelo qual foi demitido e chamado de volta a Roma.

*A inscrição que leva o nome* ...tius Pilatus.

O fato de Pilatos ter permanecido no cargo por dez anos indica que ele não foi um administrador tão malsucedido. Os evangelhos, principalmente o de João, têm a tendência de desculpá-lo e culpar os judeus pela morte de Jesus. Marcos o retrata como juiz razoavelmente imparcial, o que deve estar mais próximo da realidade. Em textos cristãos posteriores, Pilatos se torna uma espécie de herói: a Igreja Copta o honra como santo e mártir.

(João 19:12), crime que não podia receber uma pena leve. Isso talvez tenha sido usado contra Pilatos por seus inimigos: a inescrupulosa manipulação da lei de traição para fins políticos era comum na vida pública romana.

Mateus, Marcos e João afirmam que na Páscoa era costume o governador libertar um prisioneiro escolhido pelo povo (Mat. 27:15; Mrc. 15:6; João 18:39). Não se conhece esse costume, mas Barrabás, libertado no lugar de Jesus, pode ter sido uma figura famosa. Marcos e Lucas dizem que ele fora preso por insurreição (Mrc. 15:7; Luc. 23:19), o que é coerente com a situação tumultuada da Palestina da época. Seu nome significa "Filho do Pai". Algumas versões de Mateus o chamam de Jesus Barrabás, e talvez o episódio sirva para ilustrar a diferença entre o destino de Jesus, o falso Messias, poupado do sofrimento, e Jesus, o verdadeiro "Filho do Pai", que devia sofrer nas mãos dos inimigos.

Mateus narra vários sinais e presságios nas últimas horas de Jesus. A mulher de Pilatos (Mat. 27:19) sonha que ele é "um homem inocente", o que vem mostrar que Jesus era conhecido de uma figura importante entre os gentios. Corresponde à cena de Lucas em que, quando Jesus morre, um centurião romano diz: "Com certeza este homem era inocente" (Luc. 23:47).

Acima: *Parte do calçamento romano descoberto no início do século XX no local da Fortaleza Antônia, em Jerusalém. Este seria o lugar do julgamento de Jesus perante Pilatos.*

À esquerda: Ecce Homo, *obra de Quentin Massys, ou Metsys (1466-1530).* Pilatos (à esquerda) *entrega Jesus para ser crucificado, enquanto um soldado debochado coloca um manto escarlate sobre os ombros dele, que já usa uma coroa de espinhos. O título latino da cena reproduz as palavras de Pilatos no Evangelho de João (João 19:5, traduzidas como "Eis o homem").*

# A VIA SACRA

**AS MULHERES DE JERUSALÉM**

**Lucas diz que em meio à multidão que seguiu Jesus no caminho para o Calvário havia muitas mulheres, as quais, de acordo com os ritos fúnebres judaicos, "batiam no peito e o lamentavam" (Luc. 23:27). Jesus dirige-se a elas como "filhas de Jerusalém" e lhes diz que não chorem por ele, mas por elas mesmas e por seus filhos. Na Bíblia Hebraica, as expressões "filha de Sion" e "filha de Jerusalém" significam a própria cidade, uma vez que em hebraico os nomes de cidades são femininos. Mas Lucas usa a expressão em sentido literal, aplicada às mulheres que lamentavam o desastre que se abatia sobre sua cidade, que Jesus previra em Lucas 21. A bem-aventurança das mulheres estéreis (Luc. 23:29) lembra a previsão do que aconteceria às mulheres grávidas no dia do desastre (Luc. 21:23), e a citação de Oseias (Luc. 23:30) talvez repita o conselho de Jesus (Luc. 21:21) de que o povo fuja para as montanhas nesse dia. A frase sobre a madeira verde e seca (Luc. 23:31) pode ser um provérbio popular. Seu sentido não é óbvio, mas pode significar que, se um inocente como Jesus sofre tal destino, Jerusalém sofreria ainda mais por sua culpa.**

**Tem-se observado que Jesus mostra cuidado especial com as mulheres, tanto em seus ensinamentos quanto nas histórias sobre ele, um aspecto que é enfatizado em Lucas. Todos os Evangelhos Sinópticos mencionam a presença, na Crucificação, de mulheres que tinham cuidado de Jesus na Galileia. Só Lucas registra sua presença no verdadeiro contexto galileu e as representa como um grupo de mulheres prósperas, que tinham condições de apoiar Jesus financeiramente. Hoje há evidência de que, pelo menos em algumas comunidades judaicas, as mulheres tinham certa independência financeira e, em alguns casos, eram até chefes de sinagogas.**

O percurso de Jesus até o local da Crucificação depende muito da localização do pretório, residência de Pilatos em Jerusalém, onde ele começou (*ver p. 200*). Se foi a Fortaleza Antônia, o caminho pode ter sido pela tradicional Via Dolorosa que os peregrinos percorrem até hoje. Entretanto, o pretório só foi identificado com a Fortaleza Antônia depois do século IV d.C., e é mais provável que Jesus tenha partido do antigo palácio de Herodes, o Grande, no oeste da cidade. Isso implicaria um trajeto totalmente distinto.

Os condenados geralmente carregavam sua cruz, como faz Jesus no Quarto Evangelho. Mas os sinópticos registram que um homem chamado Simão foi forçado a encarregar-se da tarefa (Mat. 27:32; Mrc. 15:21; Luc. 23:26). Simão era de Cirene, no norte da África, e provavelmente estava em Jerusalém para a Páscoa. É um exemplo de discípulo: Lucas diz que ele carregou a cruz atrás de Jesus repetindo as palavras do mestre sobre a necessidade de tomar cada um a sua cruz e segui-lo (Luc. 9:23). Marcos conta que Simão era "o pai de Alexandre e de Rufo", dos quais nada mais diz, o que indica que eram conhecidos dos leitores, talvez membros da igreja para a qual ele escrevia.

O ponto final da jornada era um local chamado Gólgota (que em aramaico significa "crânio"), traduzido para o latim como Calvário. Não se sabe por que tinha esse nome, mas parece provável que ele tenha relação com a morte, seja como local de execução, seja como cemitério. O Quarto Evangelho e a Carta aos Hebreus supõem, provavelmente de modo correto, que Jesus foi executado fora das muralhas da cidade, o que estaria de acordo com a prática romana e com a lei judaica. O local da Crucificação foi identificado pela primeira vez no século IV d.C. e a atual Igreja do Santo Sepulcro foi fundada no local. Em tempos antigos, era uma pequena pedreira, local adequado tanto para execuções como para enterros, e no tempo de Jesus havia um precipício do lado leste da pedreira. A área foi escavada (*ver ilustração abaixo*). Muitas covas foram descobertas dentro da igreja e em volta dela, fato que apoia a afirmação de João 19:41 e indica que o local originalmente ficava fora da área urbana. A arqueologia moderna poderá confirmar a autenticidade do local tradicional da Crucificação.

*O corte transversal da Igreja do Santo Sepulcro, em Jerusalém, mostra que ela foi construída sobre um precipício baixo tradicionalmente identificado com o Gólgota.*

## Açoites e insultos

Os evangelhos contam que Jesus foi flagelado e insultado antes da Crucificação. São mencionados nos evangelhos dois tipos de flagelos, que estão de acordo com a prática judicial romana. Um juiz podia administrar uma leve surra antes de libertar um prisioneiro, como advertência para que ele não repetisse a ofensa. Consequentemente, quando, em Lucas, Pilatos decide libertar Jesus, a frase traduzida como "açoitá-lo-ei" é razoavelmente branda e podia significar apenas "dar-lhe uma advertência" (Luc. 23:16; 23:22). Em Mateus e Marcos, o flagelo de Jesus que ocorre antes da Crucificação se expressa com força: foi um espancamento violento, do tipo que, na prática romana, sempre precedia outra punição (Mat. 27:26; Mrc. 15:15).

A zombaria dos soldados romanos tem valor simbólico maior. A história se assemelha aos maus-tratos físicos contra Jesus diante do Sinédrio (Mat. 26:67; Mrc. 15:65; João 18:22). Lá, ele foi acusado de se proclamar rei; agora, ele aparece como rei. Em Mateus, Jesus veste um manto escarlate, que normalmente só era usado por generais e imperadores romanos (Mat. 27:28); em Marcos, vestiram-no de púrpura (Mrc. 15:17). Uma coroa de espinhos é posta sobre sua cabeça, uma paródia da coroa de louros imperial. A homenagem dos soldados é uma provocação, prelúdio da execução de Jesus como criminoso. Mas, para os evangelistas, ela representa uma ironia suprema: Jesus, e não o imperador romano, é o verdadeiro rei do mundo.

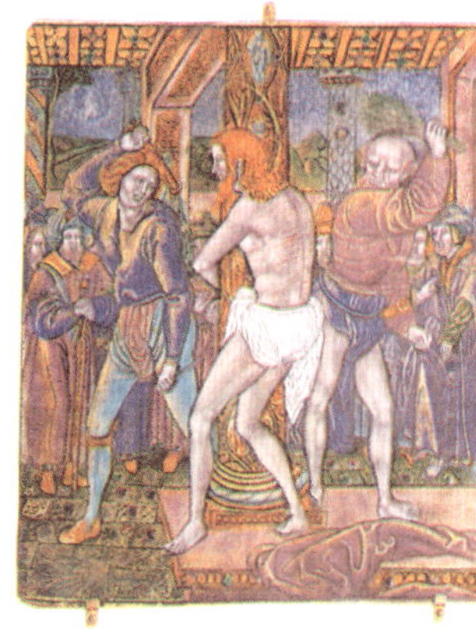

A Flagelação de Cristo, *painel esmaltado de Jean I Pénicaud (1500-30).*

A caminho do Calvário *(1527), de Albrecht Dürer (1471-1528).*
*Jesus* (ao centro) *carrega a sua cruz, como relata João (João 19:17).*

# A CRUCIFICAÇÃO

**AS ÚLTIMAS PALAVRAS**
**Esta é a ordem tradicionalmente dada às últimas "palavras" (frases) de Jesus na cruz, como relatam os evangelhos (*ver quadro na página ao lado*).**

**"Pai, perdoa-os, porque não sabem o que fazem."**
**(Luc. 23:34)**

**"Em verdade te digo, hoje estarás comigo no paraíso."**
**(Luc. 23:43)**

**"Mulher, eis aqui teu filho [...]. Eis aqui tua mãe."**
**(João 19:26-27)**

**"Meu Deus, meu Deus, por que me abandonaste?"**
**(Mat. 27:46; Mrc. 15:34)**

**"Tenho sede."**
**(João 19:28)**

**"Tudo está consumado."**
**(João 19:30)**

**"Pai, em tuas mãos entrego o meu espírito."**
**(Luc. 23:46)**

Os evangelhos dedicam muito espaço à narrativa da Paixão, o que por si só revela a importância que davam a ela. Outra indicação de sua importância para os evangelistas é a maneira como eles, mais que em outras narrativas, se esforçam por mostrar que os acontecimentos da Paixão estavam previstos nas Escrituras. Isso levou alguns comentaristas a concluir que muitos fatos da história da Paixão foram construídos a partir de passagens dos Salmos e dos profetas. Porém, embora a Paixão seja nitidamente colorida pela interpretação dos evangelistas, nem por isso deixa de ter base histórica.

Marcos relata que, antes de Jesus ser crucificado, ofereceram-lhe vinho misturado com mirra, como costumavam dar aos condenados à morte para minorar a dor que estavam prestes a sofrer (Mrc. 15:23). Com base no Salmo 69:21, Mateus substitui "mirra" por "fel", fazendo do oferecimento da bebida um ato hostil (Mat. 27:34). Então se diz que os soldados romanos sortearam entre si as vestes de Jesus. João (19:24) vê nisso o cumprimento do Salmo 22:18, que chega a citar (o Salmo 22 figura com destaque em toda a Paixão). Fontes legais romanas atestam que era direito do pelotão de execução dividir as modestas posses dos condenados.

Jesus é crucificado entre dois bandidos. Segundo um versículo adicional em algumas versões do Evangelho de Marcos (Mrc. 15:28), isso cumpre um versículo de Isaías de que ele seria "contado entre os criminosos" (Isa. 53:12). A passagem de Isaías podia estar na mente de todos os evangelistas, mas é provável que o versículo extra de Marcos tenha se originado de uma nota à margem de um copista, influenciado pela citação anterior de Lucas da mesma passagem (Luc. 22:37). Não é nada improvável que Jesus tenha sido executado ao lado de "bandidos" ou "criminosos": eles podiam ser rebeldes como Barrabás, descrito em João 18:40 como "bandido". A descrição de que a multidão o injuriava e balançava a cabeça (Mat. 27:39; Mrc. 15:29)

## A morte de Yehohanan

Recentes descobertas arqueológicas evocaram lembranças do horror da morte por crucificação, pena comumente aplicada a rebeldes e "bandidos" no tempo de Jesus. Os restos de um homem crucificado foram escavados de um túmulo do século I d.C., fora das muralhas de Jerusalém. A vítima pode ter sido crucificada por ter participado de uma rebelião contra os romanos em 6 d.C.. O funeral judaico foi cumprido: o homem foi enterrado no túmulo da família, e depois seus ossos foram postos em um ossário com os de um menino, provavelmente seu filho. A inscrição no ossário os identifica: o homem se chama Yehohanan (João); o da criança é difícil de interpretar, mas pode ser "filho do que foi pendurado". Os pés de Yehohanan continuavam presos a um pedaço da trave de madeira por um único prego de cerca de 11 centímetros que atravessava os dois calcanhares. O prego se curvou quando entrou na madeira, e aparentemente não pôde ser retirado sem danificar o corpo. As duas pernas estavam esmagadas, a esquerda por um golpe único: esse ato, confirmado em João 19:32, acelerou a morte por fazer o peso da vítima comprimir seus pulmões. Ele provavelmente foi carregado, para que o corpo fosse enterrado antes do pôr do sol, como determina o Deuteronômio (*ver p. 207*). Os braços de Yehohanan podem ter sido presos à trave horizontal ou fixados por pregos nos pulsos ou nos antebraços, mas não nas mãos.

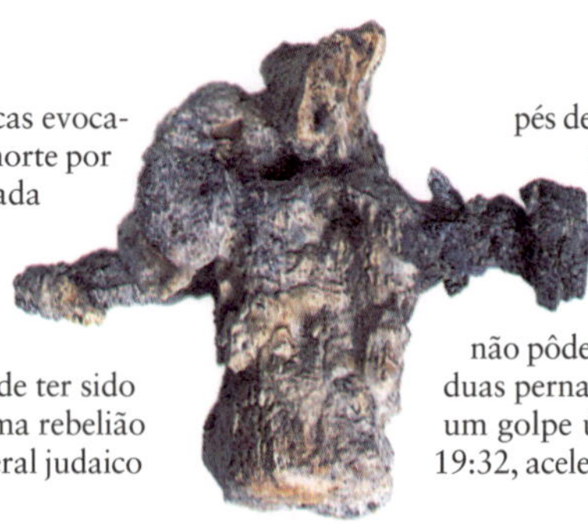

*O osso do calcanhar de Yehohanan, que foi crucificado, com o prego ainda no lugar.*

é tirada do Salmo 22:7, assim como as palavras das autoridades judaicas em Mateus: "Ele confia em Deus; que Ele o liberte agora, se quiser" (Mat. 27:43, citando o Salmo 22:8).

O Quarto Evangelho relata episódios que só ele registra como cumprimento das Escrituras. O fato de Jesus não haver tido as pernas quebradas depois de morto (João 19:33) seria o cumprimento (19:36) de um versículo do Êxodo (Êx. 12:46), uma regra sobre o tratamento dado ao cordeiro da Páscoa. Um soldado romano perfura-lhe o lado com a lança, de onde jorra água e sangue, o que talvez simbolize o batismo e a eucaristia (João 19:34). Segundo João 19:37, isso cumpre uma profecia de Zacarias (Zac. 12:10).

## As palavras de Jesus na cruz

As sete "palavras" (frases) proferidas por Jesus na cruz (*ver texto lateral na página ao lado*) têm sido um elemento tradicional na devoção cristã. Elas estão espalhadas pelos quatro evangelhos. Mateus e Marcos citam apenas uma frase, a famosa "Meu Deus, meu Deus, por que me abandonaste?" (Mat. 27:46; Mrc. 15:34). São as primeiras palavras do Salmo 22, citadas por Marcos em aramaico e numa forma mais próxima do hebraico bíblico em Mateus. A frase tem sido interpretada como um grito de desamparo. Entretanto, o Salmo 22 termina com a salvação do sofredor que apelou ao Senhor, de modo que os evangelistas podiam estar antecipando a conclusão triunfante de sua narrativa.

Lucas cita três frases (Luc. 23:34, 23:43, 23:46). Na primeira, Jesus pede o perdão para seus executores, o que está bem de acordo com o tom geral de Lucas. A segunda, uma promessa ao criminoso ao seu lado, trata do mesmo tema e mostra a preocupação, típica de Lucas, com o arrependimento e o perdão. A terceira é o grito final de Jesus, expressão de confiança extraída do Salmo 31:5.

João também cita três frases (João 19:26-27, 19:28, 19:30), altamente simbólicas. As palavras de Jesus à sua mãe e ao "discípulo que amava" podem se referir à Igreja (a mãe) e seus membros (o discípulo). A frase aparentemente simples "Tenho sede" seria um cumprimento das Escrituras: várias passagens dos Salmos falam na sede de Deus (como nos Salmos 42:1 e 69:3); João pode ter espiritualizado a sede verdadeira de Jesus que está implícita nos sinópticos. As palavras finais de Jesus em João são triunfantes: com sua morte, cumpriu-se o desígnio divino.

A Crucificação, *de Lorenzo Monaco (c. 1370-c. 1423)*. No centro, à esquerda*: A mãe de Jesus e outras duas mulheres (Mat. 27:55; João 19:25; Maria Madalena costuma ser representada com cabelos vermelhos)*. À direita*: Soldados dividem as vestes de Jesus (João 19:24).*

# MORTE E SEPULTAMENTO

Segundo os Evangelhos Sinópticos, sinais cósmicos dramáticos acompanharam a crucificação e a morte de Jesus. Na Bíblia, tais fenômenos são em geral sinais do apocalipse, como afirma a profecia citada por Pedro nos Atos (Atos 2:17-21, lembrando Joel 2:28-32). Os sinópticos dizem que trevas cobriram toda a terra (Mat. 27:45; Mrc. 15:33; Luc. 23:44). No momento da morte de Jesus, o véu do Templo teria se rasgado de alto a baixo (Mat. 27:51; Mrc. 15:38; Luc. 23:45). Uma cortina separava o corpo principal do Templo do Santo dos Santos, onde Deus se manifestava. Só o sumo sacerdote podia passar pela cortina, e apenas uma vez por ano, com rigorosas precauções em face da presença divina. O rompimento do véu simboliza a acessibilidade de Deus a todos os povos de todos os tempos, como afirma a Carta aos Hebreus: os cristãos estão livres "para entrar no santuário graças ao sangue de Jesus, graças ao caminho novo que ele nos abriu através do véu, isto é, através de sua carne" (Heb. 10:19-20). Mateus acrescenta outro sinal, um forte terremoto que provoca a abertura dos túmulos e a ressurreição dos santos, que entram em Jerusalém (Mat. 27:51-53). No pensamento apocalíptico judaico (*ver pp. 136-137*), a ressurreição dos mortos era esperada para o fim do mundo, como em Daniel 12:2, e essa parece ter sido a ideia de Mateus aqui.

Os Evangelhos Sinópticos contam que, quando Jesus morreu, o centurião romano que estava de serviço no local da execução se converteu a ele (Mat. 27:54; Mrc. 15:39; Luc. 23:47). Mateus torna o fato mais público, colocando as palavras da conversão na boca de todos os soldados presentes, que se aterrorizam com o terremoto. Em Marcos e Mateus, os soldados declaram: "Verdadeiramente, este homem era o Filho de Deus!" A expressão "Filho de Deus" não significa necessariamente "Messias": os soldados não deviam ser judeus, e a presunção de divindade de uma pessoa excepcional era comum no mundo greco-romano. Lucas interpreta a expressão como "certamente este homem era inocente". Um dos significados de "Filho de Deus" na literatura

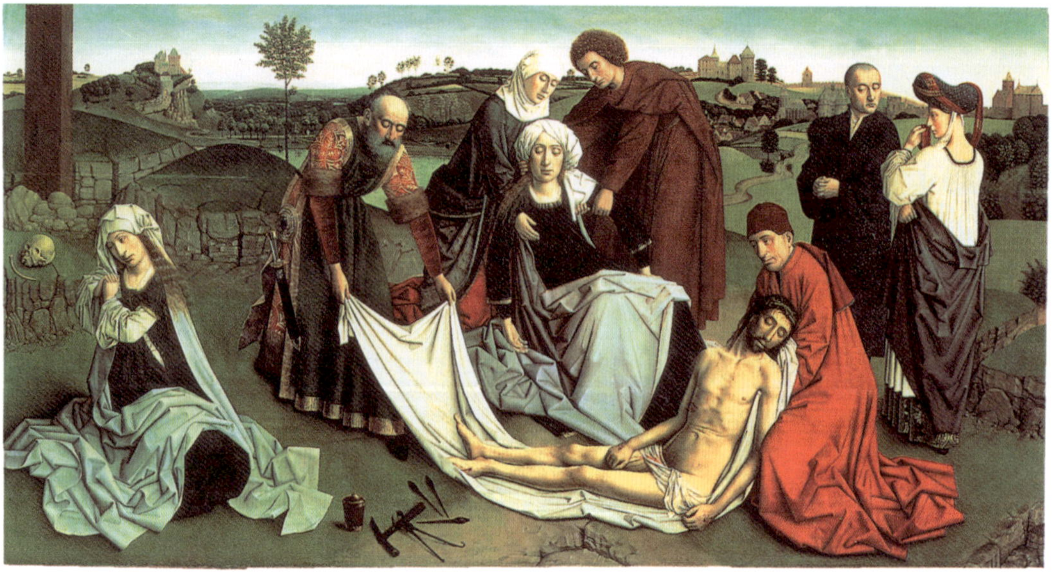

A Deposição (Descida da Cruz), *de c. 1450, obra de Petrus Christus (ativo em Flandres, 1444-73). José de Arimateia (*à esquerda*) ajuda a depor o corpo de Jesus, enquanto Maria Madalena (*mais à esquerda*) e a Virgem Maria (*no centro*) lamentam. São João Evangelista costuma ser representado, como aqui, apoiando a mãe de Jesus.*

judaica era "pessoa justa", como em Sabedoria 2:12-20, outro texto usado pelos evangelistas em suas narrativas da morte de Jesus.

Nesse momento, a presença de um grupo de mulheres é mencionada, preparando seu futuro papel de testemunhas do túmulo vazio (Mat. 27:55-56; Mrc.15:40-41; Luc. 23:49). Mateus e Marcos citam duas Marias, que mais tarde serão as únicas a ir até o túmulo de Jesus.

Era costume romano deixar as vítimas de crucificação na cruz, à mercê dos abutres, mas a lei judaica (Deut. 21:22-23) determinava que o corpo de um criminoso executado fosse enterrado antes do pôr do sol. Isso era particularmente importante no caso de Jesus e dos dois homens executados com ele, porque o pôr do sol desse dia marcava o início do sabá, e ainda por cima do sabá da Páscoa (João 19:31). Os evangelhos relatam que o corpo de Jesus foi entregue a José, um rico discípulo de Arimateia (Mat. 27:57-58; Mrc. 15:42-45; Luc. 23:50-53; João 19:38; *ver quadro abaixo*). Se José não tivesse requisitado o corpo, ele provavelmente teria sido atirado na ala comum dos criminosos. Segundo Marcos, Pilatos se admira de que Jesus tenha morrido tão depressa (Mrc. 15:44): a crucificação provocava quase sempre uma morte lenta, com as vítimas sobrevivendo por mais de dois dias.

No relato correspondente de João, antes de Jesus ser enterrado, Pilatos é solicitado a permitir que as pernas das vítimas fossem quebradas (provavelmente para garantir que estivessem mortas; *ver quadro, p. 204*) e os corpos, retirados da cruz. Os soldados não quebram as pernas de Jesus porque ele já parecia morto; em vez disso, um deles lhe perfura o lado (João 129:34). Como sempre, em João o fato é carregado de simbolismo (*ver p. 205*). Alguns dos primeiros cristãos parecem ter negado a morte de Jesus, motivo pelo qual Marcos e João se esforçam em prová-la. Marcos afirma duas vezes que Jesus "expirou" (Mrc. 15:37, 15:39). João destaca que a morte foi presenciada por uma testemunha totalmente confiável (João 19:35).

## José de Arimateia

José, o homem que dá ao corpo de Jesus o sepultamento adequado, é descrito de várias maneiras nos evangelhos: como homem rico, como membro do conselho (Sinédrio) e como discípulo secreto de Jesus. Lucas 23:50-51 liga o fim da vida de Jesus ao seu renascimento após a morte, descrevendo José quase da mesma forma que se refere a Simão, o justo que testemunhou a apresentação do menino Jesus no Templo (Luc. 2:25; *ver p. 157*).

O corpo de Jesus foi depositado num túmulo talhado na rocha, que, segundo Mateus, José reservara para si (Mat. 27:60). Ele fecha o túmulo rolando uma grande pedra diante da entrada, prática comum à época. As mulheres da Galileia presenciam o sepultamento e, em Lucas, preparam a unção (Luc. 23:56). Em João, as mulheres não estão presentes, e José está acompanhado de Nicodemos, outro discípulo secreto de Jesus. Os dois seguem o ritual judaico, embalsamando o corpo com especiarias e enrolando-o em lençóis (comparar com João 11:44). João conta que o túmulo ficava perto do local da crucificação. Há túmulos perto do Gólgota (*ver p. 202*), assim como um "jardim". João também descrevera o Getsêmani como um jardim (João 18:1), e em ambos os casos é possível que ele envoque o Jardim do Éden (*ver pp. 28-29*): Jesus no jardim pode representar a humanidade restaurada, por sua morte, ao estado original de perfeição de Adão e Eva no paraíso.

*Túmulo do século I em Jerusalém, cuja entrada é fechada por uma pedra.*

# A RESSURREIÇÃO

Segundo Mateus, na manhã seguinte à Crucificação "os principais sacerdotes e os fariseus" pediram a Pilatos que garantisse a segurança do túmulo de Jesus até o terceiro dia (Mat. 27:62). Para eles, Jesus era um impostor — um falso Messias —, que afirmara que ressuscitaria "no terceiro dia", e seus discípulos podiam roubar o corpo para que se pensasse que ele ressuscitara. A resposta de Pilatos foi: "Tendes uma guarda; ide e guardai-o como entenderdes" (Mat. 27:65), o que fez muita gente acreditar que Pilatos designou-lhes uma guarda romana. Mas ele pode ter-lhes dito que a questão estava fora do seu alcance e que eles tratassem do assunto usando a guarda do Templo judaico.

A história só aparece em Mateus e não é muito provável. Jesus previu sua ressurreição em conversa particular, e as autoridades judaicas provavelmente não levariam suas palavras a sério mesmo que as tivessem ouvido, por exemplo, de Judas. O episódio parece um prelúdio consciente de Mateus no esforço de negar a ideia de que o corpo de Jesus foi roubado por seus seguidores. Ele afirma que os guardas do túmulo foram subornados pelos sacerdotes para espalhar esse boato (Mat. 28:11-15). Podem ter ocorrido disputas sobre a ressurreição de Jesus entre cristãos e judeus, especialmente entre os fariseus (*ver pp. 184-185*), que só agora aparecem na narrativa da Paixão.

Nos Evangelhos Sinópticos, as mulheres que seguiam Jesus se dirigem ao sepulcro para ungir o corpo depois do sabá e se perguntam como entrar,

## O túmulo vazio

No Quarto Evangelho, João dá uma interpretação toda particular aos fatos que envolvem o túmulo vazio. Só uma mulher, Maria Madalena, se aproxima do sepulcro, na escuridão da manhã, e por razões não explicadas. Ela percebe que a pedra tinha sido removida e corre a dizer a Pedro e a "outro discípulo, aquele que Jesus amava", que o corpo tinha sido levado (João 20:1-2). Como de costume, Pedro é entusiasta e impetuoso, e o primeiro a entrar no túmulo. Mas é o "outro discípulo", modelo de verdade e fé, e sempre preferido a Pedro no Evangelho de João, quem primeiro percebe o significado daquilo que vê (João 20:8).

A atenção do evangelho agora se concentra em Maria. Como os Evangelhos Sinópticos, João conhece a tradição sobre os anjos no túmulo (João 20:12). Mas as palavras deles a Maria só a fazem repetir o que dissera antes, que não sabia o que acontecera a Jesus (João 20:13). Ela se vira e se vê frente a frente com Jesus (a cena correspondente está em Mat. 28:9-10). A princípio, julga tratar-se do jardineiro — talvez outra pista da ideia de um novo Éden (*ver quadro, p. 207*). Quando Maria Madalena finalmente o reconhece, Jesus lhe pede que não o retenha, pois ainda não ascendeu ao Pai. Seus seguidores não mais poderão desfrutar a companhia do mestre que os guiou em terra: de agora em diante, o contato com ele será espiritual e não dependerá de sua presença física. Essa é a mensagem que Maria deve levar aos discípulos (João 20:17).

A Ressurreição: os Anjos Removem a Pedra do Sepulcro, *c. 1800, de William Blake (1757-1827).*

devido à pedra que fechava o túmulo (*ver p. 207*). Para explicar por que elas não foram detidas pelos guardas, Mateus relata um grande terremoto e o aparecimento de um anjo que desloca a pedra, deixando os soldados paralisados de terror (Mat. 28:2-4). As mulheres encontram o túmulo vazio e um ou mais seres sobrenaturais, que lhes dizem que Jesus ressuscitou dos mortos. Conta-se que os seres tinham vestes brancas (Mat. 29:28:3; Mrc. 16:5; Luc. 24:4; comparar com João 20:12), uma descrição típica dos anjos em textos judaicos da época. Em Mateus e Marcos, os anjos ordenam às mulheres que digam aos discípulos de Jesus que ele os irá encontrar na Galileia. Lucas, porém, situa o aparecimento de Cristo depois da ressurreição em Jerusalém ou perto de lá, fazendo da Galileia apenas o lugar em que Jesus previra sua ressurreição (Luc. 24:6). Mateus conhecia as duas tradições e escreveu que, quando deixam o túmulo, as mulheres encontram Jesus e se ajoelham diante dele (Mat. 28:9), como os discípulos fazem mais tarde na Galileia, no final de seu evangelho.

Em Mateus e Lucas, as mulheres são instruídas a levar a notícia da Ressurreição aos discípulos (em João, Maria Madalena tem essa tarefa). Mas Marcos registra que elas fogem do túmulo em "terror e assombro" e nada dizem a ninguém "porque tinham medo" (Mrc. 16:8). Versões muito mais antigas do Evangelho de Marcos terminam com essas palavras, por isso muitos estudiosos acreditam que os versículos de 9 a 20 decorrem do fato de outro autor ter completado a obra, provavelmente no século II. Muitos acham que o versículo 8 é a conclusão pretendida da obra, uma vez que o evangelista pode ter entendido a Ressurreição como a iminente vinda final do Messias. Jesus havia dito que o fato seria acompanhado de desastres cósmicos e portentos (como em Mrc. 13; *ver também p. 191*), o que justificaria o medo das mulheres de contar o que viram. Alguns estudiosos acreditam que a conclusão original do evangelho se perdeu ou que o evangelista deixou o trabalho inacabado, talvez por ter morrido. Supõe-se que a parte final poderia ter incluído uma aparição de Jesus ressuscitado na Galileia.

Noli Me Tangere (Não Me Toques), *pintado em c. 1310 para a catedral de Siena, na Itália, por Duccio di Buoninsegna (c. 1260-1318). Este é o título tradicionalmente usado nas representações do encontro de Maria Madalena e Jesus ressuscitado no jardim segundo João 20:17.*

# VISÕES DE JESUS RESSUSCITADO

A Dúvida de Tomé, *Escola Húngara, século XV. A história do apóstolo que não acreditou que Jesus estava vivo é narrada em João 20:24-29.*

Os evangelhos narram algumas aparições de Jesus ressuscitado cuja natureza tem sido muito discutida. Em sua primeira Carta aos Coríntios, o apóstolo Paulo diz que Jesus "ressuscitou no terceiro dia, segundo as Escrituras" (1 Cor. 15:4). E prossegue dizendo que em seguida Jesus "apareceu a Cefas (Pedro) e depois aos 12", e depois "a mais de 500" seguidores de uma vez. Por último, Paulo diz que "ele apareceu também a mim" (1 Cor. 15:8), em relação a sua experiência na estrada de Damasco (*ver p. 226*). Paulo não faz distinção entre essa aparição de Jesus ressuscitado e as anteriores aos discípulos, de modo que elas podem ter sido visões, talvez consequência do estado de forte emoção de seus seguidores depois da morte do mestre.

Essa hipótese tem encontrado apoio no fato de Paulo não mencionar o túmulo vazio, ao contrário dos evangelhos (*ver pp. 208-209*), que devem ser posteriores às cartas do apóstolo. Quando relatam as aparições de Jesus ressuscitado, os evangelistas se esforçam em enfatizar que se tratava de sua pessoa física, e não do espírito desencarnado. A história de João sobre a dúvida de Tomé é provavelmente o exemplo mais famoso dessa tendência (*ver quadro na página ao lado*). O relato de Mateus sobre as duas mulheres no túmulo conta que elas encontraram Jesus e "agarraram-lhe os pés" (Mat. 28:9), o que não poderiam ter feito se a experiência fosse visionária. Em Lucas, os discípulos reagem à aparição como se tivessem visto um fantasma, mas Jesus lhes pede que o toquem e vejam por si mesmos, "porque um fantasma não tem carne e ossos" (Luc. 24:39). Para provar que Jesus não é um fantasma, Lucas o faz pedir aos discípulos algo de comer e depois come "na sua presença" (Luc. 24:41-43): acreditava-se na época que os fantasmas e os espíritos não eram capazes de comer.

Segundo os evangelhos, os discípulos não aceitaram de imediato as aparições de Jesus: por não terem entendido sua promessa de que ressuscitaria dos mortos (Mat. 16:21-23; Mrc. 8:31-33), tinham dificuldade em aceitar que aquilo tinha de fato acontecido. A primeira reação dos discípulos à ressurreição deve ter sido semelhante à de Marta (João 11:23-24). Mateus diz que, quando os discípulos encontraram Cristo na Galileia, alguns ainda tinham dúvidas (Mat. 28:17). Em Marcos, Jesus reprova sua incredulidade (Mrc. 16:14, embora essa parte do evangelho seja uma adição posterior; *ver p. 209*). Segundo Lucas, para os apóstolos, o testemunho das mulheres que tinham encontrado Cristo era um "delírio" (Luc. 24:11). Em João, o apóstolo Tomé não acredita que Jesus está vivo até vê-lo ressuscitado com seus próprios olhos (João 20:25-27; *ver quadro na página ao lado*). Em conclusão, pode-se dizer que as narrativas dos evangelhos testemunham que Jesus estava vivo. Entretanto, a expressão dessa crença como uma ressurreição física pode ter sido mais um recurso literário do que um relato literal dos fatos.

Tem-se afirmado que os discípulos provavelmente partilhavam a doutrina judaica da ressurreição do corpo e por isso foram capazes de crer que Jesus tinha ressurgido dos mortos. A crença era comum e foi muito popular por volta dessa época. Essa foi uma das principais questões de disputa entre os fariseus e os saduceus (*ver pp. 184-185*), e Paulo causa discórdia no Sinédrio ao mencionar o assunto (Atos 23:6-10). A doutrina fazia referência à ressurreição geral no fim do mundo, não à ressurreição de uma pessoa em particular, por mais notável que ela fosse.

## As aparições em Lucas e João

Lucas e João narram aparições de Jesus depois da ressurreição que não estão nos outros evangelhos. Em Lucas, todas ocorrem nos arredores de Jerusalém. O vívido relato de Lucas em que Jesus aparece a dois discípulos a caminho de Emaús, vila a cerca de 11 quilômetros da cidade, é uma demonstração do seu melhor talento narrativo (Luc. 24:13-31). No começo da história, os discípulos não entendem o significado da morte e ressurreição de Jesus; perderam a esperança de que ele fosse o Messias, "o redentor de Israel" (Luc. 24:21). Jesus recrimina os discípulos (que ainda não o reconheceram): ele é o verdadeiro Messias, porque seu sofrimento e sua ascensão à gloria foram previstos nas Escrituras, como ele explica detalhadamente (Luc. 24:25-27). Os discípulos convidam Jesus a ficar em Emaús, e durante a ceia ele parte o pão, abençoa-o e o oferece a eles. Só nesse momento os discípulos percebem que seu hóspede é Jesus, que de repente desaparece (Luc. 24:31). O ato de partir o pão se refere à Eucaristia: Lucas está dizendo que, dali para a frente, aqueles que partilharem a refeição em comunhão experimentarão a presença de Cristo. A essa história segue-se a aparição de Jesus a todos os discípulos em Jerusalém. Tem muitos temas em comum com a história de Emaús, como a descrença inicial dos discípulos (Luc. 24:37-41), uma refeição que provavelmente simboliza a Eucaristia, e a prova nas Escrituras de que Jesus é o Messias (Luc. 24:44). O principal propósito do relato é mostrar a veracidade da ressurreição física de Jesus (*ver texto principal na página ao lado*).

*Parte do local da bíblica Emaús.*

As histórias de João sobre Cristo ressuscitado têm temas em comum com as de Lucas. A dúvida dos discípulos concentra-se em Tomé, que é convencido pela evidência física de que Jesus ressuscitado é o homem que foi crucificado. Mas João vai além ao expressar a fé na divindade de Cristo (João 20:28). Em sua bênção final, Jesus louva os futuros crentes, que, ao contrário de Tomé, "não viram e ainda assim creram" (João 20:29).

Como Mateus, João conhecia a tradição de que Jesus ressuscitado faria uma aparição final na Galileia. Usa então temas que aparecem nos relatos sobre o ministério galileu, como o milagre dos peixes (que o Evangelho de João só agora menciona) e a partilha do pão e do peixe (João 21:13; comparar com João 6:11 e Luc. 24:30, 42). Outro tema é a restauração de Pedro: Jesus lhe dá a supervisão de seu rebanho e o convida a segui-lo no caminho do martírio (João 21:15-19; comparar com João 10:11). Mas, como sempre, a percepção de Pedro é limitada e ele quer saber qual será o destino do "discípulo que Jesus amava" (João 21:21-22). O discípulo amado não será, ao contrário de Pedro, o chefe da Igreja, mas testemunha da verdade do evangelho (João 21:24).

Cristo entre os Apóstolos, *em sarcófago de mármore cristão do fim do século IV d.C. na Gália romana (França).*

# A ASCENSÃO

A Ascensão, *em manuscrito do Mestre de Osma, da Espanha, de c. 1460.*

Segundo os Atos dos Apóstolos, Jesus ressuscitado se manifestou muitas vezes aos discípulos (Atos 1:3) antes de ascender ao céu (Atos 1:9). O Evangelho de Mateus não relata a Ascensão. Marcos registra que Jesus "foi levado ao céu, onde está sentado à direita de Deus" (Mrc. 16:19). Esta passagem, que é de um autor posterior a Marcos (*ver p. 209*), provavelmente se inspirou na história da ascensão do profeta Elias, que "subiu ao céu num redemoinho" (2 Reis 2:11), e na abertura do Salmo 110: "Disse o Senhor ao meu senhor: 'Senta-te à minha direita, até que eu faça de teus inimigos o escabelo para teus pés'".

No prefácio aos Atos, Lucas afirma que seu primeiro livro incluiu todo o que Jesus fez, "do início até o dia em que foi levado ao céu" (Atos 1:1-2). A Ascensão ocorre como um prelúdio à descida do Espírito Santo no dia de Pentecostes (*ver pp. 216-217*), 50 dias depois da Páscoa. Jesus ressuscitado faria aparições aos discípulos durante 40 dias, período encontrado muitas vezes na Bíblia, como na história do Dilúvio (Gên. 7:12) e no Êxodo (Êx. 24:18). Também se encontra em um texto judaico sobre a ascensão de Abraão (*ver quadro na página ao lado*). Imagens tipicamente bíblicas se destacam na narrativa dos Atos. A nuvem que oculta Jesus da visão dos apóstolos (Atos 1:9) é símbolo frequente da presença divina, como em Êxodo 13:21, 24:15 e 33:9. Elias promete a Eliseu o dom do seu espírito, se ele testemunhar sua ascensão (2 Reis 2:9-10); da mesma forma, os discípulos que estão presentes à ascensão de Jesus verão a descida do Espírito Santo (Atos 1:8-9). O cenário da Ascensão, o monte das Oliveiras, pode ter se inspirado em um versículo de Zacarias que fala que o Senhor estaria nesse monte no último dia (Zac. 14:4).

A mensagem subjacente da Ascensão, na forma como é relatada nos Atos, é que o Cristo encarnado subiu aos céus, mas permanece na terra através do Espírito Santo, até o último dia e a chegada do reino messiânico. A mesma ideia se repete no Evangelho de João, embora expressa de maneira muito diferente. O evangelista deseja que seus leitores entendam que Jesus subiu ao céu entre a aparição a Maria Madalena no jardim do seu sepulcro e o momento em que apareceu aos discípulos na tarde do mesmo dia. Na Última

*Foto do atual monte das Oliveiras, cenário da Ascensão, visto do monte do Templo ao anoitecer. À esquerda da foto fica o "Túmulo de Absalão"* (ver também p. 140 e mapa da p. 190*).*

## Antecedentes religiosos da Ascensão

Além da Ascensão de Jesus, a Bíblia registra só outra ocasião em que se diz que uma pessoa notável subiu aos céus: é a ascensão de Elias (*ver p. 98 e texto principal*). Sobre outra figura, Henoc, o Gênesis diz que "ele não apareceu mais, porque Deus o levou" (Gên. 5:24), o que também foi interpretado como a afirmação de que ele ascendeu ao céu. Entretanto, segundo outros textos judaicos não bíblicos, grandes figuras do passado da nação teriam ascendido aos céus: além de Henoc e Elias, Adão, Abraão, Moisés, Isaías e muitos outros.

Na cultura greco-romana, monarcas e heróis míticos foram deificados ou ascenderam ao reino do divino com a morte. O exemplo mais famoso na mitologia grega é o de Hércules, divinizado ao morrer. Os romanos deificavam seus imperadores: conta-se que a última declaração do imperador Vespasiano (reinou em 69-79 d.C.) foi um comentário irônico: "Acho que estou me tornando um deus". Alguns movimentos religiosos helenísticos defendiam a ideia de um redentor ou homem divino que desceu do céu e mais tarde para lá retornaria. Jesus é representado dessa maneira no Novo Testamento, por exemplo na Epístola aos Colossenses. Outros textos do Novo Testamento também interpretam a Ascensão de Jesus como o momento em que assume o reinado sobre o universo, o que estaria previsto em vários Salmos que originalmente se referiam à entronização do monarca israelita.

Ceia, Jesus prometeu aos discípulos que eles receberiam o Espírito Santo depois que ele deixasse o mundo para voltar ao Pai (João 16:7-13). Depois da ressurreição, Jesus proíbe Maria Madalena de tocá-lo, "porque ainda não subi ao Pai", e a envia aos discípulos com uma mensagem: "Subo para meu Pai e vosso Pai, meu Deus e vosso Deus" (João 20:17; *ver também pp. 208-209*). Na tarde do mesmo dia, ele aparece aos discípulos e sopra sobre eles o Espírito Santo (João 20:22). Portanto, as aparições subsequentes são de um Jesus que já subiu ao Pai. Antes da Ascensão, ele proíbe Madalena de tocá-lo, mas depois de subir ao Pai diz a Tomé: "Chega a tua mão e a põe no meu lado"(João 20:27).

Para justificar suas opiniões, escritores cristãos posteriores muitas vezes alegaram conhecer, "através do Espírito Santo" (Atos 1:2), as instruções que Jesus dera aos apóstolos antes da Ascensão. O que os evangelhos preservam dessas instruções são várias ordens importantes para a vida futura da Igreja, consideradas por muitos estudiosos projeções, em retrospectiva, das crenças e práticas cristãs aprendidas diretamente de Jesus, que assim seriam legitimadas, da mesma forma que tradições israelitas foram incluídas posteriormente na Lei recebida no Sinai. Mateus, Marcos e os Atos registram a instrução final de Jesus a seus seguidores para que façam discípulos em todas as nações, o que autorizou a atividade missionária da Igreja (Mat. 28:19; Mrc. 16:15; Atos 1:8). As pessoas se tornariam discípulos através do ritual do batismo, que seria ministrado "em nome do Pai, do Filho e do Espírito Santo" (Mat. 28:19). Essa se tornou a fórmula regular da Igreja. Em João, Jesus confere aos discípulos — em outras palavras, à Igreja — o poder de perdoar os pecados e excomungar (João 20:23). A chefia da Igreja foi concedida a Pedro (João 21:15-17; *ver p. 211*).

# IV A IGREJA PRIMITIVA

*A história da expansão da Igreja primitiva após a morte de Jesus é contada nos Atos dos Apóstolos. Não se pode dizer, porém, que eles deem um quadro completo desse crescimento. Eles se concentram na vida e na obra do líder dos apóstolos, Pedro, indicado por Jesus como guia da Igreja, e em Paulo, que começou sua carreira como ardoroso perseguidor dos cristãos mas se tornou talvez seu maior missionário depois da dramática experiência na estrada de Damasco* (ver pp. 226-227).



## OS ATOS DOS APÓSTOLOS

Acima: *Manuscrito siríaco dos Atos dos Apóstolos, do início do século XIII. O siríaco é um dialeto do aramaico, que foi provavelmente a primeira língua de Jesus e dos 12 apóstolos. Ele se tornou a língua padrão de muitas igrejas do Oriente Próximo. Embora largamente suplantado pelo árabe (com o qual, como o hebraico, se relaciona), ainda sobrevive em algumas áreas rurais da Síria.*

Os Atos são o segundo volume de Lucas, escritos como uma sequência de seu evangelho. Eles começam com o relato da Ascensão de Jesus (Atos 1:9; *ver pp. 212-213*). Em seguida, descrevem como, após a morte de Judas Iscariotes, os apóstolos voltaram a ser 12, com a escolha de Matias tirada pela sorte, segundo a convenção bíblica. Lucas reserva o título de "apóstolo" aos 12, em contraste com Paulo, que usa o termo de modo mais abrangente. Em Atos 1:22 Lucas afirma que o substituto de Judas deve ser alguém que testemunhou toda a atividade pública de Jesus. Os novos 12 constituem o corpo que rege a primeira igreja organizada em Jerusalém.

Uma tradução mais precisa do título é "Atos de Apóstolos", porque eles não descrevem a carreira de todos os 12. Autores cristãos posteriores produziram um número considerável de "Atos" de outros apóstolos para reparar essa ausência. Papel significativo é desempenhado nos Atos também por outras figuras além dos 12, como Estêvão (Atos 6:7) e Filipe (Atos 8). Mas os dois personagens principais são Pedro, herói dos 12 primeiros capítulos, e Paulo, cuja obra missionária é recontada no restante da obra.

Antes da Ascensão, Jesus manda os discípulos prestar testemunho dele em Jerusalém, na Judeia, na Samaria e nos "confins da Terra" (Atos 1:8), o que é realizado em estágios sucessivos até o clímax do livro em Roma, centro do império do qual a Judeia era parte. Os Atos são, em muitos sentidos, uma apologia do movimento cristão dirigida às classes governantes romanas. Isso se percebe em especial no relato da carreira de Paulo (*ver pp. 230-237*).

Os dois volumes de Lucas — seu evangelho e os Atos dos Apóstolos — são a obra do Novo Testamento mais próxima dos padrões e do estilo dos historiadores clássicos (gregos e romanos), embora ele tenha um ponto de vista teológico próprio (*ver texto lateral à direita*). Lucas segue a convenção clássica ao dedicar os livros a uma pessoa eminente, no caso um certo Teófilo, que pode ter sido patrono do autor. Na introdução ao evangelho, que serve para os dois volumes, Lucas compara sua obra às dos antecessores e faz crer que é um avanço em relação a elas (Luc. 1:1-4). O espírito do texto é aí muito similar ao do grande historiador grego Tucídides (que viveu em c. 475 a.C.) no começo de sua *História da Guerra do Peloponeso*.

OS ATOS E A HISTÓRIA

No passado, o autor dos Atos foi em geral visto como alguém que registrava eventos com cuidado e precisão. Em anos mais recentes, sua fidelidade foi questionada e a atenção se voltou para a proporção em que a obra reflete os próprios pontos de vista teológicos de Lucas. É amplamente aceito que o autor tinha bom conhecimento do ambiente geográfico, social e político da narrativa. Ele é muito exato quanto a nomes e títulos das autoridades imperiais e mostra conhecimento seguro dos procedimentos legais romanos.

No entanto, informação de fundo correta não garante a confiabilidade de todos os episódios e histórias. Talvez seja a descrição de Paulo, nos Atos, o que mais despertou dúvidas. O autor busca traçar paralelos entre Pedro e Paulo e mostrar que tinham uma visão teológica comum. Mas passagens de cartas de Paulo mostram que a relação entre eles nem sempre era harmoniosa (*ver p. 229*). Na Igreja primitiva, alguns fiéis denegriam Paulo em favor de Pedro, e pode bem ser que Lucas estivesse deliberadamente buscando corrigir essa atitude.

Cristo e os Apóstolos, *em iluminura espanhola (catalã) do século XIII. A figura entronizada de Jesus é rodeada pelos símbolos dos quatro evangelistas.*

## A base literária dos Atos

Os Atos não podem ser vistos apenas como texto histórico clássico, pois a comunidade cristã primitiva, da qual são produto, tinha seus próprios pontos de vista. A obra emprega, porém, várias das convenções dos historiadores clássicos, em especial o uso de discursos, que ocupam cerca de um terço do livro.

Como afirma Tucídides em uma passagem famosa, os historiadores gregos e romanos não buscavam reproduzir de modo literal o que foi dito em dada ocasião, mas transmitir o que imaginavam que a pessoa diria, se pudesse se expressar totalmente. Apesar das alegações de Tucídides de que seguia, tão de perto quanto possível, o que tinha sido proferido, historiadores posteriores costumam tratar os discursos dos Atos como exercícios de retórica, prestando menos atenção a sua probabilidade histórica. Na visão deles, esses discursos são sem dúvida obra de Lucas, mas criados para a audiência particular a que se dirigiam. Os que foram escritos para ouvidos judeus se expressam na linguagem da Septuaginta, a tradução grega das escrituras hebraicas, ao passo que a fala de Paulo aos filósofos pagãos em Atenas (Atos 17:22-31) é em essência um discurso helenístico sobre o conhecimento de Deus.

O caráter dramático de muitos episódios dos Atos, em especial as viagens de Paulo, com suas aventuras, induz à comparação com romances helenísticos. Os relatos de milagres de cura, de fugas da prisão e da viagem marítima de Paulo a Roma são similares em forma e vocabulário a muitos textos gregos da época. A viagem pertence à grande tradição literária que remonta à *Odisseia*, de Homero.

# A DESCIDA DO ESPÍRITO

A Descida do Espírito em Pentecostes, *afresco de Giotto (c. 1266-1337) na capela Scrovegni, em Pádua, na Itália, c. 1305.*

O dom do Espírito Santo é de importância central para o autor dos Atos, porque é a força que move a história contada por ele. O Espírito faz conversões, possibilita milagres e dá sabedoria e coragem aos líderes da jovem Igreja. Ele os leva a assumir iniciativas importantes, como a visita de Pedro ao gentio Cornélio (Atos 10; *ver pp. 228-229*) e viagens missionárias.

O fato de o dom do Espírito ocorrer em Pentecostes, a festa judaica das Semanas (Êx. 34:22; Deut. 16:10), pode ser de importância especial. As Semanas eram originalmente uma celebração agrícola que marcava o fim da colheita do trigo e a oferta das primeiras espigas. Porém, elas passaram a comemorar a dádiva da Lei no Sinai (*ver pp. 60-61*), e o dia de Pentecostes nos Atos às vezes tem sido interpretado como o momento em que a antiga Lei Judaica foi substituída por uma nova revelação espiritual à humanidade. Há um complicador para essa teoria, já que a associação do Pentecostes à Lei não parece ser anterior ao século III, embora o livro dos Jubileus, texto do século II, faça das Semanas uma comemoração das "Leis de Noé", que se supunha uniriam toda a humanidade, gentios e judeus (*ver p. 32*).

A narrativa da descida do Espírito se expressa em imagens bíblicas tipicamente associadas a uma manifestação divina. O "som como de vento impetuoso" (Atos 2:2) e as "línguas divididas, como de fogo" (Atos 2:3) lembram a criação, o Dilúvio e muitas manifestações de Deus, em especial as diante de Moisés no Sinai. Os Atos também evocam o batismo de Jesus (Luc. 3:21-22) — a chama do Espírito permanece sobre cada um dos apóstolos, como a pomba do Espírito ficou sobre Jesus.

## O primeiro discurso de Pedro

Ao relato da vinda do Espírito Santo segue-se um discurso de Pedro sobre o que isso implicava (Atos 2:14-40). Seguindo a explicação geral de Lucas para a disseminação da Igreja, esse sermão é dirigido aos judeus. Ele começa afirmando que as promessas de Deus a seu povo se realizaram pelos atos, morte e ressurreição de Jesus, e cita em apoio várias passagens bíblicas, em particular o profeta Joel. A presença do Espírito Santo, que os ouvintes testemunharam, é o sinal da exaltação e glória de Jesus, e a mensagem dos apóstolos é autêntica, já que estes são testemunhas de sua ressurreição e ascensão. Pelo rito do batismo, eles se habilitaram a dar o perdão dos pecados e o dom do Espírito Santo aos que tomarem atenção e se arrependerem. Essa é uma promessa não só para os judeus mas para qualquer um que Deus chame.

A primeira fala de Pedro estabelece o padrão teológico geral dos outros discursos dos Atos. Muitas vezes se disse que eles representam as verdadeiras pregações dos primeiros apóstolos. Porém, alguns temas típicos de Lucas indicam que se trata de composições dele. Por exemplo, nesse primeiro sermão de Pedro, diz-se que a prova da missão divina de Jesus é fornecida por seus milagres e sinais (Atos 2:22). Esse é um tema habitual do evangelho de Lucas, assim como a afirmação de Pedro de que tudo o que ocorreu com Jesus resultou do "plano definido e da presciência" de Deus (Atos 2:23). Mas, qualquer que seja sua origem, os discursos dos Atos representam evidência importante de como a Igreja primitiva entendia a pessoa e a obra de Jesus.

O Profeta Joel *(c. 1510), de Michelangelo (1475-1564), na Capela Sistina, no Vaticano. O primeiro discurso de Pedro inclui uma longa citação de Joel (Atos 2:17-21, citando Joel 2:28-32).*

O resultado da manifestação do Espírito foi que os apóstolos puderam "falar em outras línguas" (Atos 2:4), fenômeno testemunhado por "judeus devotos de todas as nações sob o céu" que viviam em Jerusalém (Atos 2:5). Lucas relaciona essas nações (Atos 2:9-11); eram tanto de dentro como de fora do Império Romano e são descritas em especial como aquelas da ampla dispersão de judeus nos últimos séculos antes de Cristo. O autor também menciona a presença de prosélitos (Atos 2:10), gentios convertidos ao judaísmo pela vigorosa e bem-sucedida propaganda judaica. "Falar em línguas" ou "glossolalia" era um fenômeno comum nas igrejas fundadas por Paulo, bem antes da data provável da composição dos Atos. Não envolvia aí, porém, a habilidade de falar línguas estrangeiras, mas a emissão de discursos extáticos e ininteligíveis que poderiam dar até a impressão de loucura. Lucas parece aludir a isso ao lembrar que alguns espectadores pensaram que os apóstolos estivessem bêbados (Atos 2:13). Referências posteriores nos Atos a falar em línguas (Atos 10:46, 19:6) não dão a entender que línguas estrangeiras estivessem envolvidas.

Os apóstolos não precisariam falar nas línguas nativas dos peregrinos, já que todos conheciam as línguas francas — aramaico ou grego. Lucas pode ter visto os eventos do Pentecostes como uma inversão da história da Torre de Babel (Gên. 11:1-9; *ver p. 34*), que mostra como a presunção humana causou o uso de diferentes línguas, levando à divisão do mundo. A proclamação do evangelho, que todos podem entender, une de novo os seres humanos, restaurando sua harmonia original numa nova comunidade que compreende "todos os que o Senhor nosso Deus chamou a si" (Atos 2:39).

# PEDRO NOS ATOS

**GAMALIEL**

**Gamaliel, o Velho, que aparece em Atos 5, foi um famoso rabino do século I, pertencente à grande dinastia fariseia de Hilel e, segundo a tradição, presidente do Sinédrio. Ele representou a interpretação liberal da lei judaica que caracterizou a escola de Hilel, defendendo mais liberdade de movimento no sabá e maior proteção para as mulheres em processos de divórcio. Segundo Atos 22:3, o apóstolo Paulo foi seu discípulo.**

**A reputação de saber e tolerância de Gamaliel teve origem em sua fala nos Atos, em que aconselha o Sinédrio a deixar que Pedro e os apóstolos fossem embora, "pois, se esse plano ou essa iniciativa tiver origem humana, fracassará; mas, se vier de Deus, vocês não conseguirão vencê-los" (Atos 5:38-39). É totalmente coerente com a mensagem de Lucas de que Gamaliel, um fariseu, deveria mostrar uma atitude não completamente desfavorável em relação aos cristãos. Apesar de suas frequentes críticas aos judeus, Lucas estava ansioso por apresentar o cristianismo como sucessor legítimo do judaísmo, em especial o representado pela influente parcela fariseia. Os fariseus partilhavam com os cristãos a crença na ressurreição dos mortos. Seus oponentes, os saduceus, negavam essa possibilidade, e duas vezes arrastaram os apóstolos até o Sinédrio (Atos 4 e 5). Paulo explorou depois a divisão entre os dois grupos quanto à questão da ressurreição (Atos 23:6-10; *ver também pp. 184-185*).**

**Em seu discurso nos Atos, Gamaliel se refere a dois pretensos messias, Teudas e Judas, colocando primeiro Teudas. Na verdade, a revolta de Teudas ocorreu muito depois da de Judas. Isso é provavelmente um simples engano de Lucas e não afeta a força da argumentação de Gamaliel.**

A direção da Igreja primitiva em Jerusalém estava nas mãos dos primeiros 12 apóstolos, e é Pedro que aparece como líder indubitável e porta-voz da comunidade cristã em seus confrontos com as autoridades religiosas. Ele é representado como possuidor de grande poder sobrenatural: diz-se que basta sua sombra tombar sobre os doentes para que se curem (Atos 5:15). Ainda nos Atos, lenços e aventais que estiveram em contato com o apóstolo Paulo são considerados dotados de propriedades curativas similares (Atos 19:12). A primeira evidência da habilidade dos apóstolos em realizar "sinais e prodígios" vem imediatamente após a história do Pentecostes: trata-se da cura de um mendigo aleijado na Porta Formosa do Templo, quando Pedro e João esperam a hora da oração (Atos 3:1-10). A história segue o padrão dos milagres de cura nos evangelhos e em outros lugares, mencionando a gravidade do problema, sua cura e o efeito nos circunstantes. A força particular inerente a Pedro é apresentada na história: como Paulo em Atos 14, ele manda o mendigo ficar de pé e andar, e suas mãos transmitem força aos pés e tornozelos do homem (Atos 3:6-8). Pensa-se, às vezes, que isso revela conhecimento de medicina, o que apoia a ideia de que o autor dos Atos é o Lucas referido em Colossenses 4:14 como "o amado médico". No entanto, a linguagem não é técnica o bastante para garantir essa conclusão.

A cura do aleijado é seguida pelo segundo discurso de Pedro (Atos 3:12-26), que, como o primeiro (*ver p. 217*), aborda o cumprimento da promessa de Deus de enviar o Messias, e a necessidade de arrepender-se "de modo que os pecados possam ser removidos" (Atos 3:19). Esse discurso enfatiza a responsabilidade dos judeus pela crucificação de Jesus, embora Pedro conceda que agiram por ignorância (Atos 3:17), como o próprio Jesus também reconhece no evangelho de Lucas (Luc. 23:34). Devido a esse sermão, Pedro e João são presos pelas autoridades do Templo (Atos 4:3). Isso marca o primeiro dos três encarceramentos de Pedro, narrados em termos cada vez mais dramáticos. Após uma noite na cela, os dois apóstolos são levados diante do conselho (Sinédrio), onde Pedro faz um terceiro discurso (Atos 4:8-12). Eles são soltos, com a condição de "não falar nem ensinar em nome de Jesus" (Atos 4:18). Pedro e João se recusam a obedecer, mas são assim mesmo libertados "devido ao povo, já que todos louvavam a Deus" pelo milagre de cura do aleijado.

O sucesso subsequente da missão cristã leva à prisão de todo o colégio apostólico (Atos 5:18), que é solto por intervenção de um anjo (Atos 5:19). O relato de Lucas aqui segue uma estrutura comum de histórias de fuga de prisão adotada por autores clássicos como Eurípides e Ovídio. Por fim, os apóstolos aparecem de novo diante do Sinédrio, onde o padrão se repete: há um outro discurso de Pedro (Atos 5:29-32) e, a conselho do mestre rabínico Gamaliel (*ver texto à esquerda*), o acusado é liberado depois de um açoitamento e outra ordem para que pare de pregar em nome de Jesus (Atos 5:40-41).

O relato da terceira prisão de Pedro em Atos 12 é um belo exemplo da força narrativa de Lucas. Nessa ocasião, só Pedro é preso, não pelas autoridades do Templo, mas como parte da perseguição aos líderes cristãos por Herodes Agripa I (no poder de 37 a 44 d.C.), que, obtendo o favor dos imperadores Calígula e Cláudio, se tornou regente de quase todo o território governado por seu avô, Herodes, o Grande (*ver mapa, p. 143*). Pedro ficou preso provavelmente na Fortaleza Antônia, o quartel ao lado do Templo. O relato vívido e detalhado da libertação de Pedro por um anjo (Atos 12:7-10) segue mais uma vez o padrão de outras fugas de prisão tanto em textos bíblicos como não bíblicos. O portão de ferro da cidade se abre "por si mesmo" (Atos 12:10). Há ocorrências similares na literatura grega de Homero em diante, e Josefo, historiador judeu do século I, registrou que durante a grande revolta judaica de 66-73 d.C. o grande portão leste do Templo se abriu sozinho.

A feliz fuga de Pedro com a ajuda celeste é habilmente contrastada com o julgamento divino imposto a seu perseguidor. Como "não havia glorificado a Deus", Herodes é abatido e "comido por vermes" (Atos 12:23). Ser comido por vermes é uma forma de morte mencionada com frequência por escritores antigos. Em particular, Lucas talvez tivesse em mente o destino de Antíoco IV Epifânio, o governante helenista do século II (2 Mac. 9:9; *ver pp. 138-139*). Herodes, que era popular entre os judeus, se não entre os cristãos, morreu de fato de repente, em Cesareia, em 44 d.C. As circunstâncias de sua morte causaram claramente grande impressão sobre seus contemporâneos: o relato de Josefo condiz com o dos Atos, tanto em linhas gerais como em alguns detalhes.

*Herodes Agripa I (10 a.C.-44 d.C.), que perseguiu a Igreja primitiva, retratado em uma de suas próprias moedas.*

São Pedro Cura com Sua Sombra *(Atos 5:15), afresco (de c. 1425) de Tommaso Masaccio (1401-28), na Capela Brancacci da Igreja de Santa Maria del Carmine, em Florença.*

# A IGREJA DE JERUSALÉM

A Morte de Ananias, *das Tapeçarias de Mortlake, baseadas em desenhos de Rafael (1483-1520) para tapeçarias do Vaticano. Segundo os Atos, Ananias e sua mulher Safira venderam uma propriedade e guardaram uma parte dos ganhos que tinham prometido doar à Igreja. A tapeçaria retrata o momento que se segue à condenação pública de Ananias por Pedro: "Então, quando Ananias ouviu essas palavras, caiu e morreu" (Atos 5:5). Safira encontrou depois o mesmo destino.*

A intervalos, ao longo dos Atos, Lucas faz o que poderia ser descrito como "sumários editoriais". Eles são frequentes em especial no começo do livro e dão um quadro idealizado da vida geral e do desenvolvimento da comunidade cristã primitiva em Jerusalém. Os cristãos são mostrados como judeus devotos que frequentam o Templo todos os dias nas horas de oração regulares (Atos 3:1). Lucas diz que eles muitas vezes partilham refeições comunais em casa, quando partem juntos o pão (Atos 2:46). Esse ritual, supõe-se, fazia parte de uma refeição comum, mas, uma vez que em seu evangelho Lucas diz que Jesus partiu o pão na Última Ceia (Luc. 22:19), é provável que se tratasse da prática mais tarde distinguida como Eucaristia. A comunidade cristã primitiva, então, era um grupo religioso de camaradagem comum no judaísmo, e deu continuidade àquela que Jesus estabelecera com seus discípulos.

Lucas enfatiza a unidade e a alegria dessa sociedade cristã. Diz-se que o conjunto de fiéis tem "um coração e uma alma" (Atos 4:32). Aqui, Lucas parece ecoar expressões similares encontradas em autores gregos, que louvavam o ideal de amizade universal que, afirmam, existiu no início da história humana. Do mesmo modo, Lucas descreve o estado ideal de harmonia que caracterizava a Igreja em seus primeiros dias.

Às vezes se afirma que os Atos mostram o começo da futura organização da Igreja, com sua ênfase em tradição e sucessão. Mas, na verdade, o livro dá pouca evidência de quaisquer estruturas eclesiásticas ou procedimentos de culto claros ou uniformes. A liderança da Igreja de Jerusalém repousava a princípio nos 12 apóstolos escolhidos por Jesus, com Pedro à frente e Matias no lugar do traidor Judas Iscariotes (Atos 1:26). Mas os seguidores de Jesus são representados tomando decisões coletivas em ocasiões importantes. Mais tarde, em Atos 15, a autoridade parece ser partilhada pelos apóstolos e, seguindo a tradição judaica, pelos "anciãos". É provável que isso ocorra porque a perseguição (Atos 11:19, 12:1) forçou vários dos apóstolos ao exílio, o que pode ter incluído até o próprio Pedro (Atos 12:17; *ver também p. 229*). No Concílio Apostólico (Atos 15:6-29; *ver p. 229*), o líder da Igreja é claramente Tiago, o "irmão de Jesus". Evidências levam a crer

## Os sete helenistas

Os Atos registram rápido aumento dos convertidos em Jerusalém: num curto período, afirma-se que o quadro da Igreja cresceu de 120 (Atos 1:15) para mais de 8 mil (Atos 2:41, 4:4). Isso levou a problemas no cuidado com os necessitados, já que muitos fiéis eram pobres. Na sequência, outras igrejas tiveram de criar um fundo de caridade.

*Sabastia, antiga Samaria, reconstruída em estilo greco-romano por Herodes, o Grande. Filipe, um dos sete helenistas, pode ter pregado ali (Atos 8).*

Segundo os Atos, chegou-se a um ponto crítico, com uma disputa entre os "hebreus" e os "helenistas". Os "helenistas" eram judeus de fala grega (gentios não eram admitidos na Igreja, na época), que se opunham aos "hebreus", de fala aramaica. Os helenistas se queixavam de que suas viúvas eram desfavorecidas na distribuição diária de víveres (Atos 6:1). Os apóstolos decidiram que eles próprios deveriam poder dedicar todo o seu tempo à oração e que "sete homens de boa reputação" seriam escolhidos para supervisionar a distribuição de comida (Atos 6:3-4). A comunidade teria elegido então sete helenistas (Estêvão, Filipe, Prócoro, Nicanor, Tímon, Pármenas e Nicolau) e os apóstolos os nomearam solenemente impondo as mãos sobre eles (Atos 6:6). Os sete foram considerados os primeiros diáconos, a ordem clerical encarregada do cuidado dos pobres e doentes na Igreja primitiva. Mas impor as mãos conferia a autoridade dos apóstolos aos sete, e os helenistas são relacionados não como administradores mas como pregadores e missionários. Diz-se que dois deles, Estêvão e Filipe, tiveram papel particularmente ativo (*ver pp. 222-225*). Estêvão, segundo os Atos, foi o primeiro mártir cristão.

que, por algum tempo, outros membros da família de Jesus exerceram um tipo de liderança dinástica em Jerusalém. Grupos cristãos se reuniam para praticar o culto nas casas uns dos outros e a "igreja-casa" se tornou o local de reunião típico das comunidades cristãs iniciais. O culto era nitidamente espontâneo e conduzido pela inspiração do Espírito Santo: os Atos registram uma oração proferida em uníssono, em que os participantes eram todos tomados pelo Espírito, e "o lugar em que se reuniam era sacudido" como por um terremoto (Atos 4:24-31).

Segundo os Atos, um dos mais notáveis traços da Igreja primitiva de Jerusalém era a propriedade comum dos bens (Atos 2:32). Esse conceito era elemento central nas sociedades utópicas imaginadas por muitos pensadores gregos, como Platão, sendo praticado por alguns grupos judeus, como os essênios e a seita de Qumran (*ver p. 145*). Porém, não era tão universal na Igreja de Jerusalém como o autor dos Atos parece dizer: a mãe de João Marcos, por exemplo, tinha sua própria casa com pelo menos um servo (Atos 12:12-13). Vender os próprios bens e dedicar o produto a um fundo comum administrado pelos apóstolos era um ato voluntário, ainda que muito louvável. Isso era inspirado pelo Espírito Santo, para dar alívio aos necessitados. Os Atos referem duas histórias contrastantes sobre o tema, a do virtuoso Barnabé, que vendeu um campo e deu todo o ganho à Igreja (Atos 4:37), e a dos perversos Ananias e Safira (*ver imagem na página ao lado*). Em Qumran, os que se juntavam à comunidade tinham de entregar todas as posses ao fundo comum e os que escondessem bens pessoais eram temporariamente excomungados. Sob essa prática está o antigo conceito bíblico de devotar algo a Deus: algo assim consagrado nunca poderia ser tomado de volta.

# A MORTE DE ESTÊVÃO

Estêvão, um dos sete encarregados de supervisionar a distribuição de comida entre hebreus e helenistas (*ver p. 221*), foi o primeiro seguidor de Jesus a sofrer a morte pela fé. A história de seu martírio em Atos 6 e 7 se divide em duas partes: o relato de seu julgamento e morte por apedrejamento (Atos 6:8-15, 7:54-60) e seu discurso ao Sinédrio, ou conselho (Atos 7:1-53). A fala interpolada se relaciona apenas vagamente ao julgamento e à lapidação, e é provavelmente exemplo de polêmica antijudaica que Lucas incluiu nos Atos como discurso de defesa ante as autoridades judaicas. Tais discursos ocorrem regularmente na obra de Lucas.

A morte de Estêvão foi causada por disputas internas entre seus companheiros judeus de fala grega. É incerto se seus oponentes tinham várias sinagogas ou uma só em Jerusalém, mas certamente incluíam judeus do norte da África e da Ásia Menor que se fixaram na cidade. O relato do julgamento tem paralelo estreito com o de Jesus nos evangelhos: os helenistas subornam falsas testemunhas, que acusam Estêvão de blasfêmia e de predizer que Cristo destruiria o Templo de Jerusalém (Atos 6:13-14). A acusação de que Jesus buscava destruir o Templo não é mencionada no evangelho de Lucas, e este provavelmente transferiu-a para o julgamento de Estêvão. No evangelho, Jesus é condenado diretamente por sua declaração sobre o Filho do Homem sentado à direita de Deus (Luc. 22:69). Similarmente, a fúria final da multidão é despertada contra Estêvão quando ele tem uma visão do Filho do Homem de pé à direita de Deus (Atos 7:55). (A expressão "Filho do Homem" só ocorre nessa altura do Novo Testamento, fora dos evangelhos.) A súplica de Estêvão pelo perdão de seus assassinos e sua prece para que Jesus receba seu espírito (Atos 7:59-60) lembram as palavras de Jesus na cruz, no evangelho de Lucas (Luc. 23:34, 23:46).

Não é claro quanto a lapidação de Estêvão foi legalmente autorizada, pois, sob o domínio romano, é provável que o Sinédrio não pudesse mais impor a pena de morte. Não há menção a uma sentença formal antes que a multidão investisse contra Estêvão e o apedrejasse, de forma que esse pode

Estêvão Prega *(à esquerda)* e Estêvão Se Dirige ao Conselho *(à direita)*, *de Fra Angelico (c. 1387-1455), na capela de Nicolau V, no Vaticano.*

ter sido um simples caso de linchamento. Mas há evidência de que o Sinédrio tentava recuperar o poder de impor a pena capital sempre que podia. O historiador Josefo diz que a execução do Tiago irmão de Jesus foi instigada por membros do Sinédrio, que tiraram vantagem do intervalo, em 62 d.C., entre a morte de um procurador romano e a chegada de outro (*ver p. 250*). Houve reclamações, e o novo procurador depôs o sumo sacerdote. No caso de Estêvão, os líderes judeus podem ter sentido que era possível arriscar que o poder romano fechasse os olhos à sua execução.

A fala de Estêvão ao Sinédrio (Atos 7) é o mais longo discurso dos Atos e marca um estágio importante do que Lucas vê como processo de separação do cristianismo do judaísmo. A maior parte da fala de Estêvão se relaciona à acusação de que ele previra a destruição do Templo. Ele afirma que a história de Israel foi um registro de contínua desobediência a Deus. As pessoas se opuseram sistematicamente a Moisés e se voltaram a outros deuses. Por fim, construíram o Templo, o que foi um erro desde o início, já que "o Mais Alto não deve morar em casas feitas por mãos humanas" (Atos 7:48). Havia grupos judaicos, como a comunidade de Qumran (*ver p. 145*), desfavoráveis à instituição do Templo, mas Estêvão parece representar uma tendência radical dentro da comunidade cristã helenista. Ele expressa uma visão do Templo que vai além daquela em geral mais favorável do próprio Lucas, e no Novo Testamento a posição de Estêvão é mais próxima daquela da Carta aos Hebreus (*ver pp. 250-251*). No final, Estêvão se volta diretamente aos ouvintes, acusando-os de ainda resistir ao Espírito Santo, exatamente como seus ancestrais (Atos 7:51-53). Quaisquer que fossem as circunstâncias reais da execução de Estêvão, para Lucas ela representa a rejeição do verdadeiro Messias pela nação, e portanto a própria rejeição da nação por Deus.

## A perseguição após a morte de Estêvão

No final da história do martírio de Estêvão, o autor introduz "um jovem chamado Saulo", que tomou conta dos mantos dos apedrejadores (Atos 7:58) e aprova a execução de Estêvão (Atos 8:1). Essa é a primeira menção ao futuro apóstolo Paulo (Saulo era seu nome hebraico). Segundo os Atos, a morte de Estêvão deflagrou uma perseguição severa, liderada por Paulo, à igreja de Jerusalém (Atos 8:1).

A perseguição foi dirigida primeiro contra o grupo particular dos helenistas (cristãos judeus de fala grega), ao qual Estêvão pertencia. Eles foram forçados a sair da capital, enquanto "os apóstolos", presumivelmente os 12, eram deixados em paz. Barnabé, judeu de fala grega da Diáspora, que deu uma grande contribuição à Igreja (Atos 4:36-37), parece ter permanecido em Jerusalém, onde depois apresentou Paulo aos apóstolos (Atos 9:27). Barnabé atuou como vínculo entre os cristãos de Jerusalém e as comunidades criadas no mundo gentio pela expansão missionária.

A perseguição ficou de início restrita a Jerusalém, pois os refugiados aparentemente podiam pregar livremente em outros lugares (Atos 8:4-5). Segundo Atos 9:31, a Igreja pôde fortalecer-se na Judeia, na Galileia e na Samaria (*ver pp. 224-225*). O sumo sacerdote autorizou Paulo/Saulo a ir a Damasco prender cristãos — provavelmente alguns dos que tinham fugido de Jerusalém — e trazê-los a Jerusalém para ser julgados (Atos 9:1-2). Damasco estava fora da jurisdição das autoridades judaicas, mas há evidência em 1 Macabeus e no historiador Josefo de que o sumo sacerdote tinha o poder de requerer a extradição daqueles que ofendessem a lei judaica.

Santo Estêvão, *de Stefano Sassetta (c. 1392-1450 ou 1451). Os artistas medievais em geral retratavam Estêvão como um jovem, muitas vezes segurando um livro (os evangelhos, que simbolizavam sua pregação).*

# FILIPE E SIMÃO MAGO

Para Lucas, autor dos Atos, a morte de Estêvão e a perseguição que se seguiu (*ver pp. 222-223*) tiveram consequências positivas: a difusão do evangelho de Jerusalém na Judeia e na Samaria. Segundo os Atos, a missão samaritana foi levada a efeito por Filipe, um dos sete helenistas ordenados pelos apóstolos (*ver p. 221*). Filipe pregou em "*uma* cidade da Samaria" (Atos 8:5) que pode ter sido Sabastia, construída no estilo greco-romano por Herodes, o Grande, no local da antiga cidade de Samaria (algumas versões dos Atos dizem que Filipe foi para "*a* cidade de Samaria"; *ver p. 221*). Outra base provável de sua missão seria o centro religioso samaritano de Neápolis, perto da antiga cidade de Siquém (a atual Nablus).

Segundo os Atos, Filipe realizou muitas curas na Samaria (Atos 8:4-7). Os habitantes dessa região eram particularmente receptivos a tais milagres, pois durante certo tempo ficaram encantados por um praticante de artes mágicas, ou *magus*, chamado Simão, conhecido na tradição bíblica como mago Simão (Atos 8:9). Os discípulos de Jesus muitas vezes entraram em competição com milagreiros aparentemente similares. Os samaritanos consideravam Simão alguém com poderes divinos, mas as curas de Filipe eram reputadas mais numerosas e admiráveis, e conquistaram muitas conversões. Simão também ficou impressionado com os feitos de Filipe: ele foi convertido e batizado, e se juntou a Filipe em seu trabalho (Atos 8:12-13).

A segunda parte dessa história apresenta a autoridade especial dos 12 apóstolos. Nos Atos, o batismo pela água e o dom do Espírito Santo são estreitamente relacionados, mas não idênticos: outros podem batizar, mas só os apóstolos, representados por Pedro e João, poderiam conferir o Espírito Santo, o que faziam impondo as mãos sobre os convertidos samaritanos (Atos 8:16-17). Isso podia ter algum resultado físico, como falar em línguas (*ver p. 217*), pois os Atos relatam que, quando Simão "viu" que Pedro e João tinham o poder de transmitir o Espírito, tentou comprá-lo (Atos 8:18-19 — daí a palavra "simonia" para a compra ou venda de uma função espiritual). Pedro castigou severamente Simão por sua presunção (Atos 8:20-23), e, embora os Atos mostrem o mago arrependido (Atos 8:24), é a áspera acusação que Pedro lhe fez, o que sempre se lembra na tradição cristã. Começando pelo escritor cristão Justino, no século II, Simão Mago foi visto como a raiz da heresia gnóstica e como um anticristo. Diz-se que ele era acompanhado de uma mulher chamada Helena, originalmente uma prostituta de Tiro, mas que, à maneira das especulações gnósticas, era considerada por Simão uma emanação divina de sua própria mente. Do confronto com Pedro, nos Atos, desenvolveu-se toda uma série de lendas de duelos de milagres entre Simão e o apóstolo em várias cidades do Império Romano, até que, dizia-se, o mago afinal encontrou um fim ignominioso.

Uma segunda história sobre Filipe, seu encontro com o eunuco etíope (Atos 8:26-40), ocorre após sua volta da Samaria a Jerusalém com Pedro e João. A narrativa parece influenciada pela história do profeta Elias (*ver pp. 96-98*). Como ele, Filipe é instado pelo anjo do Senhor a fazer uma viagem (Atos 8:26; comparar com 2 Reis 1:3) e é misteriosamente arrebatado para longe depois que sua missão é completada (Atos 8:39; comparar com 2 Reis 2:11). Segundo os Atos, Filipe encontra um eunuco, um alto oficial de Candace, rainha dos etíopes, na estrada de Jerusalém a Gaza. "Candace" na verdade é um título usado por várias rainhas do reino de Méroe, no que é hoje o Sudão. O eunuco "tinha vindo a Jerusalém para o culto" e "estava lendo o profeta Isaías" (Atos 8:27-28); portanto, era supostamente um convertido ao judaísmo ou estava prestes a converter-se. A pedido do eunuco, Filipe explica a passagem das escrituras que ele está lendo, de Isaías 53:7-8, interpreta-a em termos cristãos e proclama ao eunuco "a boa nova sobre Jesus" (Atos 8:35). É a primeira vez que o Novo Testamento identifica explicitamente Jesus com a figura do servo sofredor em Isaías 53 (*ver p. 112*), e o capítulo se tornou texto-chave na pregação cristã primitiva. O eunuco foi então batizado (Atos 8:38). A história de sua conversão parece refletir a prática batismal da Igreja primitiva. O candidato foi instruído na fé (Atos 8:35) e fez então um pedido formal para ser batizado (Atos 8:36), seguido de uma profissão de fé. Algumas versões dos Atos incluem essa profissão: "Eu creio que Jesus Cristo é o Filho de Deus" (Atos 8:37).

O fato de o convertido ser eunuco e etíope pode ter significado simbólico. A lei judaica proibia, em princípio, que eunucos entrassem nos recintos do Templo e participassem do culto, mas Isaías 56:4-5 diz que eunucos que respeitem a Aliança terão lugar na casa de Deus. É possível que os Atos considerassem agora essa condição satisfeita. Vários versículos nos Salmos e nos profetas falam sobre etíopes recorrendo a Javé e trazendo oferendas: pode ser significativo que o eunuco etíope fosse encarregado do tesouro real.

Após batizar o eunuco, Filipe é "arrebatado" pelo "espírito do Senhor" (Atos 8:39). Segundo o texto, ele reaparece na cidade de Azoto (antiga Ashdod), perto da costa mediterrânea, de onde conduz uma missão evangélica até o porto romano de Cesareia (Atos 8:40). Filipe parece ter-se instalado em Cesareia, porque se diz depois que vivia lá com quatro filhas solteiras que tinham o dom da profecia (Atos 21:8-9). Por essa época, Pedro deixou Jerusalém e se fixou no porto predominantemente grego de Jope (Atos 9:43). As mudanças de Filipe e Pedro podem refletir o desejo da Igreja de pregar nas regiões menos fortemente judaicas da costa palestina. O evangelho poderia receber lá melhor acolhida que no ambiente hostil de Jerusalém.

*O teatro de Cesareia. A cidade foi construída em estilo greco-romano pelo rei Herodes, o Grande, e batizada com base no nome do imperador Augusto César. Porto importante, depois da morte de Herodes tornou-se sede dos procuradores romanos da Judeia* (ver também quadro na p. 200).

Simão Mago Oferece Dinheiro a São Pedro, *de Liberale da Verona (c. 1445-c. 1525).*

*Túmulos reais na capital nabateia, a cidade de Petra, ao sul do mar Morto. Povo de origem árabe, os nabateus dominaram o sul da Síria e o norte da Arábia a partir de c. 90 a.C. Seu reino prosperou como aliado de Roma até 106 d.C., quando foi absorvido pelo Império Romano.*

# O CHAMADO DE PAULO

Há três relatos nos Atos da "conversão" do apóstolo Paulo na estrada de Damasco (*ver p. 223*). A versão mais completa e dramática está em Atos 9, na história da perseguição aos cristãos que se seguiu ao martírio de Estêvão. Paulo, que ainda é referido nesse estágio por seu nome hebraico, Saulo, "respirava ameaças e assassinato contra os discípulos" (Atos 9:10). Em seu fervor anticristão, empreendeu uma missão a Damasco para trazer "os que pertenciam ao Caminho" de volta a Jerusalém. Saulo se aproximava de Damasco quando "de repente uma luz vinda do céu brilhou ao seu redor" (Atos 9:3), fazendo-o cair no chão. Segundo os Atos, ele ouviu uma voz dizer: "Saulo, Saulo, por que me persegues?" (Atos 9:4) e, após perguntar quem era, recebeu a resposta: "Sou Jesus, a quem persegues. Mas levanta-te e entra na cidade, e te dirão o que fazer" (Atos 9:5). Saulo fica cego com a visão e recupera a vista apenas três dias depois, imediatamente antes de seu batismo (9:17-18).

Os outros dois relatos da conversão nos Atos estão em falas do próprio Paulo (Atos 22:6-11, 26:12-18). Há também umas poucas alusões a esse evento nas cartas de Paulo: por exemplo, em Gálatas 1:15-16 ele escreve sobre seu chamado, pela graça de Deus, e sobre a visão de Jesus ressuscitado, que lhe designou a missão entre os gentios (e deu-lhe a condição de apóstolo). As palavras de Paulo concordam em essência com a história contada por Lucas nos Atos, mas o apóstolo não dá uma versão conexa do que aconteceu.

As três passagens dos Atos mencionam a luz sobrenatural e a voz que faz Paulo e seu acompanhante caírem no chão. Esse é um traço comum de relatos de experiências visionárias em textos judaicos do período. O *Testamento de Jó*, escrito por volta do início da era cristã, fornece um paralelo próximo com os Atos. Jó diz: "Enquanto eu dormia, veio a mim uma voz alta com uma luz muito grande, dizendo: 'Jó, Jó'. E eu disse: 'Aqui estou'; e ela disse: 'Levanta-te e te mostrarei quem é aquele que queres conhecer' [...] e, quando ouvi, caí em minha cama". Textos rabínicos muitas vezes mencionam a *bath qol*, voz misteriosa por meio da qual Deus às vezes se comunica com os seres humanos.

Eruditos tentaram dar uma explicação psicológica para a experiência de Paulo, aventando a ideia de que ela poderia ser a solução do conflito interno entre seu judaísmo estrito (ele fora criado como fariseu; *ver Atos 26:5*) e a impressão causada nele ao testemunhar a perseguição aos cristãos, em especial a morte de Estêvão. Essa hipótese talvez seja apenas especulativa, mas pode encontrar sustentação na citação que Paulo faz de um provérbio grego popular ao relatar sua conversão a Herodes Agripa: "A gente se machuca ao bater contra o ferrão" (Atos 26:14). Isso sugere que, antes mesmo da conversão, a consciência o aguilhoava devido a seu papel na perseguição aos seguidores de Jesus. As cartas de Paulo revelam-no como alguém muitas vezes dilacerado por fortes tensões internas. Ele parece ter sido objeto de experiências extáticas e visionárias; os Atos também registram outras visões (Atos 22:17-21, 27:23-24).

Há discrepâncias entre os Atos e as cartas de Paulo no relato das consequências imediatas de sua experiência na estrada de Damasco. Nos Atos, Paulo é cegado pela luz celestial, mas curado três dias depois pelo discípulo Ananias e batizado cristão (Atos 9:8-18, 22:11-16). As cartas não mencionam nenhum desses eventos. Paulo escreve que, após a revelação de Deus, foi para a Arábia sem consultar ninguém e depois voltou a Damasco, só indo a Jerusalém três anos mais tarde, para ver Pedro e o Tiago irmão de Jesus (Gál. 1:16-17). Esse relato difere do encontrado nos Atos, que registra Paulo pregando em Damasco e então fugindo para Jerusalém, onde se uniu aos outros discípulos

**AS ORIGENS DE PAULO**

**Nos Atos, Paulo afirma ser nativo de Tarso, judeu e fariseu por nascimento, e discípulo do famoso rabino Gamaliel (*ver p. 218*) em Jerusalém (Atos 22:3). Em suas cartas, ele declara que foi circuncidado, pertencia à tribo de Benjamim e foi criado como fariseu (Fil. 3:5). Os textos de Paulo mostram considerável familiaridade com os pontos de vista e os métodos do judaísmo rabínico do século I.**

**Tarso foi corretamente descrita por Paulo como cidade "não mediana". Era a próspera capital da província romana de Cilícia, conhecida pela produção de tendas, o que explica o fato de Paulo ganhar a vida com isso (Atos 18:3). Ainda mais importante, era um centro intelectual e deu origem a muitos filósofos notáveis. Isso explicaria as influências helenísticas nos textos de Paulo e sua familiaridade, ainda que superficial, com as doutrinas populares de grupos como os estoicos e cínicos.**

**Assim, o judeu Paulo era membro da Diáspora que falava grego, o que pode explicar seu envolvimento no caso de Estêvão, que tinha origens similares. Paulo desfrutava também o privilégio de haver nascido cidadão romano e ter nome latino, Paulo, além do hebraico Saulo. Não se sabe como sua família obteve essa cidadania, mas a descrição nos Atos do *status* e dos privilégios que ela concedia está de acordo com a prática legal romana no século I (por exemplo, em Atos 22:25-29).**

e continuou "falando corajosamente em nome do Senhor" (Atos 9:19-28). É possível que o autor, Lucas, tenha condensado os eventos, omitindo o período de Paulo na Arábia, em que não tinha interesse especial.

Nos Atos, Paulo foge de Damasco porque os judeus queriam matá-lo — ele é baixado por fora da muralha num cesto, já que as portas da cidade eram vigiadas (Atos 9:24-25). A fuga também é mencionada por Paulo na Segunda Carta aos Coríntios, em que atribui o perigo que enfrentou ao comissário do rei Aretas (2 Cor. 11:32-33). Trata-se de Aretas IV (no poder de 9 a.C. a 40 d.C.), monarca do poderoso reino nabateu (*ver foto na página ao lado e mapa na p. 231*). Nessa época, Aretas obviamente controlava Damasco, que foi a intervalos possessão nabateia. Os judeus de Damasco podem ter conseguido o apoio do comissário real na perseguição a Paulo, que tem paralelo em outras passagens dos Atos. É também possível, assumindo que Lucas omitiu a visita à Arábia, que a fuga de Paulo tenha ocorrido em sua segunda viagem a Damasco (Gál. 1:17). Sua pregação na Arábia, grande parte da qual pertencia ao reino de Aretas, poderia ter provocado as autoridades nabateias, que buscaram prendê-lo assim que ele pôs os pés de novo em seu território.

A Conversão de Paulo *(no alto) e* Cenas da Pregação de Paulo, *de uma bíblia feita em 843-851 para o rei francês Carlos, o Calvo. Paulo é retratado como alto oficial, em trajes militares romanos.*

# PEDRO E CORNÉLIO

A conversão de um centurião romano, Cornélio, por Pedro em Cesareia é contada em Atos 10. Para o autor dos Atos, esse foi um marco importante da difusão da mensagem cristã: o relato de Lucas credita a Pedro o início da obra missionária entre os gentios e mostra que ele era capaz de defendê-la com sucesso contra as objeções dos cristãos judeus de Jerusalém.

A narrativa de Lucas lida com duas questões correlatas que a Igreja enfrentou em seus primórdios. Uma era saber se, ou em que termos, os não judeus poderiam se tornar membros da Igreja. Para os cristãos judeus, como os da comunidade primitiva de Jerusalém, a única coisa que distinguia os cristãos de outros judeus era reconhecer Jesus como Messias. Eles ainda se submetiam à Lei Judaica, e os gentios convertidos tinham de aceitar todas as suas condições, em particular a circuncisão. Isso era sempre uma grande fonte de discussão para não judeus, e Paulo teve de se defrontar com essa questão, em especial em sua Carta aos Gálatas.

O outro tema dizia respeito à coparticipação à mesa. Na época, um traço central do judaísmo eram as regras que insistiam no consumo apenas de carne *kosher* e na discriminação dos animais que poderiam ser comidos.

*Oficiais romanos da escolta imperial (a Guarda Pretoriana); relevo de mármore do século II.*

Os judeus eram proibidos de comer com gentios que não observassem esses preceitos. Isso criava um problema quando judeus e cristãos gentios estavam juntos, em especial na Eucaristia ou em uma refeição conjunta.

Alguns membros da Igreja primitiva achavam que Jesus tinha estabelecido uma nova ordem de coisas, que substituía a aplicação estrita das leis alimentares judaicas. No evangelho de Marcos, Jesus diz: "O que entra numa pessoa não pode profaná-la" (Mrc. 7:18), interpretado pelos evangelistas: "Assim ele declarou limpos todos os alimentos" (Mrc. 7:19). Paulo adotou a mesma posição, embora respeitasse as ideias dos que pensavam diferente. Antes de seu encontro com o gentio Cornélio, Pedro tem uma visão na qual vê um grande pano descendo do céu. Ele contém "todos os tipos de criaturas de quatro patas, répteis e aves do ar" (Atos 10:11-12), em outras palavras, todo o mundo animal. A voz divina proclama que todas essas criaturas tornaram-se puras (Atos 10:15). Segundo os Atos, essa anulação das leis alimentares significa que não há mais distinção entre judeus e gentios. Quando Pedro vê Cornélio, diz a ele: "Você bem sabe que é ilegal um judeu se associar a um gentio ou visitá-lo; mas Deus me mostrou que não devo considerar nada profano ou impuro" (Atos 10:28).

A verdadeira justificativa para a admissão de gentios na Igreja, porém, é a descida do Espírito Santo sobre eles. Os Atos registram que, enquanto Pedro ainda estava pregando a Cornélio, seus amigos e família, "o Espírito Santo desceu sobre todos os que ouviam a palavra" (Atos 10:44). Os fiéis circuncisos — ou seja, judeus — ficam espantados ao ouvir a audiência "falar em línguas e exaltar a Deus", um sinal de que "o dom do Espírito foi derramado mesmo sobre os gentios" (Atos 10:45-46; comparar com Atos 2:4). Nos Atos, o dom do Espírito em geral se segue ao batismo, mas nessa ocasião excepcional ele o precede.

Para o autor dos Atos, o encontro de Pedro e Cornélio alinha Pedro e Paulo com respeito à missão aos gentios e culmina na reunião conhecida como Concílio Apostólico de Jerusalém, em Atos 15. Antes disso, há um relato de evangelização de gentios em Antioquia por refugiados da perseguição (Atos 11:20). Ansiosa, como sempre, por supervisionar todas as operações missionárias, a igreja de Jerusalém mandou Barnabé a Antioquia como seu emissário. Ele deu a aprovação ao que ocorria (Atos 11:22-23) e mais tarde levou Paulo a Antioquia para fazerem juntos a pregação do evangelho. Problemas surgiram, porém, depois que Barnabé e Paulo voltaram a Antioquia no final da primeira viagem missionária (Atos 14:26; *ver p. 232*). Alguns cristãos judeus foram a Antioquia e começaram a ensinar a necessidade da circuncisão, levando Paulo e Barnabé a ir a Jerusalém para decidir a questão com a Igreja, chefiada então pelo apóstolo Tiago (Atos 15:1-2).

Pedro reaparece para levantar o tema da circuncisão no Concílio Apostólico. Sua aparição é abrupta, depois de ele ter estado ausente da narrativa desde a dramática história de sua prisão e fuga, ao fim da qual se diz, algo misteriosamente, que "foi para outro lugar" (Atos 12:3-17). Diante dos apóstolos e anciãos da Igreja, ele se refere a seu próprio chamamento a pregar aos gentios, dizendo que Deus "testemunhou-lhes, concedendo a eles o dom do Espírito Santo, como fez conosco" (Atos 15:8) — possível referência à conversão de Cornélio. Ele questiona a necessidade de impor exigências especiais a não judeus (Atos 15:9-12). Pedro é seguido por Barnabé e Paulo, que também relatam sua missão entre os gentios (Atos 15:12). Em resposta, o concílio decreta que os convertidos gentios não precisam ser circuncidados, mas adota uma linha mais estrita quanto à coparticipação à mesa. Os cristãos gentios devem se abster de comida que tenha sido oferecida primeiro a ídolos e de carne que não tenha sido drenada de sangue (a proibição fundamental judaica). O concílio acrescenta outra exigência: abstenção da fornicação — ou seja, provavelmente, da imoralidade sexual em geral (Atos 15:19-20).

São Pedro Entronizado, *de Tommaso Masaccio (1401-28), na Capela Brancacci, em Florença* (ver p. 219).

O CONCÍLIO APOSTÓLICO NA CARTA DE PAULO AOS GÁLATAS

**Paulo pinta um quadro diferente do Concílio Apostólico no que parece ser seu relato dos mesmos eventos em Gálatas 2:1-10, que se considera em geral anterior aos Atos. Segundo Paulo, a missão de Pedro foi sempre dirigida a judeus, e a de Paulo a gentios. Paulo declara que o concílio, incluindo Pedro (aqui Paulo usa o nome aramaico de Pedro, Cefas), concordou em que essa situação se mantivesse (Gál. 2:7-9). Paulo relata que Pedro tinha visitado Antioquia e comido com os gentios, até alguns mensageiros de Tiago fazerem-no desistir disso. Paulo repreendera vivamente Pedro por sua "hipocrisia" (Gál. 2:13-4). As versões de Atos e de Gálatas podem ser conciliadas em parte se a aparição de Pedro nos Atos for considerada espúria e se na verdade ele não tiver estado presente no Concílio Apostólico (*ver também pp. 224-225*).**

# V

# A MISSÃO DE PAULO

*A história da expansão do cristianismo no século I está muito ligada à carreira de Paulo, o antigo perseguidor dos cristãos que foi chamado à fé de modo dramático* (ver pp. 226-227)*. Pouco se sabe sobre a obra dos outros apóstolos, ou como a nova religião chegou ao Egito e a regiões a leste do Império Romano. No entanto, a divulgação incansável da fé por Paulo é vividamente registrada nos Atos e em cartas que ele escreveu às novas comunidades cristãs* (ver pp. 238-253)*. Ele foi em missão a lugares longínquos e, segundo uma forte tradição, talvez tenha terminado a carreira na capital imperial, Roma.*



*Um oficiante e o deus Sileno, imagem em uma casa de Pompeia, na Itália, que se acredita ter sido usada por um culto secreto.*

## O MUNDO ROMANO

As viagens de Paulo pelas províncias romanas ocorreram numa época em que o império tinha quase atingido sua maior extensão e os reinados dos imperadores Augusto, Tibério e Cláudio (*ver tabela, p. 231*) haviam criado um Estado estável e pacífico. Na comparação com outros lugares do mundo antigo, viajar pelo império era fácil e seguro, devido ao sistema de estradas pavimentadas que ligava as províncias e as cidades principais, bem como às extensas rotas marítimas, vitais para o comércio da região mediterrânea. Paulo e os companheiros viajavam por terra, ao que parece em geral a pé, e muitas vezes por mar. Segundo os Atos, Paulo com frequência entrou em contato com o bem-estabelecido sistema romano de administração provincial, que mantinha a lei e a ordem. Sendo ele próprio cidadão romano, travava relações com os mais altos funcionários imperiais, como Galião, procônsul (governador) da Acaia e irmão do estadista e filósofo romano Sêneca (Atos 18; *ver também p. 233*), e Sérgio Paulo, procônsul de Chipre (Atos 13). Ele também entrou em contato com governantes de províncias menos importantes, como os procuradores da Judeia, e com administradores locais, como os asiarcas (oficiais da província da Ásia) de Éfeso, e os politarcas (governantes de cidades) de Tessalônica.

Paulo levou o evangelho acima de tudo para as cidades de fala grega do Mediterrâneo oriental, e foi lá que o cristianismo teve maior sucesso. Essas cidades tinham população cosmopolita e a composição de suas igrejas refletia um leque amplo de origens sociais e étnicas. Acredita-se que as comunidades cristãs urbanas iniciais consistiam largamente de pobres e destituídos sociais. Estudos recentes, porém, mostraram que a maioria dos membros da Igreja primitiva tinham ocupações lucrativas e, em termos modernos, poderiam bem ser descritos como “classe média”.

Um fator que ajudou o sucesso da missão cristã foi a ampla variedade de crenças e práticas religiosas do mundo greco-romano. A religião oficial se centrava nos templos da cidade, dedicados aos deuses olímpicos dos gregos ou às divindades romanas a que eram identificados. Nas províncias, o culto do imperador romano também aumentava, como expressão de lealdade a Roma. Crescentemente populares no Império Romano eram os “cultos de mistérios”, muitas vezes provindos do Oriente Próximo, como os de Ártemis de Éfeso, que Paulo encontrou (*ver p. 232*). Assim como o cristianismo, eles ofereciam aos iniciados a certeza da imortalidade e uma experiência espiritual pessoal mais intensa que os rituais públicos da religião oficial. Havia também várias escolas filosóficas quase religiosas, como as dos pitagóricos e dos epicuristas, cujos adeptos se reuniam em casas, em pequenos grupos. Suas doutrinas eram divulgadas por mestres itinerantes, com os quais os pregadores cristãos se pareceriam de várias formas. Contudo, o novo culto do cristianismo gozava de uma vantagem sobre as religiões de mistérios e as escolas filosóficas: sua força organizacional, que permitia a cada grupo cristão individual ver a si mesmo como parte de uma sociedade internacional maior, a Igreja.

## Os judeus no Império Romano

Paulo nasceu judeu e cidadão romano, na cidade de Tarso, na Ásia Menor. O judaísmo era reconhecido pelo Estado romano como uma *religio licita* ("religião permitida") e seus membros tinham privilégios especiais, como a isenção do serviço militar e o direito de observar o sabá, embora Roma desaprovasse o proselitismo e às vezes tomasse medidas para controlá-lo. Os judeus estavam instalados em cidades, onde muitas vezes eram um segmento grande, rico e influente da população. Em geral eram fortemente apegados a suas tradições ancestrais e preocupavam-se em preservá-las num ambiente gentio.

Os primeiros cristãos, como Paulo, eram judeus. Como a atividade missionária se espalhou a partir da Palestina, os evangelistas cristãos começaram a pregar nas sinagogas, como Paulo aparece fazendo nos Atos (embora em suas cartas ele declare que pregava apenas para gentios). No entanto, segundo os Atos, os judeus da Diáspora (os que viviam fora da Palestina) eram em geral hostis a ele e a seus seguidores. Isso talvez porque a tolerância de Paulo com os gentios e a prontidão em dispensar práticas distintivas dos judeus (em especial a circuncisão) eram vistas como ameaça à identidade judaica. Mas entre os que iam às sinagogas da Diáspora havia os descritos no Novo Testamento como "tementes a Deus", gentios atraídos ao judaísmo pelo monoteísmo e pelo elevado código ético, mas não inclinados a aceitar todas as obrigações de um converso judeu. Muitos deles se converteram ao cristianismo, que oferecia o monoteísmo e a moralidade judeus sem o que era visto como as desvantagens da circuncisão e dos tabus alimentares.

**IMPERADORES ROMANOS NA ÉPOCA DO NOVO TESTAMENTO**
**Todas as datas são aproximadas e d.C., exceto onde explicitado.**

| | |
|---|---|
| Augusto | 27 a.C.-14 |
| Tibério | 14-37 |
| Gaio (Calígula) | 37-41 |
| Cláudio | 41-54 |
| Nero | 54-68 |
| Galba; Oto; Vitélio | 68-69 |
| Vespasiano | 69-79 |
| Tito | 79-81 |
| Domiciano | 81-96 |

# AS VIAGENS DE PAULO NOS ATOS

*Estátua da deusa da fertilidade Ártemis de Éfeso (século II)*

Viagens de figuras heroicas são comuns na mitologia da Grécia antiga e de outras culturas. Na Bíblia, o viajante heroico é Paulo, que empreende ao menos quatro jornadas na missão de difundir o evangelho (*ver mapas, pp. 231 e 233*). Em comum com outros viajantes épicos, Paulo enfrentou muitas ameaças e perigos: os Atos contam de modo vívido como ele foi apedrejado e abandonado à morte em Listra, em sua primeira viagem (Atos 14:19). Assim como os heróis gregos Ulisses e Jasão, o apóstolo vence forças sobrenaturais malignas, representadas na Bíblia pelo feiticeiro Bar-Jesus ou Élimas (Atos 13:6-11). Paulo também realiza milagres que aumentam sua autoridade: quando faz um aleijado andar, ele e seu companheiro Barnabé (*ver p. 229*) são aclamados como os deuses gregos Hermes e Zeus (Atos 14:8-18). Paulo foi confundido com Hermes, o mensageiro divino, porque tomou a iniciativa de falar sobre Jesus, e Barnabé com Zeus, o deus principal do panteão, provavelmente porque tinha um físico mais imponente que Paulo. Em uma carta, Paulo fala de uma "fraqueza" física permanente (2 Cor. 12:7-8), e os Atos de meados do século II descrevem Paulo como pequeno, com entradas nos cabelos e de pernas tortas.

Segundo os Atos, o roteiro de Paulo era determinado pelo Espírito Santo. O fato de Barnabé ser cipriota, porém, pode ter sido a razão de Chipre constituir a primeira escala da primeira viagem. O restante da missão, relatada em Atos 13-14, envolve em especial cidades do sul da província romana da Galácia, na atual Turquia. Um membro da missão de Paulo, João Marcos, recusou-se a acompanhá-lo além de Panfília. Isso levou depois ao rompimento entre Barnabé e Paulo, que se recusou a levar João Marcos na segunda missão (Atos 15:37-39).

Nos Atos, os discursos de Paulo são centrais para sua missão e cada um é cuidadosamente escrito por Lucas para ajustar-se à ocasião. O primeiro discurso (Atos 13:16-41), feito numa sinagoga em Antioquia da Pisídia, é apresentado em detalhes como modelo de suas falas em sinagogas. O tom é claramente judaico: como os discursos de Pedro em Atos 2 (*ver p. 217*) e de Estêvão em Atos 7 (*ver pp. 222-223*), ele aborda a história de Israel e cita as Escrituras. Em contraste, o discurso de Listra, o primeiro de Paulo a uma audiência apenas gentia (Atos 14:15-17), é breve e fala de Deus em termos amplos como a mão divina que "fez o céu, a terra, o mar e tudo o que há neles" e manda "a chuva do céu e as estações férteis".

Depois da primeira viagem, Paulo e Barnabé vão de Antioquia a Jerusalém, para ir ao Concílio Apostólico (*ver p. 229*). Eles voltam a Antioquia com Judas Barsabás e Silas, que são designados pelo concílio a levar seu decreto (Atos 15:23-29) aos cristãos gentios na Síria e na Cilícia, os quais consta terem sido evangelizados por Paulo logo depois de sua conversão (Gál. 1:21). De Antioquia, Paulo parte em sua segunda jornada missionária, narrada em Atos 15-18. Ela foi bem mais longa que a primeira e seu principal fim era revisitar as igrejas estabelecidas naquela viagem e verificar seu progresso. Uma das razões do sucesso do movimento cristão foi a criação, desse modo, de uma estrutura organizada internacional, que ligava as várias comunidades sob a supervisão de um fundador apostólico. Após desentender-se com Barnabé, que foi para Chipre, Paulo escolheu Silas como companheiro, o que talvez indique que os termos do decreto do concílio deviam estender-se às novas congregações do sul da Galácia.

Na segunda viagem, Paulo continua a pregar primeiro a judeus, com algum sucesso: judeus são convertidos em Tessalônica (Atos 17:4) e Bereia

**ÁRTEMIS DE ÉFESO**

**O relato das viagens de Paulo, em Atos 19, faz um retrato vívido do culto popular helenístico de Ártemis de Éfeso. Ela era na origem uma versão da difundida deusa-mãe do Oriente Próximo, padroeira da natureza e da fertilidade, e muito distinta da Ártemis grega ou da Diana romana, com as quais viria a ser identificada. Seu templo original era um santuário primitivo na foz do rio Caister, muito anterior à fundação de Éfeso pelos colonizadores gregos. Na época do Novo Testamento, Ártemis era adorada em "toda a Ásia", ou seja, a Ásia Menor (Atos 19:27). Éfeso era a "guardiã do templo" (Atos 19:35) — ou seja, o local de seu templo principal, uma construção magnífica listada nas Sete Maravilhas do Mundo. A cidade era um grande centro de peregrinação, onde, como sempre nesses lugares, havia muito comércio de objetos religiosos. Os "santuários de prata" feitos por Demétrio e outros artesãos (Atos 19:24) eram miniaturas do santuário primitivo ou do templo clássico com a deusa num nicho. A "estátua que caiu do céu" (Atos 19:35) era provavelmente um meteorito; muitos outros exemplos de meteoritos que se tornaram objeto de culto são conhecidos. Ártemis, porém, era em geral representada como uma mulher de muitos seios, que simbolizavam seu poder como deusa da fertilidade (*ver foto*).**

(Atos 17:11-12), e o chefe da sinagoga de Corinto foi convertido, junto com toda a sua família (Atos 18:8). Por consideração a sensibilidades judaicas, Paulo faz circuncidar um meio-judeu, Timóteo, quando ele é recrutado para sua missão (Atos 16:3). No entanto, os Atos mostram os judeus da Diáspora geralmente hostis ao evangelho; o autor muitas vezes enfatiza que a ampliação da obra missionária entre os gentios foi efeito de sua rejeição pelos judeus (por exemplo, em Atos 18:6).

A orientação sobrenatural recebida pelos missionários é ainda mais destacada na segunda viagem: o Espírito Santo evita que se dirijam à Ásia e à Bitínia e uma visão leva Paulo a pregar na Macedônia (Atos 16:6-9). Mágica celeste surge ainda quando o "espírito de adivinhação" é expelido de uma jovem escrava em Filipos (Atos 16:16-18). O autor aponta certos eventos históricos, como a expulsão dos judeus de Roma pelo imperador Cláudio, possivelmente por volta de 49 d.C., e o proconsulado de Galião na Acaia (sul da Grécia), que ele assumiu provavelmente em 52 d.C. (*ver também p. 230*). Como é típico nos Atos, a narrativa dessa viagem mostra as autoridades romanas dispostas favoravelmente em relação aos cristãos: quando Paulo e Silas são presos em Filipos, os magistrados agem contra eles apenas por temer a violência da multidão e os prendem brevemente. Ao descobrir que Paulo e os companheiros são cidadãos romanos, percebem que agiram de modo ilegal ao açoitá-los e se desculpam (Atos 16:20-39). Mais tarde, o aparecimento de Paulo diante de Galião em Corinto confirma que sua missão não era um crime aos olhos romanos (Atos 18:12-17).

Um tom mais calmo e menos elegíaco distingue o relato da terceira viagem de Paulo, contada em Atos 18-21. Ela começa com outra visita às igrejas da Galácia e da Frígia, onde a missão de Paulo começou, mas seu foco central é a estada de mais de dois anos em Éfeso, principal cidade comercial da Ásia Menor. Os amigos fabricantes de tendas de Paulo, Áquila e Priscila, que tinham se reunido a ele em Corinto, na segunda viagem (Atos 18:2-3), já estavam em Éfeso. Juntou-se a eles Apolo, homem eloquente e instruído de Alexandria, no Egito, e seguidor de João Batista, que, no entanto, "ensinava acuradamente as coisas ligadas a Jesus". Após a chegada de Paulo, um grupo de 12 discípulos de João Batista também se integra à Igreja (Atos 19:1-7; *ver também p. 187*).

Os Atos retratam o período de Paulo em Éfeso como de considerável sucesso. Quando encontra a usual hostilidade judaica na sinagoga, ele aluga um salão de palestras, onde sua mensagem atinge audiência maior (Atos 19:9-10). Exorcistas judeus itinerantes rivais são vencidos (Atos 19:13-16), pergaminhos com fórmulas mágicas — uma especialidade de Éfeso — são queimados (Atos 19:19) e a agitação dos artesãos que fazem ídolos de prata da deusa local, Ártemis (*ver texto lateral na página ao lado*), é dissolvida após uma advertência do secretário da cidade (Atos 19:23-41). Esses últimos três episódios são contados com um toque de humor. Mais tarde, em Tróade, há um retrato da comemoração típica da Ressurreição pela Igreja no primeiro dia da semana, com refeição sagrada e pregação. Nessa ocasião, aliás, Paulo devolve à vida um menino que caíra do parapeito de uma janela quando sua longa pregação o fizera dormir (Atos 20:7-12).

A narrativa da terceira viagem de Paulo contém três passagens em que o autor, Lucas, usa a primeira pessoa, "nós", em vez da terceira, "ele" ou "eles" (Atos 20:5-7, 20:13-15, 21:1-18). Isso parece indicar que Lucas acompanhou Paulo em algumas de suas viagens. Há outras teorias, como a possibilidade de Lucas ter recorrido ao diário de viagem de um dos companheiros de Paulo. Mas não há diferença significativa de estilo entre essas passagens e as demais. O uso de "nós" pode ser apenas um recurso estilístico, para tornar a história mais direta e real, retratando o narrador como participante. As três passagens — junto com uma quarta seção "nós" em Atos 27:1 a 28:16 — contam viagens marítimas, tema caro aos escritores helenísticos.

**A PRIMEIRA VIAGEM DE PAULO**
**(Atos 13:4-14:26)**

**A SEGUNDA VIAGEM DE PAULO**
**(Atos 15:40-18:22)**

**A TERCEIRA VIAGEM DE PAULO**
**(Atos 18:23-21:17)**

São Paulo, *de Martino de Bartolommeo (1369-1434). Paulo é retratado aqui com uma espada, o que simboliza a versão de que foi decapitado em Roma sob o imperador Nero (*ver também p. 240 e as pinturas nas pp. 237 e 239*).*

# O JULGAMENTO DE PAULO

Um tema dominante no relato da terceira viagem de Paulo (*ver p. 233*) é a determinação do apóstolo de revisitar Jerusalém e depois ir para Roma (Atos 19:31). Seus motivos não são explicados, mas a história é repleta de presságios, em especial quando Paulo deixa os líderes da igreja de Éfeso em Mileto (Atos 20:18-35). O discurso de despedida contém a apologia de sua obra missionária, a profecia na qual diz que apenas prisão e sofrimento o esperam no futuro e a triste declaração de que os mais velhos não o verão de novo. O tom agourento se torna mais intenso conforme Paulo recebe avisos do Espírito Santo em Tiro (Atos 21:4) e Cesareia, onde o profeta Ágabo (Atos 11:28) avisa-o dramaticamente de que os judeus de Jerusalém vão entregá-lo aos gentios (Atos 21:11). Mas Paulo se mantém firme na decisão de ir a Jerusalém e seus companheiros por fim aceitam que o destino dele está nas mãos de Deus (Atos 21:14).

A história da chegada de Paulo a Jerusalém tem paralelo em alguns aspectos com a narrativa anterior do Concílio de Jerusalém (*ver p. 229*). Como aquele relato, mas diferentemente das próprias cartas de Paulo, ela o mostra em bons termos com os líderes da igreja de Jerusalém, que por sua vez apreciam sua obra entre os gentios (Atos 21:19-20a). Ao que parece, só então (Atos 21:25) Paulo toma conhecimento dos termos da carta do concílio aos gentios cristãos (Atos 15:23-29). Ele é representado como um judeu piedoso, embora os líderes de Jerusalém estejam conscientes de que muitos duvidam disso (Atos 21:20b-21). Para provar sua lealdade ao judaísmo, Paulo concorda em fazer um ato especial de devoção (Atos 21:23-24). Os Atos registram que esse ritual ocorre em Cencreia (Atos 18:18). No Templo, Paulo é reconhecido por judeus da Ásia, o alvo de sua terceira missão, que o acusam dos mesmos crimes levantados contra Estêvão (Atos 6:13). Eles também afirmam que Paulo levou gentios ("gregos") à área interna do Templo, em que não judeus são proibidos de entrar, sob pena de morte (*ver foto abaixo*). Paulo quase é apedrejado por uma multidão indignada, como Estêvão, mas é resgatado por tropas romanas estacionadas na Fortaleza Antônia, imediatamente ao norte do Templo (Atos 21:31-35; *ver mapa, p. 190*).

A repetida ênfase de Lucas no modo como os romanos protegeram Paulo da hostilidade judaica (*ver p. 233*) aparece de novo na narrativa seguinte. Cláudio Lísias, o tribuno (comandante) romano, permite a Paulo dirigir-se à

*Aviso inscrito em grego no Templo de Jerusalém, um dos vários afixados na balaustrada ou muro baixo que separa o Pátio dos Gentios das áreas mais sagradas do Templo (*ver mapa, p. 190*). Diz o seguinte: "Estrangeiros [gentios] são proibidos de entrar pela balaustrada no recinto em volta do santuário. Qualquer pessoa encontrada fazendo isso será culpada da morte que se seguirá".*

multidão. Seu discurso vai bem, até ele falar em sua missão aos gentios, que enfurece tanto os ouvintes que Lísias tem de levá-lo à fortaleza, "para ser interrogado sob açoites" (Atos 22:24). Porém, devido à cidadania romana de Paulo, o tribuno o libera e ordena uma audiência formal ante o Sinédrio, o conselho dos anciãos judeu. Paulo leva esse grupo ao desentendimento, jogando habilmente com as diferenças teológicas entre seus membros saduceus e fariseus (*ver pp. 184-185*), e Lísias mais uma vez tem de resgatar o apóstolo (Atos 23:10). O tribuno fica então sabendo de um plano para matar Paulo e decide transferir a questão a uma autoridade mais alta, o procurador (governador) romano de Cesareia.

Paulo é mandado a Marco Antônio Félix, que governou em 52-60 d.C. (*ver tabela, p. 144*) e era casado com uma judia, Drusila, filha do rei Herodes Agripa I. Após cinco dias, membros do Sinédrio chegam para denunciar Paulo, e o advogado deles, Tertulo, começa a acusação com um discurso no estilo retórico helenístico (Atos 24:1-8). Paulo dá sua versão dos eventos no Templo, negando todas as acusações e declarando que a questão real é a ressurreição dos mortos (Atos 24:20-21). Félix adia o caso até poder ouvir o testemunho de Lísias, mas nada mais se diz sobre isso, e pode ter sido apenas um pretexto. Poucos dias depois, Félix e Drusila entrevistam Paulo, mas, quando ele fala em "justiça, continência e o julgamento futuro", Félix fica "amedrontado" e encerra a conversa. Ele mantém Paulo sob prisão aberta por dois anos, esperando extrair um suborno do apóstolo (Atos 24:26). Esse comportamento condiz com o retrato desfavorável do caráter de Félix feito por historiadores romanos.

Félix é sucedido como procurador (em 60 d.C.) por Pórcio Festo, que reabre o caso de Paulo. Ele pergunta ao apóstolo se quer ser julgado em Jerusalém (Atos 25:9); em resposta, Paulo invoca seu direito, como cidadão romano, de ser ouvido pelo imperador (Nero). Festo aceita e o processo é posto em marcha, o que levará Paulo a seu objetivo último: Roma (Atos 25:10-12).

## Paulo e Herodes Agripa II

Pouco depois da entrevista de Paulo com Festo, os Atos relatam que o procurador recebe a visita de Herodes Agripa II, regente dos territórios ao norte e a leste da Palestina, e sua irmã (e amante) Berenice (Atos 25:13). Agripa pede para ouvir Paulo, que começa sua fala com uma retórica florida, louvando o rei (Atos 26:2-3). Paulo resume sua carreira conforme apresentada nos Atos, terminando com uma afirmação da morte e ressurreição de Jesus e a proclamação do evangelho a toda a humanidade. Agripa diz que Paulo quase o convence a ser cristão e declara a inocência do apóstolo. Em sua visão, Paulo poderia ser solto se não tivesse apelado a Roma (Atos 26:32). Mas o recurso ao imperador (*ver texto principal*) compromete Paulo a ser levado a Roma para ser ouvido no tribunal imperial.

*Moeda de Herodes Agripa II (no poder em 50-c. 100 d.C.), bisneto de Herodes, o Grande e último monarca da dinastia herodiana.*

**PAULO EM MALTA**
**Após escapar de um naufrágio, Paulo e os companheiros são bem recebidos pelos habitantes de Malta (Atos 28:2). Devido ao mau tempo, eles acendem uma fogueira, e quando Paulo coloca gravetos nela uma víbora se enrosca em sua mão. Os malteses acreditam que isso seja a punição divina a um assassino e supõem que ele vá morrer, mas quando ele se livra da cobra sem se ferir imaginam que é um deus. Depois desse episódio, Paulo é recebido por Públio, magistrado principal da ilha, em outro exemplo, nos Atos, do tratamento favorável que Paulo recebe das autoridades romanas. Durante os três dias que passa na casa de Públio, Paulo impõe as mãos sobre seu pai e alivia sua febre e disenteria. Ele também cura uma série de outras pessoas doentes.**

**Hoje não há cobras venenosas em Malta, e talvez nunca tenha havido. A capacidade de resistir ao veneno de cobras e de curar doenças pode ter sido incluída no texto para mostrá-lo como um típico missionário, de acordo com a promessa de Jesus aos discípulos em Marcos 16:18: "Se manusearem cobras ou beberem veneno fatal, não sofrerão nenhum dano; e os doentes sobre os quais impuserem as mãos se recuperarão". A história completa é concebida para engrandecer Paulo. Aqui, como em outras passagens, ele é visto como manifestação divina (Atos 14:11-12).**

*Impressão em argila que representa uma divindade fenícia. Na história de Paulo e a víbora, os habitantes locais esperam que a "justiça", em grego* diké, *puna o apóstolo. Os malteses eram de origem fenícia, e é provável que o termo se refira a uma divindade fenício-maltesa a que o autor deu um nome grego. Diké era o nome da deusa grega da justiça.*

# A VIAGEM DE PAULO A ROMA

O relato em Atos 27-28 da viagem de Paulo a Roma, em especial o naufrágio em Malta (*ver texto ao lado*), é um dos textos mais dramáticos do Novo Testamento. A narrativa da viagem, junto com umas poucas outras seções do livro, é feita na primeira pessoa do plural, mas isso pode ser apenas um recurso estilístico (*ver p. 233*). Ele revela um bom conhecimento da geografia e do clima mediterrâneos, e foi descrito como um dos documentos mais informativos sobre navegação antiga. Por outro lado, se apoia numa longa tradição literária, remontando à *Odisseia* de Homero, em que relatos de viagem pelo Mediterrâneo quase sempre incluem a descrição de uma tempestade e um naufrágio. De fato, muito do vocabulário da *Odisseia* tornou-se parte do modo tradicional de narrar histórias náuticas, e traços de seu estilo podem ser detectados nos Atos. A história também foi influenciada pelo gênero helenístico conhecido como *periplus*, relato de viagem costeira do qual se conservou um considerável número de exemplos. A narrativa de Lucas pode ser comparada com a obra *O Barco*, de Luciano de Samósata, escritor do século II, que cobre algumas das mesmas áreas geográficas (*ver mapa, p. 231*).

Paulo e outros prisioneiros navegaram para a Itália, provavelmente, entre os anos 60 e 62 d.C. (período de exercício do procurador Pórcio Festo), sob custódia de uma guarda militar chefiada por um centurião. O barco para primeiro em Sídon, onde permitem a Paulo visitar amigos, outra manifestação da atitude amigável da oficialidade romana em relação a ele (Atos 27:3). Depois, a comitiva segue para Mira, na Lícia, onde é passada para um navio proveniente de Alexandria, que Atos 27:38 apresenta como um cargueiro de trigo. Ele devia estar fazendo a rota regular do Egito, principal fonte romana do grão, para a capital imperial. O navio atinge Bons Portos (atual Kaloi Limenes), em Creta, numa época em que continuar avançando é perigoso: o narrador diz que o "Jejum", a festa judaica do Yom Kippur (Dia do Perdão), em outubro, havia passado (Atos 27:9) e, segundo autores romanos, a estação perigosa para a navegação ia de 14 de setembro a 11 de novembro. O dono do navio está decidido a buscar um porto melhor para o inverno, mas a embarcação é alcançada por violenta tempestade. Paulo tem uma visão divina que lhe assegura que seus companheiros no navio sobreviverão e que ele próprio chegará a Roma (Atos 27:23-24). Após a descrição detalhada e vívida da tormenta, o barco por fim afunda, mas os tripulantes escapam e chegam em segurança a Malta (Atos 27:44). Eles invernam nessa ilha por três meses (*ver texto à esquerda*), já que a navegação no Mediterrâneo era considerada impossível de meados de novembro ao fim de janeiro.

Na primavera seguinte, Paulo é reverenciado pelos habitantes locais, que lhe fornecem os suprimentos para seguir viagem. Ele embarca em outro barco de grãos, com a figura de proa dos "Irmãos Gêmeos" — referência a Castor e Pólux, filhos gêmeos de Zeus (o romano Júpiter), padroeiros da navegação e comumente cultuados pelos marinheiros. Depois de escalas em Siracusa, na Sicília, e em Reggio, no extremo sul da península italiana, a comitiva desembarca em Puteoli (atual Pozzuoli), perto de Nápoles.

O itinerário de Paulo de Puteoli a Roma, por Forum Appii e Três Tavernas, é bem conhecido por meio dos autores romanos Cícero e Horácio, assim como por um mapa-múndi do século III ou IV. O objetivo e o significado da viagem são sintetizados nas últimas palavras de Atos 28:14: "E assim chegamos a Roma". O projeto do autor do texto, fixado em Atos 1:8, é mapear a difusão do cristianismo pelo mundo civilizado, a partir de sua terra original na Palestina. O processo atinge o clímax quando Paulo proclama o evangelho na própria Roma, centro do império.

O capítulo final dos Atos enfatiza dois dos temas centrais do autor. Um é sua visão positiva do poder romano. Implicitamente, Lucas mostra que a *Pax Romana* universal, com a liberdade e a facilidade de viajar asseguradas, facilitou a difusão da fé cristã e a consolidação da Igreja. Explicitamente, ele mostra repetidamente como os representantes imperiais sempre tratam Paulo com justiça imparcial e o protegem de seus acusadores, ao ponto de este confiar numa audiência favorável no supremo tribunal do império. Em Roma, Paulo não é preso, mas apenas colocado sob uma forma branda de prisão domiciliar, vivendo por dois anos a suas próprias custas e pregando o evangelho "abertamente e sem obstáculo". O segundo grande tema de Lucas é a rejeição do evangelho pelos judeus e sua aceitação pelos gentios. Esse é o assunto da entrevista final de Paulo com os judeus romanos (Atos 28:23-29).

Os Atos não contam o destino final de Paulo, mas, segundo uma forte tradição cristã, ele sofreu o martírio em Roma, talvez durante a perseguição aos cristãos ocorrida sob o imperador Nero em 64 d.C. O silêncio do autor sobre a morte de Paulo pode refletir o desejo de levar sua obra a um clímax retórico, com a proclamação desimpedida da fé por Paulo na cidade imperial.

*Barco romano de transporte de grãos, em uma pintura mural em Ostia, o porto de Roma, de c. 110 d.C.*

## Cristãos e judeus em Roma

Paulo encontrou um grupo de cristãos em Puteoli (Atos 28:14) e outro em Roma. Ele havia escrito antes uma carta à igreja romana (*ver p. 245*), o que indica que ela já tinha alguma força. Sua existência mostra como o cristianismo deve ter se expandido por meio das atividades de outros apóstolos e por migração: os destinatários da carta de Paulo tinham nomes gregos, romanos e judaicos.

Os cristãos romanos formavam um segmento respeitável da sociedade. É provável que incluíssem escravos e uns poucos aristocratas, mas eram basicamente o que hoje se descreveria como classe média. A carta de Paulo menciona a "família" de dois homens e saúda Prisca e Áquila, que tinham uma casa grande o bastante para que uma assembleia de cristãos se reunisse nela. Era nas casas dos membros da comunidade que os cristãos se reuniam para o culto. As famosas catacumbas romanas não eram locais secretos de reunião como muitas vezes se imagina, mas apenas lugares de enterro, que não ofereceriam espaço suficiente para o culto em grupo. Algumas "igrejas domésticas" se mantêm em Roma, sob as atuais igrejas de San Martino ai Monti, de Santa Pudenziana (cujo nome tradicionalmente é associado a certa Pudens, que se diz ter recebido São Pedro) e de San Giovanni e San Paolo.

*São Paulo, em medalhão esmaltado com douradura, da capa de um livro veneziano do século X. O apóstolo é representado pelo menos desde o século VI com os cabelos pretos e calvície acentuada* (ver também as figuras das pp. 234 e 239).

Na época de Paulo, os judeus de Roma eram mais numerosos e influentes, e estavam lá havia mais tempo que os cristãos. O desenvolvimento da comunidade começou com a tomada de Jerusalém por Pompeu em 63 a.C., quando ele trouxe muitos escravos para Roma. Muitos ganharam a liberdade depois e fixaram uma colônia no Trastevere, a área da margem esquerda do Tibre, e mais tarde em outras partes da cidade. Os judeus logo se tornaram elemento destacado na vida de Roma: na época do reinado de Augusto (27 a.C.-14 d.C.), eram milhares. O historiador Josefo relata que 8 mil judeus saudaram uma delegação judaica da Palestina em 4 a.C. Sua importância é percebida nos ataques que lhes fazem os autores romanos, como o satirista Juvenal. Junto com membros de outros cultos orientais, eles eram de vez em quando expulsos da cidade por decreto imperial. Mas a comunidade continuou a florescer — por exemplo, muitos judeus chegaram depois da queda de Jerusalém, em 70 d.C. — até os últimos anos do império.

# VI AS CARTAS

*Entre os 27 livros do Novo Testamento, não menos que 22 são chamados cartas, ou epístolas. A maioria delas é atribuída a líderes da Igreja primitiva; 13 são creditadas apenas ao apóstolo Paulo. As cartas eram o meio pelo qual os líderes da Igreja podiam se manter em contato com as congregações cristãs dispersas. Elas ofereciam orientação sobre teologia e cuidados pastorais, conselhos a respeito de dificuldades locais e avisos contra certas práticas e abusos. O último livro do Novo Testamento, o Apocalipse, também é uma carta, embora seu caráter extraordinariamente visionário o situe em um gênero justamente chamado apocalíptico (*ver pp. 136-137*).*



## EPÍSTOLAS DO NOVO TESTAMENTO

As epístolas (cartas) enviadas pela Igreja primitiva à extensa comunidade cristã podem ter sido influenciadas pela prática judaica. As epístolas do Novo Testamento lembram missivas que eram mandadas pelas autoridades centrais judaicas a comunidades da Diáspora, discutindo a observação apropriada de festas e jejuns religiosos. Uma carta dos judeus de Jerusalém a seus parentes no Egito, recomendando a celebração da nova festa de Hanukká (Dedicação; *ver p. 140*), é preservada em 2 Macabeus 1-2; ela é similar, em forma e estilo, a várias epístolas de Paulo.

A correspondência de Paulo teria sido escrita em folhas de papiro, que eram enroladas e amarradas para o envio. O conteúdo era ditado a um secretário; um deles, Tércio, é mencionado na Carta aos Romanos (Rom. 16:22). Paulo às vezes acrescentava um pós-escrito de próprio punho, talvez para deixar claro que o documento era mesmo dele. Havia um serviço postal eficiente no Império Romano, mas restrito a comunicações oficiais. Grupos e indivíduos tinham de usar seus próprios mensageiros ou confiar as cartas a alguém que por acaso viajasse para o destino requerido. Nos tempos antigos, o portador de uma carta tinha papel importante, muitas vezes suplementando a comunicação escrita com informações ou instruções adicionais do remetente. Paulo muitas vezes encarregava representantes de levar sua correspondência; ele mandou Timóteo e Tito aos coríntios (1 Cor. 4:17, 16:10-11; 2 Cor. 7:6-16, 8:16-18, 23-24). Esses mesmos representantes traziam a resposta e outras notícias de volta ao remetente (2 Cor. 7:6-16).

As epístolas do Novo Testamento usam modelos judaicos e helenísticos, em especial nas saudações de abertura e fecho. Elas começam com o nome do remetente, seguido pelo do destinatário (por exemplo, em 1 Cor. 1:1-2; comparar com 2 Mac. 1:1). As cartas gregas em geral usavam a saudação "salve", ou "regozijai-vos", mas os judeus a substituíam pela palavra mais tipicamente hebraica "paz", ou usavam as duas (2 Mac. 1:1). Paulo não usa "salve", mas o termo cristão "graça", que, unido a "paz", forma sua saudação mais comum: "Graça e paz a vós, de Deus Nosso Senhor e do Senhor Jesus Cristo" (Rom. 1:7 e outras passagens). Muitas vezes há uma prece pela saúde dos leitores, e a intercessão por eles na oração (como em Rom. 1:9). Pode haver expressões de agradecimento por conduta louvável no passado ou pela fé da comunidade a que o autor se dirige (Rom. 1:8; Cor. 1:4-7; Fil. 1:3-5; Col. 1:3-4; 1 Tess. 1:2-4; 2 Tess. 1:3). Significativamente, Paulo omite tal louvor em sua Carta aos Gálatas, talvez a mais apaixonada e urgente das epístolas (*ver p. 244*). Fórmulas de polidez, como "Rogo a vós" e "Faríeis bem em", introduzem pedidos ou injunções. As cartas terminam com cumprimentos de despedida muitas vezes bastante elaborados do autor e seus companheiros àqueles a que se dirigem. Em todos esses aspectos, os escritores do Novo Testamento refletem hábitos comuns greco-romanos.

Embora 21 textos do Novo Testamento se apresentem como epístolas literárias, não são todos do mesmo gênero, refletindo os diferentes tipos de carta que eram comuns na época. Há as puramente pessoais, de um indivíduo a outro, como a de Paulo a Filêmon — embora ela também seja endereçada a "Ápia, nossa irmã, a Arquipo, nosso colega soldado, e à igreja que se reúne em tua casa" (*ver p. 249*). A terceira carta de João, do "ancião ao amado Gaio", é outro exemplo de correspondência pessoal.

Havia também cartas formais, concebidas para uma audiência maior, como uma igreja ou comunidade específica, que abordavam temas mais amplos e emitiam conselhos ou instruções aos leitores. As próprias cartas de Paulo combinam aspectos formais e mais pessoais e se destinavam a ser lidas no culto público. Algumas têm considerável extensão e suas citações das Escrituras, credos, hinos e doutrinas religiosas lhes dão caráter distintivo. Ao mesmo tempo, partes delas muitas vezes reproduzem traços convencionais de correspondência helenística pessoal.

No entanto, se as cartas de Paulo são exemplos de correspondência real entre comunidades individuais, outros textos que o Novo Testamento rotula como "epístolas" mais parecem tratados gerais. Por exemplo, a "carta" aos efésios (que pode ou não ser de Paulo) é na verdade uma encíclica, em outras palavras uma circular, destinada a diversas igrejas da Ásia Menor (*ver pp. 248-249*). A "carta" aos hebreus é na verdade um sermão, e não contém nenhuma das fórmulas epistolares convencionais até os últimos versículos. Já a "carta" de Tiago oferece conselhos sobre como viver bem e sabiamente (*ver pp. 250-251*). As Cartas Pastorais (*ver pp. 240-241*) pertencem a uma categoria de textos chamada "Ordem da Igreja": são amplamente relacionadas à orientação de igrejas específicas a respeito de temas pastorais e práticos, embora adotem o formato literário de uma carta pessoal.

São Paulo, *Escola Húngara, c. 1500. A representação do apóstolo com a cabeça coberta de cabelos e de barba longa (em vez de bem aparada) reflete uma tradição diferente da apresentada na imagem da p. 237; já a da p. 234 parece combinar ambas as tradições. Aqui, como na p. 234, ele segura uma espada como símbolo de seu suposto martírio (*ver p. 240*). Nas três, ele tem nas mãos os evangelhos, que simbolizam sua missão de propagador da boa nova.*

## Cartas greco-romanas

Todas as cartas da Bíblia, e a maioria daquelas do mundo greco-romano, sobreviveram apenas em contextos literários. Mas a arqueologia moderna descobriu uma grande quantidade de missivas originais, como as das cidades de Mari, Amarna, Laquis, Elefantina e as que datam da revolta judaica de Simão Bar Kochba, no século I. Particularmente interessantes para o Novo Testamento são as cartas em papiro do mesmo período do Egito e de outras regiões áridas, preservadas devido ao clima. São cartas particulares, muitas vezes de pessoas simples, e mostram que boa parte dos elementos formais que caracterizam as do Novo Testamento eram de uso comum.

Um estilo mais elaborado de correspondência foi produzido por figuras públicas eminentes, como os estadistas romanos Cícero e Sêneca. Suas cartas, como as de Paulo, foram compiladas para publicação. Muitas vezes consistiam em tratados destinados a um círculo maior de leitores, sobre temas filosóficos, políticos ou morais. A escrita epistolar era considerada um ramo da arte da retórica; manuais remanescentes fornecem modelos de cartas para ocasiões específicas. Cartas ficcionais podiam ser feitas para fins literários ou para influenciar os que as lessem. O próprio Paulo avisou os tessalonicenses para que se precavessem de uma suposta carta dele (2 Tess. 2:2). Os historiadores se sentiam livres para fazer cartas e discursos que considerassem apropriados a um personagem em especial. Exemplos desse tipo de correspondência se encontram no Apocalipse, dirigido às sete igrejas da Ásia (Apoc. 1:4-3:22).

O Martírio de São Paulo, *da oficina de Pacino di Buonaguida (ativo em 1303-1309). Segundo a tradição, Paulo foi decapitado com uma espada. Diz-se que sua cabeça bateu três vezes no chão, fazendo surgir as Tre Fontane ("três fontes") de Roma.*

# AS CARTAS PASTORAIS

O Novo Testamento não relata o destino final de Pedro nem o de Paulo. Mas segundo uma tradição bem estabelecida, especialmente antiga e forte no caso de Pedro, ambos os apóstolos foram martirizados em Roma durante a perseguição de Nero aos cristãos, em 64 d.C. Não se sabe como Pedro chegou à cidade, mas no final dos Atos diz-se que Paulo estava em Roma, pregando o evangelho "com toda a coragem e sem obstáculo" após sua aventurosa viagem a partir da Palestina (*ver pp. 236-237*). Consta que ele viveu sob uma forma amena de prisão domiciliar por dois anos (Atos 28:30-31), à espera, presume-se, de que seu apelo ao imperador fosse atendido (*ver p. 235*). Nada mais é dito sobre o resultado da apelação e os Atos não dizem que Paulo foi libertado. Segundo uma teoria, ao fim dos dois anos talvez ele tenha sido solto, ou porque seus acusadores tenham fracassado em sustentar as acusações ou por um ato de clemência imperial. Segundo outra teoria, o autor talvez tenha omitido a execução de Paulo porque queria terminar a obra com uma nota positiva. Afinal, o objetivo expresso no começo dos Atos foi alcançado: o evangelho estava sendo pregado em Roma.

De acordo com uma tradição pelo menos tão antiga quanto o historiador cristão Eusébio, do século IV, após os eventos relatados no último capítulo dos Atos Paulo foi libertado, encerrou sua obra missionária e finalmente voltou a Roma, onde foi martirizado. A sustentação a essa hipótese se baseia em três epístolas: as duas cartas a Timóteo e a Carta a Tito (*ver quadro na página ao lado*). Elas são conhecidas como "Cartas Pastorais", pois fornecem orientação aos destinatários sobre o cuidado pastoral de suas igrejas. As cartas descrevem viagens de Paulo na Ásia Menor, na Macedônia, em Creta

O Martírio de São Pedro *(c. 1550), de Michelangelo Buonarroti (1475-1564), afresco na Capela Paulina, no Vaticano. Na história tradicional, Pedro é crucificado a mando de Nero, em Roma. Consta que ele se considerava indigno de morrer do mesmo modo que Jesus e insistiu em ser crucificado de cabeça para baixo. Como a maioria dos artistas do século IV em diante, Michelangelo representa o apóstolo mais velho como um homem alto e grisalho, de grande vigor físico.*

e na Grécia. É difícil conciliar essas viagens com a carreira de Paulo tal como relatada nos Atos e em suas outras cartas. Elas devem, assim, ser atribuídas a um período posterior da vida dele; uma passagem em 2 Timóteo pode se referir à sua libertação de uma primeira prisão em Roma (2 Tim. 4:16-7). Essa suposição, porém, implica que as Cartas Pastorais sejam na verdade de Paulo, o que tem sido muito contestado. A maioria dos eruditos acredita hoje que foram escritas bem depois da morte do apóstolo. Os autores das cartas podem ter buscado reafirmar os ensinamentos de Paulo em vista dos problemas nas igrejas que ele fundara. Apesar disso, as Cartas Pastorais talvez contenham fragmentos de epístolas paulinas verdadeiras perdidas, como os nomes e feitos de indivíduos em particular. Há também detalhes pessoais possivelmente genuínos, como a referência a um manto e cadernos de notas deixados em Tróade (2 Tim. 4:13). Os autores podem ter incluído tais detalhes para dar às cartas uma impressão de autenticidade.

O estilo e o vocabulário das Cartas Pastorais diferem bastante dos das cartas indubitavelmente genuínas de Paulo, lembrando obras de autores cristãos do final do século I e do começo do século II. A perspectiva teológica das Cartas Pastorais também parece diferente em muitos modos daquela de Paulo. Por exemplo, "fé", usada pelo apóstolo no sentido de "ato de confiança", se torna nas cartas "*a* fé", o corpo da doutrina cristã. Há pouca menção à obra do Espírito Santo, que é central no pensamento do autêntico Paulo. A organização da Igreja parece bem mais desenvolvida que nas outras cartas de Paulo, com bispos, presbíteros e diáconos. Novamente, isso reflete a situação da Igreja por volta do fim do século I.

Em defesa da autoria de Paulo tem-se dito que, se as Cartas Pastorais datam do fim da vida do apóstolo, alguns aspectos da estrutura eclesiástica presentes nelas poderiam já existir. Ademais, as cartas atacam o que parece ser o primeiro relato de heresia gnóstica, e Paulo pode ter adaptado sua linguagem e a abordagem teológica em função dessa nova ameaça à Igreja.

## Timóteo e Tito

Um argumento contra a atribuição da autoria das Cartas Pastorais a Paulo é que elas se destinam a indivíduos e não a congregações cristãs, diferentemente das outras cartas, à exceção de Filêmon. Um redator posterior poderia ter usado os nomes de Timóteo e Tito, ambos figuras veneradas na Igreja primitiva, para dar autoridade a seus próprios ensinamentos.

Timóteo, nativo de Listra escolhido por Paulo para acompanhá-lo em suas viagens missionárias (Atos 16:3), aparece com frequência nas cartas do apóstolo (por exemplo, em Fil. 2:19-23). Na obra evangélica, ele era associado próximo de Paulo, que lhe dedicava profunda afeição pessoal (por exemplo, em Fil. 2:22). Mesmo que o apóstolo não tenha escrito as palavras calorosas dirigidas a Timóteo em 1 e 2 Timóteo (como em 2 Tim. 1:3-4), elas certamente refletem sua atitude. Timóteo foi emissário de Paulo às igrejas de Tessalônica e Corinto quando ele não pôde visitá-las em pessoa (1 Tess. 3:2; 1 Cor. 4:17), e é possível que tenha assumido responsabilidade especial por uma ou mais das congregações paulinas quando Paulo esteve confinado em Roma. O autor das Cartas Pastorais evidentemente sabia os nomes da mãe e da avó de Timóteo (2 Tim. 1:5).

Tito, por sua vez, não é mencionado nos Atos, mas também era "parceiro e companheiro de trabalho" de Paulo (2 Cor. 8:23). Ele o acompanhou numa importante visita a Jerusalém (Gál. 2:1), foi seu emissário em Corinto (2 Cor. 7:8) e liderou, em especial, a coleta de contribuições para os cristãos judeus em Jerusalém (2 Cor. 8). Mas é duvidoso que a descrição geral de suas atribuições na Carta a Tito seja realmente de Paulo. No entanto, a referência a sua obra missionária na Dalmácia e em Creta, mencionada na mesma carta e também em 2 Timóteo, pode representar uma tradição autêntica (2 Tim. 4:10; Tito 1:5). O autor da epístola conta a Tito que "os cretenses são sempre mentirosos, brutos cheios de vícios, glutões preguiçosos" (Tito 1:12). Trata-se da citação de um poema de Epimênides, poeta cretense do século VI a.C., que também aparece no discurso de Paulo em Atenas (Atos 17:22-31).

# CARTAS À GRÉCIA

*Monumento do século IV na antiga Via Egnácia, ao longo da qual Paulo teria viajado. Era a estrada principal que ligava Tessalônica e outras cidades do norte da Grécia ao Adriático* (ver mapa, p. 231).

No Novo Testamento, as cartas atribuídas a Paulo não estão em ordem cronológica, mas, mais ou menos, em ordem de extensão. Há alguma discussão quanto a sua cronologia exata, pelo que é difícil usá-las para reconstituir a vida do apóstolo. Também parece complicado ver como elas podem se encaixar na descrição de Paulo apresentada nos Atos.

No entanto, aceita-se em geral que a primeira carta paulina é 1 Tessalonicenses, a primeira carta à igreja de Tessalônica (atual Salônica), no norte da Grécia. É provável que tenha sido escrita de Corinto em 50 d.C. por Paulo e seus companheiros missionários Silas (Silvano) e Timóteo. Paulo visitou a cidade durante sua segunda viagem missionária, registrada em Atos 16-18. Sua pregação na sinagoga local atraiu bom número de convertidos, mas a oposição de autoridades judaicas forçou-o a ir embora (Atos 17:1-9). A Carta aos Tessalonicenses, escrita a seguir, faz um retrato interessante da comunidade cristã num estágio inicial. Referidos na epístola como uma "igreja", os cristãos tessalonicenses eram perseguidos. A carta começa com uma ação de graças, em estilo epistolar típico, e Paulo expressa sua gratidão pela "obra de fé, amor e constância na esperança em Nosso Senhor Jesus Cristo" (1 Tess. 1:3), exortando-os a perseverar no futuro.

Na carta, Paulo oferece orientação sobre três temas de interesse dos membros da igreja tessalonicense. Ele lhes roga que evitem a fornicação, controlem o corpo e rejeitem a licenciosidade sexual do mundo greco-romano, pois "Deus não nos chamou para a impureza mas para a santidade" (1 Tess. 4:3-7). Adverte-os a ser bons cidadãos, a cuidar de seus próprios assuntos e a trabalhar para ganhar a vida, "de modo a poder viver de modo digno em relação a estranhos e não depender de ninguém" (1 Tess. 4:11-12). E reafirma, "pela palavra do Senhor", a segunda vinda de Jesus, tida como iminente, dizendo que os cristãos que já morreram não seriam abandonados, mas levantar-se-iam entre os vivos, de modo que todos seriam "arrebatados, juntos, sobre as nuvens [...] para encontrar o Senhor" (1 Tess. 4:13-18).

A Segunda Carta aos Tessalonicenses é tema de muito desacordo entre eruditos. Alguns dizem que foi escrita antes de 1 Tessalonicenses, enquanto outros sustentam que as diferenças entre ela e a primeira carta indicam que não poderia ter sido escrita por Paulo. Apesar disso, a segunda carta parece levantar duas das preocupações da primeira. A ideia da segunda vinda de Cristo continuava a causar problemas, mas agora alguns mestres afirmavam que ela já havia ocorrido. Isso talvez reflita a noção, típica do gnosticismo posterior, de que a Ressurreição era uma experiência apenas espiritual. Em resposta, Paulo lembra aos tessalonicenses o conceito apocalíptico de "rebelião", que deve preceder o advento do Messias (2 Tess. 2:3). A chegada do Dia do Senhor é retardada por um "ímpio", que entronizará a si mesmo no Templo e declarará ser Deus (2 Tess. 2:4). A imagem é muito semelhante em Marcos 13, e reflete a representação do rei helenístico perseguidor Antíoco Epifânio no Livro de Daniel (*ver pp. 136-139*).

O segundo tema que faz eco a 1 Tessalonicenses é o trabalho. Poderia parecer que, como a vinda de Jesus estava muito próxima ou já ocorrera, não havia sentido em continuar a ganhar a vida. Paulo rejeita essa atitude, apontando a si mesmo como exemplo (1 Tess. 3:9). Quando ele e seus companheiros estavam entre os tessalonicenses, trabalhavam pelo pão diário, mesmo que pudessem esperar que outros os sustentassem. Paulo condena essa ideia e diz aos leitores, em palavras incisivas, que "aquele que não quer trabalhar não deveria comer" (2 Tess. 3:10). Ele os exorta a "não se cansar de fazer o que é certo" (2 Tess. 3:13).

## Cartas a Corinto

Mais que qualquer texto de Paulo, as duas cartas à igreja coríntia fornecem o quadro vívido de uma congregação cristã primitiva. Elas foram escritas em Éfeso, provavelmente em c. 55. d.C., para a igreja de Corinto, que Paulo plantara em sua segunda viagem missionária (Atos 16-18). As cartas colocam vários problemas literários, em especial 2 Coríntios, que é provavelmente feita de missivas enviadas em épocas diferentes. O curso preciso dos eventos não é muito fácil de determinar, mas os assuntos e os debates que a jovem igreja enfrentava numa grande cidade cosmopolita são vivamente descritos.

A comunidade dos coríntios estava dividida entre seguidores de diferentes evangelistas, e, no início da primeira carta, Paulo apela à unidade, pela adesão a um só mestre, Cristo (1 Cor. 1:10-17). Em seguida, ele aborda a questão do comportamento sexual. Em essência, Paulo afirma a autoridade do código moral judaico para os cristãos. Ordena a excomunhão de um homem que, contrariando a lei judaica, casou-se com a mulher de seu pai, e dá suas visões sobre casamento e divórcio (1 Cor. 5-7). Ele se volta então a outro problema colocado pelo ambiente pagão: se os cristãos podiam comer carne oferecida a ídolos. Mais uma vez, seu interesse na unidade é evidente. Nessa questão, cada um deveria agir de acordo com sua consciência e não julgar os outros (1 Cor. 8-9).

Questões de devoção e crença ocupam o restante da carta de Paulo. Na época, a eucaristia tinha se tornado claramente a celebração central cristã, mas a refeição comunal em que ela se inseria estava em risco de exibir os excessos que muitas vezes acompanhavam as festas grego-romanas. "Falar em línguas" também estava levando a desordens no culto público e se tornando motivo de autocomplacência. Paulo não proíbe a prática, mas enfatiza que outros dons são necessários, em especial, conforme uma passagem famosa, o amor (1 Cor. 13). O necessário é um culto totalmente comunitário, que ligue toda a congregação, e isso exige que "todas as coisas sejam feitas com decência e ordem" (1 Cor. 14:26-40). Para esse fim, "as mulheres deveriam ficar caladas nas igrejas", de acordo com a Lei Judaica (1 Cor. 14:33-36). Por fim, algumas pessoas em Corinto negavam a ressurreição; como alguns da congregação em Tessalônica, é de supor que negassem a ressurreição do corpo e entendessem o conceito num sentido apenas espiritual. Mais uma vez, Paulo adota uma posição conciliadora: haverá, no final, uma ressurreição real, mas de um corpo novo, transformado e espiritual, ajustado à nova era (1 Cor. 15:1-58).

A Segunda Carta aos Coríntios não acrescenta muito à descrição geral da comunidade fornecida na primeira, exceto ao mostrar a contínua importância de suas divisões. Como a primeira carta de Paulo aparentemente teve pouco efeito, nos três últimos capítulos da segunda ele abandona as convenções epistolares polidas para dar vazão a sua raiva e frustração — e ameaça os coríntios com a força de seu descontentamento em outra visita.

*A Bema, o antigo tribunal público de Corinto, na Grécia. Foi provavelmente aqui que Paulo enfrentou Galião, procônsul romano (Atos 18:12-17).*

# GÁLATAS E ROMANOS

Abraão Se Prepara para Sacrificar Isaac, *piso em mosaico da sinagoga de Beth-Alpha, no norte de Israel, do século VI. Nas cartas aos gálatas (Gál. 3-4) e aos romanos (em especial em Rom. 4), Paulo se inspira amplamente na história de Abraão e sua fé. Ele diz que "a promessa de que herdará o mundo não chegou a Abraão ou a seus descendentes por meio da lei, mas da firmeza da fé" (Rom. 4:13). Isso é demonstrado pela prontidão de Abraão em sacrificar seu filho a mando de Deus* (ver p. 43).

Duas cartas de Paulo, aos gálatas e aos romanos, são muitas vezes consideradas juntas. Ambas tratam da separação do cristianismo do judaísmo, que foi um dos resultados mais significativos do ministério de Paulo. É provável que a Carta aos Gálatas seja uma das primeiras epístolas dele, escrita em c. 48 d.C., embora também tenha sido datada de até 55 d.C. A data da Carta aos Romanos (*ver quadro na página ao lado*) é desconhecida, mas pode ter sido uma elaboração posterior de ideias dirigidas de início aos gálatas.

A separação das duas religiões parece ser encontrada pela primeira vez na Carta aos Gálatas, na qual Paulo afirma que a fé, por si só, pode levar uma pessoa à salvação. Quem exatamente eram os gálatas é algo controverso. Talvez fossem os habitantes de uma ampla área da Turquia central e do norte, chamada Galácia a partir do estabelecimento dos celtas em c. 250 a.C. É mais provável, porém, que eles tenham vivido mais ao sul, na região estritamente definida desde 25 a.C. como a província romana da Galácia. Não há evidência de que Paulo tenha visitado a região ao norte, mas ele passou pela província romana em suas três viagens missionárias, evangelizando as cidades de Antioquia da Pisídia, Icônio, Listra e Derbe (Atos 13:14-14:23; *ver pp. 232-233*).

O tom forte da Carta aos Gálatas pode refletir a ligação especial que ele sentia por essas cidades, onde sua obra primeiro produziu frutos; agora Paulo as via em perigo de afastar-se do evangelho. Diferentemente das outras cartas, Gálatas não tem ação de graças introdutória, e à abertura segue-se abruptamente uma declaração vigorosa de sua preocupação: "Estou espantado de que estejam abandonando tão rápido aquele que os chamou para a graça de Cristo" (Gál. 1:6). Foi na Galácia que Paulo começou a converter gentios, mas agora eles estavam sendo convencidos pelos mestres rivais cristãos judeus de que não poderiam ser salvos a menos que aceitassem a Lei Judaica e, em especial, a exigência da circuncisão. Ao que parece, esses mestres combinavam a Lei a uma angelologia elaborada e a especulações místicas similares às encontradas na comunidade de Qumran (*ver p. 145*). Paulo vai ao ponto de acusar os gálatas de reverter à crença anterior em "espíritos elementares" que governavam o universo (Gál. 4:9).

O argumento de Paulo é que não há razão para que a Lei seja imposta aos gentios convertidos, pois "uma pessoa não é justificada pela prática da lei

## A Carta aos Romanos

Muitos dos temas da Carta aos Gálatas reaparecem, mas de modo mais completo e cuidadosamente nuançado, na Carta aos Romanos, escrita provavelmente pouco depois. Em essência um tratado ou ensaio, mais que uma carta, ela sintetiza a teologia de Paulo e, como tal, se distingue de seus outros textos indiscutíveis.

Romanos é também única porque não se dirige a uma comunidade que tenha sido fundada pelo próprio Paulo. Ele escreve que é sua ambição levar o evangelho a lugares em que o nome de Cristo não foi ouvido, sem o desejo de "construir sobre os alicerces de outro" (Rom. 15:20). Isso levanta a questão da época e da finalidade exatas de seu texto. No primeiro capítulo, Paulo parece assumir a responsabilidade de evangelizar todo o mundo greco-romano e escreve que planejou muito visitar Roma, esperando fazer isso agora (Rom. 1:11, 13). Ele talvez tenha sentido que faltava aos cristãos romanos uma estrutura organizacional, e só usa a palavra "igreja" no último capítulo (cuja autenticidade é controversa). Pode ser que a comunidade romana tenha se fragmentado com a expulsão dos judeus da capital do império, ordenada pelo imperador Cláudio em 41 ou 49 d.C. É muito possível que entre os expulsos estivessem cristãos judeus ainda ligados às sinagogas locais.

Em cima: *Busto do imperador Cláudio (governou em 41-54 d.C.), do século I.*

Embaixo: *Paulo talvez tenha escrito de Corinto aos romanos. Esta inscrição do século I, dessa cidade, menciona o oficial Erasto, que pode ser o tesoureiro que aparece em Romanos 16:23.*

A carta pode ser vista como uma tentativa de assentar um "alicerce" para a igreja romana e, não menos importante, evitar as tensões entre cristãos judeus e gentios que surgiram em outros lugares. Nela, Paulo desenvolve mais a doutrina da justificação apenas pela fé, um dos temas-chave de Gálatas. Sua famosa mensagem de que "uma pessoa se justifica pela fé, a despeito das práticas prescritas pela Lei" (Rom. 3:28) deve ser entendida no contexto da relação entre judeus e gentios na igreja: a Lei Judaica dividia-os, mas a fé comum em Jesus os uniria. Cristãos judeus e cristãos gentios são pecadores (Rom. 2:12-3:20), embora todos possam alcançar a salvação (Rom. 3:21-31).

No fim da carta há uma discussão sobre o futuro de Israel. Paulo compara os gentios a ramos de oliveira silvestre enxertados numa oliveira para substituir galhos que se quebraram, ou seja, judeus que rejeitaram o evangelho. Ao final, no entanto, "todo o Israel se salvará" (Rom. 11:17-26).

Depois de estabelecer as bases teológicas da Igreja, Paulo se volta para as atitudes da comunidade romana no dia a dia, pregando a harmonia e tolerância mútua entre seus membros, a obediência legal ao Estado e o cumprimento de obrigações sociais.

mas pela fé em Jesus Cristo" (Gál. 2:15). Ele não renega sua própria judaicidade (Gál. 2:15), e reconhece que a Lei tinha seu valor "antes da chegada da fé", já que servia para convencer os seres humanos de seu estado de pecado (Gál. 3:19-24). Por outro lado, ele a chama de maldição (Gál. 3:10-12), pois, a seu ver, é impossível observar suas ordens totalmente. Com a vinda de Cristo (Gál. 5:2-4), escreve Paulo, essa maldição foi eliminada (Gál. 3:14) e a autoridade da Lei acabou (Gál. 3:25). A salvação é alcançada apenas pela fé em Cristo, um ensinamento desenvolvido mais completamente em Romanos. Em Gálatas, Paulo formula um conceito radical de liberdade cristã, e mesmo humana. O fiel é liberado de velhas lealdades, judaicas ou gentias, porque o evangelho transcende todas as diferenças humanas: "Não há mais judeu ou grego, escravo ou liberto, macho ou fêmea; pois todos vós sois um em Jesus Cristo" (Gál. 3:28).

# AS CARTAS DO CATIVEIRO

*Cela da prisão de Filipos, do período romano, que se acredita ficar no mesmo lugar daquela em que Paulo esteve preso, segundo Atos 16:23-24.*

Quatro das cartas de Paulo — Filipenses, Filêmon, Colossenses e Efésios — são conhecidas como "Epístolas do Cativeiro", porque nelas o autor se retrata como prisioneiro (Fil. 1:7, 12:14; Flm. vv. 1, 10; Col. 4:3; Ef. 3:1). As cartas também se relacionam de outros modos: Colossenses e Efésios, em especial, se vinculam pelas ideias e pela redação (*ver pp. 148-149*). Elas mencionam nomes que também ocorrem na carta a Filêmon (*ver quadro na página ao lado*), entre eles Epafras (Flm. v. 23; Col. 4:12), que pode ter fundado a igreja de Colossos. Faltam à carta a Filipos esses vínculos estreitos com as outras três, à exceção da referência a Timóteo na saudação inicial (comparar com Col. 1:1).

O local de composição foi motivo de muita discussão, em especial no caso de Filipenses. Geralmente se aceita que Paulo foi o autor da carta. Ele visitou Filipos, cidade importante da colônia romana da Macedônia, na segunda viagem missionária (Atos 16), e a igreja que fundou lá foi seu primeiro estabelecimento no continente europeu. Alguns sugerem que a carta foi mandada de Roma ou de Cesareia, onde Paulo esteve preso. Se as menções à "guarda imperial", ao pretório romano (Fil. 1:13) e "aos da casa do imperador" forem tomadas como referências ao palácio imperial e ao círculo de César, indicariam Roma como ponto de origem. No entanto, essas expressões poderiam igualmente se aplicar à residência oficial do governador provincial e, assim, referir-se a Cesareia, sede do procurador da Judeia.

Segundo outra escola de pensamento, a carta foi escrita em Éfeso, onde Paulo pode ter sido preso durante sua estada de dois anos (Atos 19:10). Na epístola, ele escreve que espera enviar seu companheiro Timóteo aos filipenses, "para que possa me alegrar com notícias vossas" (Fil. 2:19). Tal viagem de volta seria difícil se Timóteo tivesse de ir de tão longe como Roma ou mesmo Cesareia. Se Paulo estivesse preso em Éfeso, porém, a viagem de volta a Filipos seria muito mais direta; ele próprio fizera esse caminho na terceira viagem missionária (*ver p. 233*). Timóteo estava evidentemente muito associado a Éfeso, supervisionando a missão local, segundo 1 Timóteo 1:3. Além disso, a igreja filipense soube da prisão de Paulo e considerou útil mandar um de seus membros, Epafrodito, em auxílio ao apóstolo. Epafrodito ficou doente e notícias disso chegaram a Filipos, pois ele soube que seus colegas ficaram preocupados por ele (Fil. 2:25-26). A passagem parece implicar que a viagem entre Filipos e o lugar de prisão de Paulo era bastante regular e direta: não há menção ao tipo de perigos enfrentados pelo apóstolo no relato da viagem a Roma em Atos.

O tom caloroso e íntimo da Carta aos Filipenses contrasta com o da correspondência à Galácia e a Corinto (*ver pp. 243-245*). Paulo fala em suas orações pelos filipenses (Fil. 1:3-11) e lhes assegura que voltará a Filipos depois de solto (Fil. 1:19-36). Ele agradece aos filipenses o apoio financeiro que eles, sozinhos, lhe deram nos primeiros dias de ministério (Fil. 4:22) e expressa seu apreço por Epafrodito (Fil. 2:25-30). Embora tenha de prevenir a igreja de Filipos contra os "charlatães" que insistem na circuncisão (Fil. 3:2-3), a descrição geral, na carta, é de uma comunidade harmoniosa e ativa. Caso único nas cartas indiscutivelmente genuínas de Paulo, "bispos" e "diáconos" são referidos como líderes da igreja (Fil. 1:1), dando a entender que já existia uma estrutura eclesiástica claramente organizada, pelo menos em Filipos. Filipenses 2:6-11, a mais

## Filêmon e a escravidão

A carta a Filêmon é dirigida não apenas a ele, mas à igreja que se reúne em sua casa e a Ápia e Arquipo. No entanto, o conteúdo da carta diz respeito a Filêmon e seu escravo, Onésimo.

Onésimo fugiu de seu dono e talvez o tenha roubado. Foi posto na prisão, onde conheceu Paulo e se converteu a Cristo. Paulo se ligou profundamente a ele: escreve como Onésimo se tornou "útil" (Flm. v. 11), brincando com seu nome, que significa "útil" ou "benéfico" em grego. Paulo acreditava firmemente, porém, que todos os cristãos deveriam ser bons cidadãos e respeitar a ordem legal e social. É provavelmente por isso que decidiu devolver Onésimo, portando essa carta, a Filêmon, que aparentemente vivia em Colossos, na Ásia Menor; Paulo envia saudações (v. 23) de cinco companheiros de prisão que também são mencionados no final da Carta aos Colossenses.

A lei romana prescrevia a escravos foragidos as mais duras penas, às vezes até a morte. Mas Paulo não pede apenas clemência nem diz a Filêmon seu dever. Em vez disso, apela à fé comum compartilhada por dono e escravo, e pede que Onésimo seja recebido como irmão "tanto na carne como no Senhor" (v. 16). Paulo promete pagar a Filêmon o que Onésimo possa ter roubado e parece sugerir a ele que considere a ideia de devolver-lhe o escravo para que continue a ajudá-lo na prisão (v. 13-14).

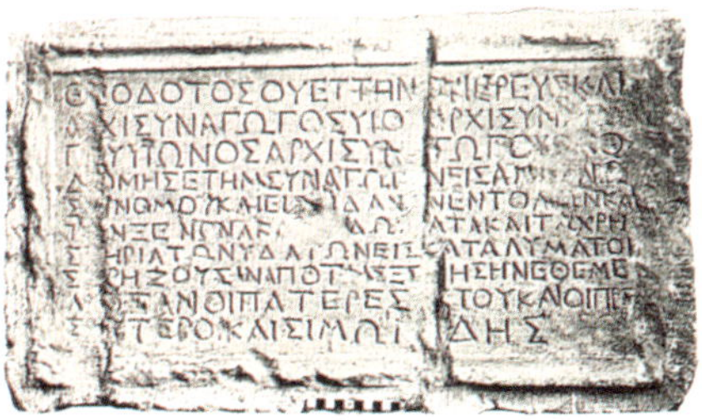

Em cima: *Inscrição grega do século I que assinala a fundação de uma sinagoga, talvez a de homens livres (escravos libertos) mencionada em Atos 6:9.*

Embaixo: *Vaso romano de bronze e chumbo, do século II, que retrata um escravo sírio.*

A escravidão era muito difundida e aceita no mundo romano, mas no século I as atitudes estavam mudando. A emancipação dos escravos, que lhes deu direitos civis totais e a possibilidade de cidadania romana, ocorreu em escala considerável, e o crescente igualitarismo pregado por filósofos como os estoicos afetou o modo como a escravidão veio a ser vista. Como a carta a Filêmon mostra, a Igreja primitiva aceitava a instituição da escravidão e ensinava que os escravos deveriam ser obedientes aos donos e cumprir os deveres com constância (*Ef. 6:5-6; Col. 3:22*). Mas os donos deviam tratar os escravos com justiça e dar-lhes a liberdade se surgisse ocasião (por exemplo, em Col. 4:1; 1 Tim. 6:1-2; Tito 2:9-10). Autores cristãos denunciaram os aspectos mais brutais da escravidão, como o comércio de escravos (1 Tim. 1:10). O cristianismo também pregava uma doutrina muito mais radical, que levaria ao repúdio à escravidão. Para Paulo, "em Cristo" não havia distinção entre escravo e livre (Gál. 3:28). O próprio Jesus tinha adotado a "forma de escravo" (Fil. 2:7) e esse seria o padrão para os cristãos. Paulo se descreve como servo e prisioneiro de Cristo (Rom. 1:1; Fil. 1:1) e diz que qualquer escravo chamado a ser cristão seria livre no Senhor e, do mesmo modo, uma pessoa livre é escrava a serviço de Cristo.

famosa passagem da carta, contém um hino primitivo cristão, que Paulo adota e modifica para demonstrar como a imitação de Cristo é o modelo para a vida do fiel. O hino é importante porque mostra como a doutrina que afirma o caráter humano de Cristo se desenvolveu rapidamente na Igreja primitiva. Jesus é considerado preexistente, "na forma de Deus" (Fil. 2:6), mas a despeito de sua divindade escolheu tomar "a forma de um escravo" e nascer como ser humano (Fil. 2:7). O hino parece combinar o conceito judaico de Sabedoria divina (*ver pp. 126-127*) com a figura do Servo Sofredor do livro de Isaías (*ver p. 113*), entendido pelos cristãos como prefiguração do Cristo sofredor.

**LISTAS ÉTICAS**
**Na tradução alemã da Bíblia de Martinho Lutero, duas seções têm o cabeçalho *Haustafeln*, tabelas ou códigos do lar (Col. 3:18-4:1; Ef. 5:21-6:9). Passagens muito similares ocorrem em outras partes do Novo Testamento, em especial em 1 Pedro, e todas parecem seguir um padrão comum. Conhecidas como "listas éticas", elas se destinam a pares de fiéis, conforme sua posição na família — mulheres e maridos, crianças e pais, escravos e donos —, e definem os deveres mútuos concernentes a cada relação. Elas derivam de catálogos desses deveres de fontes clássicas e judaicas, mas suas cláusulas motivadoras são distintamente cristãs. Em textos que podem ter sido produzidos bem depois da época de Paulo, como as Cartas Pastorais, há listas específicas sobre os postos na Igreja, seja de dignitários (bispos, presbíteros e diáconos), seja de membros da Igreja (os velhos, os jovens, as viúvas).**

**Além dos catálogos do lar e da comunidade, há listas de vícios a evitar e virtudes a buscar. Elas refletem, também, uma origem ética greco-romana muito difundida, mas novamente são inspiradas pelos conceitos cristãos de amor e fé, como em Colossenses 3:14, que diz: "Acima de tudo, revista-se de amor, que mantém tudo unido em harmonia".**

# COLOSSENSES E EFÉSIOS

As cartas às igrejas de Colossos e Éfeso (*ver quadro abaixo*) são muito relacionadas: a última parece incorporar cerca de um quarto do conteúdo da primeira e ambas são talvez os documentos mais controversos do Novo Testamento. Eruditos discordam vivamente sobre se foram escritas por Paulo ou por um autor ou autores posteriores que usaram e desenvolveram conceitos paulinos genuínos.

Colossenses, pelo menos, pode reivindicar com bom fundamento a autoria de Paulo. A cidade de Colossos, na Ásia Menor, não foi evangelizada pelo próprio apóstolo, mas, segundo a carta, por seu companheiro Epafras (Col. 1:7-8). É provável que isso tenha ocorrido na época da missão de Paulo na vizinha Éfeso (Atos 19; *ver pp. 232-233*), ao redor de 52-55 d.C. Várias outras pessoas citadas nas cartas de Paulo são associadas ao lugar, como Filêmon (*ver p. 247*). Colossenses tem a forma comum das cartas indiscutivelmente genuínas de Paulo e contém detalhes autênticos como a menção às cidades próximas de Laodiceia e Hierápolis.

O objetivo da carta era alertar os colossenses para o perigo dos falsos mestres, que buscavam cativá-los "por meio de filosofia e fraudes vazias, de acordo com a tradição humana, de acordo com os espíritos elementares do universo, e não de acordo com Cristo" (Col. 2:8). Esse era provavelmente um tipo de misticismo judaico como o que afetou outras igrejas paulinas. Um versículo parece acusar os oponentes do autor de cultuar anjos (Col. 2:18), mas também pode significar que eles diziam ter a visão de anjos durante o culto. Há um precedente disso na chamada "liturgia angélica" da comunidade de Qumran (*ver p. 145*), em que os adoradores terrenos se viam partilhando um culto conduzido no céu pelos anjos.

## A Carta aos Efésios

A autoria paulina de Efésios é muito discutível. Faltam traços comuns epistolares e o texto não parece abordar as questões de uma congregação específica como as cartas de Paulo fazem. Expressões como "em Éfeso", no versículo inicial, não se encontram nos mais importantes manuscritos do Novo Testamento, o que levou à ideia de que se tratava na verdade de uma encíclica, destinada a circular num grupo de igrejas da Ásia Menor, das quais Éfeso seria talvez o centro. Ela é a primeira das sete igrejas da Ásia Menor mencionadas no Apocalipse (*ver p. 254*). Além disso, o vocabulário é atípico: a carta contém cerca de 90 palavras que não se encontram em nenhum dos outros textos de Paulo.

*O odeom (pequeno teatro) de Éfeso, no oeste da Ásia Menor (atual Efes, na Turquia), do século I.*

Efésios parece refletir uma situação posterior à época de Paulo. O conflito de judeus e gentios, que tanto afligiu Paulo, foi há muito superado; o próprio "segredo" do evangelho é agora a união de judeus e gentios no corpo único da Igreja.

Efésios leva mais adiante a doutrina presente em Colossenses 1 sobre o Jesus cósmico (Ef. 1:20-23; *ver página ao lado*). A Carta aos Efésios contém reminiscências de quase todas as cartas de Paulo, mas parece rememorá-las e fazer um resumo dos grandes temas de sua pregação. Assim, a obra deve ser vista provavelmente como a preservação e interpretação das ideias de Paulo, criada para satisfazer as necessidades da Igreja quando o testemunho vivo dos primeiros apóstolos já não existe.

Para se opor a isso e rejeitar a divindade de qualquer outra figura além de Jesus, o autor da carta apresenta a imagem do Cristo cósmico, em especial em Colossenses 1:15-20. Esses versículos representam um hino, originalmente em louvor à Sabedoria e provavelmente judaico, que é reinterpretado para se referir a Jesus. Este é descrito como "primogênito de toda a criação" (Col. 1:15) e chefe da Igreja universal (Col. 1:18). Já se disse que a linguagem e a teologia dessa passagem diferem muito das empregadas nas cartas autênticas de Paulo — por exemplo, em outros escritos ele só usa o termo "igreja" aplicado a uma congregação local.

Outro aspecto de Colossenses que despertou dúvidas quanto à autoria paulina é o que se refere ao fim do mundo e à ressurreição universal dos mortos. Em outros textos de Paulo, essa consumação final da vitória de Jesus é vista como algo futuro, mas Colossenses parece adotar a ideia de que a ressurreição já se realizou para o fiel (vol. 3:1-4). É possível que um autor posterior esteja tentando lidar com o problema da demora da segunda vinda de Jesus, cuja volta iminente era esperada na Igreja dos primeiros tempos.

*Uma hoste de anjos* (ver texto principal na página ao lado) *paira em torno de Cristo na* Crucificação *(c. 1266-1337), um dos afrescos de Giotto para a capela Scrovegni, em Pádua, c. 1305.*

# CRISTIANISMO JUDAICO

A Carta aos Hebreus e a Carta de Tiago são, de diferentes modos, estreitamente ligadas a tradições hebraicas. O traço característico de Hebreus é o propósito de, em toda a sua extensão, mostrar que Jesus é a verdadeira realização da história e da fé judaicas. O título "aos Hebreus" não fazia parte da obra original, cujo autor se ignora; nela, não se diz ser escrita por Paulo. O autor era claramente muito culto, conhecedor dos métodos da retórica helenística e da Septuaginta, a tradução grega das escrituras hebraicas.

A obra é tanto um profundo tratado teológico como uma carta genuína, dirigida a uma comunidade específica e seus problemas. Porém, que comunidade era essa e onde ficava permanece tema de muita discussão. Como a carta envia saudações "dos da Itália" (Heb. 13:24) e o mais antigo testemunho dela é de Roma, por volta de 90 d.C., tem-se concluído que ela foi enviada a um grupo cristão judeu dessa cidade. Têm chamado também atenção as similaridades entre Hebreus e a literatura da comunidade judaica de língua grega de Alexandria, no Egito, como o Livro da Sabedoria e a obra do filósofo Filo (*ver p. 132*). Mais recentemente, um estudo de textos de Qumran levou especialistas a aventar que Hebreus é endereçada a membros da Igreja na Palestina que tinham se convertido ao cristianismo a partir de uma linha do judaísmo fora da corrente principal, como a comunidade de Qumran e os essênios (*ver p. 145*). Se essa teoria estiver certa, é provável que esse convertidos não tivessem entendido bem a natureza real do cristianismo e corressem o risco de voltar a suas antigas crenças.

Os anjos eram centrais no pensamento da comunidade de Qumran e havia a crença generalizada de que no fim do mundo seriam eles os guias (por exemplo, no Apocalipse). Os destinatários de Hebreus parecem ter partilhado uma crença similar. Assim, o autor começa demonstrando que Jesus é superior a todos os anjos e que Deus "não submeteu o mundo vindouro" a eles (Heb. 2:5). Ele diz também que Jesus é maior que Moisés e, acima de tudo, transcende todo o sistema sacerdotal e sacrificial judaico.

O Martírio de São Tiago, *de Lorenzo Monaco (c. 1370-c. 1422). Segundo o historiador Josefo, o irmão de Jesus foi martirizado em c. 62 d.C. por iniciativa do sumo sacerdote Anás, que se valeu do intervalo entre a morte de um procurador romano, Festo, e a chegada do seguinte, Albino. É provável que, de outro modo, apenas os romanos tivessem autoridade para impor a pena capital* (ver p. 198).

## Melquisedec

Aspecto importante da Carta aos Hebreus é o papel de Melquisedec, cujo significado, diz o autor, só é entendido pelos bem versados na fé. Consta que a história de Melquisedec, o rei sacerdote de Salém que abençoou Abraão (Gên. 14:18-20; *ver p. 38*), demonstra a superioridade de seu posto, pois "está fora de discussão que o inferior é abençoado pelo superior" (Heb. 7:7). A carta também declara que Jesus é "um sacerdote para sempre, segundo a ordem de Melquisedec" (Heb. 7:17, citando o Salmo 110). Isso significa que Jesus é superior a Abraão e também aos sacerdotes levitas, pois "o próprio Levi estava ainda em germe no corpo de seu antepassado quando Melquisedec o encontrou" (Heb. 7:9-10).

O autor de Hebreus descreve Melquisedec em termos que vão muito além do Gênesis: ele "não tem início dos dias nem fim da vida, mas, semelhante ao filho de Deus, mantém-se sacerdote para sempre" (Heb. 7:3). Essa linguagem parece refletir uma linha de textos apocalípticos judaicos. Por exemplo, um fragmento descoberto em Qumran descreve Melquisedec como sábio celeste e ser angélico, imortal e não humano. Ele é referido como *elohim*, palavra grega usual para "Deus", mas significando aqui um dos membros da assembleia celestial divina (*ver texto lateral, p. 27*). Em Hebreus, porém, a palavra "semelhante" mostra que Melquisedec é similar mas não igual a Jesus, cuja superioridade a todos os anjos foi estabelecida antes na carta (*ver texto principal*).

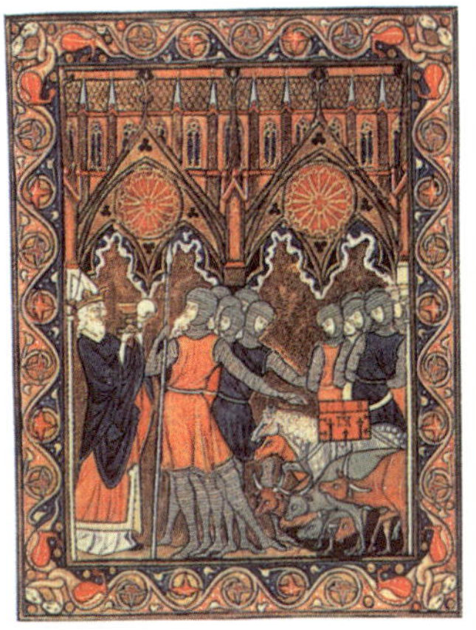

Abraão Apresenta Prisioneiros e Butim a Melquisedec *(Gên. 14:20), do Saltério de São Luís (francês, de c. 1270).*

Ele sozinho é o "grande sumo sacerdote" (Heb. 4:14) e só seu sacrifício, e não os do judaísmo, pode verdadeiramente redimir os pecados humanos. A fé em Jesus e em sua obra salvadora é o caminho para a salvação. A importância das figuras heroicas de Israel é que elas viveram pela fé, esperando as promessas agora totalmente realizadas em Cristo. Os destinatários da carta são exortados sempre a buscar Jesus; isso irá tanto sustentá-los sob perseguição nesta vida como dar-lhes a perfeita recompensa de sua fé no outro mundo.

A Carta de Tiago é tradicionalmente atribuída ao próprio Tiago, um dos irmãos de Jesus e líder da comunidade primitiva cristã judaica de Jerusalém (Atos 15; *ver pp. 220-221*). Talvez date de cerca dos anos 40 da era cristã. Essa atribuição não é impossível, mas muitos eruditos pensam que a obra foi escrita por outra pessoa, no fim do século I. Ela é endereçada "às 12 tribos", referência à formação tradicional da nação de Israel, e desse modo, como Hebreus, é provavelmente dirigida a judeus convertidos ao cristianismo.

Embora o estilo apresente muitos traços reminiscentes das línguas hebraica e aramaica, a carta é escrita em bom grego e tem muitos pontos de contato com formas literárias e filosóficas correntes no mundo helenístico. Por exemplo, contém o que é chamado *paranesis*, a exortação a uma natureza ética e prática, comum em tratados filosóficos e nos textos judaicos da Diáspora. A carta também é uma diatribe, um breve tratado ético típico de filósofos da escola cínica.

A principal preocupação do autor é a unidade e harmonia de uma comunidade que está evidentemente sob tensão. A carta enfatiza o valor positivo de testar a fé e a resistência, além do perigo para o bem-estar da comunidade que nasce de fofoca, maledicência e inveja. Pessoas ricas que agem como se fossem superiores aos pobres são categoricamente condenadas.

**FÉ E OBRAS**

**Em Tiago 2:14-26, o autor aparentemente coloca as boas ações antes da fé, dizendo: "A fé, em si mesma, se não tiver atos, está morta" (Tg. 2:17). Essa passagem, que levou Martinho Lutero a rasgar a carta de Tiago de todas as bíblias que lhe caíram nas mãos, tem sido muitas vezes vista como um ataque direto à doutrina central de Paulo de "justificação pela fé", segundo a qual as pessoas se salvam pela fé, não pelos feitos. Mas é possível que o autor de Tiago estivesse usando os termos "ações" e "fé" de modo diferente de Paulo. Em Tiago, "ações" poderiam significar atos de caridade, em vez de estrita (mas não necessariamente sincera) adesão à letra da lei como entendia Paulo. De modo similar, "fé", em Tiago, pode simplesmente ter o sentido de crença na existência de Deus, em vez do compromisso total e da confiança em Deus que são a interpretação de Paulo. Visto sob essa luz, o tema em Tiago se torna menos teológico que prático: essencialmente, o autor está discutindo os méritos da hospitalidade num cristão, como em Tiago 2:15-16.**

São Pedro Batiza Novos Convertidos, *afresco de c. 1427 de Tommaso Masaccio (1401-1428).*

# PEDRO, JUDAS E JOÃO

As últimas cinco epístolas do Novo Testamento são de autoria incerta, mas têm sido atribuídas a figuras bem conhecidas da Igreja primitiva: o apóstolo Pedro, o apóstolo João, filho de Zebedeu (*ver quadro na página ao lado*), e Judas, irmão de Jesus. A primeira das duas cartas de Pedro é escrita a comunidades espalhadas por uma vasta área da Ásia Menor, mencionadas como "exiladas da Dispersão" (1 Pdr. 1:1), o que dá a entender que se trata principalmente de cristãos judeus que viviam fora da Palestina. A carta é claramente uma encíclica (circular para ampla distribuição) escrita em Roma, referida pelo nome de "Babilônia", como no Apocalipse (*ver pp. 254-256*). Se realmente é de Pedro, fornece evidência de sua atividade missionária, da qual pouco se lê em outras partes do Novo Testamento (*ver pp. 228-229*). Ela também daria sustentação à versão muito antiga de que ele foi martirizado durante uma visita, não registrada de outro modo, a Roma. Alguns objetaram, porém, que o grego literário da carta é sofisticado demais para alguém que começou a carreira como pescador galileu. Isso não refuta, porém, a autoria de Pedro, já que seu estilo pode ter sido corrigido pelo escriba Silvano, ou Silas, que na verdade registrou o texto (1 Pdr. 5:12). Além disso, Pedro havia muito deixara seu primeiro ofício para trás ao compor a carta.

A carta é escrita para estimular os cristãos, que evidentemente se sentiam isolados num ambiente hostil, onde eram "estranhos e exilados" (1 Pdr. 2:11). Eles tinham sofrido perseguição dos vizinhos e das autoridades civis, que "se surpreendem de que não vos junteis mais a eles nos excessos da dissipação" (1 Pdr. 4:4). A carta menciona "a provação ardente que tem lugar entre vós" (1 Pdr. 4:12), palavras que talvez indiquem que a perseguição era localizada. Porém, se elas significarem um ataque mais sério e geral do Estado romano, o autor poderia estar se referindo à perseguição feita pelo imperador Nero em 64 d.C., na qual se diz que o próprio Pedro morreu. Alguns eruditos supõem que o autor viveu bem depois de Pedro, na época da perseguição de 112 d.C. na Ásia Menor, sob o imperador Trajano (98-117 d.C.).

Em vista de suas provações, Pedro exorta os leitores a levar uma vida que não dê margem a ofensas, a manter-se unidos e a amar uns aos outros, mesmo em face de outros ataques (1 Pdr. 2:11-12, 4:7-11). Eles são instados a seguir Jesus, apresentado como a figura do Servo Sofredor no Livro de Isaías (*ver p. 113*). Pedro lhes assegura que suas aflições não durarão muito, pois Cristo logo voltará (1 Pdr. 1:5-6, 4:7, 5:10).

É amplamente aceito que 2 Pedro não é do apóstolo, mas um dos muitos textos produzidos pela Igreja primitiva e deliberadamente atribuídos a um de seus famosos fundadores. Ele reflete a situação, que só surgiu após a morte de Pedro, que o cristianismo enfrentou ao passar de um ambiente judaico para outro predominantemente gentio. Não há consenso geral quanto à sua data, embora 2 Pedro 3:4 diga que os falsos mestres que negam Cristo foram condenados pela primeira vez "muito tempo atrás"; isso implica que a carta foi escrita após a primeira geração de cristãos, em c. 80-90 d.C. ou depois. A referência às cartas de Paulo como "escrituras" (2 Pdr. 3:16) também indica que 2 Pedro foi escrita após a morte de Paulo (que ocorreu talvez em c. 60-65 d.C.) e, portanto, provavelmente também depois da morte de Pedro.

A obra começa com uma saudação padrão usada nas cartas da época (*ver p. 238*). Toma também a forma de testamento de despedida, gênero comum na literatura judaica. Tipicamente, esses textos apresentavam pretensos pensamentos finais de figuras bíblicas. Com o estilo desses testamentos, 2 Pedro dá a entender que foi escrito numa época em que o apóstolo considerava a morte iminente (2 Pdr. 1:14). Ele inclui um resumo de seus ensinamentos

(2 Pdr. 1:3-11), bem como uma mensagem final que denuncia amargamente a obra de falsos mestres (2 Pdr. 2:1-3:7). Esses mestres parecem ter sido pessoas que desejavam livrar o cristianismo de certos traços, em particular a esperança apocalíptica da volta de Jesus (2 Pdr. 3:3-4). O autor explica que a segunda vinda só parece demorar de um ponto de vista humano, pois "com o Senhor um dia é como mil anos, e mil anos como um dia" (2 Pdr. 3:8). Deus, ele diz, dá tempo aos pecadores para arrepender-se (2 Pdr. 3:9).

Uma razão para ver 2 Pedro como obra relativamente tardia é o uso que faz da carta de Judas (por exemplo, comparar 2 Pdr. 2:1-18 e Judas vv. 4-13). O autor de Judas descreve a si próprio (v. 1) como "irmão de Tiago", em geral entendido como Tiago, irmão de Jesus. Fosse ou não outro dos irmãos de Jesus, embora estudiosos afirmem que a palavra "irmão" na época também significava parente próximo, Judas quase certamente tinha origem cristã judaica e palestina. Não é uma carta de verdade, mas um tratado geral, devotado a combater os ensinamentos falsos que teriam infectado a comunidade cristã. Esses ensinamentos não são claramente descritos, mas envolvem comportamento licencioso (Judas vv. 4, 7) e desrespeito aos anjos (v. 8). A polêmica contra falsos ensinamentos se baseia nas antigas Escrituras, e mais nas hebraicas que na Septuaginta grega. Judas vê episódios bíblicos em que Deus pune seus oponentes (vv. 5, 7 e 11) como profecias do destino que espera os heréticos de sua própria época. Ele está familiarizado com obras apocalípticas judaicas da Palestina e cita uma delas, o primeiro livro de Henoc (vv. 14-15), além de se referir a uma lenda sobre a morte de Moisés que pode ter sido no passado o final da obra *O Testamento de Moisés* (v. 9).

## As cartas de João

As três cartas tradicionalmente atribuídas ao autor do Quarto Evangelho não contêm pistas reais de sua autoria e origem. À parte seu título tradicional, 1 João é anônima, e o autor das outras cartas só se descreve como "o ancião". As três compartilham temas e vocabulário e foram creditadas a João devido às muitas semelhanças com seu evangelho. O início de 1 João lembra o prólogo do evangelho; termos importantes dele, como "vida", "luz" e "amor", se destacam nas cartas, em especial em 1 João. Há, porém, diferenças importantes, e a autoria talvez pudesse ser atribuída a um "círculo de João" em vez de a um só autor.

A Primeira Carta de João é muito mais longa que as outras duas e aborda os que negam que Jesus "veio na carne" (1 João 4:2). Isso parece antecipar a heresia docética, do século II, que sustentava que o corpo de Cristo era apenas aparente e não real: 1 João afirma vigorosamente a humanidade completa e real de Jesus e defende que a Igreja seja um corpo harmonioso, unida pelo amor mútuo. Ambos os temas são também enfatizados em 2 João, que se dirige à Igreja personificada como "a dama eleita". Ele se liga a 3 João pelo autor comum, "o ancião", embora a terceira carta seja escrita a um indivíduo chamado Gaio, para quem se solicita que dê aos emissários do ancião a hospitalidade recusada por Diótrefes, o líder da congregação à qual tinham sido mandados.

São João Evangelista, *de Pedro Berruguete (espanhol, c. 1450-1504). O evangelista, ao qual as cartas de João são em geral atribuídas, é acompanhado aqui por seu símbolo tradicional, uma águia.*

**AS SETE IGREJAS**

**O Apocalipse começa com cartas individuais a sete congregações da província romana da Ásia (*ver mapa acima*), em frente à ilha de Patmos. Com exceção da grande igreja de Éfeso, fundada por Paulo, a vida cristã nessas cidades só é descrita em detalhes neste livro do Novo Testamento. Todas eram centros administrativos importantes e são relacionadas do sul para o norte e então de volta, fechando um círculo. Seja como for, o número sete é um símbolo de perfeição e completude (*ver texto ao lado*), que busca representar toda a Igreja. Assim, as sete cartas, embora dirigidas cada uma a uma congregação, são destinadas também a todas as "igrejas". O autor mostra bom conhecimento do cenário e das tradições de cada cidade em particular e tem uma mensagem específica para cada congregação cristã. Três das igrejas são alertadas contra falsos mestres, descritos como nicolaítas. Pouco se fala sobre seus vícios, mas eles são associados a Balaão e Jezabel (*ver p. 67*) e acusados de defender a licenciosidade sexual e o consumo de alimentos sacrificados a ídolos, problemas que também foram enfrentados por Paulo. A referência a Pérgamo como local "onde Satanás está entronizado" pode ser um aviso contra a adoração ao imperador: Pérgamo foi o primeiro centro desse culto na Ásia Menor. Mas o quadro geral é de grupos razoavelmente pacíficos e bem estabelecidos que estão, no entanto, em risco de se acomodar e de sucumbir às tentações de seu ambiente religioso e social.**

# O APOCALIPSE

O Apocalipse, também chamado Revelação a João ou Livro da Revelação, sempre se provou uma obra difícil de interpretar e foi entendido de muitos modos ao longo dos séculos. O leitor moderno pode ficar confuso com seu simbolismo aparentemente estranho e até repugnado com o intenso ódio e a sede de sangue que apresenta. Muitas pessoas viram a obra como uma previsão cabal do futuro e se empenharam em deduzir dela a data da segunda vinda de Cristo e do fim do mundo, buscando identificar os seres malévolos que ela descreve com várias figuras históricas, como Napoleão ou Hitler.

Eruditos bíblicos de hoje em geral tentam esclarecer o Apocalipse a partir do cenário em que foi escrito e o examinam no contexto de uma longa tradição histórica. O livro é, de fato, uma carta, destinada a ser lida nas igrejas a que foi endereçada (*ver texto à esquerda*). Ele descreve o que declara ser uma revelação ou visão do futuro iminente, que Deus concedeu ao autor. Em grego, "revelação" é *apokalypsis*, e a obra é um exemplo do gênero chamado "apocalíptico", comum no judaísmo por volta do início da era cristã. Ele se encontra em outras partes da Bíblia, como no livro de Daniel (*ver pp. 134-137*). O Apocalipse é, no entanto, distintamente cristão, e a única instância completa desse gênero no Novo Testamento, embora passagens apocalípticas ocorram em vários outros textos dele (*ver, por exemplo, o quadro na p. 191*).

O autor se autonomeia João e diz que recebeu a revelação na ilha de Patmos, onde afirma ter sido preso "devido à palavra de Deus e ao testemunho de Jesus". Patmos é conhecida por ter sido usada pelos romanos como colônia penal. João (em hebraico Y[eh]ohanan, em grego Iohannes) era um nome comum, e talvez o mais correto seja supor que o autor do Apocalipse fosse um antigo profeta cristão. No entanto, quase todo texto desse gênero outorgava-se a autoria de alguma grande figura do passado, e o Apocalipse pode deliberadamente haver tido a intenção de que o leitor ou ouvinte pensasse que era obra do apóstolo João, filho de Zebedeu. Na verdade, desde pelo menos o século II, o "João" do Apocalipse tem sido tradicionalmente identificado com o apóstolo, que também se supõe ter escrito o Quarto Evangelho e as cartas de João (*ver quadro, p. 253*). À parte a própria questão da autoria no caso das cartas, é difícil ver a mesma mão em todas essas obras, ainda que haja ligações entre elas.

A linguagem do Apocalipse é única. O autor escreve em bom grego, mas seu estilo muitas vezes é agramatical e inclui muitas expressões derivadas do hebraico ou do aramaico, provavelmente com o objetivo de alinhar o estilo do livro com as Escrituras mais antigas. O Apocalipse é cuidadosamente construído e permeado de numerologia simbólica, comum tanto nos textos judaicos como no mundo greco-romano. Os números básicos são três, quatro e sete, que significam completude e perfeição, assim como o 12 (três vezes quatro), que representa as 12 tribos de Israel e os 12 apóstolos de Jesus. No Apocalipse, grupos de sete aparecem muitas vezes: sete cartas aos eruditos (Apoc. 1-3), sete selos (Apoc. 5:1), sete visões, sete taças de cólera (Apoc. 16:1), além de sete anjos e sete trombetas (Apoc. 8:2). Três desastres ("pragas": Apoc. 9:18) são seguidos pela libertação final (Apoc. 19:22), completando o número quatro. Há quatro criaturas vivas ao redor do trono de Deus (Apoc. 4:6) e quatro cavaleiros destruidores (Apoc. 6:2-8), figuras derivadas dos quatro ventos. A "Nova Jerusalém", a cidade messiânica perfeita, tem 12 portas para as 12 tribos (Apoc. 21:12) e 12 alicerces para os 12 apóstolos (Apoc. 12:14); o número 12 também

## Roma no Novo Testamento

A atitude do Apocalipse em relação ao Estado romano contrasta em certos aspectos com o que se encontra em outras partes do Novo Testamento. Apesar dos argumentos de alguns eruditos, Jesus não parece ter se alinhado com grupos como os zelotes, que advogavam a resistência armada a Roma; ele defendia o pagamento de taxas a César e a coexistência do império com o reino de Deus, porque este não era do mundo material. A enigmática ordem de Jesus a seus seguidores, em Lucas, para que comprassem uma espada pode indicar que alguns cristãos participaram da grande revolta judaica de 66-74 d.C., mas está claro que a maioria deles não. Os Atos apresentam sistematicamente a atitude amistosa dos funcionários romanos em relação aos cristãos, comparada à hostilidade judaica. Para Paulo, as autoridades são agentes de Deus na manutenção da justiça e da ordem, e o ensinamento geral das cartas do Novo Testamento é que os cristãos devem ser cidadãos leais e cumpridores da lei e orar pelo bem-estar dos governantes.

*Moeda do imperador Vespasiano, cunhada após a queda de Jerusalém sob Tito, em 70 d.C. Ela mostra uma escrava e as palavras latinas IUDAEA CAPTA — "Judeia cativa".*

Ao mesmo tempo, os cristãos acreditavam que a segunda vinda de Cristo significaria o fim de toda autoridade terrena, e essa ideia encontra expressão máxima no Apocalipse. O autor vê Roma apenas como a encarnação do culto ao imperador, e aceitar isso é negar a soberania de Deus; a "besta" que simboliza o império é o agente de Satanás. Os cristãos não devem lealdade a Roma e em breve só reagem com persistência e sofrimento: não lutam, pois a ação de Deus sozinha levará à queda da cidade. Aqui o autor pode estar também expressando o ponto de vista de pessoas e grupos marginalizados no império, para os quais o Estado romano não se afigurava uma autoridade civilizadora mas um instrumento de opressão.

é a base de suas dimensões: 12 mil estádios e 144 (12 vezes 12) côvados (Apoc. 21:16-17). Há 24 anciãos (Apoc. 4:4) e 144 mil eleitos, 12 mil de cada tribo de Israel (Apoc. 7:4-8).

O famoso "número da besta", 666 (Apoc. 13:18), é um exemplo da numerologia judaica. As letras hebraicas também funcionam como números, e o número 666 é obtido somando as letras hebraicas que transliteram *Kaisar Neron* — "imperador Nero", em grego (*ver texto lateral, p. 256*). Ao seis falta algo para ser o número perfeito, sete: o imperador romano poderia aspirar à condição divina, mas na verdade não passa de um ser humano imperfeito (*ver também quadro acima*).

O rico simbolismo que permeia todo o Apocalipse é um amálgama de três fontes: a Bíblia, a literatura apocalíptica judaica e a mitologia do antigo Oriente Próximo. Particularmente importante é o uso da Escritura pelo autor. Há alusões a quase todos os livros das Escrituras Hebraicas em cada página, mas as imagens de Daniel (*ver pp. 134-137*) e Ezequiel (*ver p. 114*) são especialmente fortes. Por exemplo, a descrição de Jesus na visão inicial (Apoc. 1:7, 1:13-16) é uma combinação de traços do "Filho do Homem" de Daniel e da figura divina da primeira visão de Ezequiel. O autor reinterpreta, para seus próprios fins, muitos dos grandes temas bíblicos, como a Criação e o Êxodo do Egito, e também recorre à interpretação de Isaías da volta dos exilados da Babilônia como novo Êxodo e nova Criação. Roma se torna Babilônia (Apoc. 14:8 e depois), um símbolo de mau poder político na Bíblia (*ver p. 35*) — prevê-se que, como Babilônia, Roma cairá. Em contraste, Jerusalém, a cidade santa, se torna uma cidade celestial e o centro da nova era (Apoc. 21:1-2).

Embora todos os símbolos do Apocalipse se encontrem nas velhas Escrituras, sua apresentação faz eco ao modo como eram elaborados na literatura judaica do início da era cristã. O papel central desempenhado pelos anjos

**A DATA DO APOCALIPSE**

**A Igreja primitiva acreditava que o Apocalipse foi escrito durante o reinado do imperador romano Domiciano (81-96 d.C.). Domiciano certamente insistia na divindade da linhagem imperial, e o culto ao imperador, o supremo objeto de ataque no Apocalipse, era universal na Ásia Menor em sua época. No entanto, é muito duvidoso que Domiciano, como se pensa com frequência, perseguisse os cristãos que se recusavam a adorá-lo, ao menos em larga escala. Os ataques a fiéis mencionados nas cartas às sete igrejas (*ver texto lateral, p. 254*) são atribuídos à hostilidade judaica, não aos romanos (*ver, por exemplo, Apoc. 2:9*).**
**A descrição de Nero, a "besta", reflete a difundida lenda de que ele não morreu na verdade (em 68 d.C.), mas estava prestes a voltar do Oriente com um grande exército (*ver Apoc. 13:3*). Em geral, o autor parece apresentar eventos futuros em termos do passado: a descrição do ataque gentio a Jerusalém talvez remeta à Guerra Judaica de 66-74 d.C. A lista de sete reis, dos quais cinco caíram (Apoc. 17:9-10), pode ligar-se às condições caóticas do Império Romano após a morte de Nero (houve cinco imperadores em um ano). Assim, o reinado de Domiciano e as condições da Ásia Menor na época se mantêm como pano de fundo provável para o Apocalipse.**

*Busto de bronze do imperador Nero, a "besta" do Apocalipse* (ver abaixo).

O NÚMERO DA BESTA

**Em Apocalipse 13:18, o autor diz: "Que qualquer um com inteligência calcule o número da besta, pois é o número de uma pessoa. Seu número é seiscentos e sessenta e seis". Em hebraico, as letras também são usadas como números; 666 é obtido somando os valores numéricos das letras hebraicas *Qsr Nrwn*, que transliteram o grego *Kaisar Neron* ("imperador Nero").**

| | | |
|---|---|---|
| *Q* | = | *100* |
| *S* | = | *60* |
| *R* | = | *200* |
| *N* | = | *50* |
| *R* | = | *200* |
| *W* | = | *6* |
| *N* | = | *50* |
| | | *666* |

reflete a desenvolvida angelologia desses textos, e o autor conhece o mito dos anjos caídos, que é destacado nas tradições de Henoc. Sua representação da adoração no céu (Apoc. 8:3-4) lembra conceitos similares dos Manuscritos do Mar Morto, de Qumran (*ver p. 145*). É possível que alguns detalhes sejam copiados da liturgia cristã da época, que talvez o autor tenha considerado baseada na adoração dos anjos. Imagens como a do Cordeiro (Apoc. 5:6), a besta do mar (Apoc. 13) e o dragão (Apoc. 12:3) também derivam de tradições judaicas. Sob elas estão tradições ainda mais velhas da mitologia antiga. O dragão é o monstro do caos dos mitos mesopotâmicos (*ver pp. 22-23 e pp. 26-27*), identificado no Apocalipse com Satanás (Apoc. 12:9). O episódio da mulher vestida de símbolos astrais cujo filho é ameaçado pelo dragão (Apoc. 12) se baseia num mito de deusa-mãe, e esse conceito pode estar subjacente em representações contrastantes de Babilônia, a prostituta (Apoc. 17), e Jerusalém, a noiva (Apoc. 21). O autor também é influenciado pelo mundo greco-romano, em especial por sua astrologia e cosmogonia. Estudiosos pensam que a obra é estruturada como um drama grego, que seria apresentado em teatros das cidades às quais era endereçada.

O Apocalipse (Dia do Juízo), *ícone russo do século XV (Escola de Novgorod).*

# RESUMO DA BÍBLIA, LIVRO A LIVRO

**AS ESCRITURAS HEBRAICAS ou O VELHO TESTAMENTO**

*Os livros das Escrituras Hebraicas são resumidos aqui na ordem geralmente seguida nas Bíblias cristãs.*

*Moisés e a Sarça Ardente (Êx. 3:2).*

**Gênesis**

O título do primeiro livro, Gênesis, do grego "origem", dá uma boa ideia de seu teor: ele descreve as origens do mundo e da nação israelita. Deus cria o universo em seis dias. No Jardim do Éden, os primeiros seres humanos, Adão e Eva, cometem o Pecado Original e são expulsos para o mundo (*ver pp. 26-27*). Seu primogênito, Caim, mata o irmão pastor, Abel (*ver pp. 30-31*). Gerações depois, Noé e família são considerados por Deus os únicos merecedores de ser poupados num dilúvio universal. A família de Noé e os animais que Deus o instruiu a salvar repovoam a terra.

Após tentar erguer a Torre de Babel, as pessoas são dispersas pelo mundo (*ver pp. 34-35*) e o Gênesis se volta para a história dos ancestrais de Israel (*ver pp. 36-51*). O primeiro deles, Abraão, vai da Mesopotâmia para Canaã. Deus promete a Abraão e seus descendentes, os israelitas, a terra de Canaã como lar para sempre (*ver p. 37*). A fé de Abraão é testada no chamado "Sacrifício de Isaac" (*ver p. 43*). Isaac se casa com Rebeca e a família prospera em tempos difíceis. O mais novo de seus dois filhos, Jacó, trapaceia o irmão Esaú, tirando-lhe a herança, e foge para a terra de parentes (*ver pp. 44-45*). Jacó sonha com uma escada que sobe ao céu (*ver p. 45*). Ele se casa com Lia e com Raquel e, delas e de suas duas servas, tem 12 filhos, que se tornam os ancestrais das 12 tribos de Israel (*ver p. 47*). Jacó ganha o nome de Israel (*ver p. 46*).

O décimo primeiro filho de Jacó-Israel, seu favorito, José, é vendido pelos irmãos invejosos e acaba no Egito, onde se torna importante interpretando sonhos do faraó (*ver pp. 48-49*). Durante uma escassez de alimentos, os irmãos de José vêm comprar cereais e não o reconhecem logo. Por fim eles se reconciliam, e os irmãos se estabelecem para uma nova vida próspera no Egito.

**Êxodo**

O título vem do grego *exodos*, "partida", e o livro se refere a eventos que cercam a saída dos israelitas do Egito e os anos de perambulação que se seguiram, nos quais Deus legou a maioria das leis desse povo.

Muito após a morte de José e seus irmãos, os descendentes deles são escravizados no Egito. O faraó fica alarmado com o número de israelitas e ordena a morte de todos os primogênitos homens. Um casal de israelitas abandona no Nilo seu filho, Moisés, num cesto de junco. Porém, a filha do faraó resgata Moisés e o adota (*ver p. 52*).

Moisés é obrigado a fugir depois de matar um egípcio, e após um dramático encontro com Deus (Javé) na Sarça Ardente (*ver pp. 54-55*) torna-se o líder de seu povo. Deus dá a ele e ao irmão, Aarão, poderes miraculosos para que convençam o faraó a deixar os israelitas irem para a Terra Prometida de Canaã. O faraó resiste, apesar das nove pragas impostas a sua terra, e só liberta os israelitas após a décima praga, a morte do primogênito de todas as famílias egípcias (*ver pp. 56-57*). Essa última praga testemunha a instituição da festa israelita da Páscoa (*ver também p. 58*).

Os israelitas libertos dirigem-se para o deserto entre o Egito e a Terra Prometida, mas são perseguidos pelas tropas do faraó. O mar se abre miraculosamente e eles o cruzam, enquanto as tropas do faraó são varridas pelas águas (*ver pp. 58-59*).

No deserto, Deus dá aos israelitas maná e codornas de comer e a água jorra de uma rocha. Josué se torna o comandante militar israelita.

Moisés vai se encontrar com Deus no monte Sinai, onde recebe os Dez Mandamentos, ou Decálogo (*ver p. 60*), e uma série de outras leis. Ao descer, encontra o povo festejando ao redor de um ídolo, o Bezerro de Ouro. Irado, ele quebra as tábuas em que as leis divinas estão inscritas. Alguns líderes israelitas são expurgados. Moisés vai de novo ao monte Sinai e outras duas tábuas da Lei são inscritas de modo divino, renovando a Aliança. Em seguida, a construção, a mobília e a consagração do Tabernáculo — o santuário de Deus — são descritas em detalhes, assim como as vestes dos sacerdotes (*ver pp. 60-65*).

### Levítico

O Levítico diz respeito às leis dadas por Deus a Moisés no que tange, em especial, a rituais e outras questões religiosas (o título do livro significa "dos levitas", a ordem sacerdotal israelita). As leis abordam sacrifícios e oferendas a queimar (*ver pp. 122-123*), investidura e deveres dos sacerdotes, limpeza ritual, celebrações do Dia do Perdão (Yom Kippur; *ver p. 119*) e a preservação da santidade na vida diária e nas festas do calendário litúrgico.

### Números

Deus ordena o censo das 12 tribos de Israel no Sinai; os resultados são dados em detalhes (daí o nome do livro). Mais leis divinas são promulgadas.

Os líderes tribais sob Moisés fazem oferendas rituais e os levitas são consagrados formalmente como clã sacerdotal. Toma-se a decisão de deixar o Sinai e cruzar o deserto em direção à Terra Prometida (*ver pp. 66-67*). Os israelitas partem, seguindo a "Nuvem de Javé". Logo surgem rumores entre as pessoas, insatisfeitas com sua sorte. Apesar dos relatos de batedores mandados por Moisés, de que na terra de Canaã "correm o leite e o mel", há franca revolta contra Moisés e Deus. Javé se encoleriza e Moisés só consegue apaziguá-lo quando Deus deixa claro que alguns israelitas mais velhos, entre eles Moisés, não alcançarão a Terra Prometida.

Uma segunda rebelião séria entre os israelitas é punida por Deus com terremoto e praga, que mata milhares. Problemas surgem de novo quando os israelitas se detêm por um período em Cades, onde têm de resistir a ataques militares de cananeus. Alguns israelitas começam a adorar ídolos locais e Deus envia uma praga que mata 24 mil pessoas.

O comandante militar, Josué, é designado sucessor de Moisés. Os israelitas invadem a terra dos madianitas (*ver p. 53*) e a maioria destes são massacrados. Mais leis divinas são promulgadas.

### Deuteronômio

A história e a observância ritual israelitas anteriores são recapituladas e detalhadas, daí o título do livro, que significa "Segunda Lei" (*ver p. 107*).

No final do livro, Moisés ordena aos israelitas que se preparem para entrar na Terra Prometida e faz um discurso de guerra, instando-os a confiar em Javé. No monte Nebo, Moisés abençoa as 12 tribos israelitas e então morre, à vista da Terra Prometida (*ver p. 68*).

### Josué

Após a morte de Moisés, Deus confirma a autoridade de Josué sobre seu povo escolhido e são feitos os preparativos para entrar na Terra Prometida. Espiões são mandados à cidade de Jericó e, embora suspeite-se de sua presença, eles se mantêm escondidos na casa de Raab, a prostituta. Quando os espiões voltam a Josué, os israelitas cruzam o Jordão para Canaã (*ver pp. 68-69*). Jericó é a primeira cidade a cair sob os israelitas e todos os seus habitantes, à exceção de Raab e sua família, são passados à espada (*ver pp. 70-71*). A cidade seguinte a ser tomada é Hai, seguida de outras cidades e vilas de Canaã. Todo o território é dividido entre as tribos israelitas e o livro acaba com Josué liderando a confirmação da Aliança do povo com Deus em Siquém (*ver p. 68*). Ao fim de uma vida longa, Josué morre.

### Juízes

Os capítulos iniciais de Juízes (*ver pp. 72-73*) mostram o começo da colonização em Canaã. Algumas vezes, os israelitas lutam e submetem povos nativos; outras, vivem em paz com eles. Às vezes abandonam Javé e adotam os deuses dos vizinhos, mas Deus então se encoleriza e pune os israelitas. Por fim, porém, ele ouve os apelos de seu povo e manda um libertador heroico, ou "juiz", para

*Jefté e sua filha (Jz. 11:30-40).*

reverter os infortúnios de Israel. Os primeiros dois juízes, Otoniel e Aod, são abordados brevemente. A terceira, Débora, e seu comandante militar, Barac, aniquilam as forças do inimigo, Sísara, que é morto por Jael, a mulher de Héber, o quenita. A morte de Sísara evoca o celebrado *Cântico de Débora e Barac* (*ver p. 74*).

Uma geração depois, o juiz Gedeão (*ver p. 74*) derrota os madianitas, mas então Israel recai na idolatria. Outra crise é encerrada pelo sucessor de Gedeão, Jefté, que vence os amonitas. Em seu triunfo, porém, Jefté promete sacrificar a primeira criatura que vir ao voltar para casa; infelizmente para ele, é sua filha única.

O juiz Sansão (*ver p. 75*) é um herói mais solitário. Ele se ocupa dos filisteus, mas se casa com uma filisteia, Dalila. Ela revela o segredo da grande força de Sansão — os longos cabelos — a seu povo, que o prende e cega. Ele se vinga num último ato de força, que faz o templo dos filisteus ruir, matando a si próprio e aos inimigos.

Chega um tempo em que não há juízes nem reis e a solidariedade dos israelitas se enfraquece. Após um estupro em Gabaá, feito por benjaminitas, estes são quase eliminados pelas outras tribos.

**Rute**

A história algo folclórica de Rute é colocada nos livros históricos, entre Juízes e 1 Samuel, nas bíblias cristãs, pelas ligações temáticas com ambos: situa-se na época dos juízes e conta a história da trisavó do rei Davi, apresentado com destaque em Samuel. Segundo a fé cristã, ela é, assim, ancestral de Jesus. Rute é também um livro moral e na Bíblia judaica costuma vir após Provérbios.

Rute é a viúva moabita de um israelita. Ela acompanha a sogra, Noemi, à cidade desta, Belém, em Judá. Lá, Rute fica sob a proteção de um parente de ambas, Booz, que, depois de cumpridas as formalidade legais e sociais, casa-se com ela. Seu filho, Obed, é o avô do rei Davi (*ver p. 124*).

**Primeiro Livro de Samuel (1 Samuel)**

A história dos israelitas continua com o nascimento do último e maior dos juízes, Samuel. Sua mãe, Ana, antes era estéril (*ver pp. 76-77*). Ele começa cedo a aprender religião com o sacerdote Eli e logo se evidencia que foi chamado a servir a Deus.

Quando fica adulto, os israelitas são derrotados por seus vizinhos litorâneos, os filisteus (*ver p. 77*), que tomam a Arca da Aliança, a morada

*Davi e Golias (1 Sam. 17:49).*

de Deus. Eles levam a arca para o templo de seu deus Dagon, na cidade de Azoto. Mas uma misteriosa praga de tumores atinge os cidadãos e a arca é logo mudada para outra cidade. A praga irrompe lá também e ainda numa terceira cidade. Por fim os filisteus devolvem a arca aos israelitas, com oferendas de paz, de ouro.

Passam-se 20 anos e Samuel se torna juiz e líder de Israel. Muitos anos depois, o povo decide ser governado por um rei. Deus, por meio de Samuel, alerta-os das desvantagens da monarquia, mas os israelitas são inflexíveis. Deus concorda, relutante, com seu pedido e manda Samuel escolher Saul, da tribo de Benjamim, como primeiro rei dos israelitas (*ver pp. 78-79*). Antes mesmo de ser entronizado, Saul prova seu valor liderando um ataque bem-sucedido aos amonitas.

Saul vence muitos inimigos dos israelitas, entre eles os filisteus. Há um atrito, porém, entre Samuel e Saul, que leva por fim à queda deste (*ver pp. 80-81*). Saul fica transtornado e emprega o pastor Davi, filho de Jessé, para ser seu armeiro e também tocar a harpa que o acalma nos momentos de tensão. Sem que ele saiba, Deus já instruiu Samuel a ungir Davi como sucessor de Saul.

Os exércitos filisteus voltam e seu campeão, o gigante Golias, desafia os israelitas. Armado só com uma funda, Davi vence o gigante e o mata. Ele se torna tão popular que Saul fica com inveja e medo dele. Davi inflige mais derrotas aos filisteus e seu sucesso enraivece ainda mais Saul. Por fim, Saul tenta matar Davi, que foge com a ajuda de seu grande amigo Jônatas, filho de Saul. Cerca de dois anos depois, quando Saul e Jônatas lutam contra os filisteus no monte Gelboé, Jônatas é morto e Saul, gravemente ferido, se mata.

**Segundo Livro de Samuel (2 Samuel)**

Davi lamenta a morte de Saul e Jônatas. Ele é ungido rei da tribo meridional de Judá. Sete anos depois, após uma guerra entre Judá e os seguidores da dinastia de Saul, Davi se torna rei da nação israelita unida. Ele toma Jerusalém dos jebuseus, faz da cidade sua capital e ali instala a Arca da Aliança (*ver pp. 82-84*).

Várias vitórias militares se seguem e Davi conquista um pequeno império (*ver p. 83*). Ele comete adultério com Betsabeia, a mulher de Urias, um de seus oficiais, e o faz morrer em batalha. Deus se encoleriza e transmite seu descontentamento por meio do profeta Natã. Como punição, o primeiro filho de Davi e Betsabeia morre, mas ela engravida de outro, Salomão.

Os últimos dias de Davi são marcados por intrigas da corte e rebeliões fomentadas por seus muitos filhos (*ver p. 84*). Em certa fase, um deles, Absalão, obtém o controle virtual do reino, mas é morto pelos generais de seu pai, apesar do afeto perene de Davi por ele. Há também épocas de fome e momentos em que Davi dirige salmos de louvor a Deus. O livro acaba com Davi erigindo um altar, por ordem divina, na eira de Areúna, o jebuseu — o local do futuro Templo de Jerusalém.

**Primeiro Livro dos Reis (1 Reis)**

Antes de morrer, Davi designa Salomão seu sucessor. Depois de uma luta sucessória (*ver p. 85*), Salomão é ungido rei. Ele faz muitos casamentos políticos, em especial um com a filha do faraó do Egito, e permite a prática de religiões estrangeiras, mesmo em Jerusalém. Mas também erige um magnífico templo a Deus na cidade (*ver pp. 90-91*). A construção leva 13 anos até que afinal seja consagrado.

A riqueza e a sabedoria de Salomão (*ver pp. 86-87*) se tornam famosas, e a rainha do próspero Estado árabe de Sabá vem visitá-lo (*ver p. 90*). Mas Salomão também institui o trabalho forçado, que gera descontentamento popular. Uma revolta liderada por Jeroboão, antes da morte de Salomão, é sufocada com dificuldade (*ver pp. 92-93*).

Depois que Salomão morre, facções religiosas e políticas dividem o reino, e as tribos do norte se separam das de Judá e Benjamim, centro da dinastia de Davi e Salomão. Dois reinos se estabelecem: Judá no sul e Israel no norte (*ver p. 95*). Compilada e editada primeiro pelos povos relacionados a Judá e sua capital, Jerusalém, a história bíblica é em geral mais favorável ao reino sulista.

Durante o reinado de Acab, de Israel, o profeta Elias se torna figura importante (*ver pp. 96-97*). Ele prevê uma seca e a relaciona à impiedade do rei de Israel. Acab é um hábil guerreiro, casado com uma fenícia, Jezabel, devota do deus Baal. Elias faz milagres para reforçar sua autoridade e confundir os profetas rivais de Baal.

Acab realiza grandes façanhas militares contra os inimigos de Israel. Mas Deus se encoleriza com a apropriação fraudulenta (instigada por Jezabel) de uma vinha pela morte de seu dono, Nabot. Elias prediz morte terrível para o rei e a rainha, o que acaba por acontecer. Jezabel vive mais que Acab, mas sua morte é particularmente horrível (*ver p. 97*).

**Segundo Livro dos Reis (2 Reis)**

Após a miraculosa travessia do Jordão, o profeta Elias é levado ao céu, e seu manto passa a seu servo Eliseu, que atravessa de volta o Jordão e faz outros milagres. Eliseu alerta o rei de Israel, com acerto, contra investidas militares de inimigos. Nada pode fazer, porém, para evitar a fome causada pelo cerco arameu da capital de Israel, Samaria.

Eliseu se torna então profeta residente na corte de uma sucessão de reis. Um é Jeú, responsável pelo assassinato dos membros sobreviventes da dinastia de Acab, entre eles o filho Jorão e a viúva, Jezabel, além de todos os sacerdotes e profetas que servem o deus Baal. Após a morte de Eliseu, segundo a Bíblia, não há profeta na terra por cerca de 60 anos.

O reino de Israel cai sob o rei assírio, Salmanasar. Os moradores da capital, Samaria, são deportados e a cidade, repovoada com estrangeiros do leste (*ver pp. 100-101*). A Bíblia conta que, cerca de uma década depois, o rei Ezequias de Judá (*ver pp. 104-105*) também é atacado pelos assírios. O profeta Isaías, em atividade no reinado de Ezequias (*ver p. 105*), assegura ao rei que, ao menos por algum tempo, Judá está a salvo, mas também avisa que se aproxima a época em que os moradores de Judá serão levados para o exílio na Babilônia.

Após Ezequias, o longo reinado de Manassés é dominado pela sombra dos assírios e a Bíblia acusa Manassés de idolatria (*ver p. 106*). Seu sucessor, o rei Josias (*ver pp. 106-108*), empreende um programa de reforma religiosa, durante o qual o "livro da lei de Moisés", possivelmente o núcleo do que é hoje o Deuteronômio, é "redescoberto" no Templo (*ver p. 107*).

Josias é vencido pelos egípcios, que estabelecem um regime títere, deposto pelos babilônios (*ver p. 108*). Seguem-se a deportação dos cidadãos de Jerusalém e o confisco da maioria dos tesouros da cidade. Em onze anos, porém, o povo remanescente de Judá se rebela contra a Babilônia. Jerusalém é cercada, tomada, pilhada e destruída. Desta vez, conta a Bíblia, todas as pessoas são levadas cativas para a Babilônia (*ver pp. 112-113*).

**Primeiro Livro das Crônicas (1 Crônicas)**

Os dois livros das Crônicas se baseiam muito nos livros de Samuel e dos Reis, mas são considerados valiosos pelo modo como reapresentam e reinterpretam os eventos da história de Israel à luz do mundo contemporâneo do autor (Judá sob o domínio persa, após o retorno dos exilados da Babilônia; *ver pp. 114-117*). O primeiro terço de 1 Crônicas dá genealogias de Adão à época da volta do Exílio. O restante do livro se concentra no reinado de Davi.

**Segundo Livro das Crônicas (2 Crônicas)**

O último livro da Bíblia judaica. Os primeiros nove capítulos de 2 Crônicas recontam o reinado de Salomão, e o restante relata a história dos dois reinos até o Exílio e o início da restauração de Judá sob o rei persa Ciro, que permite aos exilados voltar para reconstruir o Templo (*ver pp. 114-117*).

**Esdras**

Os livros de Esdras e Neemias abordam a história de Judá após a volta do Exílio. Eram considerados um só livro até cerca de 300 d.C., quando foram separados. Os dois homens estavam provavelmente em atividade no reinado de Artaxerxes I da Pérsia (465-425 a.C.; *ver pp. 116-117*). Muito de Esdras e todo Neemias são narrados em primeira pessoa.

Esdras se inicia com o decreto de Ciro, rei da Pérsia, autorizando os que assim o quiserem a deixar a Babilônia e voltar a Jerusalém para reconstruir o Templo. Os exilados que voltaram são relacionados.

A reconstrução do Templo começa. Ocorre alguma oposição aos exilados

*Artaxerxes nomeia Esdras (Esd. 7).*

retornados, e a obra para por algum tempo. Porém, instigadas pelos profetas Ageu e Zacarias, as autoridades judaicas apelam ao sucessor de Ciro, Dario, cujos arquivos confirmam o decreto real original. O Templo de Jerusalém é concluído e reconsagrado.

O sucessor de Dario, Artaxerxes, manda Esdras, oficial judeu do governo persa, a Judá para assegurar que a lei judaica seja observada. Esdras descobre que houve muitos casamentos de antigos exilados com não judias e dá fim a essa prática.

**Neemias**

Cerca de 85 anos após a volta do Exílio, Neemias, o escanção judeu do rei persa Artaxerxes, fica perturbado ao tomar conhecimento do estado lastimável de Jerusalém. O rei o encarrega de supervisionar os reparos. Ele organiza o trabalho dos responsáveis por áreas específicas. Mas também enfrenta oposição de outros oficiais persas e há atrasos nas obras de reconstrução da cidade.

Entre outros problemas, há privações e várias intrigas. Mas o muro da cidade por fim é mais uma vez erguido, com portões, torres de vigia e uma cidadela.

Esdras é convidado a reconsagrar a cidade lendo o livro de Moisés. O evento se torna uma celebração da festa de Sucot (Tabernáculos ou Tendas), seguida, alguns dias após, pela cerimônia da penitência.

Neemias se apresenta de novo ao rei Artaxerxes. Na vez seguinte que volta a Jerusalém, dedica-se a atacar numerosas irregularidades no funcionamento e na manutenção do Templo.

**Ester**

Como Esdras e Neemias, o Livro de Ester é uma história que se passa na época do Império Persa (*ver pp. 130-131*). Porém, há pouca relação com a história autêntica, a não ser o nome do rei, Assuero, que poderia ser qualquer um dos vários chefes persas chamados Xerxes ou Artaxerxes (*ver p. 115*).

Assuero dá um grande banquete em sua capital, Susa, mas a rainha, Vasti, se recusa a comparecer. O rei a abandona sumariamente. A bela Ester, jovem judia criada pelo tio, Mardoqueu, é escolhida para substituí-la. Mas Mardoqueu se torna inimigo do chanceler real, Amã, que decide eliminar todos os judeus do império. Ele convence o rei a decretar a morte de "um certo povo" que tem suas próprias leis.

Mardoqueu induz Ester a convidar Assuero e Amã a um banquete. Lá, ela revela estar ameaçada de morte pelo decreto do próprio rei, proposto por Amã. Horrorizado, o rei anula o decreto e ordena que Amã seja enforcado na própria forca que ergueu para os judeus. Mardoqueu é promovido a chanceler e os judeus são autorizados a vingar-se de seus inimigos no império. Ao planejar a destruição dos judeus, Amã lançara a sorte (*purim*); assim, o triunfo de Ester é celebrado numa nova festa judaica, chamada Purim.

### Jó

Deus permite que Satanás teste Jó para ver se ele continuará mesmo fiel em face da adversidade. Jó sofre várias desgraças e privações, uma após outra. Três amigos vêm oferecer-lhe simpatia, ou pelo menos discutir o tema da justiça divina. Jó afirma inocência e injuria seu destino. Surge uma quarta pessoa, Eliú, que tenta demonstrar sua visão dos caminhos misteriosos de Deus. O próprio Deus intervém para falar com Jó e lhe diz que é presunção dos humanos discutir como Deus age, já que Ele está totalmente além de todo o entendimento mortal. Jó fica humilhado. Deus também censura os três amigos e manda-os fazer um sacrifício especial. Por fim, compensa Jó, dando-lhe felicidade e prosperidade muito maiores do que tinha antes (*ver pp. 128-129*).

*Jó se defende (Jó 3:31).*

### Salmos

O Saltério, ou Livro dos Salmos, é uma compilação de vários tipos de obras litúrgicas, como hinos, súplicas, louvores e cânticos de ação de graças. Eles se dirigem a Deus em linguagem poética, muitas vezes de grande majestade e beleza. Alguns contam com instruções para acompanhamento musical ou indicações sobre sua intenção. Muitos são atribuídos ao rei Davi (*ver p. 121*).

### Provérbios

É uma coletânea de ditos tradicionais e máximas populares sobre temas como comportamento correto, bons pensamentos, pureza da mente e do culto e formas de evitar os pecadores e buscar a sabedoria. O livro inclui uma longa lista de aforismos atribuídos ao rei Salomão e a seus conselheiros (*ver p. 126*).

### Eclesiastes

O autor, que afirma ser o próprio Salomão, discorre sobre a natureza da existência no universo de Deus e sobre valores eternos. Tudo na vida de uma pessoa é "vaidade e busca do vento". Há uma ordem do mundo, mas não podemos conhecê-la; nossa única certeza é a morte. A conclusão dessa investigação cética e intensamente pessoal é que, embora as pessoas nunca possam saber o segredo da existência, a integridade humana torna tolerável nossa estada na terra. Isso nos permite desfrutar na íntegra as benesses que Deus nos envie.

### Cântico dos Cânticos

Diálogo poético entre uma mulher e seu amante — chamados às vezes de noiva e noivo —, expresso em linguagem altamente erótica e com interpolações de um coro de "filhas de Jerusalém". Pode ou não ter sido criado como alegoria espiritual (*ver p. 129*).

*O rei Davi canta os Salmos (conforme os preâmbulos aos Salmos 3, 18 e outros).*

### Isaías

O Livro de Isaías tem três partes distintas, embora dê a entender que são as profecias de um homem, Isaías, da época do rei Ezequias (*ver pp. 105, 113 e 116*). A primeira parte representa provavelmente a obra do próprio Isaías. Nela, ele alerta que Judá sofrerá devido à falta de firmeza religiosa. Jerusalém, agora um antro de vício e idolatria, será destruída, mas mais tarde renovada pela visita de Javé. Ele prevê a vinda de um salvador e descreve o impressionante poder de Deus. Embora Judá deva ser tomado e sua população, deportada, um remanescente voltará. No devido tempo, os inimigos de Judá sofrerão por suas ações, assim como os habitantes de muitas regiões ao redor, mesmo longe como o Egito.

O profeta ataca a maldade humana e declara que o povo de Sião triunfará. A salvação está nas mãos de Deus.

O rei assírio Senaquerib ataca Judá, mas é repelido. O rei Ezequias se recupera de uma doença.

Isaías 40-55 é obra do exílio babilônico, de um profeta anônimo referido como "segundo Isaías". O rei Ciro da Pérsia, diz ele, será o instrumento de Deus. Há a descrição de um "servo do Senhor", que surgirá da insignificância do povo para trazer justiça às nações. Israel será libertada; a terra, restaurada; e o monoteísmo, reinstituído — Javé será o deus de todos, juiz do mundo. Haverá uma nova aliança para uma nova Jerusalém, um novo paraíso e uma nova terra em que todos adorem Javé.

Os capítulos 56-66 são outra seção distinta, "Terceiro Isaías", e datam do período subsequente ao Exílio. Descrevem as difundidas violações religiosas e morais e anunciam a punição divina, de modo que a glória de Deus e do povo escolhido seja mostrada em toda a sua verdadeira grandeza.

**Jeremias**

Deus chama Jeremias, que viveu pouco antes do exílio babilônico (*ver p. 109*), a pregar sobre a ruína de Israel devido à impureza religiosa e moral de seu povo. Até os sacerdotes são negligentes e corruptos. Os israelitas são instados a arrepender-se e voltar-se de novo para Deus. A invasão estrangeira é inevitável: os judeus sofrerão e sua fraca fé não lhes dará segurança.

Jeremias é ameaçado devido a suas palavras, mas continua a repreender o povo. Ele representa vividamente os horrores da guerra e da deportação. A Babilônia será o instrumento da ira de Javé.

Mas nem tudo está perdido. Haverá um "rebento" de Davi — da linhagem real de Judá — que reinará como verdadeiro soberano. Israel e Judá serão restaurados, adorarão de novo a Deus e reverenciarão seu rei. Haverá uma nova aliança para uma Jerusalém renovada, reconstruída em esplendor.

Jeremias é preso por causa de suas concepções francas, até que Jerusalém é sitiada e dominada pelos babilônios. Muitos de seus habitantes são deportados, mas Jeremias permanece. Após o assassinato do regente babilônio de Judá, porém, o profeta é mandado para o Egito por remanescentes do antigo exército de Judá, "para sua própria segurança". Jeremias afirma que o significado de tudo isso é que o Egito, por sua vez, será invadido pela Babilônia — o que, segundo a Bíblia, acaba acontecendo.

**Lamentações**

Também chamado Lamentações de Jeremias, por ser atribuído tradicionalmente a esse profeta (*ver p. 112*). O autor emite cinco cantos fúnebres cuidadosamente construídos para aqueles que morreram na queda de Jerusalém. A cidade chora, as pessoas gemem de angústia, mas resta a esperança e a confiança em Deus.

**Ezequiel**

Antes da queda de Jerusalém, Ezequiel (*ver p. 112*) é encarregado por Deus de falar contra a maldade e a idolatria de Israel. Ele desanca os falsos profetas e relaciona os pecados cometidos pela nação ao longo da história. A espada afiada e polida de Javé será brandida pelos babilônios. Muitas nações sofrerão, inclusive o Egito. Jerusalém cai, mas, numa visão, Ezequiel vê os ossos de Israel se erguerem do chão e ganharem carne nova. A nação, ele prediz, será restaurada por Javé em sua própria terra, e a linhagem de Davi reinará de novo.

Ezequiel relata sua visão do Templo reconstruído em Jerusalém, descrevendo rituais de festivais que serão reinstituídos, e acrescenta noções sobre a distribuição dos remanescentes das 12 tribos de Israel no território.

**Daniel**

Afirma-se que Daniel (*ver pp. 134-137*) foi um dos quatro jovens judeus capturados no saque de Jerusalém pelo rei Nabucodonosor e levados durante o Exílio para a corte real da Babilônia. Por meio da prece, Daniel consegue revelar ao rei o significado de um sonho com uma grande estátua. Daniel e seus amigos ganham prestígio na Babilônia. O rei manda fazer um ídolo de ouro e ordena que todos o adorem. Mas os três amigos de Daniel (Sidrac,

*Daniel interpreta o sonho da grande estátua, tido por Nabucodonosor (Dan. 2:31-45).*

Misac e Abdênago) se recusam a isso e são lançados numa fornalha. Para assombro do rei, eles sobrevivem sem ferimentos, e isso é atribuído à intervenção divina.

Nabucodonosor tem outro sonho. Daniel o interpreta como um aviso de que o rei perderá a razão enquanto não reconhecer Deus. Essa previsão logo se concretiza.

Algum tempo depois, durante uma festa dada pelo rei Baltasar, letras de fogo surgem misteriosamente na parede do salão de banquete. Daniel interpreta isso como sinal de que o rei morrerá e seu império cairá sob persas e medas. Nessa noite, Baltasar é assassinado.

O sucessor de Baltasar, o rei persa Dario, é induzido por seus cortesãos a decretar que toda oração lhe seja dirigida. Como Daniel se recusa a rezar para ele, é jogado numa cova de leões — mas sai ileso, salvo pelo anjo de Deus. O rei penitente lança, em seu lugar, os cortesãos aos leões.

Então é a vez de Daniel sonhar: ele tem visões apocalípticas, a maioria das quais messiânicas (o "Filho do Homem" é uma expressão recorrente). É provável que elas reflitam os eventos turbulentos em Judá sob o Império Selêucida, no século II a.C., época em que se acredita que o livro de Daniel foi compilado.

**Oseias**

O profeta Oseias (*ver p. 103*) provavelmente esteve em atividade em c. 740-730 a.C. Deus lhe diz que se case com uma prostituta e lhe ordena que ame a mulher como Deus ama a Israel. A experiência de Oseias com a mulher (ou mulheres; não se sabe se eram uma ou duas) é um símbolo da relação de Deus com seu povo. A noiva de Deus, Israel, tornou-se uma prostituta incrédula, corrupta e que de vez em quando mostra falso arrependimento, embora seja mais comumente movida por desejos pecaminosos (o que é verdade, em especial, no caso de seus reis, nobres e sacerdotes). Após uma exibição de raiva e ciúme, Deus restaurará a nação que ama acima de todas.

**Joel**

Segundo o livro do profeta Joel, Deus promete livrar Judá de uma praga de gafanhotos e restaurar a prosperidade da terra arrasada. A praga simboliza o julgamento ainda mais devastador de Deus no último dia. Para os que se arrependerem, porém, será o anúncio de uma grande corrente de bençãos divinas (*ver p. 217*).

**Amós**

Amós (*ver p. 102*) esteve em atividade no período de Jeroboão II de Israel (786-784 a.C.), uma época próspera. O profeta denuncia o mal cometido por pessoas de todas as partes de Judá e Israel. Ele também percebe, no entanto, a corrupção, a luxúria ostensiva, a falta de fé, a fornicação e a obstinação de seu próprio povo. Não pode haver salvação sem arrependimento. O "dia do Senhor" está chegando, e a terrível punição está a caminho. No entanto, a glória da casa de Davi será um dia restaurada.

**Abdias**

O livro de Abdias é o menor das Escrituras Hebraicas/Velho Testamento. O profeta é mordaz com os edomitas, por terem invadido Judá após a destruição de Jerusalém pelos babilônios em 587-586 a.C. Mas o "dia do Senhor" em breve vai virar a mesa contra Edom, quando Israel for restaurado em todo o seu poder e glória.

**Jonas**

Deus manda Jonas (*ver p. 124*) ir a Nínive, na Assíria, avisar aos habitantes que sua iniquidade os levará à destruição. Relutante em obedecer, Jonas foge para Jope e pega um navio na direção oposta. Surge uma tempestade, pela qual Jonas se responsabiliza, pedindo que o joguem ao mar. Engolido por um peixe gigante, ele é vomitado na costa e se dirige a Nínive. Lá, prega a iminente destruição da cidade. Os cidadãos se arrependem e renunciam a seus hábitos, e Deus não destrói a cidade. Indignado, Jonas pergunta a Deus qual o sentido de seus esforços. Por um sinal, Javé demonstra ser o Deus de todas as nações, que irá preocupar-se até com os que não são israelitas, se se arrependerem de seus pecados.

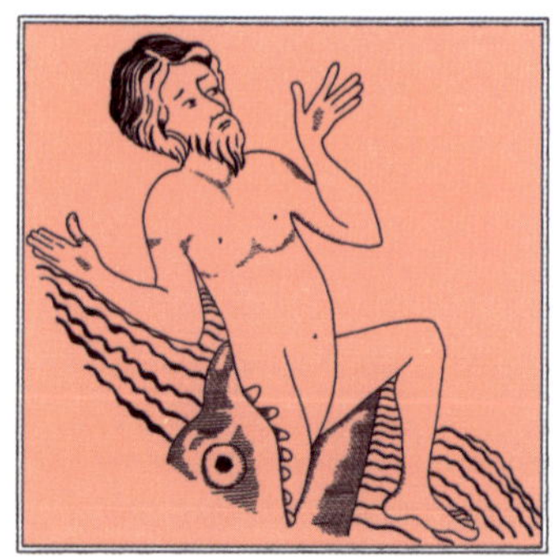

*Jonas surge do peixe (Jon. 1:10).*

**Miqueias**

Miqueias (*ver p. 103*) foi um profeta das últimas décadas do reino israelita do norte, Israel (c. 735-725 a.C.). Seu livro, que inclui textos de um anônimo contemporâneo seu, entre outros, prevê a destruição tanto de Israel como do reino do sul, Judá. Depois, porém, haverá liberdade e reconstrução, lideradas por um salvador nacional que nascerá em Belém, em Judá, como o rei Davi. Os problemas presentes são resultado da corrupção e da falta de fé, para as quais as pessoas deveriam buscar o perdão de Deus.

### Naum

O Livro de Naum é o único texto profético que se autodenomina "livro" numa passagem; pode ser uma liturgia do Templo de Jerusalém (*ver p. 101*). Naum é uma brilhante expressão poética de alegria com a perspectiva da destruição de Nínive, a capital do odiado Império Assírio, que caiu sob os babilônios e os medas em 612 a.C. Mergulhada em violência e devassidão, ela será arrasada; Judá e Israel serão restaurados.

### Habacuc

Habacuc se queixa a Deus por deixar impunes os infiéis. Ele prevê a invasão pelos babilônios (caldeus) como instrumento de punição divina (provavelmente fez suas profecias no período de expansão babilônica, em c. 610-600 a.C.). Em resposta, Deus confirma ao profeta o julgamento vindouro. Habacuc faz então uma prece pública, na qual expressa sua confiança e regozijo em Deus em face da aflição.

### Sofonias

A Bíblia diz que Sofonias era descendente do rei Ezequias, de Judá, e viveu na época do rei Josias (640-609 a.C.; *ver pp. 106-108*). O profeta prevê para breve o "dia do Senhor", em que Judá será destruído e Jerusalém, saqueada. Mesmo o arrependimento humilde pelos pecados pode não ser o bastante para mitigar a ira de Deus contra cada cidadão. Mas no devido tempo Israel será reerguido para triunfar sobre seus inimigos e opressores. Haverá gritos de alegria e salmos de exultação em Sião. Os exilados voltarão e todos os que continuarem vivos serão o povo de Javé. Sofonias 1:14-15 inspirou um famoso poema latino medieval chamado *Dies Irae*, que se tornou parte da missa de réquiem latina.

### Ageu

Ageu e Zacarias fizeram profecias após a volta do exílio na Babilônia, nos primeiros anos de Dario (522-486 a.C.). Ageu (*ver p. 114*) fica estarrecido ao ver que as pessoas vivem em belas casas, enquanto o Templo de Deus permanece em ruínas. Zorobabel, descendente da família real de Judá e governador da província sob domínio persa, organiza um grupo de trabalho para começar a reconstrução. Ageu declara que Deus escolheu Zorobabel para uma posição grandiosa.

### Zacarias

Zacarias (*ver p. 114*) tem várias visões divinas, que indicam a intenção de Deus de devolver a Terra Prometida a seu povo e ver o Templo reconstruído sob a direção de Zorobabel. Sião deve se regozijar com o interesse renovado de Deus e ouvir suas palavras. Jerusalém será grande de novo, e o povo de Deus, universalmente respeitado e admirado. Um rei-sábio virá chefiar um reino de paz que se estenderá até os confins da terra.

A visão final de Zacarias é apocalíptica e mostra a batalha de Jerusalém. Deus é vitorioso: dali em diante, todas as nações o adoram e seguem sua vontade.

### Malaquias

Malaquias, que provavelmente profetizou em c. 475 a.C. (após Ageu e Zacarias, mas antes de Esdras e Neemias), clama contra o materialismo corrupto dos sacerdotes, cujos ensinamentos e hábitos estão fazendo muitos se desviarem do caminho da justiça. Mais ainda, a idolatria e o divórcio são permitidos. Está chegando o "grande e terrível dia do Senhor", em que cada pecador será purificado como ouro e prata derretidos ou queimado como palha. Deus declara que mandará um mensageiro antes dele para preparar o terreno para sua chegada: o grande profeta Elias surgirá para levar as pessoas a Deus para que possam se salvar. Tradicionalmente, os cristãos consideram que o Livro de Malaquias contém importantes antevisões da vinda de Jesus. Assim, o Velho Testamento situa os livros proféticos no fim, para que Malaquias preceda imediatamente o Novo Testamento.

## APÓCRIFOS/LIVROS DEUTEROCANÔNICOS

### Tobias

O piedoso Tobit fica cego. Seu filho, Tobias, vai para a casa de seu parente Gabael, na Média, buscar economias familiares. Seu guia e companheiro é o misteriosamente onisciente Azarias. No rio Tigre, Azarias ajuda Tobias a pegar um grande peixe, cujas vísceras, diz o guia, têm propriedades poderosas. Azarias revela que passarão a primeira noite da viagem em casa de outro parente, Raguel, cuja filha, Sara, é por direito destinada a Tobias. Mas Tobias sabe que ela é atormentada por um espírito mau que já matou sete pretendentes e se opõe à ideia. Azarias ensina Tobias a expulsar o demônio usando o coração e o fígado do peixe; ao chegar à casa de Raguel,

Tobias pede devidamente a mão de Sara em casamento. Seu pedido é aceito e ele vai passar a noite com Sara. Enquanto isso, Raguel faz uma cova para Tobias, que, supõe, será a próxima vítima do demônio. Na manhã seguinte, o encanto de Azarias funcionou — Tobias e Sara se tornam formalmente noivos. Azarias é enviado para buscar as economias e trazer Gabael e os seus para o casamento. Após uma quinzena

*Tobias e Azarias (o anjo Rafael) pegam o peixe no Tigre (Tob. 6:4).*

de celebrações, Tobias, Sara e Azarias partem para a casa do noivo.

Tobit e a mulher, Ana, ficam cheios de alegria e aliviados com a volta de Tobias, e ainda mais felizes quando ele, orientado por Azarias, usa o fel do peixe para curar a cegueira do pai. Na festa que se segue, Tobit e Tobias ficam imaginando como recompensar Azarias. Mas ele revela que na verdade é o arcanjo Rafael, que estava testando a fé de Tobit e premiando sua virtude. Ele sobe ao céu e seus hospedeiros se prostram em reverência.

Tobit, Ana, Tobias e Sara vivem felizes até o fim de seus dias.

### Judite

Escrito provavelmente durante o opressivo governo de Antíoco Epifânio (*ver pp. 138-139*), o Livro de Judite narra como o rei Nabucodonosor (chamado aqui de soberano da Assíria) vence os medas. Ele manda então seu general, Holofernes, punir os israelitas por não apoiá-lo. O general sitia a cidade de Betúlia. Uma de suas cidadãs, a piedosa viúva Judite, está decidida a não ceder. Após uma prece fervorosa, ela põe suas roupas mais vistosas, sai da cidade e vai até o acampamento de Holofernes. Oferece ajuda para derrotar seu povo e se propõe a ficar ali até que isso aconteça. Quatro noites depois, sozinha numa tenda com Holofernes bêbado, Judite decapita-o com sua própria espada. Ela corre para Betúlia com a cabeça dele e encoraja os cidadãos, que atacam e vencem os assírios. Todos dão graças a Deus (*ver também p. 131*).

### Acréscimos a Ester

A Septuaginta (os Setenta), versão grega da Bíblia judaica, inclui seis passagens do Livro de Ester das quais não se conservaram originais hebraicos:

**1.** Mardoqueu sonha com eventos futuros e alerta o rei a respeito de dois eunucos traiçoeiros (inserido antes de Est. 1:1).
**2.** O texto do decreto do rei que manda exterminar os judeus do império é citado (inserido após 3:13).
**3.** Mardoqueu e Ester oram a Deus pela libertação (inserido após 4:17).
**4.** Ester se dirige ao rei em busca de compreensão (substitui 5:1-2).
**5.** O texto do edito do rei que anula o decreto anterior é citado (inserido após 8:12).
**6.** Mardoqueu percebe o sentido de seu sonho inicial (inserido após 10:3).

*Judite com a cabeça de Holofernes (Jdt. 13:9).*

### Livro da Sabedoria

O autor, que afirma ser o rei Salomão, considera a natureza da sabedoria em relação à fé religiosa e à vida diária. Ele compara a vida terrena dos ímpios e dos fiéis, e seus diferentes destinos. O autor entende Deus como a Sabedoria última e revê a história israelita à luz dessa compreensão (*ver p. 126 e p. 131*).

### Eclesiástico (Livro de Sirac, ou Sirácida)

Compilação de provérbios sobre temas muito variados. A Sabedoria, personificada como mulher, é exaltada. O autor também fala sobre a glória de Deus e termina com um hino de ação de graças (*ver p. 127*).

### Baruc

Baruc, seguidor de Jeremias, está na Babilônia com os exilados. Ele ora a Deus, reconhecendo a falta de fé e a corrupção que, supõe, causaram os sofrimentos atuais dos judeus, e suplica, contrito, a misericórdia divina. Deus puniu Israel, mas por certo restaurará a nação e reconstruirá Jerusalém.

### Carta de Jeremias aos Exilados

O texto em geral é colocado como último capítulo de Baruc e dá a entender que é do profeta Jeremias. O exílio na Babilônia, diz o profeta, será longo mas não permanente. Os exilados não devem adotar maus hábitos, como a idolatria. Os ídolos estrangeiros não distinguem o certo do errado; não são confiáveis nem para santificar uma promessa ou maldição. São apenas objetos inanimados, que devem ser evitados.

**Acréscimos a Daniel**
**1. A Oração de Azarias e o Cântico dos Três Judeus** (ou **dos Três Jovens**)
Sidrac, Misac e Abdênago, três amigos de Daniel, cantam um hino de louvor e contrição a Deus quando entram na fornalha ardente a que foram condenados (inserido após Dan. 3:32 na Septuaginta).
**2. Susana e os Anciãos**
Dois anciãos devassos, cujo desejo de ter relações sexuais com a virtuosa Susana é frustrado, levam-na a julgamento com falsas acusações de adultério. Ela é condenada à morte, mas Daniel intervém e demonstra que o testemunho dos anciãos é falso. Os anciãos são condenados à morte (Dan. 13 na Septuaginta).
**3. Bel e o Dragão** (ou **Serpente**)
O rei Ciro se horroriza com o desprezo de Daniel pela estátua de Bel, à qual muita comida e bebida é oferecida todos os dias. Daniel mostra ao rei que não é o ídolo que consome as oferendas, mas os sacerdotes e suas famílias, que se esgueiram no santuário à noite por uma porta secreta. O rei, furioso, manda executar os sacerdotes. Daniel destrói o ídolo. Depois ele demole um dragão adorado pelos babilônios, e por isso a multidão obriga o rei a lançá-lo numa cova de leões. Mas os leões não ferem Daniel, e ele é libertado por Nabucodonosor, que joga os inimigos de Daniel, por sua vez, aos leões. Eles são imediatamente devorados (Dan. 14 na Septuaginta).

**Primeiro Livro dos Macabeus (1 Macabeus)**
Relato da história dos judeus sob Alexandre, o Grande, e sucessores, em especial o rei selêucida Antíoco IV Epifânio (no poder em 175-164 a.C.), o livro reconta sua perseguição e as rebeliões lideradas pelos macabeus (ver pp. 138-141). Antíoco profana o Templo de Jerusalém e persegue os judeus. Dois anos depois, um decreto seu abole a maioria das características que distinguem o judaísmo. O velho sacerdote Matatias pega em armas para defender a fé. Após sua morte, o filho Judas Macabeu assume o comando e obtém uma sucessão de vitórias, após as quais o Templo é purificado e reconsagrado, com uma cerimônia celebrada todo ano na festa judaica de Hanukká. Judas é morto em batalha, depois de concluir um tratado com os romanos. Seu irmão Jônatas o sucede e é nomeado sumo sacerdote, mas os selêucidas retomam Jerusalém e o Templo e o matam. Seu irmão Simão o substitui, retoma Jerusalém e inicia um breve período de prosperidade até ser traiçoeiramente assassinado. No fim do livro, João (Hircano) se torna líder da dinastia macabeia (*ver pp. 140-141*).

**Segundo Livro dos Macabeus (2 Macabeus)**
Vários episódios de 1 Macabeus são recontados e embelezados para efeito moral e religioso. O tema central do livro é a santidade eterna do Templo e da fé verdadeira. A solidez da fé é exemplificada em horríveis martírios. Uma referência à ressurreição dos mortos (2 Mac. 12:43-45) influenciou a teologia cristã.

**Terceiro Livro dos Macabeus (3 Macabeus)**
Os eventos de 3 Macabeus precedem os de 1 Macabeus em cerca de meio século. Ptolomeu IV Filopátor, rei grego do Egito, derrota Antíoco III da Síria em batalha e então percorre os templos de seus domínios. Um milagre o impede de entrar no Templo de Jerusalém e, irado, ele ordena a perseguição aos judeus do Egito. Em Alexandria, 500 elefantes são embebedados com vinho e soltos sobre os judeus agrupados. Mas outro milagre acontece e os elefantes esmagam os egípcios em vez deles. Ptolomeu se arrepende da perseguição e liberta os judeus em seu reino.

**Quarto Livro dos Macabeus (4 Macabeus)**
Um tom mais filosófico permeia esta obra. Seu autor decide mostrar não só como a total obediência à Lei Judaica corresponde às virtudes cardeais, mas também que tal obediência pode representar o triunfo do espírito sobre as sensações do corpo. Os martírios recontados em 2 Macabeus são tomados como exemplos de como a firmeza da fé leva à salvação.

**Primeiro Livro de Esdras (1 Esdras)**
Interpretação alternativa de 11 capítulos de 2 Crônicas, do livro todo de Esdras e de cerca de um capítulo de Neemias. Contém também algum material adicional, em particular uma antiga parábola zoroástrica sobre "a coisa mais forte do mundo", que, após longas discussões, se descobre ser a Verdade.

**Segundo Livro de Esdras (2 Esdras)**
Um livro meio judaico meio cristão, do gênero chamado apocalíptico (*ver pp. 136-137*). A obra discute a ressurreição dos mortos e o Messias, que surgirá em glória e reinará por

400 anos, ao fim dos quais ele e toda a humanidade morrerão. Mas em outros sete dias os justos de todas as épocas ressuscitarão e serão acolhidos numa nova e gloriosa Jerusalém.

**Oração de Manassés**
Salmo penitencial que se apresenta como uma prece do rei Manassés de Judá a Deus (*ver p. 106*), na qual ele lamenta sua antiga apostasia e espera o perdão divino.

**Salmo 151**
Salmo supostamente composto por Davi após vencer o gigante Golias (*ver p. 80*). Davi exalta a si mesmo como defensor de Deus, líder de um Israel ressurgente.

## O NOVO TESTAMENTO

**Evangelho de Mateus**
Os evangelhos de Mateus, Marcos e Lucas são muitas vezes chamados coletivamente de Evangelhos Sinópticos (*ver pp. 148-151*). Todos expõem a vida, obras, ensinamentos, morte e ressurreição de Cristo. Mateus é a obra de um cristão judeu que vê em Jesus o Messias. Sua vinda, afirma Mateus, foi profetizada nas Escrituras. Jesus representa o cumprimento das promessas de Deus, o início de uma nova Aliança e a chegada do reino do céu. Mateus começa com uma genealogia de Jesus. Exclusivas deste evangelho são as histórias da visita dos Magos após o nascimento de Jesus, do Massacre dos Inocentes, da Fuga para o Egito (*ver pp. 158-159*) e do Sermão da

*Jesus se levanta do túmulo (Mat. 28.6), enquanto os guardas (Mat. 27:66) dormem.*

Montanha (embora Lucas tenha uma passagem similar, mas muito menor; *ver pp. 168-169*). O evangelista inclui citações frequentes da Bíblia hebraica.

**Evangelho de Marcos**
O mais curto e, talvez, mais antigo dos evangelhos. O autor procura se restringir aos fatos. Apesar disso, as principais dificuldades de Jesus — a hostilidade das autoridades e a incompreensão dos discípulos — são bem descritas. O relato de Marcos começa com o batismo de Jesus e acaba de modo abrupto após a aparição de Jesus às duas Marias no túmulo (16:8). A partir daí o evangelho foi completado por um autor diferente.

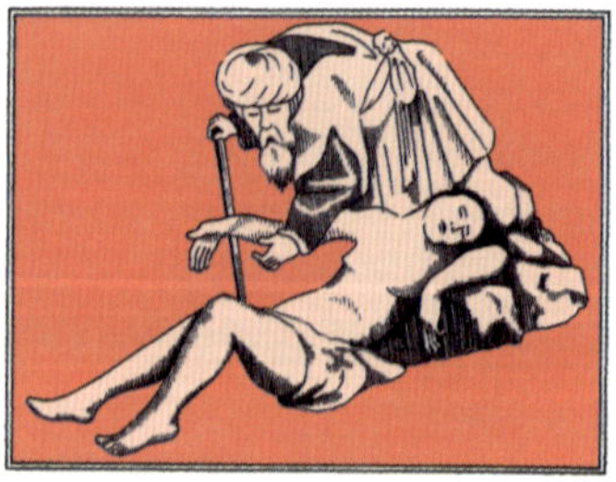

*O samaritano acode o homem ferido na estrada de Jericó (Luc. 10:30-37).*

**Evangelho de Lucas**
Lucas é um autor literário helenístico, cujo evangelho é o primeiro de dois volumes, sendo o segundo os Atos dos Apóstolos (*ver abaixo*). Juntos, eles contam a história da religião cristã do nascimento de João Batista à pregação de Paulo na capital do Império Romano. Lucas tenta dar autenticidade histórica a seu relato. Sua mensagem se dirige basicamente aos gentios e, assim, abranda os aspectos mais judaicos da vida e dos ensinamentos de Jesus. Tema central é a compaixão e o perdão divinos através de Jesus, por meio dos quais a salvação se abre a todos.

Muitos episódios são exclusivos de Lucas, como a anunciação do nascimento de João Batista (*ver pp. 152-153*), a apresentação de Jesus no Templo (*ver p. 157*), a história de Jesus entre os mestres do Templo (*ver p. 161*) e muitas das parábolas mais conhecidas, como as do Bom Samaritano e do Filho Pródigo (*ver p. 174*).

**Evangelho de João**
Mais místico dos evangelistas, João — tradicionalmente identificado como o apóstolo João, filho de Zebedeu — parece ter se inspirado numa tradição diferente da dos Sinópticos em relação à vida e aos ensinamentos de Jesus (*ver pp. 148-151*). A primeira parte do Evangelho de João (*caps. 2-12*) gira em torno de seis discursos longos que explicam seis milagres. O restante do texto é notável por outras séries de discursos de Jesus (*ver pp. 176-177*). Diversamente de outros evangelhos, João retrata Jesus como alguém que visitava regularmente Jerusalém nas festas judaicas importantes; nos sinópticos, Jesus só faz uma visita principal, no fim da vida.

**Atos dos Apóstolos**
O evangelista Lucas continua sua

história, em seu segundo volume. Ele descreve como os apóstolos recebem o Espírito Santo no Pentecostes e começam a pregar às nações (*ver pp. 216-217*). Vários deles (embora nem todos os 12 sejam citados nos Atos) fazem milagres (*ver pp. 218-219*), e logo as autoridades tentam reprimi-los. O primeiro seguidor martirizado de Jesus é Estêvão, ativista importante, que é preso, condenado e apedrejado até a morte. O jovem Saulo,

*Paulo foge de Damasco, arriado por fora dos muros (Atos 11:25).*

um fariseu de Tarso, na Ásia Menor, está presente no apedrejamento e o aprova (*ver pp. 222-223*).

A caminho de prender cristãos em Damasco, Saulo tem uma visão que produz uma mudança total em seu coração: ele é batizado, passa a se chamar Paulo e começa a pregar o evangelho, tornando-se, ele próprio, alvo de perseguição (*ver pp. 226-227*).

Surgem congregações de seguidores de Jesus fora da Palestina, em especial em Antioquia, na Síria, de onde Paulo e seu companheiro Barnabé embarcam em viagem missionária à Ásia Menor. Paulo faz outras missões a essa região e à Grécia (*ver pp. 232-233*). Antes da segunda delas, vai a um importante concílio de líderes da Igreja, em Jerusalém. O concílio decide que gentios convertidos ao cristianismo na Síria e na Ásia Menor não precisam seguir estritamente os preceitos judaicos, como a circuncisão e as leis alimentares (*ver p. 229*).

Após a terceira viagem, Paulo volta a Jerusalém, onde é perseguido por autoridades judaicas. Como cidadão romano, apela às autoridades de Roma e obtém o direito de apresentar seu caso ao imperador (*ver pp. 234-235*). Ele vai de barco a Roma (*ver pp. 236-237*), e os Atos acabam com Paulo pregando o evangelho na capital imperial, sob branda prisão domiciliar. Lucas não fala nada mais sobre sua apelação ou seu destino final (*ver pp. 240-241*).

**Carta aos Romanos**

Em sua carta à igreja romana, Paulo diz que a fé na verdade e na justiça de Deus levam à salvação de todos os cristãos, seja sua origem judaica, seja gentia. O novo Israel sucede ao velho Israel, mas não se restringe de modo algum aos israelitas. A fé garante a salvação — a libertação do pecado e da morte. As pessoas devem amar umas às outras e aos que agem contra elas. A lei secular deve ser obedecida (*ver p. 245*).

**Primeira Carta aos Coríntios (1 Coríntios)**

Paulo escreve à igreja de Corinto clamando pela unidade em face da dissensão. Ele aborda a moralidade sexual, o casamento, o divórcio, a Eucaristia e a importância do amor (*ver p. 243*).

**Segunda Carta aos Coríntios (2 Coríntios)**

Provável compilação de várias cartas paulinas, 2 Coríntios expressa, entre outras coisas, a frustração de Paulo por sua primeira carta aparentemente ter surtido pouco efeito (*ver p. 243*).

**Carta aos Gálatas**

Paulo se diz espantado, nesta carta, de que a igreja gálata já esteja se afastando do verdadeiro evangelho. Os gálatas deveriam ignorar os que dizem que os cristãos têm de seguir a lei judaica e ser circuncidados. Paulo insiste em que as tradições judaicas não são compulsórias para os cristãos: a fé em Jesus é mais importante que a prática da Lei (*ver pp. 244-245*).

**Carta aos Efésios**

Paulo é tradicionalmente visto como o autor desta carta, mas isso é controverso. Seu autor diz que os fiéis não são judeus nem gentios: são todos cristãos, parte da família de Deus. Defende também o respeito mútuo entre senhores e escravos, patrões e empregados.

**Carta aos Filipenses**

A carta à igreja filipense é em geral atribuída a Paulo. É pessoal e de tom afetuoso. Ele agradece a Deus a obra dos filipenses na difusão da fé e ora para que o amor de uns aos outros continue a crescer, de modo que, em unidade e humildade, possam todos trabalhar pela salvação. Mas ele também alerta contra os "charlatães" que insistem na necessidade da circuncisão (*ver pp. 246-247*).

**Carta aos Colossenses**
Esta epístola é provavelmente, mas não com certeza, de Paulo. Se for ele o autor, talvez tenha sido enviada a Colossos na mesma época da Carta a Filêmon (*ver adiante*).

Colossenses retrata Jesus como figura cósmica, "o primogênito de toda a criação", o chefe supremo da Igreja universal. A carta diz aos destinatários que se mantenham fiéis a Jesus, pois ele redimiu todas as pessoas e perdoou seus pecados. Paulo conclama os membros da igreja colossense a abandonar os desejos e as tentações da carne, que representam uma existência passada (*ver p. 248*).

**Primeira Carta aos Tessalonicenses (1 Tessalonicenses)**
Pensa-se com frequência que esta carta à igreja de Tessalônica é a primeira de Paulo. Ele agradece a Deus a fé mostrada por aqueles a quem se dirige, que, diz ele, têm sido um exemplo para todos em face da adversidade. Conclama-os também a abster-se da fornicação e da licenciosidade sexual, e a ser cidadãos honrados e cumpridores da lei, dispostos a ganhar a própria vida. Ele reafirma a iminência da segunda vinda de Jesus (*ver p. 242*).

**Segunda Carta aos Tessalonicenses (2 Tessalonicenses)**
A autoria desta epístola despertou muita discussão, e muitos rejeitam que Paulo seja seu autor. Ela retoma, porém, temas de 1 Tessalonicenses, como a segunda vinda de Jesus — que está sendo retardada, diz o autor, por alguém "iníquo" que ocupará o Templo e afirmará ser Deus (*ver p. 242*).

**Primeira Carta a Timóteo (1 Timóteo)**
A primeira das Cartas Pastorais, que abordam o funcionamento da Igreja e o cuidado dos fiéis cristãos. A atribuição desta carta e das duas seguintes a Paulo tem sido motivo de discussão. O autor diz a Timóteo que Jesus veio ao mundo para salvar os pecadores; se ele pôde mostrar misericórdia pelo maior pecador (Paulo, que no início perseguia os cristãos), então pode fazer isso por qualquer um que tenha fé nele.

Os líderes das congregações devem comandar as pessoas e ser capazes de ensinar pelo exemplo e pelo respeito mútuo. O autor dá instruções a respeito de viúvas, anciãos e escravos. Ao lutar pela fé, o fiel conquistará a vida eterna (*ver p. 241*).

**Segunda Carta a Timóteo (2 Timóteo)**
A segunda das Cartas Pastorais. O autor, de quem não se tem a certeza de ser Paulo, conclama o destinatário, ao qual se dirige de novo em termos muito afetuosos, a usar a força que vem da graça de Jesus para dar testemunho do evangelho. Como pregador, ele deve estar preparado a enfrentar o sofrimento, como o autor faz, pois se se mantiver firme reinará com Jesus. O autor insta Timóteo a evitar discussões enganadoras, que desorientam as pessoas. Ele deve se ater ao que foi ensinado e que sabe ser verdade (*ver p. 241*).

**Carta a Tito**
A terceira e última das Cartas Pastorais. A autoria de Paulo é de novo questionada. O autor diz ao destinatário que nomeie presbíteros da Igreja em Creta, como havia instruído antes. Os presbíteros devem transmitir doutrina sólida, opondo-se aos que ensinam fábulas judaicas. Ele dá então exemplos dessa doutrina sólida e do comportamento que condiz com ela.

O autor ensina como levar uma vida decente; a falta de decoro, diz ele, não é adequada aos que esperam a segunda vinda de Jesus. Deve-se persistir no comportamento respeitoso (*ver p. 241*).

**Carta a Filêmon**
Paulo escreve esta epístola da prisão, onde conheceu e converteu Onésimo ("Útil"), um escravo fugido de Filêmon. Paulo manda Onésimo de volta a casa com a carta, em que pede a Filêmon, um líder da igreja de Colossos, que tome Onésimo de volta (a missiva pode ter sido enviada a Colossos ao mesmo tempo que a Carta aos Colossenses). Ele insta Filêmon a

*O apóstolo Pedro, a quem as cartas de Pedro são atribuídas.*

tratar Onésimo não como escravo mas como um novo irmão em Jesus.

Paulo oferece uma restituição pelo que Onésimo possa ter roubado ao fugir, sugerindo, talvez, que Filêmon liberte o escravo para que continue a trabalhar para o autor na prisão (*ver p. 247*).

**Carta aos Hebreus**
O autor da Carta aos Hebreus não é nomeado. Ele mostra como Jesus representa o cumprimento das promessas de Deus a Israel. Seu sacrifício, sozinho, expia os pecados da humanidade. A salvação advém da fé nele e em suas obras (*ver pp. 250-251*).

**Carta de Tiago**
A carta é tradicionalmente considerada de Tiago, "o irmão de Jesus". O autor se dirige a um grupo de cristãos judeus, dizendo que considerem suas provações um privilégio e a tentação como oportunidade de agir corretamente. Eles devem ajudar os pobres, sobretudo quando estiverem em boa situação (*ver p. 251*).

**Primeira Carta de Pedro (1 Pedro)**
A primeira de duas epístolas que costumam ser atribuídas ao apóstolo Pedro. Ele encoraja os fiéis a encarar a hostilidade, a amar uns aos outros com total honestidade e a seguir Jesus (*ver p. 252*).

**Segunda Carta de Pedro (2 Pedro)**
Aceita-se em geral que esta carta não é de Pedro. O autor diz que não lhe resta muito tempo neste mundo. Denuncia os falsos mestres e afirma que a esperança da segunda vinda de Jesus não deve nunca ser abandonada.

*A besta bicorne e seus adoradores na terra (Apoc. 13:11-12).*

**Primeira Carta de João (1 João)**
A primeira de três epístolas que a tradição atribui ao apóstolo João, filho de Zebedeu. O autor denuncia os que negam que Jesus veio na carne e conclama os destinatários a se unirem pelo amor mútuo (*ver p. 253*).

**Segunda Carta de João (2 João)**
Esta carta breve é de um autor que se autonomeia "o ancião". Os fiéis devem amar uns aos outros e não se deixar enganar pelos que dizem que Jesus nunca veio na carne (*ver p. 253*).

**Terceira Carta de João (3 João)**
O autor de 3 João também chama a si mesmo "o ancião". Ele se dirige a Gaio e acusa o líder da igreja deste de falta de hospitalidade e de espalhar falsas acusações.

**Carta de Judas**
Segundo o texto o autor é Judas, "irmão de Tiago". Ele exorta os destinatários a manter a fé e a precaver-se contra falsos mestres (*ver p. 253*).

**Apocalipse (Revelação)**
Tradicionalmente atribuído ao apóstolo João, filho de Zebedeu, o Apocalipse tem a forma de carta a sete igrejas da Ásia Menor. O autor tem a visão de um grande Cordeiro sacrificial. O Cordeiro recebe um rolo de pergaminho de Deus e quebra seus sete selos um a um: os primeiros quatro selos dão origem a quatro cavaleiros apocalípticos, os dois seguintes despertam os mortos e o último traz o silêncio. Sete anjos tocam então suas trombetas em sequência: os primeiros seis sons causam destruição na terra; o sétimo junta o céu com o que resta.

Surge uma mulher dando à luz: a criança é levada para o céu. Os anjos chefiados pelo arcanjo Miguel vencem um dragão de sete cabeças. Uma besta terrível aparece. Seu companheiro, inferior a ela (*ver figura acima*), engana o mundo para que a adore.

Chega o dia do juízo final. Sete anjos esvaziam taças de pragas, que representam a fúria de Deus sobre o mundo e sobre a besta. As cidades do mundo desmoronam e desaparecem. Babilônia, a "Grande Prostituta", queima e o mundo lamenta seu fim. Cânticos de vitória ressoam no céu. Começa a nova era — após a qual Satanás é solto por um curto período antes de seu fim definitivo. Então há um novo céu e uma nova terra; e, na terra, uma cidade de Jerusalém nova e messiânica (*ver pp. 254-256*).

# GLOSSÁRIO

**Apócrifos** Textos que não são universalmente considerados parte do cânone das Escrituras. Entre eles estão os Apócrifos judaicos, como Judite, Tobias (*ver pp. 130-131*) e os livros dos Macabeus (*ver p. 141*), que não pertencem ao cânone judaico e aos cânones de algumas igrejas cristãs. Na maioria, são obras encontradas em grego na Septuaginta (*ver adiante*), mas das quais não havia original em hebraico na época da formação do cânone, mesmo que tenham originalmente sido escritas nessa língua, como o Eclesiástico (*ver p. 127*) e 1 Macabeus. No cânone católico romano, muitos desses textos são chamados Deuterocanônicos, ou seja, são considerados distintos do corpo principal da Escritura mas de valor não inferior. Entre os Apócrifos cristãos, estão textos primitivos do cristianismo não incorporados ao Novo Testamento, como evangelhos, atos e cartas apócrifos (*ver p. 149*).

**Aramaico** Língua semítica de Aram (Síria). Relaciona-se estreitamente ao hebreu (*ver abaixo*), que substituiu em grande medida como língua do dia a dia, ao menos no norte da Palestina (*ver abaixo*), por volta do século I. É quase certo que foi a língua falada por Jesus (*ver p. 170*) e seus discípulos. O aramaico e seu dialeto siríaco ainda são usados em áreas rurais da Síria. O siríaco é a língua da igreja cristã da Síria (*ver também p. 98 e p. 214*).

**Cananeus** Na Bíblia, o termo pode designar qualquer dos povos que viveram na Palestina antes dos israelitas. Mais especificamente, em geral designa os fenícios, povo navegante da região costeira que hoje é parte de Síria, Líbano e Israel. Antes da descoberta de muitos textos cananeus no antigo sítio de Ugarit (atual Ras Shamra, na Síria), a Bíblia era a principal fonte de conhecimento sobre suas crenças e divindades, como Baal (*ver p. 72*).

**Confissão de fé** Uma proclamação de fé, como a feita pelo apóstolo Pedro a Jesus (*ver p. 188*).

**Cristo** *ver* **Messias**

**Deuterocanônicos** *ver* Apócrifos

**Dêutero-Isaías** Nome alternativo do autor bíblico conhecido como Segundo Isaías (do grego *deuteros*, "segundo"; *ver também p. 113*).

**Diáspora ou Dispersão** O estabelecimento dos judeus fora de sua terra ancestral na Palestina, processo que começou com a tomada babilônica de Jerusalém, no início do século VI a.C. (*ver pp. 110-113*).

**Escatologia** Doutrina que prevê e espera o fim iminente do mundo. Adjetivo: escatológico.

**Evangelhos Sinópticos** Nome dado em conjunto aos evangelhos de Mateus, Marcos e Lucas (*ver pp. 148-149*).

**Evangelista** Alguém que anuncia a "boa nova" (em grego *evangelion*) da vinda de Cristo. O termo é usado, em especial, em relação aos autores dos quatro evangelhos canônicos (*ver pp. 148-151*).

**Hebraico ou hebreu** A língua dos israelitas. Nos últimos séculos antes de Cristo, foi substituído como língua vernacular da Palestina do norte e costeira principalmente pelo aramaico, idioma semítico aparentado (*ver acima*), e pelo grego. Porém, como língua original das escrituras judaicas, conservou-se no uso litúrgico, sacerdotal e erudito. No fim do século XIX, o hebraico foi revivido como língua falada pelo movimento sionista. Hoje, como língua oficial do Estado de Israel, dá unidade à população judaica, de muitas origens linguísticas.

**Helenismo** É a adoção da língua e da cultura gregas no Oriente Próximo, no período após as conquistas de Alexandre, o Grande (356-323 a.C.), quando a região foi amplamente dominada pelas dinastias gregas que o sucederam. O chamado período helenista vai de c. 300 a.C. até a chegada do Império Romano (*ver pp. 132-133* e *pp. 138-189*).

**Messias** (do hebraico, "O Ungido") Na teologia judaica e cristã, o Messias é o salvador enviado por Deus para anunciar o fim do mundo presente e o início do reino divino (*ver p. 171*). Na teologia cristã, o Messias é Jesus, que por isso é chamado de Cristo (*Christos ou Kristos*, título grego que traduz a palavra Messias). Adjetivo: messiânico.

**Mosaico** Relativo ou pertencente a Moisés, como em "Lei Mosaica".

**Novo Testamento ou Nova Aliança** A segunda parte da Bíblia cristã. Consiste em textos que, na fé cristã, dão testemunho da aliança feita entre Deus e a humanidade por meio da pessoa, do ministério, da morte e da ressurreição de Jesus. O Novo Testamento é considerado uma representação da aliança final e suprema de Deus com o mundo, completando e ao mesmo tempo substituindo a aliança do Velho Testamento (*ver adiante*). Os livros do Novo Testamento se dividem em três categorias: evangelhos (*ver pp. 148-151*), Atos dos Apóstolos (*pp. 214-237*) e cartas (as epístolas e o Apocalipse; *pp. 238-256*).

**Paixão** O sofrimento (em latim *passio*) mental e físico de Jesus nas últimas 24 horas de vida, da agonia no Getsêmani (*ver pp. 196-197*) à Crucificação (*ver pp. 206-207*).

**Palestina** Região limitada mais ou menos a oeste pelo rio Jordão, ao sul pelo deserto de Neguev e ao norte pelas colinas de Golã, na Síria. O nome significa "terra dos filisteus" e foi dado pelos gregos à área litorânea ocupada por esse povo (*ver p. 77*). "Palestina" e "palestinos" são usados neste livro apenas como termos geográficos, sem conotação política.

**Paulino** Relativo ou pertencente ao apóstolo Paulo.

**Pentateuco** (do grego *Pentateuchos*, "Obra de Cinco Partes"). Os primeiros cinco livros da Bíblia, que compreendem a Lei (*ver pp. 60-63* e *pp. 118-119*). É também conhecido como Torá (*ver adiante*), Livro de Moisés, Livro da Lei e Livro da Lei de Moisés.

**Pós-Exílio** Período posterior à volta a Judá, no final do século VI a.C., dos exilados judeus na Babilônia (*ver pp. 114-115*).

**Rabínico** Relativo ou pertencente aos rabinos (mestres e intérpretes judeus da Lei) e seus ensinamentos.

**Septuaginta** (do latim *septuaginta*, "setenta") Tradução grega da Bíblia hebraica, supostamente feita por 70 eruditos em Alexandria, no Egito (*ver p. 132*). A Septuaginta (ou Versão dos Setenta), que contém textos considerados não canônicos pelos judeus e apócrifos ou deuterocanônicos por algumas tradições cristãs, é o Velho Testamento da Igreja Ortodoxa Grega.

**Sião, monte** A colina de Jerusalém sobre a qual estão a Cidade de Davi e o monte do Templo. Por extensão, Sião também pode significar Jerusalém.

**Talmude** Comentário sobre a codificação do século II d.C. da Mishna, a "Torá oral" (*ver p. 118*). Há dois Talmudes, um feito na Palestina, em c. 400 d.C., e outro na Babilônia, em c. 550 d.C.

**Torá** (do hebraico, "Lei") Os primeiros cinco livros da Bíblia, também chamados Pentateuco (*ver antes*), que contêm a Lei judaica.

**Velho Testamento** A primeira parte da Bíblia cristã, que, segundo essa fé, dá testemunho da aliança feita entre Deus e a humanidade antes da vinda de Jesus. O Velho Testamento consiste nos livros da Bíblia Hebraica, com ou sem os Apócrifos (*ver antes*), dependendo da tradição. Há algumas variações na ordem dos livros entre a Bíblia Hebraica e o Velho Testamento (*ver também* **Novo Testamento**).

# ABREVIATURAS

*As seguintes abreviaturas são usadas neste livro:*

**Abreviaturas gerais**

| | | | |
|---|---|---|---|
| a.C. | antes de Cristo | | |
| d.C. | depois de Cristo | | |
| c. | cerca de, por volta de | | |
| p. | página; | pp. | páginas |
| cap. | capítulo; | caps. | capítulos |
| v. | versículo; | vv. | versículos |

**Citações da Bíblia**

Os livros da Bíblia são referidos conforme a lista de nomes resumidos e abreviaturas apresentada abaixo; as abreviaturas são usadas apenas em parênteses dentro do texto. Capítulos e versículos são separados por dois-pontos (:) e uma sequência é indicada por hífen (-). Assim, 1 Samuel 9:24 (ou, entre parênteses, 1 Sam. 9:24) = capítulo 9, versículo 24 do Primeiro Livro de Samuel; Atos 3:7-10 = capítulo 3, versículos de 7 a 10 dos Atos dos Apóstolos; Mateus 5-10 (ou Mat. 5-10) = capítulos de 5 a 10 do Evangelho segundo Mateus. Muito ocasionalmente, subdivisões de versículos são indicadas por letras. Assim, Gênesis 2:4a = primeira parte do versículo 4 de Gênesis capítulo 2.

| Nome resumido | Abreviaturas |
|---|---|
| Abdias, Livro de | Abd. |
| Ageu, Livro de | Ag. |
| Apocalipse | Apoc. |
| Atos dos Apóstolos | Atos |
| Baruc, Livro de | Bar. |
| Colossenses, Carta aos | Col. |
| Coríntios, Primeira Carta de Paulo aos | 1 Cor. / 1 Coríntios |
| Coríntios, Segunda Carta de Paulo aos | 2 Cor. / 2 Coríntios |
| Crônicas, Primeiro Livro das | 1 Crôn. / 1 Crônicas |
| Crônicas, Segundo Livro das | 2 Crôn. / 2 Crônicas |
| Daniel | Dan. |
| Deuteronômio | Deut. |
| Eclesiastes | Ecles. |
| Eclesiástico (Livro de Sirac) | Eclo. |
| Efésios, Carta de Paulo aos | Ef. |
| Esdras, Livro de | Esd. |
| Esdras, Primeiro Livro de | 1 Esd. / 1 Esdras |
| Esdras, Segundo Livro de | 2 Esd. / 2 Esdras |
| Ester, Livro de | Est. |
| Êxodo | Êx. |
| Ezequiel, Livro de | Ez. |
| Filêmon, Carta de Paulo aos | Flm. |
| Filipenses, Carta de Paulo aos | Fil. |
| Gálatas, Carta aos | Gál. |
| Habacuc, Livro de | Hab. |
| Hebreus, Carta de Paulo aos | Heb. |
| Isaías, Livro de | Isa. |
| Jeremias, Livro de | Jer. |
| Jó, Livro de | Jó |
| João, Evangelho segundo | João |
| João, Primeira Carta de | 1 João |
| João, Segunda Carta de | 2 João |
| João, Terceira Carta de | 3 João |
| Joel, Livro de | Joel |
| Jonas, Livro de | Jon. |
| Josué, Livro de | Jos. |
| Judas (Tadeu), Carta de | Jud. |
| Judite, Livro de | Jdt. |
| Juízes, Livro dos | Jz. |
| Lamentações (de Jeremias) | Lam. |
| Levítico | Lev. |

| Nome resumido | Abreviaturas |
|---|---|
| Lucas, Evangelho segundo | Luc |
| Macabeus, Primeiro Livro dos | 1 Mac. / 1 Macabeus |
| Macabeus, Segundo Livro dos | 2 Mac. / 2 Macabeus |
| Macabeus, Terceiro Livro dos | 3 Mac. / 3 Macabeus |
| Macabeus, Quarto Livro dos | 4 Mac. / 4 Macabeus |
| Malaquias, Livro de | Mal. |
| Marcos, Evangelho segundo | Mrc. |
| Mateus, Evangelho segundo | Mat. |
| Miqueias, Livro de | Miq. |
| Naum, Livro de | Naum |
| Neemias, Livro de | Neem. |
| Números | Núm. |
| Oseias, Livro de | Os. |
| Pedro, Primeira Carta de | 1 Pdr. |
| Pedro, Segunda Carta de | 2 Pdr. |
| Pedro, Terceira Carta de | 3 Pdr. |
| Provérbios, Livro dos | Prov. |
| Reis, Primeiro Livro dos | 1 Reis |
| Reis, Segundo Livro dos | 2 Reis |
| Salmos | Salmos |
| Romanos, Carta de Paulo aos | Rom. |
| Rute, Livro de | Rute |
| Sabedoria, Livro da | Sab. |
| Samuel, Primeiro Livro de | 1 Sam. / 1 Samuel |
| Samuel, Segundo Livro de | 2 Sam. / 2 Samuel |
| Sofonias, Livro de | Sof. |
| Tessalonicenses, Primeira Carta de Paulo aos | 1 Tess. / 1 Tessalonicenses |
| Tessalonicenses, Segunda Carta de Paulo aos | 2 Tess. / 2 Tessalonicenses |
| Tiago, Carta de | Tg. |
| Timóteo, Primeira carta de Paulo a | 1 Timóteo |
| Timóteo, Segunda carta de Paulo a | 2 Timóteo |
| Tito, Carta de Paulo a | Tito |
| Tobias, Livro de | Tob. |
| Zacarias, Livro de | Zac. |

# BIBLIOGRAFIA


**Introduções**

Alter, Robert, e Frank Kermode. *The Literary Guide to the Bible.* Londres: Fontana, 1989.

Anderson, Bernard W. *The Living World of the Old Testament.* Londres: Longman, 1988.

Bartlett, John R. *The Bible: Faith and Evidence.* Londres: British Museum, 1994.

Childs, Brevard S. *Introduction to the Old Testament as Scripture.* Londres: SCM Press, 1983.

——. *The New Testament as Canon: An Introduction.* Filadélfia: Fortress, 1985.

Clements, R. E., ed. *The World of Ancient Israel.* Cambridge: Cambridge University Press, 1995.

Court, John M., e Kathleen M. Court. *The New Testament World.* Englewood Cliffs, New Jersey: Prentice-Hall, 1990.

Eissfeldt, Otto. *The Old Testament: An Introduction.* Nova York e Evanston: Harper and Row, 1965.

Koester, Helmut. *Introduction to the New Testament.* Filadélfia: Fortress, 1982.

Kümmel, Werner G. *Introduction to the New Testament.* Londres: SCM Press, 1977.

Metzger, Bruce M. *The New Testament: Its Background, Growth, and Content.* Nashville, Tenn.: Abingdon, 1983.

Rendtorff, Rolf. *The Old Testament: An Introduction.* Londres: SCM Press, 1985.

Van der Woude, ed. *The World of the Old Testament.* Grand Rapids, Mich.: Eerdmans, 1989.

**Interpretação bíblica, análise textual e tradução**

Ackroyd, P. R., C. F. Evans, G. W. H. Lampe e S. Greenslade. *The Cambridge History of the Bible.* 3 vols. Cambridge: Cambridge University Press, 1988.

Anderson, G. W., ed. *Tradition and Interpretation.* Oxford: Clarendon Press, 1979.

Coggins, R. J., e J. L. Houlden. *A Dictionary of Biblical Interpretation.* Londres: SCM Press, 1992.

Epp, Eldon Jay, e George W. MacHae, eds. *The New Testament and its Modern Interpreters.* Atlanta: Scholars, 1989.

Kenyon, Frederic. *Our Bible and the Ancient Manuscripts.* Nova York: Harper and Brothers, 1958.

Knight, Douglas A., e Gene M. Tucker, eds. *The Old Testament and its Modern Interpreters.* Filadélfia: Fortress, 1984.

Kraft, Robert A., e George W. E. Nickelsburg, eds. *Early Judaism and its Interpreters.* Filadélfia: Fortress, 1986.

Kugel, James, e Rowan A. Greer. *Early Biblical Interpretation.* Filadélfia: Westminster and John Knox, 1986.

Levenson, Jon D. *The Hebrew Bible, the Old Testament, and Historical Criticism.* Louisville, Ky.: Westminster and John Knox, 1993.

Metzger, Bruce M. *The Text of the New Testament: Its Transmission, Corruption, and Restoration.* Oxford: Oxford University Press, 1995.

Morgan, Robert, e John Barton. *Biblical Interpretation.* Oxford: Oxford University Press, 1992.

Neill, Stephen, e N. T. Wright. *The Interpretation of the New Testament, 1861-1986.* Nova York: Oxford University, 1988.

Nida, E. A. *The Book of a Thousand Tongues.* Ed. rev. Nova York: American Bible Society, 1972.

Orlinsky, Harry M., e Robert G. Bratcher. *A History of Bible Translation and the North American Contribution.* Atlanta: Scholars, 1991.

Porter, J. R. *The Lost Bible: Forgotten Scriptures Revealed.* Londres: Duncan Baird Publishers, 2001.

Wurthwein, E. *The Text of the Old Testament.* Londres: SCM Press, 1980.

**Contexto literário**

Ackroyd, P. R., A. R. C. Leaney e J. W. Packer, eds. ger. *Cambridge Commentaries on Writings of the Jewish and Christian World 200BC to AD200.* Cambridge: Cambridge University Press, 1985–.

Barrett, C. K., ed. *The New Testament Background: Selected Documents.* Londres: SPCK, 1987.

Charlesworth, James H., ed. *The Old Testament Pseudepigrapha.* 2 vols. Londres: Longman & Todd, 1985.

Dalley, S. *Myths from Mesopotamia: Creation, the Flood, Gilgamesh and Others.* Oxford: Oxford University Press, 1991.

Gibson, J. C. L., ed. *Canaanite Myths and Legends.* Edimburgo, Escócia: T. and T. Clark, 1978.

Gray, John. *Near Eastern Mythology.* Londres: Hamlyn, 1969.

Hennecke, E. *New Testament Apocrypha.* 2 vols. Nashville: Westminster and John Knox, 1991.

Leick, G. *A Dictionary of Ancient Near Eastern Mythology.* Nova York: Routledge, 1991.

Ogilvie, R. M. *The Romans and their Gods.* Londres: Hogarth, 1986.

Pritchard, James B., ed. *Ancient Near Eastern Texts Relating to the Old Testament; The Ancient Near East in Pictures Relating to the Old Testament.* Ed. rev. Princeton: Princeton University, 1970.

Ringgren, Helmer. *Religions of the Ancient Near East.* Filadélfia: Westminster, 1973.

Saggs, H. W. F. *The Greatness that Was Babylon.* Londres: Sidgwick and Jackson, 1988.

Shafer, B., ed. *Religion in Ancient Egypt: Gods, Myths, and Personal Practice.* Nova York: Routledge, 1991.

Stone, Michael E., ed. *Jewish Writings of the Second Temple Period: Apocrypha, Pseudepigrapha, Qumran, Sectarian Writings, Philo, Josephus.* Filadélfia: Fortress, 1984.

Vermes, Geza. *The Dead Sea Scrolls in English.* Sheffield: JSOT, 1987.

Vernant, J. P. *Myth and Society in Ancient Greece.* Nova York: Zone Books, 1989.

Wiseman, D. J., ed. *Peoples of Old Testament Times.* Oxford: Clarendon Press, 1975.

**História e arqueologia**

Ben-Tor, Amnon, ed. *The Archaeology of Ancient Israel.* New Haven, Conn.: Yale University Press, 1991.

Garbini, Giovanni. *History and Ideology in Ancient Israel.* Londres: SCM Press, 1988.

Herrmann, Siegfried. *A History of Israel in Old Testament Times.* Filadélfia: Fortress, 1981.

Jagersma, Henk. *A History of Israel from Alexander the Great to Bar Kochba.* Londres: SCM Press, 1985.

Kenyon, Kathleen M. *The Bible and Recent Archaeology.* Ed. rev. Londres: British Museum, 1987.

Miller, J. Maxwell, e John H. Hayes. *A History of Ancient Israel and Judah.* Londres: SMC Press, 1986.

Porter, J. R. Jesus Christ: *The Jesus of History, the Christ of Faith.* Londres: Duncan Baird Publishers, 1999.

Schürer, Emil. *The History of the Jewish People in the Time of Jesus Christ.* Ed. rev. por Geza Vermes e Fergus Miller. Edimburgo: T. and T. Clark, 1973-1987.

Soggin, J. Alberto. *An Introduction to the History of Israel and Judah*, Londres: SCM Press, 1993.

De Vaux, Roland. *The Early History of Israel.* Londres: Darton, Longman & Todd, 1978.

Wilkinson, John. *Jerusalem as Jesus Knew it: An Archaeological Guide to the Gospels.* Londres: Thames & Hudson, 1978.

Wright, G. Ernest. *Biblical Archaeology.* Londres: Gerald Duckworth & Co., 1962.

**Antropologia, sociologia e folclore**

Gaster, Theodor H. *Myth, Legend, and Custom in the Old Testament.* Nova York e Evanston: Harper and Row, 1969.
Gottwald, N. K. *The Tribes of Yahweh: A Sociology of the Religion of Liberated Israel, 1250-1000bc.* Maryknoll, Nova York: Orbis, 1979.
Lang, B., ed. *Anthropological Approaches to the Old Testament.* Filadélfia: Fortress, 1985.
Lemche, N. P. *Early Israel: Anthropological and Historical Studies on the Israelite Society before the Monarchy.* Leiden: Brill, 1985.
Meeks, W. A. *The First Urban Christians: The Social World of the Apostle Paul.* New Haven, Conn.: Yale University Press, 1994.
Niditch, Susan. *Folklore and the Hebrew Bible.* Minneapolis, Minn.: Fortress, 1993.
Rogerson, J. W. *Anthropology and the Old Testament.* Sheffield: Sheffield Academic Press, 1984.
Stambaugh, John E., e David L. Balch. *Social World of the First Christians.* Filadélfia: Westminster, 1986.
De Vaux, Roland. *Ancient Israel: Its Life and Institutions.* Londres: Darton, Longman & Todd, 1986.
Wilson, R. R. *Sociological Approaches to the Old Testament.* Filadélfia: Fortress, 1984.

**Geografia**

Aharoni, Yohanan. *The Land of the Bible: A Historical Geography.* Ed. rev. Filadélfia: Westminster, 1980.
Bahat, Dan. *The Illustrated Atlas of Jerusalem.* Londres: Macmillan, 1990.
Baly, Denis. *The Geography of the Bible.* Ed. rev. Filadélfia: Fortress, 1987.
Brueggemann, W. *The Land: Place as Gift, Promise, and Challenge in Biblical Faith.* Filadélfia: Fortress, 1986.
May, Herbert G. *Oxford Bible Atlas*, 3. ed. rev. por John Day. Nova York: Oxford University Press, 1984.

**Religião, teologia e literatura**

Blenkinsopp, Joseph. The Pentateuch: *An Introduction to the First Five Books of the Bible.* Londres: SCM Press, 1992.
Coggins, R., A. Phillips e M. Knibb. *Israel's Prophetic Tradition.* Nova York: Cambridge University Press, 1982.
Conzelmann, Hans. *An Outline of the Theology of the New Testament.* Nova York: Harper and Row, 1969.
Cross, Frank Moore. *Canaanite Myth and Hebrew Epic: Essays in the History of the Religion of Israel.* Cambridge, Mass.: Harvard University Press, 1973.
Dunn, J. G. D. *Unity and Diversity in the New Testament.* Londres: SCM Press, 1990.
Eichrodt, Walther. *Theology of the Old Testament.* 2 vols. Londres: SCM Press, 1978-1979.
Engnell, Ivan. *Critical Essays on the Old Testament.* Londres: SCM Press, 1970.
Golka, Friedemann W. *The Leopard's Spots: Biblical and African Wisdom in Proverbs.* Edimburgo: T. and T. Clark, 1993.
Hanson, P. D., ed. *Visionaries and their Apocalypses.* Filadélfia: Fortress, 1983.
Hasel, G. F. *New Testament Theology: Basic Issues in the Current Debate.* Grand Rapids, Mich.: Eerdmans, 1978.
Hengel, Martin. *Judaism and Hellenism.* 2 vols. Londres: SCM Press, 1981.
Hooke, S. H., ed. *Myth, Ritual and Kingship. Oxford*: Clarendon Press, 1958.
Kraus, Hans-Joachim. *Worship in Israel: A Cultic History of the Old Testament.* Richmond, Va.: John Knox, 1966.
Mowinckel, S. *The Psalms in Israel's Worship.* 2 vols. Sheffield: Sheffield Academic Press, 1992.
Nickelsburg, George W. E. *Jewish Literature between the Bible and the Mishnah.* Filadélfia: Fortress, 1981.
Otzen, B., H. Gottlieb e K. Jeppesen. *Myths in the Old Testament.* Londres: SCM Press, 1980.
Patrick, Dale. *Old Testament Law.* Londres: SCM Press, 1986.
Von Rad, Gerhard. *Old Testament Theology.* 2 vols. Londres: SCM Press, 1975.
Smith, Mark S. *The Early History of God: Yahweh and the Other Deities in Ancient Israel.* San Francisco: Harper and Row, 1990.
De Vaux, Roland. *Studies in Old Testament Sacrifice.* Cardiff: University of Wales Press, 1964.
Whybray, R. N. *The Intellectual Tradition in the Old Testament.* Berlim e Nova York: De Gruyter, 1974.

**Obras de referência**

Achtemeier, Paul J., ed. *Harper's Bible Dictionary.* San Francisco: Harper and Row, 1985.
Botterweck, G. Johannes, e Helmer Ringgren, eds. *Theological Dictionary of the Old Testament.* Grand Rapids, Mich.: Eerdmans, 1977.
Buttrick, George A., e K. Crim, eds. *The Interpreter's Dictionary of the Bible.* 5 vols. Nashville, Tenn.: Abingdon, 1976.
Freedman, David Noel, et al. *The Anchor Bible Dictionary.* 6 vols. Nova York: Doubleday, 1992.
Kittel, Gerhard, e Gerhard Friedrich, eds. *Theological Dictionary of the New Testament.* Grand Rapids, Mich.: Eerdmans, 1985.
Metzger, Bruce M., e Michael D. Coogan. *The Oxford Companion to the Bible.* Oxford: Oxford University Press, 1994.
Peake, A. S. *Commentary on the Bible.* Edimburgo: Thomas Nelson, 1962.
Roth, Cecil, ed. *Encyclopaedia Judaica.* Nova York: Macmillan, 1972.

# ÍNDICE

Páginas referentes ao texto principal, a quadros e textos laterais estão sem destaque; as referentes a legendas, em *itálico*. Referências ao glossário (*p. 272*) apresentam um g no final. Quando as palavras ocorrem no texto e em legendas da mesma página, deu-se preferência à referência ao texto.

## A

## B



## C

# D



# E

## F



## G

# H



# I



# J

# K



# L



# M

## N



## O



## P

## Q



## R



## S

## T



## U



## V

## W



## X



## Y



## Z

# CRÉDITOS DAS IMAGENS

*Os editores gostariam de agradecer às seguintes pessoas e instituições a gentil permissão de reproduzir as ilustrações deste livro:*

**LEGENDA:**

a no alto; b embaixo; c no centro; e à esquerda; d à direita

BAL: Bridgeman Art Library
DBP: Duncan Baird Publishers
RHPL: Robert Harding Picture Library
HPL: Hutchison Picture Library
PEF: Palestine Exploration Fund
ZF: Zefa Picture Library
ZR: Zev Radovan, Jerusalém

**Página 1** BAL/Capela Scrovegni (Arena), Pádua, Italy; **2** BAL/Pierpont Morgan Library, Nova York; **3** BAL/Museo Basilica San Marco, Veneza; **6** ZR; **7** BAL/British Library, Cott Nero CIV f.209v; **8** BAL/British Library, Add 14761; **9** BAL/British Library, Add 14761; **11** BAL/ Lambeth Palace Library, Ms 209 f.3v; **12** BAL/ National Gallery; **14** BAL/Bible Society, Londres; **15** BAL/Bible Society, Londres; **16** ZR; **17a** ZR; **17b** PEF; **18** ZR; **19** Sonia Halliday Photographs; **21** BAL/Museo Basilica San Marco, Veneza; **22** ZR; **23** ZR; **24** BAL/British Library, Or 1404; 26 BAL/British Library, Roy **19** D III f.3; **27** BAL/ British Library; **29** BAL/Index/Museo Diocesano de Solsona, Lérida, Espanha; **30** Museu Britânico; **31a** DBP; **31b** BAL/Giraudon/Vale dos Nobres, Luxor (Tebas), Egito; **33e** BAL/Victoria & Albert Museum; **33b** Staatliche Museen, Berlim; **34** BAL/coleção particular; **35** Museu Britânico; 37 RHPL; **39a** DBP; **39b** PEF; **40a** ZF; **40b** ZF; **41** BAL/Museu Britânico, Add 54180 f.136b; **42** BAL/San Vitale, Ravena, Itália; **43** e.t. Archive/Museu de Arte Turca e Islâmica, Istambul; **44a** BAL/Österreichische Nationalbibliothek, Viena; **44b** PEF; **45** BAL/ British Library; **46** ZR; **47** PEF; **48** BAL/ Fitzwilliam Museum, Cambridge; **49** BAL/ Fitzwilliam Museum, Cambridge; **51** Sonia Halliday Photographs; **53e** BAL/Giraudon/ Vale dos Reis, Luxor (Tebas), Egito; **53d** BAL/Louvre, Paris; **55** BAL/Giraudon/Musée Condé, Chantilly, França, Ms 9/1695 f.12; **57a** BAL/Fitzwilliam Museum, Cambridge; **57b** BAL/Victoria & Albert Museum; **58** BAL/Giraudon/Museu Nacional Egípcio, Cairo; **60** BAL/Dahlem Staatliche Gemäldegalerie, Berlim; **61** ZF; **62** Sonia Halliday Photographs; **63a** BAL/Index/ Mosteiro de Santa Catarina, Monte Sinai, Egito; **63b** e.t. Archive/Louvre, Paris; **64a** e.t. Archive/Louvre, Paris; **64b** BAL/coleção particular; **65** ZR; **66** ZF; **67a** BAL/Giraudon/ Musée de la Chartreuse, Douai, França; **67b** ZR; **68** ZR; **70a** BAL/ Giraudon/Bibliothèque Nationale, Paris; **70b** RHPL; **71** ZF; 72t Museu Britânico; **72b** RHPL; **73** ZR; **74a** e.t. Archive/ Museu Arqueológico, Alepo; **74b** PEF; **75** BAL/British Library, Kings 5 f. 20r; **76** ZR; **77a** ZR; **77b** BAL/Giraudon/ Medinet Habu, Egito; **79** BAL/Victoria & Albert Museum; **80e** BAL/Museu Britânico, Arundel 155 f.93; 80d HPL/Francis; **81** BAL/ Kunsthistorisches Museum, Viena; **82a** ZF, **82b** ZR; **84a** ZR; **84b** BAL/Fitzwilliam Museum, Cambridge; **85a** BAL/Bibliothèque Nationale; Grec 139 f.136v 85b ZR; **86** BAL/Museu Britânico, Roy 15 D III f.285; **87a** BAL/Agnews & Sons, Londres; **87b** ZR; **88a** BAL/Museu Britânico; 88b ZF; **89** Rex Features/Sipa/ Pignières; **90** BAL/British Library, Add 11639 f. 522r; **91a** PEF; **91b** De um desenho original de Leen Ritmeyer; **92** HPL/Regent; **94** ZR; **96** BAL/ Igreja de São Pedro, Louvain, Bélgica; **97a** Museu Britânico; **97b** Museu Britânico; **98** BAL/ Museu de História da Religião, São Petersburgo; **99a** BAL/Louvre, Paris; **99b** PEF; **100a** & b e.t. Archive; **101** e.t Archive/Louvre, Paris; **102** BAL/ Museo Catedrálico, Cuenca, Espanha; **103e** BAL/ Bibliothèque Nationale, Paris, Fr 13091 f.29v; **103d** BAL/British Library, Harl 2803 f. 264; **104** PEF; **105** ZF; **106** BAL/Victoria & Albert Museum; **107** Museu Britânico; **108** ZF/Goebell; 109 BAL/Musées Royaux des Beaux-Arts de Belgique, Bruxelas; **110** BAL/Index/Museo Real Academía de Bellas Artes, Madri; **111** ZR; **113a** BAL/Lambeth Palace Library, Ms 3f. 258; **113b** BAL/ Giraudon/Louvre, Paris; **114** e.t. Archive; **115** ZF/Schörke; 117a BAL/Biblioteca Medicea-Laurenziana, Florença; **117b** RHPL/Jackson; **120a** BAL/British Library, Ms 368.f.66; **120b** ZF; 121 ZR; **122** ZR; **123a** BAL/British Library, Add 27210 f.11; **123b** BAL/Catedral de Chartres, França; 124a e.t. Archive/Museu de Arte Turca e Islâmica, Istambul; **124b** BAL/ Louvre, Paris; 125 ZR; **126** BAL/Louvre, Paris; **127** BAL/Louvre, Paris; **128a** BAL/Museo e Gallerie Nazionali di Capodimonte, Nápoles; 128b Museu Britânico; **129** DBP; **130** BAL/ Victoria & Albert Museum; **131** BAL/Giraudon, Musée Condé, Chantilly; **133a** HPL/Pate; **133b** Scala, Museo Nazionale, Nápoles; **134** BAL/ Kunsthistorisches Museum, Viena; **135** BAL/ Christie's, Londres; **136** BAL/British Library, Add 11695 f.240; **137** Museu Britânico; **139a** BAL/ Giraudon; **139b** BAL/Bibliothèque Nationale, Paris; **140a** BAL/Giraudon/Musée des Beaux-Arts, Nantes, França; **140b** ZR; **142** ZR; **144e** ZF; **144d** ZF; **145** Sonia Halliday Photographs; **146** BAL/Giraudon, Musée Condé, Chantilly; **148** BAL/St. Mark f.14v, Bibliothèque Municipale, Epernay, França; **149** BAL/Museo dell'Opera del Duomo, Siena, Itália; **150a** BAL/ Österreichische Nationalbibliothek, Viena; **150b** BAL/Catedral Lichfield, Staffs; **151** BAL/ Lambeth Palace Library; **152** BAL/Musée Jacquemart-André, Paris; **153** ZF; **154a** BAL/ University of Liverpool Art Gallery; **154b** Oriental Institute, Chicago; **155** BAL/Fitzwilliam Museum, Cambridge; **156** BAL/Kunsthalle, Hamburgo; **157** BAL/Santa Maria em Trastevere, Roma; **158** Impact/Le Garsemur; **159e** BAL/ Giraudon/Musée Condé, Chantilly, Ms 65/1284 f.52r; **159d** ZR; **160** BAL/York City Art Gallery; **161** RHPL; 163e BAL/Christie's, Londres; **163d** PEF; **164** RHPL; **165** ZF; **166** ZF; **167e** BAL/ Christie's, Londres; **167d** ZR; **168** ZR; **169** BAL/ Johnny van Haeften Gallery, Londres; **170** BAL/ Fitzwilliam Museum, Cambridge; **172e** ZF; **172d** BAL/ Museo d'Art de Catalunya, Barcelona; **173** BAL/Giraudon/Musée Condé, Chantilly, Ms 81/1057 f.72; **174** BAL/Christie's, Londres; **175** ZR; **176a** ZR; **176b** BAL/National Gallery; **177** ZR; **178a** DBP; **178b** RHPL; **179** BAL/British Library, Harl 1527 f.27; **180** Museu Britânico; **181e** BAL/Capela Scrovegni (Arena), Pádua; **181d** ZF; **182** Scala/S. Apollinare Nuovo, Ravena, Itália; **183** BAL/Museo dell'Opera del Duomo, Siena; **184** BAL/York City Art Gallery; **185** BAL/ coleção particular; **186** BAL/Universiy of Liverpool Art Gallery; **187** RHPL; **188** Sonia Halliday Photographs; **189** BAL/British Library, Add 17738 f.4; **191** BAL/Museo dell'Opera del Duomo, Siena; **192** ZR; 193t BAL/Göreme, Turquia; **193b** Sonia Halliday Photographs; **195a** ZR; **195b** BAL/Christie's, Londres; **196e** ZF; **196d** BAL/Museo dell'Opera del Duomo, Siena; **197** ZR; **198** ZF; **199** British Library, Ms OR481 f.104v; **200** ZR; **201e** BAL/Prado, Madri; **201d** ZR; **202** De um desenho original do doutor Shimon Gibson, de PEF; **203a** BAL/Victoria & Albert Museum; **203b** BAL/Christie's, Londres; **204** ZR; **205** BAL/ Giraudon/Louvre, Paris; **206** BAL/Musées Royaux des Beaux-Arts de Belgique, Bruxelas; **207** ZF; **208** BAL/Victoria & Albert Museum; **209** BAL/Museo dell'Opera del Duomo, Florença; **210** BAL/Magyar Nemzeti Galeria, Budapeste; **211a** ZF; **211b** BAL/Louvre, Paris; **212a** BAL/Index/Osma-Soria Chapter House, Soria, Espanha; **212b** ZF; **214** BAL/Bible Society, Londres; **215** BAL/Museo d'Art de Catalunya, Barcelona; **216** BAL/Capela Scrovegni (Arena), Pádua; **217** BAL/Capela Sistina, Vaticano; **219e** BAL/Capela Brancacci, Sta. Maria del Carmine, Florença; **219d** ZR; **220** BAL/ Belvoir Castle, Leics; **221** RHPL; **222** BAL/ Capela Nicolau V, Vaticano; **223** BAL/Museu Púchkin, Moscou; **225a** ZR; **225b** BAL/ Fitzwilliam Museum, Cambridge, Ms 36-1950 f.49.v; **226** ZF/ Goebbell; **227** BAL/Bibliothèque Nationale, Lat 1 f.386v, Paris; **228** BAL/Louvre, Paris; **229** BAL/Capela Brancacci, Sta. Maria del Carmine, Florença; **230** BAL/Villa dei Misteri, Pompeia; **232** Sonia Halliday Photographs; **233** Sonia Halliday Photographs; **234a** BAL/York City Art Gallery; **234b** PEF; **235** ZR; **236** ZR; **237a** C. M. Dixon; 237b BAL/Biblioteca Marciana, Veneza; **239** BAL/Magyar Nemzeti Galeria, Budapeste; **240a** BAL/Fitzwilliam Museum, Cambridge; **240b** BAL/Capela Paulina, Vaticano; **242** ZR; **243** ZR; **244** ZR; **245a** BAL/Louvre, Paris; **245b** ZR; **246** ZR; **247a** DBP; **247b** BAL/ Louvre, Paris; **248** ZR; **249** BAL/Capela Scrovegni (Arena), Pádua; **250** BAL/Louvre, Paris; **251** BAL; **252** BAL/Capela Brancacci, Sta. Maria del Carmine, Florença; **253** BAL/Convento de São Tomás, Ávila, Espanha; **255** ZR; **256a** ZR; **256b** BAL/Galeria Tretiakov, Moscou. Ilustrações nas pp. 256-71 © DBP. Fontes: **257-62**, **266ae**, bc Bíblia de Nuremberg, 1483/BAL/Victoria & Albert Museum; **263**; **264**; **268-71** BAL/DBP.